**HISTÓRIA E MEMÓRIA DAS
DITADURAS DO SÉCULO XX**
VOLUME 2

HISTÓRIA E MEMÓRIA DAS DITADURAS DO SÉCULO XX

VOLUME 2

Organizadoras
**Samantha Viz Quadrat
Denise Rollemberg**

Copyright © 2015 Samantha Viz Quadrat; Denise Rollemberg

Direitos desta edição reservados à
EDITORA FGV
Rua Jornalista Orlando Dantas, 37
22231-010 | Rio de Janeiro, RJ | Brasil
Tels.: 0800-021-7777 | 21-3799-4427
Fax: 21-3799-4430
editora@fgv.br | pedidoseditora@fgv.br
www.fgv.br/editora

Impresso no Brasil | *Printed in Brazil*

Todos os direitos reservados. A reprodução não autorizada desta publicação, no todo ou em parte, constitui violação do copyright (Lei nº 9.610/98).

Os conceitos emitidos neste livro são de inteira responsabilidade dos autores.

1ª edição: 2015

PREPARAÇÃO DE ORIGINAIS
Débora de Castro Barros

PROJETO GRÁFICO DE MIOLO E DIAGRAMAÇÃO
Ilustrarte Design e Produção Editorial

REVISÃO
Fernanda Mello | Tathyana Viana

CAPA
André Castro

Ficha catalográfica elaborada pela
Biblioteca Mario Henrique Simonsen/FGV

História e memória das ditaduras do século XX, v. 2 / Organizadoras Samantha Viz Quadrat, Denise Rollemberg. — Rio de Janeiro: Editora FGV, 2015.
368p.

Inclui bibliografia.
ISBN: 978-85-225-1778-7

1. Historiografia. 2. História — Estudo e ensino. 3. Ditadura. 4. Intelectuais. I. Quadrat, Samantha Viz. II. Rollemberg, Denise. III. Fundação Getulio Vargas.

CDD — 907

SUMÁRIO

Apresentação   7

Propagandas e comemorações

Sob o domínio do *fascio*: política e simbolismo na Itália fascista   13
Cristina Souza da Rosa

A instrumentalização das tradições e das práticas folclóricas sob o regime
de Vichy: festas políticas e festas etnológicas na França de 1940 a 1944   35
Rémi Dalisson

O *país do presente* comemora seu Sesquicentenário:
ditadura, consenso e comemorações no Brasil (1972)   54
Janaina Martins Cordeiro

Memórias da Transamazônica:
milagre, fracasso e migração nos anos 1970   73
César Augusto Martins de Souza

"*25 millones de argentinos jugaremos el Mundial*": comemorações
e cotidiano na Argentina durante a Copa de 1978   89
Lívia Gonçalves Magalhães

Jovens e ditaduras

Deus, pátria, império e milícia: a socialização política e as cartilhas
escolares dos anos iniciais da ditadura franquista (1936-1951)   109
Rafael Valls

Controle, consenso e rebeldia: cultura franquista
e socialização dos jovens na Espanha de Franco   127
Miguel Ángel Ruiz Carnicer

Violência

Inimigos da nação: massacres, silêncios e ordens políticas na Argentina 147
Ludmila da Silva Catela

Autoritarismos morais, dissidência sexual e memória: ditaduras
civil-militares na Argentina e no Uruguai e organizações LGTTBIQ 163
Diego Sempol

Disputas de memória

Pro patria mori: o culto dos mortos na Espanha do pós-guerra, 1939-1940 201
Francisco Sevillano

Sobre vítimas e vazios, ideologias e reconciliações, privatizações
e impunidades 224
Ricard Vinyes

Memória e debate sobre a luta armada no Brasil e na Argentina 245
Maria Paula Nascimento Araújo

Memórias para cidadãos: uma leitura política
dos informes *Nunca mais* do Cone Sul (1983-1991) 265
Aldo Marchesi

O ensino das ditaduras

História e memória na sala de aula e o ensino de temas controversos 283
Verena Alberti

Lidando com o passado "negativo": o ensino do nacional-socialismo
e do Holocausto na Alemanha 301
Falk Pingel

Ensinar os passados que não passam 324
Sandra Raggio

A construção de uma consciência histórica na sala de aula: explicações
e conversações em torno da última ditadura no Uruguai atual 343
Mariana Achugar

Autores 366

APRESENTAÇÃO

Muitas são as experiências históricas que estariam fadadas ao desaparecimento, mas que chegaram até nós por meio da memória. São narrativas orais ou escritas que, assim, contornaram as convenções de seu tempo e estabeleceram, de uma forma ou de outra, o que ouvir e considerar, registrar e preservar em arquivos públicos ou privados. São narrativas sobreviventes à própria historiografia de seu tempo, que não as percebeu como fonte nem como objeto do trabalho do historiador. Tomadas assim (fonte e objeto), muito enriqueceram a produção do conhecimento histórico.

Entretanto, nem todas as memórias, evidentemente, estiveram condenadas por seu tempo. O que relegou determinadas memórias às margens foi o fato de serem produzidas por atores sociais desconsiderados, então, como tais. À medida que foram reconhecidos, suas memórias também o foram. Atraída por esse movimento, viu-se uma historiografia com tendências a confundir memória e história, sem analisar aquela como objeto desta, considerando a memória como fonte, mas sem submetê-la à crítica interna, lição primeira do ofício.

Muitos autores têm chamado a atenção para os problemas e as deformações que tal concepção acarreta.[1] Memória e história são de naturezas diferentes e funcionam em registros distintos. "Tudo opõe uma à outra" (Nora, 1993:6). Destacam eles que a memória não se ocupa do conhecimento do passado. É em função das necessidades do presente, respondendo às necessidades de construção e afirmação

---

[1] Para as especificidades da história e da memória que se seguem, baseamo-nos em Le Goff (2002), Laborie (1994, 2003), Rousso (1998), Todorov (2004) e Nora (1993).

de identidades, que a memória se volta para o passado, reconstruindo-o num viés militante. Não se trata, portanto, de um esforço objetivo e racional, mas de atribuir ao passado uma função (Rousso, 1998). Nesse movimento, formam-se mitos, temas tabus, que dificultam o conhecimento do passado; e a memória transforma-se em valor, em moral, numa *religião laica*; a *sacralização* da memória (Todorov, 2004). A memória é, assim, a representação mental do passado que tem apenas uma relação parcial com ele; constrói identidade e não o conhecimento; afirma-se pelo afeto; reconstrói um *passado ideal* ou *diabolizado*; comprime ou dilata o tempo (Rousso, 1998). A memória cumpre a necessidade de preservar continuidades, permitir ao indivíduo ou ao grupo absorver rupturas, integrá-las numa permanência; ao fazê-lo, promove defasagens entre os eventos reais e suas interpretações. Por outro lado, a história é a reconstrução erudita do passado, transmitida por meio de uma narrativa organizada. Ou, como afirmou Jacques Le Goff (2002:104), a história é a *forma científica* da memória. O que motiva o historiador é o conhecimento, a vontade de saber. "A memória é um absoluto e a história só conhece o relativo", sintetizou Nora (1993:6).

Os textos que se seguem enfrentam, portanto, o desafio de produzir conhecimento histórico fazendo da memória fonte e, sobretudo, objeto da história.

* * *

A coletânea em dois volumes aqui apresentada é um dos produtos do projeto História e Memória das Ditaduras do Século XX, apoiado pelo Conselho Nacional de Desenvolvimento Científico e Tecnológico (CNPq) por meio do edital Jovens Pesquisadores, edição de 2008, desenvolvido no Núcleo de Estudos Contemporâneos (NEC) da Universidade Federal Fluminense.

Diferentemente do projeto anterior,[2] optamos por centrar os esforços no Brasil, na América Latina e na Europa. Contudo, mantivemos a ideia de reunir jovens e experientes pesquisadores, tanto brasileiros quanto estrangeiros, com o objetivo de refletir sobre a construção da memória das ditaduras em seus países, bem como sobre a nova historiografia, proporcionada pela abertura de arquivos e novas reflexões teórico-metodológicas. Acreditamos, assim, num trabalho que não apenas integre diferentes gerações de historiadores, mas também, esperamos, futuras cooperações acadêmicas.

Nesse espírito de intercâmbio e ainda no quadro do projeto apoiado pelo CNPq, realizamos, em agosto de 2011, dois *workshops* com pesquisadores estrangeiros convidados e que agora publicam seus trabalhos nesta coletânea. No primeiro evento,

---

[2] Trata-se da trilogia *A construção social dos regimes autoritários* (Rio de Janeiro: Civilização Brasileira, 2010).

reunimo-nos com a professora Luisa Passerini (Itália) e, no segundo, com os professores Daniel Lvovich (Argentina) e Bruno Groppo (Itália e França). A presença de muitos graduandos e pós-graduandos desenvolvendo trabalhos sobre o Brasil em ambos os eventos incentivou o debate comparativo da experiência autoritária brasileira com a de outros países, um dos principais objetivos do projeto.

Desde 2008, igualmente, oferecemos disciplinas nos cursos de graduação e pós-graduação no Departamento de História e Programa de Pós-graduação em História da UFF com temas relacionados ao projeto. Da mesma forma, incentivamos a formação de jovens pesquisadores com bolsas de iniciação científica e orientações de trabalhos de conclusão de curso na graduação, bem como com dissertações de mestrado e teses de doutorado.

Outro objetivo do projeto foi o diálogo com professores dos ensinos médio e fundamental, viabilizado por meio de dois cursos de extensão. O primeiro, intitulado "História e memória da ditadura brasileira (1964-1985)", ocorreu em 2011; o segundo, "História e memória das ditaduras do século XX", foi oferecido em 2012. Em ambos, mantivemos a preocupação de mesclar jovens e experientes pesquisadores no corpo docente.

Não poderíamos terminar a apresentação sem os devidos e merecidos agradecimentos aos que nos ajudaram no decorrer do desenvolvimento do projeto.

Ao CNPq, o financiamento que tornou o projeto possível.

A Daniel Aarão Reis, o incentivo e apoio financeiro para a publicação da coletânea por meio projeto Cultura, História e Usos do Passado: Política, Patrimônio e Ensino da História (Pronex/CNPq-Faperj), do qual vários autores também fazem parte.

A Renata Chiossi, Rafaela Mateus Antunes dos Santos, Danielle Magalhães e Vanessa Costa Ferreira, bolsistas de iniciação científica, a colaboração nas atividades do projeto e na elaboração da coletânea; a Alessandra Carvalho e Lívia Magalhães, o diálogo constante.

Por fim, registramos nosso reconhecimento aos autores que participam, com seus textos, do diálogo aqui proposto.

Samantha Viz Quadrat
Denise Rollemberg

Referências

LABORIE, Pierre. Historiens sous haute surveillance. *Esprit*, Paris, n. 198, jan. 1994.
_____. *Les Français des années troubles*: de la guerre d'Espagne à la Libération. Paris: Seuil, 2003.

LE GOFF, Jacques. *História e memória*. São Paulo: Unesp, 2002.
NORA, Pierre. Entre memória e história: a problemática dos lugares. *Projeto História*, São Paulo, n. 10, p. 7-28, dez. 1993.
ROUSSO, Henry. *La hantise du passé*. Entrevistador: Philippe Petit. Paris: Textuel, 1998.
TODOROV, Tzvetan. *Les abus de la mémoire*. Paris: Arléa, 2004.

PROPAGANDAS E COMEMORAÇÕES

SOB O DOMÍNIO DO *FASCIO*:
política e simbolismo na Itália fascista

Cristina Souza da Rosa

Em uma manhã de domingo, dia 23 de março de 1919, em uma sala de reuniões da Aliança Industrial e Comercial, localizada na praça San Sepolcro, em Milão, reuniram-se cerca de 100 homens, entre eles veteranos de guerra, sindicalistas pró--guerra, intelectuais futuristas, alguns repórteres e curiosos. O grupo tinha por objetivo declarar guerra ao socialismo, acusado de fazer oposição ao nacionalismo. À frente deles estava Mussolini, um jornalista, ex-combatente e ex-socialista, que denominou o movimento Fasci di Combattimento (Paxton, 2007:16).[1]

O programa, divulgado meses depois da reunião, demonstrava a mescla de seus integrantes, revelando uma espécie de nacional-socialismo. De um lado, proclamava o alcance dos objetivos expansionistas italianos nos Bálcãs e ao redor do Mediterrâneo; de outro, propunha o sufrágio feminino, o voto aos 18 anos, abolição da Câmara Alta, a convocação de uma assembleia constituinte para redigir uma nova constituição, jornada de trabalho de oito horas, participação dos trabalhadores na administração técnica das fábricas, expropriação parcial de todo tipo de riqueza, confisco de bens da Igreja e de 85% dos lucros de guerra (Paxton, 2007:17). Além

---

[1] O nome derivava de movimentos organizados durante o final do século XIX e o começo do XX na Itália, e também do símbolo romano *fascio*, um machado rodeado por varas que significava a autoridade e a unidade do Estado. Mais tarde, Mussolini adotará esse símbolo como ícone fascista; no entanto, em 1919 ele apenas simbolizava a solidariedade do grupo.

do programa, os integrantes do *fascio* compartilhavam o desprezo pela sociedade vigente e pelo comunismo.

Em novembro de 1919, Mussolini e seus companheiros concorrem às eleições. O resultado das urnas revelou uma derrota massiva, que beirou o desastre. A dificuldade inicial de se inserir no meio político fez com que o grupo buscasse uma via alternativa à democrática: a violência. Esta foi direcionada contra os inimigos da nação, os comunistas, e com isso encontraram uma justificativa aceitável. Serão os *Squadre d'Azione*, ou *squadristi* (esquadrões), grupos de jovens fascistas, que a instrumentalizarão. Em abril de 1919, os *squadristi* entram em cena com o ataque ao jornal socialista milanês *Avanti*. As dependências do jornal foram destruídas pelo quebra-quebra e pelo incêndio provocado pelos grupos.

Foi no vale do Pó, região norte da Itália, na Toscana e na Úmbria, que os grupos de assalto fascista se concentraram e atuaram com mais força e violência. Na região do Pó, especialmente, os Camisas Negras contaram com o apoio dos fazendeiros e das autoridades locais, como polícia e comandantes do Exército. Com as eleições de 1919, os socialistas assumiram os governos dessa região e passaram a controlar a mão de obra local por meio de bolsas de trabalho. Para contratar um trabalhador, os fazendeiros tinham de recorrer a essas bolsas, cujas condições de trabalho eram ditadas pelos socialistas. Abandonados pelo governo central, em mãos dos socialistas e em dificuldades financeiras por conta da situação econômica do pós-guerra, os fazendeiros viram nos *squadristi* uma forma de proteção. O apoio da elite local permitiu aos fascistas empreenderem uma onda de violência contra os socialistas da região. O emprego da violência pode ser justificado pela presença, nos quadros do movimento, de um grande número de jovens, que a essa época tinham, em média, entre 20 e 30 anos. No entanto, a presença da juventude foi aumentando conforme os fascistas ganhavam força e à medida que os ideais fascistas representavam uma oposição a tudo o que era velho e incapaz de levar a Itália à grandeza nacional, como a velha burguesia, as velhas lideranças, o velho governo e o liberalismo.

Segundo Paxton, não só de violência se valeram os fascistas do vale do Pó. Na região, eles deram a alguns camponeses terras e trabalho. Distribuíram terras recebidas de proprietários aliados e assim conseguiram atrair camponeses e desestabilizar o mercado de trabalho socialista. Para muitos camponeses, a oferta fascista era melhor que as propostas de fazendas coletivas dos seguidores de Marx. Dominando parte da região norte e contando com apoio de relevo, os *squadristi* prolongaram sua atuação a outras partes da Itália. O primeiro ataque de considerável importância fora do vale do Pó foi deflagrado contra a prefeitura de Bolonha, em novembro de 1920. Na ocasião, seis pessoas foram mortas. A partir dessa ação, os fascistas não pararam mais com a violência e seguiram investindo contra instituições e organizações socialistas (Paxton, 2007:110).

Os atos violentos fizeram com que membros mais puristas do fascismo apelassem a Mussolini para controlar os *Squadre*. Alguns começaram a afirmar que o movimento fascista havia perdido seus ideais originais, transformando-se em "guarda-costas dos exploradores" (Paxton, 2007:112). Mussolini não se intimidou e manteve o apoio aos *squadristi*. Os puristas acabaram saindo, em alguns casos foram expulsos, do movimento, e os filhos de proprietários de terras ingressaram nas fileiras, renovando o grupo fascista. A violência provocada pelos Camisas Negras havia redefinido o movimento para a direita, enquanto o grupo original estava voltado mais para a esquerda. Nesse contexto, Mussolini adaptou o movimento às novas condições e aproveitou para eliminar os traços anticapitalistas e nacionalistas que imperavam no fascismo de 1919. A mudança facilitava a adesão e o apoio financeiro dos proprietários de terra e outros setores da economia. A arte de adaptar o fascismo às oportunidades e de renovar o grupo garantiu a Mussolini a escalada ao poder e sua permanência nele. Ao se estudar o fascismo, percebe-se claramente essa dinâmica, e sua valorização é importante na construção da história desse movimento, pois evidencia as diferentes fases.

A desordem provocada pela violência fascista revelou a fragilidade do governo central e fez com que o movimento de Mussolini não fosse mais ignorado. Enfraquecido pela situação política, o primeiro-ministro Giolitti rendeu-se aos fascistas e os convidou a formarem uma aliança com os liberais e os nacionalistas para concorrem às eleições de maio de 1921. Nesse pleito, foram eleitos 35 candidatos fascistas ao Parlamento, um número insignificante. Empossado, Mussolini, uma vez mais, se adapta à situação e procura estabelecer melhores relações com o Vaticano e a monarquia, antes criticados por ele. Com o declínio do partido socialista, a violência dos *Squadre* começa a ser contestada pela opinião pública burguesa, que exige a volta à normalidade sob o império da lei. Em agosto de 1921, Mussolini havia firmado um pacto de pacificação com o primeiro-ministro Bonomi e já visualizava a necessidade de controlar a violência para estabilizar o fascismo na política. Nesse meio-tempo, foi orientado a transformar o movimento em um partido, composto principalmente pela classe média, grupo social que naquele tempo já compunha a grande maioria dos quadros da organização.

A passagem de movimento para partido não foi tranquila. Desde a assinatura do pacto de pacificação, Mussolini enfrentou a oposição interna dos *ras* (chefes provinciais), principalmente os do norte da Itália, que agora voltavam a se manifestar contra a criação do partido. Superado os conflitos internos, em novembro de 1921 foi organizado o Partido Nacional Fascista (PNF). Mussolini então consegue fazer-

-se aceitar no papel de *Duce* (o condutor), enquanto os *ras* obtêm o fim do pacto de pacificação e a manutenção e incorporação dos *Squadre* ao partido. Nesse cenário, o PNF adquire dupla conotação: a de instituição política e militar. A ideologia do partido seguiu sendo a do movimento:

> condenavam a sociedade burguesa materialista e individualista, defendiam a propriedade privada, consideravam a classe burguesa produtiva como dirigente, sustentavam a função histórica do capitalismo, a colaboração de classe (corporativismo) com o objetivo de aumentar a produtividade, e a política externa expansionista [Paxton, 2007:14].

Segundo Angelo Trento (1986:19), no momento de sua formação, o PNF contava com aproximadamente 200 mil filiados, um número que havia crescido em apenas um ano. Já em 1922, o PNF era a organização política mais forte e estável da Itália, contando com uma milícia armada, sindicatos e organizações juvenis masculinas e femininas. No plano político, a violência continuava nas ruas italianas, e com ela o partido seguia afirmando suas intenções de alcançar o poder. Mussolini declarava abertamente que o tempo da democracia havia acabado. Os partidos opositores do fascismo perdiam força, enquanto os nacionalistas e liberais fechavam os olhos para as ações dos *squadristi*, considerando-os um elemento de força importante no combate aos comunistas. Ao mesmo tempo, as elites dirigentes acreditavam que o movimento de Mussolini era efêmero e que, inserindo-o no poder, em segundo plano, poderiam controlá-lo.

No entanto, uma greve malsucedida, chamada "Greve da Legalidade", organizada pela Aliança do Trabalho em agosto de 1922, contra o fascismo, expôs as veias abertas da política italiana e deu ao PNF a chance que precisava para deflagrar a tomada do poder. A greve foi desmobilizada com a força dos *squadristi*, que, por meio de uma violenta represália, acabaram com as últimas organizações operárias e exibiram a total ineficiência do Estado liberal e dos partidos antifascistas em chegarem a um acordo. A reação do governo central foi a de envolver o PNF um pouco mais na política, com mais responsabilidade, mas sem lhe ceder o poder, tentando com isso apaziguar os ânimos fascistas. Mussolini mostrou-se disposto ao compromisso, com o objetivo de evitar a formação no governo de uma coalizão antifascista.

Enquanto em Roma o quadro político era traçado, em Nápoles os fascistas, reunidos no congresso do PNF, gestavam a conquista do poder. Com a derrota do movimento operário, havia chegado a hora de exigir o poder de fato. A ala mais intransigente do PNF considerava a possibilidade de conseguir o poder militarmente. Mussolini, ao contrário, pensava que uma insurreição pela via das armas não teria chances se o Exército interviesse. Nesse contexto, a "Marcha sobre Roma" foi idealizada como uma estratégia de pressão, cujo objetivo era conseguir mais espaço político e, principalmente, a chefia do governo. Assim, os Camisas Negras partiram em direção a Roma, por estradas e vias férreas, tomando cidades e edifícios públicos ao longo do caminho. Enquanto a desordem e a confusão se espalhavam pelo reino, Mussolini esperava em Milão, perto da fronteira com a Suíça, pronto para fugir caso alguma coisa desse errado. Nesse meio-tempo, ele foi procurado por antigos políticos que tentavam desativar a crise negociando um governo de coalizão. Nele, Mussolini não seria mais que um mero ministro. Nenhuma das propostas lhe pareceu atrativa, e as negociações não seguiram em frente.

Enquanto no norte italiano uns tentavam negociar, em Roma, Luigi Facta, primeiro-ministro, buscava instaurar o Estado de sítio solicitando ao rei Vittorio Emanuele III que assinasse o decreto que o promulgava. O rei titubeou e ao final se recusou a assinar o documento. Motivos para isso não lhe faltaram, e entre eles podemos citar: "dúvidas em relação à lealdade dos altos oficiais, temor de Guerra Civil ou de fortalecimento da esquerda, preocupação com a perda de prestígio da monarquia devido à simpatia pelo fascismo de parte da corte, do Exército e dos industriais" (Trento, 1986:21). A solução para a crise encontrada pelo rei foi oferecer o cargo de primeiro-ministro diretamente a Mussolini.

Vestindo fraque e camisa negra, Mussolini se apresentou diante de Vittorio Emanuele III, no dia 30 de outubro, para assumir o posto de primeiro-ministro. Foi formado um governo de coalizão com fascistas, expoentes liberais, populares, democráticos e nacionalistas, mas sem a esquerda. Pela primeira vez na Itália, o chefe de um movimento armado, com minoria no Parlamento, assumia o cargo de chefe de governo. Nove mil Camisas Negras haviam entrado em Roma, menos do que a história sugere, outros tantos mil tinham ficado pelo caminho. Os números, ao fim e ao cabo, são o que menos importa, pois, segundo Gentile (2005:16), Mussolini havia conseguido semear a confusão no seio do Estado e com isso havia aberto as portas para a negociação e para o poder.

Em seu primeiro discurso na câmara, Mussolini deixou claro a que viera: "Podia fechar o Parlamento e compor um governo exclusivo de fascistas. Podia, mas, pelo menos nesse primeiro momento, não quis" (Trento, 1986:21). A ameaça não afastou a ideia de que os fascistas não passariam de mais um acontecimento da vida política italiana. Um engano tomava a mente dos políticos italianos e levava a Itália à fascistização da sociedade e do Estado.

O período de 1922 a 1925 foi marcado pela progressiva destruição das instituições democrático-liberais italianas e pela criação do Estado fascista. Os governos locais socialistas e católicos haviam sido dissolvidos, seus principais dirigentes foram presos; o movimento operário foi combatido e a imprensa sofreu o controle da informação por meio do recém-criado Ufficio Stampa. Esses anos também foram marcados pela recuperação econômica mundial, e a produção industrial italiana aumentou consideravelmente seus índices atraindo para o fascismo os grupos empresariais, agrários e financeiros (Trento, 1986:22). Mussolini governava seguindo os princípios do liberalismo, imprimindo a eles certo intervencionismo.

Por outro lado, o PNF continuava se expandindo e conseguindo mais e mais filiados no sul e no centro da Itália, onde até então não tinha força. Visando controlar a autonomia dos membros dirigentes do PNF, em 1922, Mussolini criou um órgão supremo do partido, o Grande Conselho. Integravam-no os dirigentes do partido e os fascistas que participavam do governo; a presidência cabia exclusivamente a Mussolini. O Grande Conselho vai ter importante papel no processo de formação do Estado fascista, pois em suas reuniões serão gestadas as leis que acabarão definitivamente com a democracia parlamentar. A organização da Milizia Volontaria per la Sicurezza Nazionale (MVSN), em 1923, é outro importante passo para o fortalecimento do poder pessoal de Mussolini e para a formação do Estado autoritário, pois enquadrava o *squadrismo* e submetia a violência ao chefe de governo. Com isso, Mussolini usurpava, de certo modo, o papel de controle da violência que cabia à polícia, ao Exército nacional e ao Estado democrático.

Em 1923, Mussolini apresentou uma nova lei eleitoral em que a legenda que obtivesse a maioria relativa dos votos (25%) contaria com dois terços dos deputados. A ideia era que o PNF formasse legenda com outros partidos não fascistas, mas que apoiavam o fascismo, e com isso ocupasse mais cadeiras parlamentares. O clima eleitoral de 1924 foi marcado pela violência, dessa vez promovida pela MVSN, que atacava candidatos da oposição e acuava eleitores obrigando-os a votarem no PNF. As legendas nacionais, das quais faziam parte os fascistas, obtiveram 65% dos votos, elegendo 356 deputados. Na Câmara, depois do pleito, Giacomo Matteoti, deputado socialista, fez um discurso violento contra os fascistas e o clima de ilegalidade das eleições. Dias depois foi sequestrado e assassinado pelos *squadristi*. Mussolini se declarou alheio ao delito e condenou a ação. Com isso reforçava a ideia, que tinha a classe dirigente, de que as ações violentas aconteciam contra sua vontade. Mussolini atuava em duas frentes, uma negociando no campo da política tradicional e outra no campo da violência, estimulando os grupos radicais do fascismo e garantindo, assim, o apoio interno e o medo social. A violência nos primeiros anos de fascismo teve seu papel na consolidação do poder.

Com a morte de Matteoti, o país entrou novamente em uma crise política e, mais uma vez, os opositores pediram a volta da legalidade e a dissolução da milícia. Para ganhar tempo, Mussolini fechou a Câmara e afastou alguns colaboradores com a intenção de acalmar os ânimos. Do rei se esperava que afastasse Mussolini do cargo, mas quando ele se manifestou o fez em favor do líder dos Camisas Negras. Até mesmo o papa ficou ao lado de Mussolini, considerando o fascismo o "menor dos males" (Trento, 1986:29). Com o acalmar da tempestade, Mussolini reabriu a Câmara em novembro de 1924 e, em princípios de 1925, começou a fortalecer o Estado fascista.

Entre 1925 e 1926, ele consolidou o poder em suas mãos. Passou a responder somente ao rei; declarou a ilegalidade de todos os partidos, menos do PNF; cassou o mandato dos parlamentares opositores e mandou prender quem o ameaçava de fato. Reorganizou o PNF substituindo Roberto Farinacci — chefe dos fascistas integralistas que pretendia fortalecer o poder do secretário do partido, rivalizando com Mussolini — por Augusto Turati, com o objetivo de subordinar o partido a suas vontades.

Após vencer a oposição e começar a transformação do Estado democrático para o Estado fascista por meio de leis e da criação de instituições de governo, havia chegado a hora de pensar a cultura política do fascismo até então deixada de lado em prol da violência e da consolidação do poder.[2] Mussolini tinha consciência de que sua capacidade de se manter no poder por longo período dependia da criação de uma base de consenso e de sustentação popular. A violência criava uma adesão fraca, baseada no medo e na coerção. Vale observar que ela era apenas uma forma de chegar ao poder, e não de manutenção deste. Dessa forma, era preciso trabalhar no campo do sentimento, criando uma relação sentimental e de proximidade entre o líder e a população. No decênio de 1930, Mussolini se preocupará em construir uma imagem pública de si mesmo e do fascismo, fornecendo elementos que vinculassem o povo a ele e ao regime. O lema agora era "andar em direção ao povo".

O fascismo, então, construiu uma visão de mundo em que a inserção social passava pela integração total ao discurso social e político do novo regime. O regime de Mussolini fazia nascer uma "nova Itália" ao vencer as disputas políticas, derrotar os inimigos e superar o tradicionalismo e, supostamente, o conservadorismo. Como uma fênix, surgida das cinzas da Primeira Guerra Mundial, a Itália comandada por Mussolini caminharia rumo à grandiosidade econômica e social. No entanto, segundo Mussolini, tal conquista não se daria sem a participação do povo italiano, que precisava mudar sua maneira de pensar, agir e participar. À população, Mussolini oferecia uma "nova democracia", não mais sustentada pelo voto ou pelas câmaras parlamentares, e sim por um pacto social estabelecido entre ele e o povo.

---

[2] Segundo Angela de Castro e Gomes (2007:48): "Cultura política é entendida por 'um sistema de representações, complexo e heterogêneo', que permitem a compreensão dos sentidos que um determinado grupo atribui a uma dada realidade social, em determinado momento e lugar".

Mussolini, na condição de líder, escutaria os desejos do povo e os transformaria em ações, eliminando os intermediários entre o povo e o poder. Assim, prometia zelar pela igualdade de direitos, pela harmonia social, garantindo a todos o direito de participar da política e de crescer com a nação. Dessa forma, com o tempo, o fascismo se consolidou como uma "democracia" que, segundo os fascistas, era "organizada, centralizada, autoritária, na qual os direitos do povo são reconhecidos, tutelados e harmonizados" (Tannenbaum, 1972:214). Esse conceito de democracia servia para justificar a implantação do governo autoritário e a substituição das instituições parlamentares pelas fascistas. Entre 1925 e 1930, Mussolini transforma o cenário político italiano, implementando leis fascistas, como a Lei das Corporações e as leis trabalhistas, e cria instituições paraestatais com mais poderes que as do próprio Estado. A partir daí, duplica os centros de poder tradicionais, desmantelando o Estado democrático, e fortalece a ditadura fascista (Paxton, 2007:207).

Uma "nova Itália", um "novo homem"

Ao povo, Mussolini solicitava uma mudança de mentalidade e de atitude que implicava se tornar um "novo homem". Com tal objetivo, o fascismo iniciou um processo educativo em que meninos, meninas, homens e mulheres apreendiam qual o papel social a desempenhar na nova sociedade e que valores adotar. Com base em um discurso de crescimento econômico e de harmonia social, homens e mulheres foram dotados de funções distintas dentro da sociedade. Aos homens caberia o papel de provedores do lar, procriadores, trabalhadores e soldados. As mulheres, que com a Primeira Guerra Mundial haviam conseguido certa liberdade fora de casa, deveriam retornar ao lar e assumir as funções ditas naturais do feminino: gerar filhos, cuidar da família e da casa.

Os novos papéis sociais não estariam restritos ao espaço privado, pelo contrário, o extrapolariam, regendo, no público, as relações sociais, políticas e econômicas. No fascismo, público e privado não tinham fronteiras rígidas e eram constantemente invadidos pela ação do Estado, que no fascismo assumia o papel de Estado educador:

> O Estado fascista, forma mais alta e potente da personalidade, é força, mas também espiritualidade, a qual reassume todas as formas da vida moral e intelectual do homem. Não se pode, portanto, limitar à simples função de ordem e tutela, como queria o liberalismo. Não é um simples mecanismo que limita a esfera da suposta liberdade individual. É forma e norma interior, é disciplina de toda a pessoa; pene-

tra a vontade como a inteligência. O seu princípio, inspiração central da humana personalidade vivente na comunidade civil, desce no profundo e se aninha no coração do homem de ação como de pensamento, do artista como do cientista: alma da alma [Mussolini, 1951:120-121].

O Estado educador é uma das bases do Estado totalitário, pois não se limita a manter a ordem e a tutelar a convivência social e econômica. Esse Estado atua de forma direta sobre a vida e a mente do cidadão, transformando-o social e espiritualmente. Para isso, cria sistemas educacionais, sociais e políticos; divulga valores e hábitos; e estabelece estilos de vida, regulando o público e o privado. Esse conceito revela a importância da educação na construção do Estado fascista, que se utiliza dela para disseminar hábitos e costumes, criando uma nova realidade social e um novo sujeito.

Era na escola e nas atividades da Opera Nazionale Balilla (ONB) que meninos e meninas apreendiam valores, hábitos e costumes fascistas, bem como os papéis sociais a serem assumidos.[3] A ação da ONB sobre as crianças e os jovens do fascismo era efetiva e intensa, sendo a inscrição obrigatória e automática para os alunos das escolas públicas. Não ter os filhos ou filhas inscritos na ONB se convertia em grande risco ao pais, que poderiam, inclusive, ser acusados de antifascistas.

O programa destinado às jovens fascistas era regido por atividades relacionadas com o lar e o dito feminino, como primeiros socorros, caridade, floricultura e decoração, arte feminina e economia doméstica. As jovens tinham lições de puericultura, em que aprendiam a cuidar das crianças, acompanhando o desenvolvimento infantil. Esse ensinamento tinha uma importância vital dentro do projeto expansionista e de crescimento fascista, pois, segundo Mussolini, "número era potência", potência para as armas, para o campo e para a indústria. Dessa maneira, as jovens eram educadas para ter filhos, mas também para cuidar deles, pois era importante que a população se multiplicasse com saúde e força. Com isso, a responsabilidade feminina recaía sobre a reprodução e a manutenção da população. Para estimular tais funções, as jovens da "Giovani italiane" e "Piccole italiane" praticavam o assistencialismo com crianças pobres, velhos e camponeses.

No fascismo, o papel social da mãe era exaltado pela cerimônia "Giornata della madre" (Jornada da mãe), em que Mussolini, em pessoa, premiava as mulheres com o maior número de filhos. Os homens que fossem pais de uma grande prole também recebiam reconhecimento. No serviço público, por exemplo, tinham a

---

[3] Até 1937, a ONB estava vinculada ao Ministério da Educação. Nesse ano, ela foi desarticulada e todos os seus membros e grupos passaram para a Gioventù Italiana del Littorio, organização recém-criada e pertencente ao Partido Nazionale Fascista.

preferência na hora de uma promoção (Grazia, 1993). Em contrapartida, os jovens solteiros e sem filhos eram obrigados a pagar uma taxa, uma espécie de imposto sobre o celibato. Com isso, os fascistas construíam uma imagem positiva da família, valorizando as mulheres, que assumiam a função de mãe e transformavam a reprodução em um bem social. No entanto, isso não implicava valorizar o ato sexual em si, pois no fascismo o sexo tinha um valor católico destinado, exclusivamente, à reprodução. Todo ato fora desse fim era condenado.

A prática da educação física era importante aliada no cuidado das crianças, pois ensinava às meninas a importância do esporte no fortalecimento da raça. Para os educadores fascistas, a atividade física feminina tinha tripla função: uma função eugênica, de fortalecimento do corpo; outra de formação de hábitos saudáveis, que uma vez adquiridos seriam repassados aos filhos; e uma terceira, de formação da personalidade. Os esportes conferiam às meninas qualidades como força, vontade, iniciativa, companheirismo e coletividade. Valores que, segundo os fascistas, deveriam compor o "novo homem". No entanto, nem todos os esportes eram permitidos às meninas, pois alguns eram demasiado masculinos para a formação do caráter e do corpo feminino. Assim, foi estimulada, entre elas, a prática de jogos que inspirassem movimentos harmônicos, como o críquete e o tênis. Esses jogos exigiam movimentos delicados e refinados, dignos do comportamento feminino.

O tênis, por sua vez, era considerado o mais apropriado, pois conferia agilidade, elegância e desenvolvimento dos músculos. Já o esporte coletivo mais divulgado entre elas era a ginástica rítmica (Grazia, 1993:167), que as tornava esbeltas, elegantes e com elasticidade, melhorando a condição física. Para o fascismo, era importante que o esporte associasse a melhoria do corpo à formação social. Portanto, tênis, críquete, ginástica rítmica e patinação eram as atividades recomendadas, pois desenvolviam o espírito delicado, discreto e reservado, digno da mulher fascista.[4] Esse comportamento era reproduzido em revistas de gênero, que reforçavam a condição feminina. Na revista *La Scuola Fascista*, sob o título "Aquilo que as mulheres não devem fazer", encontramos um exemplo: as mulheres "não devem fazer exclamações exageradas, nem manifestar juízo precipitado sobre coisas ou pessoas; não devem jamais 'perder a boa ocasião de ficar em silêncio'".[5]

No entanto, Turati, secretário do PNF em 1930, afirmava que, como patriotas e cidadãs, as jovens deveriam ser modernas: combativas, presentes na vida pública

---

[4] Mussolini (1951:118), ao definir a ideia fundamental do fascismo, afirmou que a vida que deseja o fascista é séria, austera e religiosa.
[5] "Conversazioni femminili. Quello che la donna non deve fare". *La Scuola Fascista* (1929:8).

e prontas à "chamada" (Grazia, 1993:204). Essa fala revela a contradição do fascismo, que realizava um movimento de mão dupla, em que encerrava a mulher em casa, mas ao mesmo tempo lhe permitia certa autonomia em público, por meio da participação nas organizações femininas e esportistas fascistas.

Se as atividades físicas estavam relacionadas com a natureza do sexo, o mesmo acontecia com a profissional. Às mulheres fascistas era consentido exercer as profissões de enfermeira, professora, secretária, datilógrafa, bibliotecária, jornalista ou assistente social. Profissões relacionadas com o cuidar do outro e com as letras. Nos anos 1930, o crescente belicismo fascista fez com que os trabalhos de cura ganhassem força e fossem estimulados cada vez mais entre as mulheres.

Os meninos que participavam da ONB, dos seis aos 18 anos, recebiam, como as meninas, uma formação integral que passava pelo corpo e pela mente, baseada no lema *libro e Moschetto*. Enquanto a formação feminina visava ao retorno ao lar, a masculina destinava os jovens à rua, ao trabalho e à guerra. As atividades eram concentradas em torno do esporte competitivo, da ginástica sueca, de excursões de tipo militar, acampamentos e atividades manuais. A partir dos anos 1930, praticavam exercícios com réplicas de armas, como metralhadoras e mosquetões.

As atividades físicas de ginástica sueca e ginástica artística fortaleciam os músculos das pernas, dos braços e do abdômen, preparando o corpo para segurar as armas e aguentar o campo de batalha. Ao mesmo tempo, tinham função eugênica dentro do sistema fascista. Os idealizadores da educação física apostavam que a prática da ginástica sueca e artística corrigiria deficiências físicas, que não seriam transmitidas aos filhos, melhorando, assim, a genética italiana.

Os esportes ajudavam a internalizar os valores de coletividade, harmonia e disciplina, tão valorizados no mundo fascista. Por outro lado, essas atividades físicas imprimiam nos jovens um espírito guerreiro, de ordem e de disciplina. É importante observar que desde o princípio havia uma preocupação com a formação militar dos jovens italianos, intensificada depois dos anos 1930. Três são os motivos para isso: a entrada de Achille Starace na secretaria do PNF; a extinção da ONB e a criação da Gioventù Italiana del Littorio; e a invasão da Etiópia, em 1936. Portanto, no começo o esporte tinha uma função mais lúdica, com o objetivo claro de transmitir valores de coletividade, ordem, disciplina. Depois de 1930, a educação pelo esporte visava imprimir um espírito competitivo e de emulação nos jovens. Com isso, o esporte passou a ser um espetáculo, em que o povo reunido podia apreciar a vitória da nação esculpida nos corpos perfeitos dos atletas. Mesmo que tenha mudado de conceito, disciplina e ordem sempre foram virtudes a serem atingidas com sua prática. A ordem, a disciplina, o respeito à hierarquia e à coletividade eram qualidades que formavam o "novo homem" fascista.

A formação social dos jovens se completava pela assimilação do sentimento de pertencimento. O "sentir-se parte do todo" era fundamental para a organização da estrutura simbólica do fascismo, pois introduzia os indivíduos no coletivo, unificando a nação em torno de um mesmo ideal e mesmo líder. Para isso, foi preciso inserir um novo elemento no processo formativo dos jovens, e também do povo italiano, o valor do sacrifício. O sacrifício valorizado era o sofrido pelos soldados italianos no campo de batalha da Primeira Grande Guerra. Para o fascismo, o sacrifício dos mortos tinha dupla função: unificador e sacralizador. Em sua primeira função, agia como um cimento, unindo os italianos em torno de um sentimento e acontecimento comum a todos. Todos os italianos, ricos ou pobres, haviam passado juntos pelo sofrimento da guerra. Assim, o sacrifício assume o conceito de Renan (1997:39), em que a nação é o resultado de um longo passado de esforços, de sacrifícios e de devoção compartilhados pelo coletivo. Como sacralizador, ele enaltece a nação e a regenera pelo sangue de seus filhos. Segundo Gentile (2003:27), o mito do sangue como símbolo de purificação e santificação, junto com o mito da violência regeneradora, cabe perfeitamente em um nacionalismo que sofre o complexo da inferioridade por uma tradição nacional sem grandes guerras e grandes vitórias. Esse é o caso da Itália, que teve uma participação ínfima na Primeira Guerra e ao final do conflito foi considerada pelas nações vencedoras uma parceira de segunda categoria e não merecedora de grandes recompensas. Assim, a guerra e a revolução têm papel regenerador do homem que se forma na luta e no sacrifício, e a morte nesses contextos catastróficos sacraliza o sangue perdido.

Dessa maneira, o culto aos mortos da Primeira Guerra foi instaurado no fascismo em um sentido educativo e unificador. Por extensão, os mortos da Revolução Fascista também foram idolatrados, pois, como os soldados das trincheiras, se sacrificaram e tiveram o sangue derramado em nome da Itália. Com isso, Mussolini imprimia a seu regime uma continuidade histórica que legitimava seu poder e justificava o culto político ao fascismo. A prática exaltadora dos mortos foi introduzida em todas as escolas do país, em novembro 1922, com a criação de "parques da lembrança", onde os alunos plantavam uma árvore por cada homem caído. Com o passar dos anos, o culto foi se intensificando e se desenvolvendo pela construção, em todas as cidades italianas, de monumentos aos caídos na guerra e da criação de rituais de exaltação da morte.

Na ONB, podemos observar o desenvolvimento de duas formas de culto aos mortos. Em uma delas, os membros eram levados em excursões a locais onde se desenvolveram batalhas históricas italianas. Esses passeios exerciam dupla função, pois, além de cultuar os sacrifícios, os jovens cultuavam o passado histórico italiano.

A segunda forma consistia em visitas aos monumentos dos caídos, onde prestavam homenagens relembrando os sacrifícios feitos em nome da Itália.

No entanto, o grande encontro dos jovens fascistas com os sacrifícios e os mortos da nação se dava no dia da "Leva Fascista", um evento anual realizado nas praças principais das cidades italianas. A mais solene acontecia em Roma, na praça Veneza, considerada pelo fascismo o "coração da Itália".[6] A "Leva" consistia em um ritual de entrada no mundo fascista e de reconhecimento dos jovens como fascistas. Nessa cerimônia, recebiam das mãos do secretário do PNF, e também de Mussolini, a carteirinha de fascista e o mosquete. Segundo Mussolini, a primeira representava um símbolo de fé, e o segundo, "o instrumento de nossa força".[7] Diante de Mussolini, que a partir da década de 1930 passou a comparecer à cerimônia, realizavam o juramento fascista: "Em nome de Deus e da Itália, juro seguir as ordens do *Duce* e servir com todas as minhas forças e se necessário com meu sangue à causa da Revolução Fascista".[8] Como os soldados mortos, juravam entregar seu sangue pela nação se assim fosse preciso. O recebimento da carteirinha e o juramento eram realizados depois de uma saudação aos caídos enterrados no Altar da Pátria. A "Leva Fascista" acontecia no dia 24 de maio de cada ano, data em que a Itália entrou oficialmente na Primeira Guerra Mundial. A escolha da data ampliava o significado simbólico do ritual de celebrar e rememorar o sacrifício dos soldados e dos fascistas mortos. Diante do Altar da Pátria, os jovens lembravam os sacrifícios feitos e os que ainda estariam por vir em nome da grandeza nacional e, dessa forma, davam continuidade à sua formação individual e coletiva.

Coragem era a virtude que completava a formação militar e psicológica dos jovens fascistas. Considerada fundamental por Mussolini, essa qualidade, associada à ordem e à disciplina, completava o caráter guerreiro dos jovens. A referência de coragem que o fascismo oferecia aos jovens era a dos soldados romanos. Era nos romanos que Mussolini buscava a inspiração do homem que queria forjar. Um homem que, como os romanos, desafiava o destino construindo uma "nova Itália". Com isso, conferiam ao "novo homem" fascista uma referência histórica, afirman-

---

[6] Tal título devia-se ao fato de a praça abrigar o Palácio Veneza, onde Mussolini trabalhava e falava à nação, e o Altar da Pátria, monumento em homenagem à unificação e onde estavam enterrados os mortos da Primeira Guerra.
[7] O mosquete era uma arma de fogo portátil, semelhante a um fuzil, cano curto, leve e fácil de manejar. Os jovens da Leva recebiam uma réplica da arma (Gentile, 2003:115).
[8] É importante observar que o juramento nem sempre foi simples e curto como esse e que também não era igual para todas as organizações fascistas. Depois de 1930 e da entrada de Starace como secretário do PNF, o juramento passou a ser o citado aqui, e todas as organizações fascistas e para-membros do PNF o recitavam.

do que o povo italiano era herdeiro direto da raça latina e, como tal, tinha em seu DNA as virtudes romanas.

Como se nota, a história tinha papel relevante na construção do Estado fascista, do "novo homem" e do mito de Mussolini como *Duce*. O resgate histórico do passado do Império Romano e da Primeira Guerra Mundial servia como elemento legitimador da ideia de continuidade. O fascismo se autoproclamava um continuador do Império Romano, não no sentido de dar continuidade aos fatos, mas no de reviver a potência, o espírito e os princípios da Roma antiga. Mussolini afirmou que "Roma é o nosso ponto de partida e de referência; é o nosso símbolo ou, se quisermos, o nosso mito" (Gentile, 2003:131). Com isso, criava uma simbiose entre o passado e o presente, estabelecendo uma relação de construção mútua. Ou seja, os fascistas, ao recuperarem os símbolos, os valores e a história de Roma, davam novo sentido histórico ao passado, legitimando o presente. Um exemplo desse processo são as escavações arqueológicas promovidas pelo *Duce*, que criavam, arbitrariamente, um cenário urbano e monumental de modo a visualizar a simbiose entre Roma e o fascismo. A construção da Via Imperial, que conduz carros e pedestres da praça Veneza ao Coliseu, passando ao lado do Fórum Romano, exemplifica tal afirmação. A partir disso, construía-se a ideia de que o fascismo era Roma e Roma era o fascismo. Essa imagem conduzia à formação do "novo homem" fascista, que deveria ser um romano, disciplinado e corajoso como foram os centuriões. Esse homem, fruto da educação fascista, formado com base em valores do passado, seria um homem moderno no sentido da ação e da participação política, pois estaria inserido na sociedade construída pelo fascismo e pronto à "chamada às armas".

O mito da romanidade construía também o mistério da continuidade. As escavações arqueológicas traziam à tona uma Roma desconhecida que dia a dia insistia em ressurgir de dentro da terra, revelando sua grandeza. Os italianos, herdeiros desse passado latino, deveriam dar continuidade à sua grandeza. Também o fascismo queria imprimir sua continuidade na história da Itália e se propunha fazer isso por meio da política interna e externa e da formação do "novo homem". Seria esse homem formado na cultura fascista quem daria continuidade ao regime de Mussolini. O mito de Roma foi resgatado pelo fascismo como um "tempo mítico" da estirpe italiana e como um tempo de ouro ao qual se deveria retornar. Segundo Emilio Gentile, o culto à romanidade servirá para recuperar e reinventar os símbolos, os cultos e os rituais do fascismo. Ao mesmo tempo, tal mito conferia a este uma origem, fundamentando o regime em um passado antigo e glorioso e, assim, legitimando sua existência.

Rituais e cerimônia: a exibição fascista

Os rituais e as cerimônias fascistas foram instituídos por volta de 1926, quando Mussolini já havia se estabilizado no poder e quando os intelectuais começaram a pensar uma cultura política para o regime fascista. Foi nesse período que as estruturas de propaganda foram fortalecidas, reorganizadas ou mesmo montadas. O Instituto Nacional de Cinema Educativo (Luce), por exemplo, já atuava desde 1924, mas só em 1925 havia sido confirmado como instituição do governo. A simbologia fascista, inspirada nos romanos, foi criada em 1926, quando também se organizou um calendário oficial, cujo ponto de partida era a "Marcha sobre Roma". Também foi a partir da segunda metade da década de 1920 que a propaganda ganhou força dentro do fascismo. Associada à educação, tinha a função de propagar ideias, hábitos e costumes do fascismo, educando o povo para o novo cenário político.

A princípio, antes de conquistar o monopólio do poder, os rituais tinham a função de aterrorizar o inimigo, conquistar o indeciso e reforçar a imagem de identidade, potência e coesão entre os próprios fascistas. Com o passar do tempo, as cerimônias adquiriram outras funções, como fazer a propaganda interna e externa do regime. Com esse objetivo, as cerimônias criavam um estado de ânimo, em que a população era estimulada a manter-se fiel ao regime e à sua política. Para isso, apelavam ao sentimento, à emoção, à fantasia e ao entusiasmo. Assim, construíam uma imagem de consenso e legitimidade do poder fascista, garantindo a continuidade do regime e de Mussolini.

A inspiração para a criação de rituais, mitos e símbolos fascistas vinha de Gustavo Le Bon, um dos autores preferidos de Mussolini, que afirmava: "Uma crença religiosa ou política se funda sobre a fé, mas sem os rituais e os símbolos a fé não pode durar" (Gentile, 2003:146). Um dos principais mitos evidenciados pelas cerimônias era o da nação unificada pelo fascismo. Nos rituais, esse mito se desenvolvia de forma simples, com a presença da multidão. Era a multidão entusiasmada, ordenada, disciplinada e crente no fascismo, no líder e nos símbolos do regime quem encenava a unificação. Era ela também quem estimulava os sentimentos de pertencimento e de harmonia social. No meio do povo, o indivíduo era diluído, e o que se via era uma grande massa de pessoas que participava de um mesmo universo simbólico político, conduzida por um único líder. Essas imagens faziam com que a população se sentisse parte do todo, do coletivo, esquecendo, assim, as diferenças regionais, culturais e, inclusive, políticas.

O cinema tinha um importante papel na consolidação do mito da nação unida, pois integrava os que não participavam dos atos e celebrações pelas imagens cinematográficas. Os cinejornais do *Luce* começaram a ser produzidos em 1927 e levavam a todas as salas de projeção italianas as notícias e as imagens do fascismo. Esses noticiários exibiam as manifestações, os rituais e as cerimônias fascistas, exaltando a presença da multidão nos atos públicos. Por meio da tela do cinema, os espectadores viam a multidão chegando aos eventos e como se comportava diante de Mussolini. No escurinho das salas, os espectadores podiam se imaginar no meio do povo, participantes dos rituais fascistas. O cinema estimulava um jogo de espelhos, no qual o outro sou eu, e com isso conquistava a adesão nacional pela fascinação do olhar.

A população entusiasmada e ordenada criava um ar de coletividade que era reforçado pela simbologia fascista. Os símbolos do *fascio del littorio*, a bandeira tricolor, a águia, o fogo e os uniformes do partido e das organizações da juventude criavam um sistema de identificação que eram elementos importantes no processo de unificação e também de continuidade. Segundo Emilio Gentile, a continuidade era a ideia principal perseguida pelos fascistas nas cerimônias e rituais. Nos rituais, a presença da juventude dava o tom dessa continuidade. Os jovens, educados segundo a ideologia fascista, exibiam a fidelidade e a força da continuidade do regime. Era na figura da juventude que a população via representado o futuro da nação, espelhando a fidelidade ao líder e a fé no regime. Nas cerimônias de culto aos mortos, essa imagem se repetia. A juventude militarizada era uma ponte entre o passado e o futuro, simbolizando a continuidade da revolução fascista. A força da juventude também representava a vontade de potência, o impulso que, segundo os fascistas, desafiava o destino e garantia a eternidade.

O fogo, nos rituais, aparecia como a força destruidora, purificadora, regeneradora e eterna. No Altar da Pátria, em Roma, diante do túmulo dos soldados caídos na Primeira Guerra, ardia o fogo eterno, que era alimentado por pequenos *balilla* e *avanguardisti*, membros da ONB, nas cerimônias da Leva Fascista ou em outras. A associação entre juventude e fogo reforçava a ideia de eternidade e de força regeneradora. O fogo era usado para queimar as bandeiras e os símbolos dos inimigos, representando a destruição destes e o surgimento, em seu lugar, da nação fascista. Das cinzas do inimigo nascia a Itália de Mussolini. O anúncio ao povo da entrada dos exércitos fascistas na Etiópia foi realizado por Mussolini em uma cerimônia noturna, cujo cenário, a praça Veneza, e o público eram iluminados por milhares de tochas. Nesse evento, o fogo representava a regeneração da Itália, que, finalmente, nas palavras de Mussolini, tinha "conquistado seu império". A cerimônia noturna, que entrava pela madrugada, reforçava a simbologia de regeneração, pois ao surgir do novo dia a Itália seria uma potência mundial, um império, de igual para igual com as nações rivais. A cerimônia aqui descrita foi exibida para toda a Itália pelo cinejornal *Luce, Adunate generali del popolo italiano — 5 e 9 maggio XIV* (1936). Atuando como veículo de propaganda, o cinejornal *Luce* era destinado a espectadores que já compartilhavam os valores e ideias do fascismo, sendo seu objetivo manter a animação e a adesão nacional à política bélica fascista. Para isso, destacava a teatralidade e o sentimentalismo da cerimônia, valorizando o discurso bélico de Mussolini e as imagens da multidão.

A massa presente nas cerimônias exercia a democracia fascista, representando a união em torno de uma vontade única. A democracia fascista se realizava pelo diálogo estabelecido entre a população e o líder. O aplauso, a vibração e as respostas coletivas substituíam o voto e faziam com que o povo reafirmasse sua fé e sua confiança no projeto fascista. Esse conceito pode ser visto no cinejornal citado, no qual em dado momento Mussolini pergunta: "Este grito é como um juramento sacro?". E o povo responde: "Simmmm!". O "jograI" estabelecido entre o *Duce* e a multidão fazia parte da teatralização do poder, em que Mussolini podia exibir seu domínio sobre a coletividade. Sua conduta era baseada na ideia desenvolvida por Gustavo Le Bon, em *A psicologia da multidão*, de que a massa é irracional e deve ser conduzida.

Seguindo a ideia de democracia dos fascistas, era nas cerimônias que ela se consolidava pela interpretação que o líder fazia dos desejos do povo, que, a partir disso, eram por ele transformados em realidade. Nessa perspectiva, a cerimônia de anúncio da conquista da Etiópia é um ritual democrático, pois nela Mussolini "entrega" à população uma Itália grandiosa, segundo ele desejo do povo desde o final da Primeira Guerra.

É pelo verbo, pela palavra, que o líder se relaciona com a multidão, e por meio dele "se opera uma estranha comunhão que faz com que, dirigindo-se o chefe político à multidão, seja igualmente a multidão que se exprime nele, com ele" (Girardet, 1987:79). Nesse contexto, o líder deixa de ser um simples representante do povo, o simples executor da vontade geral, e passa a encarná-la em sua totalidade. Dessa forma, Mussolini já não é apenas um líder, e sim o Estado, a nação, o povo italiano personificado. É nesse processo de comunhão e integração que o líder deixa de ser mero representante para ser a personificação do Estado.

Na cerimônia de anúncio de conquista da Etiópia, identificamos outro elemento da cultura política fascista: a presença do passado como instrumento legitimador e glorificador do presente. O discurso proferido por Mussolini no ato de incorporação da Etiópia ao reino da Itália é marcado por referências ao Império Romano. Uma delas é a associação entre a paz fascista e a paz romana, quando Mussolini diz: a "nossa paz, a Paz Romana". As imagens cinematográficas do evento também contribuem para a relação passado-presente. O cinejornal de 1936 faz associações explícitas entre os fascistas e os romanos; logo na abertura se vê um desfile de estandartes romanos. Entretanto, é na última cena do cinejornal que o espectador vê a associação mais importante entre o fascismo e o Império Romano. Nela aparece o perfil de Mussolini, com capacete militar, sendo substituído pela estátua de César como braço estendido. Já não há dúvida: se a Itália imperial fascista é a Itália dos romanos, Mussolini é um César. Essa associação opera uma identificação entre o destino individual do *Duce* e o destino coletivo de um povo inteiro. A imagem estabelece uma renúncia à identidade individual e cria uma identidade coletiva, a partir da fusão íntima e indissolúvel com a comunidade mãe, reforçando, com isso, a personificação do Estado na figura de Mussolini (Girardet, 1987:80). Ao mesmo tempo, a fusão das imagens de Mussolini com a de César confirma o cumprimento do destino histórico que o primeiro impôs a si mesmo, o de retomar a condição de potência imperial à Itália: "Finalmente, a Itália tem um Império", essas foram as palavras de Mussolini à multidão validando a nova condição.

O culto ao *Duce* como chefe absoluto e incontestável era parte do processo de formação da religião do Estado fascista, fundamentada na relação carismática entre Mussolini e o povo e na obediência baseada na fé e no reconhecimento do líder como o fundador da "nova Itália" e salvador da nação. O carisma, nesse processo, tem papel fundamental, pois é pelo carisma do líder que se pode garantir uma relação mística entre ele e a multidão. O carisma depende de o líder ser visto como dotado de poderes pessoais extraordinários, que têm de ser constantemente corroborados pelos resultados obtidos por ele.[9] Sabedor disso, Augusto Turati, secretário do PNF em 1926-1930, criou o culto ao *Duce*, que foi ampliado por seu sucessor, Achille Starace. O culto consistia na exaltação da figura de Mussolini, tornando-a onipresente, engrandecendo sua personalidade e mitificando-a.

A vida italiana foi tomada pela presença de Mussolini. Fotografias, imagens cinematográficas, notícias de jornais, lemas e frases de efeito se espalharam pelo país, fazendo ver e lembrando a grandeza e os feitos do líder. Criou-se um discurso em torno de sua personalidade que não apenas o engrandecia, mas o tornava onipresente. Mussolini passou a encarnar em si todos os papéis: era o melhor trabalhador, o melhor esportista, o melhor aviador, o melhor professor, o melhor homem italiano, o melhor exemplo, o grande pai. Era homem de pensamento e de ação, estadista, legislador, filósofo, escritor, artista, profeta, músico etc. Enfim, o grande herói da nação. Nada lhe escapava, onipresente em todos os campos da sociedade.

A construção do mito implicou um processo de ocultação da vida privada de Mussolini, distanciando-o das frivolidades diárias e exaltando sua dedicação ao bem maior, o coletivo. Isso também estava relacionado com a construção da ideia

---

[9] "Carisma" foi um termo inventado por Max Weber, que fazia distinção entre a autoridade burocrática, patriarcal e carismática, sendo esta última instável e externa a qualquer estrutura formal ou qualquer racionalidade econômica.

de herói da Itália, pois os heróis são homens que trocam a vida pessoal pela coletividade e que optam pela solidão em prol das conquistas nacionais. No conceito de Thomas Carlyle, "um herói encontra-se só com sua alma e com a realidade das coisas" (Cassirer, 2003:257). A teoria de Carlyle se baseava no pensamento de que a história era a história dos grandes homens, sendo feita de façanhas e ações. Nesse sentido, todos os aspectos da vida privada de Mussolini foram ignorados, sua condição familiar de pai e marido foram minimizadas. Os italianos nunca o viram ao lado de sua esposa Raquel, oculta da política e reclusa à vida familiar. Quando se tornou avô, os jornais foram proibidos de divulgar a notícia. Nenhuma informação ou comentário sobre o aniversário de Mussolini poderia ser divulgado pela imprensa, pois o *Duce* nunca envelhecia. A luz acesa, dia e noite, em seu escritório no Palácio Veneza mostra que toda a sua energia era destinada à grandeza da Itália. Toda informação sobre ele deveria estar focada no trabalho e na vida pública. A censura agia com mão de ferro sobre a imprensa, que poderia ser fechada ou apropriada pelo Estado em caso de descumprimento das normas. As fotografias publicadas nos jornais e revistas eram distribuídas pelo Instituto Luce, único autorizado a tirar fotos e a filmar Mussolini. Nem sempre a censura funcionava. Certa vez, os censores não conseguiram impedir que cinegrafistas estadunidenses captassem Mussolini, na Villa Torlonia, sua residência oficial, brincando com os filhos mais novos recém-chegados da escola.

Os fabricantes do consenso se empenharam em construir a imagem de Mussolini como herói salvador. Segundo Girardet, o salvador pode ser representado sob dois aspectos diferentes: pai e herói. Girardet (1987:90) relaciona o arquétipo do pai com a recusa à disciplina tradicional e ao mecanismo de incerteza da contestação adolescente. O estado de crise política por que passa ou passou um país geraria um sentimento de vacuidade afetiva e moral, provocando a incerteza com o futuro e conduzindo esse apelo a um novo mestre, um novo guia. Nesse processo, que Girardet chama de "retração para a infância", a autoridade do poder político é questionada e uma nova é solicitada. Por sua vez, o líder assume o papel de um pai procurado e redescoberto que recebe os sentimentos de respeito e devotamento na direção da proteção. Dessa forma, o salvador pai é visto como um protetor, encarregado de apaziguar, restaurar a confiança, restabelecer uma segurança comprometida, fazer frente às desgraças. Mussolini, durante a década de 1920, será o pai da Itália. O homem que restabelece a paz e a segurança até então ameaçadas pelos comunistas. Ele é também o chefe que protege o trabalhador do campo e da cidade, crianças e mulheres, com uma política assistencialista. Mussolini, assim, surge como o "fiador" dessa paz e também como garantidor da Era de Ouro que se constrói a partir da derrota do inimigo.

Com o passar dos anos, fruto da estabilidade política e econômica, Mussolini passa a ser o "herói salvador". O homem que derrotou os inimigos da nação e que garante a continuidade, as transmissões de valores às novas gerações e as sucessões do tempo (Girardet, 1987:91). Segundo Girardet (1987:91), os valores que ele encarna nessa condição são os da perenidade, do patrimônio e da herança. "Seu papel é o de prevenir os acidentes da história, evitar suas fendas, responder pelo futuro em função da fidelidade a um passado com o qual se acha naturalmente identificado". A ordem universal e natural das coisas está em suas mãos. É na condição de herói salvador que Mussolini é visto no filme *Adunate generali del popolo italiano*. Ao declarar a conquista da Etiópia, mantinha a ordem natural, ou seja, a Itália como um império, e com isso reforçava sua fidelidade ao passado romano e se identificava visualmente com ele, por meio da associação entre sua imagem e a de César.

Mussolini também encarna a imagem do líder, do chefe do bando, do mais velho com prestígio. Nesse caso, Girardet volta à questão do perfil do adolescente que deseja tornar-se um aprendiz, um discípulo, um servidor. Analisando os grupos de fascistas, podemos identificar certa relação com o estado psicológico adolescente, pois os fascistas se comportam como discípulos, aprendizes e servidores do líder, um líder que cativa pelo sentimento e pela energia que emana. Segundo Cassirer (2003:63), "os mitos não nascem somente de processos intelectuais, mas também das emoções profundamente humanas". Assim, existe no grupo o desejo de uma liderança, de um condutor que de uma forma ou de outra responde às expectativas e anseios da coletividade. Dessa maneira, o fascismo não constrói uma imagem de líder de Mussolini sustentado por bases racionais, e sim sentimentais. O fascismo é um movimento sensual que estimula todos os sentidos do ser humano, mexendo com os sentimentos, com as emoções, com os desejos.

Constatamos que todo o processo de criação de um herói implica certa adequação entre a personalidade do salvador e as necessidades de uma sociedade, em dado momento da história. A condição de líder, salvador e herói em que estava Mussolini dependia do estímulo dos desejos, mas também da adequação dele à necessidade da sociedade italiana. Isso implica dizer que não bastava ser carismático, como definido por Max Weber, era preciso empreender um processo de dar e receber, em que o líder dava à sociedade benefícios econômico-sociais. Dessa forma, Mussolini criou todo um sistema político-assistencialista de proteção à família, ao trabalhador e às crianças, beneficiando a sociedade com leis trabalhistas e sociais. Também a conquista da Etiópia faz parte desse processo.

O líder é uma autoridade espontânea, reconhecida como uma personalidade melhor, mais forte e audaciosa. Ele arrasta e reúne a multidão em torno de si e de seu carisma. Para os jovens, assume o papel de iniciador, de introdutor na vida adulta (Girardet, 1987:92). No fascismo, Mussolini é quem assume essas funções. Não por acaso, a partir de 1930, ele começa a participar da cerimônia da Leva Fascista, entregando aos jovens a carteira de fascista e o mosquete. Esses dois objetos abrem as portas do mundo fascista e introduzem os jovens em um mundo de rituais, valores e fidelidade. Para os que o seguem, Mussolini oferece uma vida de respeito, audácias, livre da timidez, marcada pela disciplina, ordem, subordinação e fidelidade.

Nesse cenário, o líder se impõe como um modelo, um exemplo a ser seguido. Mussolini é o grande e único exemplo oferecido aos jovens do fascismo. Nele, todos devem buscar a inspiração. Mas o *Duce* não é um exemplo distante, está relativamente próximo, o que permite uma maior identificação. Entretanto, esse processo de identificação não é de via única, é duplo. O líder deve ser carismático, tem de cativar, estimular, comover, surpreender, exercendo um poder sensual sobre seus discípulos. O verbo e os gestos têm importância vital nesse processo, ressonando afetivamente sobre o público, estabelecendo uma ligação especial e profunda. Sabedor disso, Mussolini adotou diante do povo uma postura teatral. Abandonou o estilo político do século XVIII, de falar alto, rápido e com gestos largos, em troca de trejeitos marcados, como as mãos na cintura, fala tranquila e pausada, com exaltação no tempo certo e propício.

Para receber o respeito, a estima e a amizade do líder, o povo deve lhe ser fiel e capaz de qualquer sacrifício em nome dessa fidelidade. No filme já citado *Adunate generali del popolo italiano*, Mussolini pede a confirmação dessa fidelidade ao perguntar se o grito da multidão "é como um juramento sacro, perante Deus, pela vida e pela morte?", e a resposta que recebe é um sim entusiasmado. Assim se confirma a disposição do povo em se sacrificar em nome da causa fascista e também a condição de líder incontestável de Mussolini. Ele é o *Duce*, o condutor da nação, o herói salvador que garante a continuidade da história e do passado de glórias italiano.

A cerimônia de incorporação do território africano à Itália constrói uma relação mística entre o povo e Mussolini, consolidando a imagem demiúrgica do líder. Nessa cerimônia, o *Duce* exerce um poder quase sobrenatural sobre a multidão. Ao princípio do cinejornal, vemos uma multidão agitada, que espera com ansiedade pelo líder. Quando Mussolini aparece na sacada do Palácio Veneza, na praça Veneza, em Roma, todos silenciam. Os olhares se voltam para cima e para o local onde está o líder. Não vemos Mussolini, apenas escutamos sua voz, que, imponente, informa sobre a conquista. É o verbo que se propaga sobre a multidão, como um recital litúrgico. Depois de alguns minutos, Mussolini aparece na tela; no entanto, o que se vê é sua silhueta produzida por holofotes que estão posicionados por detrás dele. Isso confere ao *Duce* um quê de mistério, envolto pela bruma. O cenário sacro é perfeitamente montado para o anúncio triunfal. A "igreja" é o coração da Itália, envolto pelo Altar da Pátria; o "altar" é a sacada do Palácio Veneza; a "liturgia" é o discurso; a multidão, os fiéis; Mussolini, o "deus". A multidão se comporta como se estivesse em uma missa, ao participar de um jogral em perfeita sintonia com Mussolini. Quando este para de falar, a multidão se manifesta com aplausos, gritos e vibrações; quando ele pergunta, ela responde firmemente, confirmando sua fé e sua adesão. Nesse processo de integração entre o líder e a multidão, a mistificação de Mussolini se construía e se consolidava. Para o espectador do cinejornal, as imagens de multidão representavam o todo orgânico, o consenso político, enquanto Mussolini se firmava nas retinas e na mente como o grande líder, o *Duce*.

A educação do "novo homem", a construção do mito de Mussolini como o grande condutor e líder e a elaboração de uma estrutura simbólica se constituíram em parte da cultura política fascista e imprimiram uma nova forma de viver e de se relacionar durante o regime fascista. Fazer parte do todo era estar integrado em um sistema de símbolos e comportamentos, compartilhado e vivido por todos. Esse processo garantia ao fascismo a conquista do consenso e a legitimidade do Estado fascista, elementos fundamentais à manutenção do poder. Entender como o sistema político-simbólico fascista foi construído ajuda a pensar o regime de Mussolini pelo viés da cultura e nos permite compreender que o fascismo foi um movimento dinâmico, que se renovou internamente e se reinventou constantemente, de modo a continuar no poder pela conquista dos corações e mentes e com apoio das massas.

Referências

CASSIRER, Ernst. *O mito do Estado*. São Paulo: Códex, 2003.
CONVERSAZIONI femminili. Quello che la donna non deve fare. *La Scuola Fascista*, ano VI, n. 4, p. 8, 3 nov. 1929.
GENTILE, Emilio. *Il culto del littorio*. Roma/Bari: Laterza, 2003.
____. *Fascismo*: storia e interpretazione. Roma/Bari: Laterza, 2005.
GIRARDET, Raoul. *Mitos e mitologias políticas*. São Paulo: Companhia das Letras, 1987.
GOMES, Angela de Castro. Cultura política e cultura histórica no Estado Novo. In: ABREU, M.; SOIHET, R.; GONTIJO, R. *Cultura política e leituras do passado*: historiografia e ensino de história. Rio de Janeiro: Civilização Brasileira, 2007.
GRAZIA, Victoria de. *Le donne nel regime fascista*. Veneza: Marsilio, 1993.
MUSSOLINI, Benito. *Opera omnia di Benito Mussolini*. Florença: La Fenice, 1951. p. 120-121.
PAXTON, Robert O. *A anatomia do fascismo*. Rio de Janeiro: Paz e Terra, 2007.
RENAN, Ernest. O que é uma nação? In: ROUNET, Maria Helena. *Nacionalidade em questão*. Rio de Janeiro: Uerj/Instituto de Letras, 1997.
TANNENBAUM, Edward R. *La experiencia fascista*: sociedad y cultura en Italia (1922-1945). Madri: Alianza, 1972.
TRENTO, Angelo. *Fascismo italiano*. São Paulo: Ática, 1986.

A INSTRUMENTALIZAÇÃO DAS TRADIÇÕES E DAS PRÁTICAS FOLCLÓRICAS SOB O REGIME DE VICHY:
festas políticas e festas etnológicas na França de 1940 a 1944*

Rémi Dalisson

Uma das tarefas prioritárias do marechal Pétain foi, desde sua tomada do poder, a reconstrução de uma nação sobre os valores enraizados no solo[1] gaulês. Para Vichy, com efeito, a base da Revolução Nacional era dupla: era a França eterna e pré-revolucionária e sua matriz original, a famosa "terra que não mente", aquela do sangue e dos mortos de Barrès, onde nascera a "raça gaulesa". Apenas o solo, garantia de pureza original, tinha virtudes o suficiente para permitir uma guinada nacional. Mas seria necessário difundir os valores e os símbolos desse solo para

---
* Título original: "L'instrumentalisation des traditions et pratiques folkloriques sous le régime de Vichy. Fêtes politiques et fêtes ethnologiques en France de 1940 à 1944". Traduzido por Paulo Guilbaud. (N.E.)
[1] No original, "*terroir*", que pode significar ao mesmo tempo "solo", "território", "região", além de "terra", "chão", entre outros possíveis significados. Tem uma acepção, na verdade, bem cara aos geógrafos franceses, como Paul Vidal de la Blache, de um conjunto de terras sob ação de uma coletividade social específica, com relações familiares e culturais particulares, acrescido de seus produtos locais. Essa concepção, como dito, é bem cara à geografia francesa, altamente ligada ao conceito de "região". O termo foi traduzido como "região" na maior parte das vezes, embora isso tenha eventualmente gerado problemas, como aqui, nesta primeira incidência, em que ficaria estranha a frase "região gaulesa". (N.T.)

torná-lo conhecido de todos. Ora, a administração do marechal não desconhecia as ambiguidades de um tema que a escola republicana jamais havia ignorado, assim como eles conheciam as diferenças entre os mundos rurais e industriais. Mas todos sabiam também que o contexto era favorável a esse retorno à terra e às tradições e que, portanto, o projeto folclorizante do marechal seria bem recebido pelas populações, pois elas estavam em busca de raízes naqueles tempos de desastre. Pois se tratava realmente de folclore, no sentido das tradições rurais e ancestrais, aquelas de uma idade do ouro mítica opondo-se ao "bom senso", terreno cuja exaltação varreria os velhos valores republicanos e democráticos. A promoção do folclore regional "como forma e sentido da Revolução Nacional, com suas apologias do solo renovadas", deveria fornecer para os franceses uma visão racial e etnocêntrica do mundo, garantindo-lhes um lugar seguro na nova Europa.

Para impor essa visão, o marechal teve à sua disposição imediatamente um aparelho de propaganda de primeira ordem (Faure, 1987), que pode ser bem resumido por meio das festas públicas. Todas tinham o folclore como referência e utilizaram, além disso, desde o fim de 1940[2] (Rossignol, 1991; Gervereau e Peschanski, 1990), as técnicas culturais mais inovadoras disponíveis para fazer sua apologia.

Ideologia, releitura histórica e folclorização das festas vichystas

Vichy e a terra que não mente

O húmus e as referências favoráveis ao retorno às origens

Se Vichy aparece como a idade do ouro das teorias folcloristas e o folclore como "apoio e forma da ideologia da Revolução Nacional" (P. Poirrier), isso ocorrera porque o contexto era favorável. Baseada na nostalgia de uma vida campestre destruída pela indústria e pela Grande Guerra, a ideologia folclorista tinha tudo para seduzir completamente Vichy. Para esse regime, em oposição à modernização, à rapidez e ao esquecimento, a natureza, a tradição pré-revolucionária, o artesanato, os trabalhos agrícolas e a osmose com o território seriam as condições para a renovação social. Havia anos, folcloristas como Joseph de Pesquidoux, Emile Nourry, André Varagnac e Georges-Henri Rivière, instituições como o Instituto de Etno-

---

[2] A proclamação da "corporação campesina", em 2 de dezembro de 1940, aparece como a concretização institucional da temática da terra e da promoção do folclore nacional e regional.

logia Universitária de Paris, criado em 1925, e os movimentos regionalistas[3] tentavam trazer novamente à ordem do dia as culturas locais, assim como suas festas. As danças e os costumes, os falares regionais, as brincadeiras e os cantos locais, as produções ancestrais promovidas pelos movimentos de escoteiros, naturalistas e de juventude deveriam reintroduzir as identidades locais na república, por meio da festa. Assim, vários movimentos regionalistas, mas também a Igreja, reivindicavam, desde os anos 1920, a reabilitação das festas dos padroeiros locais, como as de São João e de São Tiago, e as "festas das colheitas", apresentadas seja como complementos populares das cerimônias republicanas, seja como suas substitutas, mais gaulesas e antigas.

A renovação folclorista preparou, portanto, o terreno para o regime nascido da catástrofe. Ela fez também a ligação entre a busca de identidade de um país às voltas com as incertezas da década de 1930 e o mundo camponês que se acreditava vítima da república, e a que Vichy iria rapidamente dar consolo pela via do retorno à terra. De maneira mais geral, a renovação folclórica ia na mesma direção das preocupações das correntes tradicionalistas, que desejavam o renascimento das identidades provinciais para contrabalançar a centralização republicana. Da mesma forma, o gosto de Vichy pelo folclore respondia à fobia do declínio de uma grande parte das elites, que só vislumbravam uma chance de ressurreição em um retorno a uma idade do ouro identitária. Essa "meditação sobre a decadência" (R. Girardet), difundida por intelectuais como Drieu La Rochelle,[4] tornava, então, inevitável o retorno do novo poder à terra, a promoção do folclore identitário que iria se impor pela política de festas de um regime dirigido, como todas as suas hagiografias o lembram, por um homem descendente de uma família de agricultores de Artois.

Nada encarnava melhor essa corrente do que o *félibrismo*,[5] que, no coração da Occitânia, queria revalorizar os falares e os costumes dos "países", contra uma república destrutiva de identidades locais. Frédéric Mistral,[6] autor do *Tesouro do félibrige*,[7] companheiro de Maurras, tornou-se a figura emblemática desse movimen-

---

[3] Sobre sua ação na promoção do território durante o regime de Vichy, ver Gillis (1994:230-260).
[4] Foi ele quem declarara, em fevereiro de 1943, ser "fascista, pois esse é o único meio de conter e de reduzir essa decadência" (da Europa e da França).
[5] Movimento em torno do Félibrige, associação criada para a promoção das línguas românicas e de suas respectivas culturas do sul da França, principalmente o provençal. A associação foi criada no século XIX por um grupo de poetas que escreviam nessas línguas, sendo o mais proeminente Frédéric Mistral, que será muito mencionado neste capítulo. (N.T.)
[6] Durante todo o período, o governo encorajou todas as iniciativas, locais ou nacionais, de celebração do aniversário de nascimento de F. Mistral, essencialmente na região sul (Bouches-du--Rhône e Vaucluse).
[7] Dicionário provençal-francês abrangendo os diversos dialetos da língua occitana moderna. (N.T.)

to que deveria exaltar a raça occitana,[8] por meio da promoção das paisagens, do patrimônio, do artesanato e da língua local. Suas produções literárias, como o *Poème du Rhône*, publicado em 1897, suas incontáveis conferências, seu prestígio e seu ensino contribuíram para propagar esse pensamento nas elites locais e se tornaram o símbolo sobre o qual o novo poder pretendia se apoiar.

A tentativa vichysta de estruturação dos movimentos folcloristas

O regime reestruturou primeiro os organismos relativos ao folclore, para poder instilá-lo melhor em suas comemorações. O Museu Nacional de Artes e Tradições foi criado, assim como comissões de propaganda regionalistas, para transmitir as orientações do regime a instituições como a Jovem França,[9] os movimentos de juventude regionais e todo tipo de semelhantes associações locais, a exemplo da Maison des Arts Libéraux, criada para promover o folclore da Haute-Loire. Mais do que isso, em 11 de julho de 1940 o marechal anunciou que as antigas "grandes províncias" seriam reconstituídas, sob o comando de Raphaël Alibert. Ele suscitou grandes esperanças, rapidamente frustradas,[10] mas que revelavam a obsessão folclorista do governo. Nesse sistema, os regionalistas e os folcloristas locais teriam um papel a desempenhar ainda mais importante, na medida em que um vasto movimento de descentralização devia devolver às regiões suas liberdades. O governo associou a seu projeto um panteão inteiro de escritores, vivos ou mortos, como H. Bazin, C. Péguy, D. Halévy, P. Claudel, assim como E. Mounier e, obviamente, Mistral[11] e J. de Pesquidoux, todos eles convocados para justificar a nova política identitária do regime. Esses intelectuais deveriam também produzir obras que fornecessem argumentações para o movimento, como *L'homme à la bêche*, de Henri Pourrat, que exaltava as virtudes camponesas, as únicas capazes de reviver uma França moribunda. Poderosas universidades regionais deveriam ser criadas, pela via do fundo de descentralização da produção artística, para fazer a cultura folclórica descer para mais perto do povo. A produção local, as turnês provinciais de teatro, como as Saisons Provinciales de Jacquemont, os Comédiens Routiers de Chancerel, ou a

---

[8] Da Occitânia, região do sul da França que compreende áreas históricas como a Provença e o Languedoc. (N.T.)
[9] Associação criada pelo regime de Vichy para arregimentar a juventude em torno da "Revolução Nacional". (N.T.)
[10] O primeiro projeto comportava 26 pequenas províncias e foi rapidamente rejeitado. O segundo (de Lucien Romier), com suas 20 mais vastas regiões, tampouco foi bem-sucedido.
[11] Mistral foi o único personagem, à exceção de Joana d'Arc, ao qual o marechal consagrou uma mensagem, entre 1940 e 1942, pelo seu 110º aniversário de nascimento. Ele autorizou também todas as festividades locais no sul do país em sua homenagem, nesse dia.

Maison de Regain, criada em 1941, tornaram-se modelos itinerantes de promoção de identidades regionais. Tratava-se de impor uma renovação espiritual ao país pela via da pesquisa, da cultura, da educação e da propaganda. Assim, a sociedade francesa seria redesenhada, de modo que o artesão e o camponês, novamente ligados à gleba e ao passado regional,[12] encarnassem o novo homem. Encontra-se aqui toda a temática folclorista do anteguerra, com seu espaço rural, positivo e natural, em oposição a um mundo urbano, artificial, cosmopolita e, portanto, negativo.

Para essa propaganda, o regime se utilizou de movimentos como a Jovem França, encarregada, segundo seus próprios estatutos, de concretizar um renascimento cultural local "em uma época de notória decadência artística". Esses grupos deveriam reabilitar as produções e as expressões folclóricas, como as festas, os cantos, as danças e o artesanato. Sua profissão de fé resumia a política folclórica do regime e de suas festas, uma vez que ela queria "revalorizar tudo que é valioso e atual no tesouro de nossos cantos e de nossas danças populares, tudo aquilo que exprime a decência e a justeza de alma de nosso povo".[13]

Certamente, essa idade do ouro do folclorismo das festas passou para o segundo plano em 1942, quando "se diluiu na corrente europeia da nova ordem" (C. Faure). Mas o movimento havia se enraizado, e o folclore se tornou "a pedra de toque para os acontecimentos nacionais e locais" (Ihl, 1996).

O sistema de comemorações vichysta e seu componente folclórico

O sistema de celebrações de Vichy era composto de festas regulares, que encarnavam seus valores, e de festas ocasionais, que variavam segundo os eventos, e as incontáveis festas locais.[14] As festas regulares, sejam criações originais, sejam releituras de celebrações republicanas, foram populares demais para serem suprimidas. Nos dois casos, os valores vichystas foram difundidos pelo folclore.

Heranças das festas republicanas e releitura identitária

As heranças republicanas que eram o 14 de Julho (lei de 1880) e o 11 de Novembro (lei de outubro de 1922) deveriam naquele momento promover os valores da

---

[12] Dizer "regional" seria o mesmo que dizer "nacional", pois o país não seria mais do que um conjunto de províncias bem identificadas por suas raízes e por seu renascimento.
[13] A. N F ¹A/3686.
[14] É impossível propor uma síntese nacional dessas incontáveis festividades locais, heterogêneas e frequentemente mal catalogadas. Mas elas sempre tiveram uma faceta folclórica, etnológica e identitária importante, a exemplo das festividades nacionais.

virilidade e do militarismo. O aniversário do tomada da Bastilha foi mantido, a título de mau exemplo sobre o qual era preciso meditar, sob o nome de Cerimônia em Homenagem aos Franceses Mortos pela Pátria. Isso fora estabelecido para apagar a memória de 1789 pela via do culto aos mortos, propício a uma instrumentalização etnológica dos ritos fúnebres, para permitir uma releitura da Revolução Francesa seguindo a trilha de escritores nacionalistas como Bainville. A festa mantida tornou-se a oportunidade de glorificar um solo pré-revolucionário e imutável. É claro, rapidamente se associou a ela o 11 de Julho, dia em que o marechal tomou o título de "chefe do Estado francês", para lançar o culto à sua personalidade. O 11 de Novembro era inevitável e, mesmo que tenha sido associado ao 1º de Novembro para atenuar seu caráter republicano, seu culto ao sacrifício e ao Exército foi conveniente a Vichy. Rebatizado de Cerimônia em Homenagem aos Mortos de 1914-1918 e de 1939-1940, o 11 de Novembro continuou fortemente popular, a despeito das reticências dos alemães. O solo saturado de sangue de seus valorosos soldados defensores, viris e heroicos, o mito da guerra que salvou a pátria e seus valores ancestrais também se prestavam a uma etnicização festiva.

Duas outras celebrações republicanas foram também recicladas. Primeiro, o Dia das Mães, rebatizado de Jornada das Mães de Família Francesas. Lançado em 1926, foi sistematizado a cada 20 ou 30 de maio. A data convinha à política pró-natalidade do governo, preocupado com a proteção da raça e da fecundidade. O aspecto identitário da festa foi rapidamente posto em evidência com a noção de "mães francesas", as únicas a serem distinguidas como a base fecunda da família e da sociedade. Essa família gaulesa deveria, evidentemente, mergulhar suas raízes na profundeza do solo e de suas tradições mais antigas.

A última cerimônia republicana revisitada foi a Festa de Joana d'Arc, da lei de 1920. A anglofobia daquela época foi um presente dos céus para Vichy, ainda que a santa tenha sido reivindicada, antes da guerra, por todas as forças políticas. Mulher, heroína pré-revolucionária, ela própria vinda do meio rural e enraizada em sua região (Domrémy e as visões), completava o Dia das Mães para glorificar a fidelidade, a religiosidade e a defesa do território. Inscrevia-se, além disso, em todo um conjunto de celebrações locais (em Reims, Rouen, Orléans) que devolviam a palavra às regiões e à Igreja, ambas caras ao novo poder.

Mas essas celebrações só se tornaram vichystas por um golpe de sorte e, por causa de seu passado republicano e de sua apropriação cívica (Ihl, 1996; Dalisson, 1998), continuavam ambíguas. Era necessário fazer mais no registro identitário e étnico, com a criação de festas originais.

Folclore e região: os fundamentos das novas festas

As festas puramente vichystas encarnavam a nova doutrina por meio de sustentações folclóricas de primeira ordem. A primeira temática honorificada por essas festas foi o "trabalho", com a Festa do Trabalho e da Concórdia Social a cada 1º de Maio. Revanche contra a Frente Popular, que não soube impô-la, Saint-Philippe,[15] que era chamada de Festa do Marechal, ela honrava o trabalho no sentido folclórico do termo. Glorificava-se o trabalho de uma terra eterna, fecunda e provedora, e seu complemento artesanal desconectado de uma revolução industrial portadora de todas as taras do modernismo e do cosmopolitismo.

Esses dois valores foram resumidos pela lei sobre a organização corporativa da agricultura, de dezembro de 1940, e pela Carta do Trabalho, de outubro de 1942, textos regularmente evocados no 1º de Maio. Feriado remunerado planejadamente para puxar o tapete dos comunistas e para esquecer a luta de classes, foi beneficiado por um grande aparato de propaganda. Assim, a brochura *Viva o 1º de Maio*, que ilustrou as comemorações de 1941, foi apenas um longo e lancinante apelo às virtudes da França pré-revolucionária e uma lembrança das traições da esquerda e da democracia contra o povo, a partir de 1789. Outras festas, permeadas pelo folclore e pela obsessão pela pureza, essencialmente centradas na saúde, na virilidade esportiva e na expiação, reforçaram esse discurso.

A expiação foi encarnada pelas Cerimônias de Luto Nacional após os bombardeios de março de 1942, que se juntaram ao 14 de Julho e ao 11 de Novembro para expiar a anglofilia republicana e convidar os franceses a meditar sobre a salvação, que só poderia vir de uma raça purificada. Certamente, essa raça exportava seu modelo no império colonial, grande fornecedor de atletas e de matérias-primas. A celebração de uma Festa do Norte da África, em maio de 1942, teve seu papel na instrumentalização etnológica[16] das celebrações. Permanecer solidário com essas crianças crescidas ingênuas e inferiores, que eram os africanos, mantinha-os em seu papel subalterno e reforçava o "fardo do homem branco" que logo renasceria.

Essa renovação seria fornecida pela educação, a "nova educação", que deveria fazer "homens fortes de corpo e de alma", sempre "viris e prontos a aceitar o perigo", segundo as palavras do secretário da EGS.[17] Quatro festas decorreram dessa

---

[15] A partir do nome do marechal, Philippe Pétain. (N.T.)
[16] Podemos acrescentar que as colônias eram também o último trunfo de Vichy em face dos alemães. Era preciso então agradar e, ao mesmo tempo, degradar esses "selvagens" tão difíceis de assimilar.
[17] Educação Geral e do Esporte, criada em agosto de 1940 para promover a nova política esportiva do regime. Citações de 1942 em Gay-Lescot (1991).

renovação viril e higienista: a Festa do Juramento do Atleta, de maio de 1943, a Quinzena Imperial, de maio-junho de 1942, a Festa Nacional do Esporte, de 4 a 11 de julho de 1942, às quais podemos acrescentar a Festa do Esporte da Região Sul, de 25 a 26 de agosto de 1941.

Essas celebrações glorificavam a força, inclusive a colonial, a renovação pelo esporte e o culto obsessivo à superação física. Descentralizadas, foram colocadas sob a égide da promoção das regiões identitárias, das "pequenas pátrias", que deveriam se tornar, assim como sob o Antigo Regime, o suporte da nova nação. Homens e mulheres, esses "franceses de quem o futuro de nossa raça depende, sobretudo",[18] forneciam espetáculos esportivos adaptados a cada região, estabeleciam as formas de lazer e dos cantos locais e glorificavam os métodos do regime ("método natural" no esporte, no sentido de "natureza" em oposição à cultura industrial e moderna), assim como a ruralidade por meio de organizações como a Jovem França ou os Campos da Juventude.[19] A mulher nova, caso fosse atlética, o seria no sentido da conservação de seu potencial procriativo, encarregada de perpetuar a raça por meio das raízes regionais ancoradas na história pré-revolucionária (Muel-Schmitt, 1996). Quanto aos homens, estavam destinados a suas funções atávicas: a guerra, a defesa do lar e da nação embebida no sangue e nas tradições dos ancestrais.

Tudo isso também era encontrado em cerimônias ainda mais folclorizadas, como aquelas da Legião Francesa dos Combatentes, ou do culto ao marechal, símbolo vivo da nação tradicional e das virtudes gaulesas que o vigoroso octogenário resumia.

Incontáveis festas locais, como Inaugurações de Ruas ou de Monumentos a Pétain e sobretudo as Visitas do Marechal, multiplicaram-se por todos os lugares. Esperava-se que elas desenhassem as novas balizas do espaço nacional. O nome do marechal aposto a edifícios e a ruas, assim como seus deslocamentos, desenhou os contornos de uma nova França, inteiramente construída em relação a seu chefe. Essa nova geografia ligava cada comuna e cada região a uma tradição local encarnada em um chefe de Estado portador de todas as tradições. A ideia era simples: cada cerimônia deveria glorificar a região que acolhia o marechal, ou seu nome, com apresentações de danças, cantos, produções ou linguagem regionais. Além disso, os discursos deveriam apresentar o país apenas como uma reunião de particularismos e de tradições que garantiam a diversidade e a autenticidade da preciosa raça francesa. As populações, as escolas e os trabalhadores produziam então, ou "re-produziam", poder-se-ia dizer, os costumes e os objetos tradicionais,

---

[18] Comissário de região para o prefeito de Rouen, 1º de julho de 1942. A.D 51 W 0175.
[19] Com a derrota para a Alemanha, o serviço militar obrigatório foi proibido na França. Essas organizações surgiram em Vichy em substituição, para que os jovens em idade militar recebessem algum treinamento, dado por militares desmobilizados, da ativa ou da reserva. (N.T.)

que eram em seguida apresentados ao marechal, que, assim como um soberano taumatúrgico,[20] os validava com um simples toque. Toda uma gama de gestos simbólicos, como plantar um carvalho, por exemplo, encerrava em seguida a etnologização dessas cerimônias.

O mais alto grau de identificação com a terra e com a morte purificadora foi atingido pelas cerimônias da Legião Francesa de Combatentes, essencialmente com a Festa de Aniversário da Criação da Legião, a cada 28 a 30 de agosto, a partir de 1941, e as cerimônias de Prestação de Juramento das Seções Locais de Legionários, principalmente de 1940 ao fim de 1941. Nos dois casos, tratava-se de festas construídas sobre o mito da purificação do solo, base da nação, que encontrava sua justificação na instrumentalização do folclore.

Para as prestações de juramento (ou as trocas de bandeira) organizadas pela Legião e pelas seções locais dos ex-combatentes, as coisas foram simples. Ao prestar juramento de fidelidade ao marechal e à nação renovada ("Eu juro continuar a servir à França com honra como a servi com armas"), os legionários estendiam sua visão étnica da França. Eles se inscreviam na extensão dos sacrifícios da Grande Guerra e, portanto, no movimento de referências ao sangue derramado sobre o solo da pátria, ao solo provedor e purificado (Jacques Péricard, autor de *Debout les morts*, era um dos vice-presidentes nacionais da Legião). Essas cerimônias usavam as tradições para solenizar a prestação de juramentos, ainda mais quando esta era casada com as visitas do marechal (Lyon, Toulouse) para a promoção das regiões. Essas prestações de juramento eram organizadas pelas seções locais da Legião, implantadas em cada comuna "para estender até a última cidade o novo espírito para fazer a nova ordem reinar",[21] e sempre foram sustentadas pelas autoridades, a despeito dos riscos de confronto.[22]

Não foi o que aconteceu em relação ao Aniversário da Criação da Legião, instaurado pelas leis de agosto de 1940 e 1941. Nesse dia, todas as instituições eram mobilizadas, principalmente o Secretariado Geral da Legião, aquele dos ex-combatentes, o Ministério do Interior e o aparato de propaganda geral e o dos legionários.[23] É verdade que a Legião, "herdeira espiritual dos mortos das duas guerras" segundo seu *Almanach*, era uma resposta à decadência e deveria, portanto, utilizar-se da mística do solo e das raízes folclóricas para se justificar. Cada uma

---

[20] As visitas às escolas, às fábricas, aos hospícios e as cerimônias públicas do marechal também faziam parte desse retorno às tradições pré-revolucionárias do "toque milagroso".
[21] "Almanaque da Legião", 1941. Citado por Baruch (1996:31).
[22] Principalmente entre policiais e legionários. Ver o colóquio "La gendarmerie au XXe siècle", Paris IV, jun. 2003.
[23] O movimento era dotado de dois jornais, o *Légionnaire* e o *Légion*, e de programas de rádio, assim como de centros regionais de formação e de propaganda.

das três festas da Legião era um florilégio de referências folclóricas visando criar uma comunhão ao redor dessa nova guarda pretoriana. A mais célebre e a mais emblemática, aquela de agosto de 1942, na Gergóvia, foi organizada em conjunto com o cotejo de terra de cada uma das províncias francesas, quando um pouco da terra de cada região era depositada em uma cripta especialmente construída para o evento, perto do monumento de Vercingétorix (Ehrard, 2003). Só se falava em "terra do Languedoc", "Occitânia", cuja reunião deveria formar, no fim do dia, o solo nacional. Cada saco de terra foi depositado, geralmente decorado por hábeis artesãos locais, em uma cripta suntuosa, e todos os discursos exaltavam as tradições locais, que garantiam a doutrinada renovação nacional.

As outras festas, inclusive aquela de 1944, que comitês locais começaram a organizar, juntaram-se a ela. Eram organizadas em função do percurso de uma chama da Legião, a "chama sagrada", na região sul, que era entregue aos portadores pelos grupos militares e folclóricos em nome do enraizamento guerreiro regional. As cerimônias partiam de cada comuna e região e punham assim em evidência as particularidades folclóricas. A imagem de um grande corpo suprarregional, feito de solidariedades locais e de normas baseadas no solo e no sangue, era construída dessa forma, com a contribuição ritual e constante do folclore local.

A encenação folclórica de Vichy se organizara, portanto, sobre fundações festivas muito complexas. Mas essa encenação flutuou ao sabor das evoluções ideológicas do governo.

As fortunas e os infortúnios da instrumentalização etnicizante das festas vichystas

Quase metade das atrações propostas pelas festas, sem nem falar das cerimônias locais, revela a temática da valorização das regiões. A encenação do folclore foi, portanto, constantemente colocada a serviço de uma visão particular de mundo.

As festas folclóricas do regime: uma visão étnica do mundo

O espaço festivo do folclore identitário

Mesmo que tenha sido constante, a parte da temática folclórica das festas variou. Fazendo a relação entre o conjunto das atividades dos programas e as atividades puramente folclóricas, obtém-se uma visão clara dos objetivos e dos meios das celebrações e da visão de mundo que elas encarnavam.

As cerimônias que utilizaram o folclore mais frequentemente foram aquelas realizadas em função das viagens do marechal, assim como suas inaugurações de ruas ou de obras públicas. Para essas viagens, do sudeste ao sudoeste, passando pelo Maciço Central, a porcentagem de folclore ultrapassara os 50% das atividades das festas. A reabilitação do folclore e das tradições foi até mesmo, para além do culto ao marechal, a própria razão de ser dessas cerimônias. O marechal e sua equipe sempre tiveram o cuidado de estudar as particularidades locais com o auxílio das associações locais (Jovem França) ou dos grupos dos escoteiros do marechal. Nessa apologia identitária, foi o sudoeste que ficou com o melhor quinhão, graças ao *félibrige*, à língua provençal e à figura de Mistral. Assim, quando, a caminho de Marselha, o marechal parou em Arles, em 5 de dezembro de 1940, a cidade organizou uma "apresentação provençal", musical e esportiva, e a leitura de um elogio em provençal ao chefe. O marechal respondeu à pequena arlesiana que ele "se desculpava por não poder responder na doce língua de Mistral",[24] sob aplausos. Um ano depois, quando da "festa folclórica" que fora sua estada em Avignon, segundo a programação das festas, foram-lhe entregues, além das chaves da cidade pelas mãos de três membros do condado Venaissin, um esboço do poema *Mireille*, de Mistral, que "o grande poeta levou 70 anos para compor e traduzir",[25] e um retrato do autor em seu auge.

Depois dessas cerimônias itinerantes, vinham os aniversários da criação da Legião dos Voluntários Franceses e as prestações de juramento. Eles concentravam 40% de atividades folclóricas em seus programas. Seu eixo era o culto à terra, simbolizado pelas Cerimônias do Punhado de Terra, que foram organizadas em cada comuna, no verão de 1942, para recolher algo da identidade de cada região que deveria convergir para a Gergóvia para a celebração final. Foram grupos folclóricos, como a Sociedade de Danças Provençais de Avignon, que transportaram a terra, ao som de orquestras locais, em uma encenação baseada no fogo purificador. Foi por essa razão que Verdun, cuja terra era a mais maculada pelo sangue de "bons franceses", essencialmente camponeses, foi a primeira a depositar sua terra na cripta da Gergóvia, sob a estátua de Vercingétorix. Em Orange, na primeira festa de aniversário da Legião, o centro das cerimônias foi o antigo teatro, onde uma releitura regionalista da história do sul do país foi realizada, com peças antigas e grupos folclóricos, como os Félibrianos Marselheses, enquanto Vichy, o centro do

---

[24] *Le Var*, 5 dez. 1940, A. D Var, série imprensa, 2 W 25-27.
[25] A. D Vaucluse, 6 W 24.

poder, qualificou a festa como uma "grande cerimônia regionalista". Protótipo da festa local transcendida pela união nacional promovida pelo chefe e pela lembrança do sacrifício, ela precisava de todos os recursos folclóricos e etnológicos para poder existir.

Em seguida, duas celebrações também deixaram um bom espaço para o folclore (um terço, mais ou menos), como o 1º de Maio, a festa da concórdia social, para a realização do qual uma grande latitude fora deixada para os poderes locais. Como o trabalho era exclusivamente entendido como enraizado em uma região e em suas tradições, resumidas pelo folclore, as instruções recomendavam o uso das *chansons de métiers*[26] locais e deixavam as autoridades locais completarem a denominação da festa, qualificando-a, como em Avignon, de Festa Regionalista, ou então, como em Bayonne, de Cerimônia Basca. O discurso do marechal do 1º de Maio de 1942, retransmitido por meio de alto-falantes, não mencionava que "os artesãos eram um elemento essencial da política do futuro"? Na terra local, a instrumentalização do folclore era ainda mais evidente com a promoção dos produtos regionais, os mesmos que eram entregues ao marechal quando ele passava por esses locais, por pessoas em trajes tradicionais. O artesão local de mãos hábeis, como o padeiro de Auch que fora recompensado por ter utilizado o trigo "da terra provedora da região", tornava-se o intermediário entre o camponês e o operário.

O mais interessante foi a mensagem operária, sempre celebrada por intermédio das especializações regionais, como as forjas de Boucaud, de Gueugnon ou Alès, os operários da bauxita de Brignoles ou os tecelões de Rouen. Os operários faziam apresentações de trabalho manual em trajes antigos, apresentações essas que eram frequentemente qualificadas como "momentos folclóricos", como durante o 1º de Maio de 1941 em Montluçon ou em Toulon, ao som dos *"félibriges* toulonianos". O mundo do trabalho tornava-se um testemunho do passado, um objeto de estudo etnológico que o folclore festivo deveria glorificar. Foram então inauguradas em todos os cantos "casas do operário, do artesão e do progresso", como em Nîmes, em 1943, e sociedades, que tinham alguns representantes do mundo do trabalho em suas fileiras, que puxavam as cantigas identitárias em todas as festas.

O outro grupo de festas folclóricas foi aquele das festas esportivas (o Juramento do Atleta, a Festa do Esporte e as festas locais do esporte). As duas zonas lançaram mão do recurso às tradições e aos discursos regionalistas para justificar seu esforço de renovação física. Os espetáculos, encontros e apresentações esportivas aconteciam em estádios com nomes que remetiam às glórias locais e nas ruas ou

---

[26] Canções regionais tradicionais francesas que podem dedicar-se especificamente a determinado ofício. Há canções desse tipo em homenagem, por exemplo, ao pastor, à bordadeira, ao carpinteiro, ao colhedor de azeitonas, à lã ou ao som do moinho. (N.T.)

praças Pétain. As práticas físicas locais eram sistematicamente privilegiadas (o rúgbi no sul, o futebol no norte, a pelota basca em Pau ou as touradas em Arles, as provas de força bascas nos Pireneus ou a luta bretã no oeste), na maioria das vezes acompanhadas por música folclórica e trajes tradicionais. Os Centros da Juventude recuperavam e reinterpretavam em seguida as tradições. Em Orne, para a Festa do Esporte celebrada em Caen, os comissários pediram a todas as comunas que "colocassem na ordem do dia as festas tradicionais locais, como as festas das colheitas, da debulha do primeiro feixe de trigo".[27] As seções locais dos legionários (e às vezes as milícias no sul) e os escoteiros tiveram papel fundamental nessas celebrações étnicas. A saúde física, principalmente a da mulher procriadora, rimava então com a pureza da raça e com o esforço de enraizamento no território regional reabilitado.

Após esses quatro eventos vinham outras festas, um pouco menos folclorizadas (entre 10% e 20%). Entre elas, destaca-se a Festa de Joana d'Arc, com seu apelo ao passado heroico da santa, que permitiu belas reconstituições históricas locais, como em Rouen, com seus "trajes normandos", em 1941-42, em Compiège ou em Orléans. As autoridades aproveitavam para reler a história daquilo que o prefeito de Dignes chamava de "história local", que tornava as regiões o território da pátria. As danças e as cantigas folclóricas (*Coupo Santo* em Gard, Vaucluse e no Var), como o simbolismo mais clássico (o branco virginal e real), tiveram grande papel quando da apresentação do grande espetáculo da Sociedade dos Camaradas Toulousianos na Festa de Joana d'Arc de 1941, com seu Coro Languedociano. Evocava-se, ainda, em Pau, o papel desempenhado por Henrique IV na construção da nação, pela única razão de suas raízes occitânicas.

O Dia das Mães e o 2 de Dezembro também foram convenientes, o primeiro pelas suas referências à fecundidade, sempre superior nas famílias fiéis a suas raízes, como as mães em trajes típicos em Bordeaux e Nice. O segundo ecoava apelos lúgubres aos "jovens dos Pireneus mortos no campo de batalha" em Toulouse, em 1941, e aos "jovens bascos desaparecidos" em Bayonne. O sacrifício dos mortos de 1914-1918 havia trazido os soldados para sua matriz original, para sua região, como se o sangue só tivesse valor como emanação de um solo local afastado dos valores centrais. O restante constituiu-se em festas esparsas, como a Quinzena Imperial, que permitiu que fossem celebradas diversas glórias locais, como Mistral em Arles, em 1942.

---

[27] Mensagem do comissário da região aos comissários locais e aos prefeitos, 10 jul. 1942. A. D Seine-Maritime, série 51 W 220-1.

A realidade da encenação festiva do folclore

As ferramentas usadas para difundir o folclore se agrupavam em quatro diferentes famílias que se complementavam. Todas repousavam sobre o primado das línguas locais e dos costumes tradicionais. É verdade que o ministro da Educação Nacional, quando de uma conferência em Toulouse, em 30 de dezembro de 1941, no Congresso Linguístico e Folclórico Occitânico, havia autorizado os cursos facultativos de línguas provençais. Para promover esses falares tradicionais, as instituições marechalistas deveriam utilizar as línguas locais. O presidente regional da Legião de Saint-Rémy-de-Provence enviou, em 1º de maio de 1942, um telegrama ao marechal em provençal e fez com que ele fosse lido em todos os bairros para servir como exemplo de volta às raízes. Essas línguas, que deveriam permitir às regiões reencontrarem suas identidades ultrajadas, foram o indicador etnológico mais frequentemente usado para a promoção do folclore nas festas vichystas.

A língua local, essencialmente o provençal, o occitano, o basco, mas também o bretão (representando a identidade celta, componente providencial da raça ariana e francesa na região norte), encontrava-se nas danças, nas cantigas locais e nas músicas tocadas com instrumentos provenientes da região. Todas essas atividades eram organizadas por sociedades locais, como os Comtadines de Avignon, a sociedade provençal de danças típicas Elan Pontien, ainda na cidade dos papas;[28] a Ruche, em Carpentras; a Toulousaine, os dançarinos e os cantores de Armagnac, em Auch; os Cigalous Arletans, os Camaradas do Santo Estello, em Nîmes e outras escolas folclóricas (St. Rémy, Uzès). Elas eram acompanhadas por grupos félibrianos no sul e desempenharam toda uma gama de danças e cantigas do folclore de cada região, sempre em trajes típicos (os famosos trajes bourboneses do 1º de Maio de 1942 em Montluçon) com instrumentos antigos, em sinal de recusa ao modernismo decadente. Tornara-se impossível contar a quantidade de pífanos, *galoubets*,[29] tamborins, gaitas de foles e fidéis, acompanhados de coros edificantes, que surgiram para glorificar todos os folclores, do bretão ao bourboneses, passando pelo de Armagnac e pelo occitânico.

As cantigas tradicionais e folclóricas eram dessa forma ritualizadas e relidas sob a ótica das preocupações identitárias locais e nacionais. Assim, a *Coupo Santo*, sempre cantada em provençal, tornou-se o emblema folclórico de todas as festas marechalistas do sudoeste.[30] Mais do que isso, várias cidades, como Bollène, Carpentras,

---

[28] Epíteto da cidade de Avignon, em razão de ter sido sede do papado de 1309 a 1423. (N.T.)
[29] Tipo de flauta surgida na Europa na Idade Média ou na Renascença. (N.T.)
[30] É possível encontrá-lo em mais de um terço das festas da região sob o governo de Vichy.

Mazas e Nîmes, decidiram ensiná-la nas escolas. Sua segunda estrofe, que dizia "de um antigo povo orgulhoso e livre, nós somos talvez o fim, e se os *félibres* caírem, a nação inteira cairá", resumia os valores étnicos e regionalistas do governo. Cada região fora, portanto, encorajada a seguir esse caminho, que deveria devolver a confiança aos franceses, traídos pela república.

E a venda dos produtos da região, sempre realizada em trajes típicos e tendo em vista a promoção do artesanato local, materializava a contribuição econômica das regiões. Ao individualizar os bens materiais (industriais, artesanais ou agrícolas) cuja fabricação (método antigo, utilização da terra e dos recursos locais) elas valorizavam, as festas sublinhavam ainda mais o projeto identitário e cultural do regime. Em Pau, quando do juramento da Legião local de 20 de abril de 1941, um aperitivo de um vinho[31] regional, de Jurançon, foi servido pelo simples motivo "de que ele havia umedecido os lábios do bom rei Henrique no dia de seu nascimento".[32] A nação procederia unicamente das identidades locais que o folclore resumia bem melhor do que todas as lições de história da *gueuse*.[33] Em Paris, em 1º de maio de 1942, os marceneiros, em trajes medievais, realizaram uma cerimônia para glorificar as artes e as corporações medievais que haviam construído as catedrais, em uma homenagem dupla a Deus e ao artesanato local. Foi nesse quadro que os sindicatos comunais das corporações glorificaram a força do enraizamento pelo trabalho em face do centralismo republicano e de seus imigrantes.

Nada encarnou melhor esse projeto do que a força e a saúde da juventude e o esporte. Um dos pilares dessas festas foram, portanto, os esportes locais, organizados pelas sociedades regionais, acompanhados por música e trajes tradicionais. O folclore, que, além disso, se tornara matéria escolar no quadro da educação física,[34] sublinhava os valores do regime ao negar a mistura de raças que havia levado à decadência. Durante as apresentações da Festa do Esporte em Rouen, o método de educação física de Hébert,[35] com sua louvação à natureza original não poluída pela civilização, era glorificado, e as cantigas folclóricas dos escoteiros eram entoadas à tarde. Em Marselha, para a mesma festa, 2 mil meninas desfilavam no velódromo

---

[31] O que prova que a luta oficial contra o alcoolismo encontrava seus limites nas profundezas do país, em nome do respeito às tradições.
[32] A. D. Haute-Garonne W 132.
[33] "Ferro-gusa" ou, mais remotamente, "ganso". Trata-se aqui de um apelido injurioso dado pelos partidários do rei à república francesa. (N.T.)
[34] As instruções de julho de 1941 previam seis horas de educação física para as crianças, com o estudo das danças folclóricas (para o desenvolvimento do ritmo) e o estudo do folclore, no caso de mau tempo.
[35] Militar francês criador de um método, o hebertismo, para o ensino de educação física. O governo de Vichy elevou-o a "método nacional", dentro da política de recuperação física e moral da França. (N.T.)

dançando ao ritmo das cantigas provençais, tendo de apresentar um espetáculo de "ginástica folclórica" com tambores.

Em Bayonne, em 1º de maio de 1943, uma grande festa esportiva identitária foi organizada. Ela começou com uma cerimônia no monumento basco, ao som de bandas de música tradicionais, com a deposição de flores, e, depois, prosseguindo à tarde com um jogo de rúgbi ao som de bandas de música acompanhadas pelas danças tradicionais. Nesse jogo, opunham-se duas equipes locais emblemáticas da identidade basca: de um lado, o Aviron Bayonnais, clube construído a partir do culto a uma raça basca, e, de outro, a "equipe dos operários das forjas de Boucau", representante dos recursos locais. Evidentemente, por causa do tema do dia, a equipe operária vencia. Mas, sobretudo, o dia terminava com um florilégio de práticas folclóricas: danças tradicionais, concursos de canto basco, provas de força e apresentações de atividades artesanais e agrícolas, tudo isso para enfatizar "as virtudes da raça basca", segundo o prefeito.[36]

Esses aspectos identitários eram encontrados no culto aos heróis locais, que haviam sido, frequentemente, criadores de movimentos regionalistas, a quem era possível oferecer reconstituições históricas locais ou inaugurar monumentos, quando de suas festas. A figura de Mistral (assim como aquelas de Pesquidioux e de Aubanel) reaparecia, então, por meio de seus poemas, de suas pesquisas, das festas em sua homenagem coordenadas com as festas nacionais, seus aniversários e suas inaugurações de placas. Mas a identificação folclórica deveria também atingir as populações, a quem eram oferecidas as "casas de artesanato" e as "casas camponesas ou do folclore", que permitiam, a partir das tradições, glorificar as criações do regime, como a Carta do Trabalho e o corporativismo. Cada região oferecia seu próprio contingente de heróis exemplares às festas, principalmente quando das viagens e das cerimônias da Legião. Era possível, então, usar a língua local, batizar ruas e praças, glorificar a busca identitária e elencar os inimigos da região ou da nação com o apoio das sociedades de história ou de folclore locais, assim como das sociedades musicais ou esportivas. Mas todas essas ferramentas não foram utilizadas da mesma maneira, podendo variar segundo a época ou a região.

A evolução do lugar do folclore nas festas de vichystas

As festas do regime foram bastante precoces em sua vontade de promover o folclore e a etnologia identitária. Desde julho, mas sobretudo desde novembro de 1940,

---

[36] A. N, F60/476. Sobre esse aspecto, ver Gay-Lescot (1991).

as autoridades, de maneiras diferentes na zona ocupada e na zona livre,[37] foram incentivadas a celebrar, de forma sempre crescente, o folclore. Mesmo que os anos 1941 e 1942 tenham sido os de maior número de festas, sua frequência diminuiu pouco (menos de 10%) após a invasão da zona livre. E elas continuaram a ser organizadas em torno dos mesmos valores folclóricos e identitários até o fim, a despeito das mudanças no poder. Assim, poucos dias após o desembarque da Normandia, as autoridades centrais e locais estavam organizando a festa do quarto aniversário de criação da Legião, com as mesmas preocupações etnocêntricas de antes.

A parte de folclore nas festas aumentou no mesmo ritmo que as próprias festas entre 1940 e 1942. Porém, ainda mais notável, essa parte continuou a aumentar mesmo após a invasão da região sul, o que traduzia adequadamente a obsessão folclórica da política de festas do regime. A persistência dessa encenação etnológica, no momento em que a situação militar mudava, dava a dimensão da importância atribuída ao folclore pelo governo. Ao demandar que continuassem a se curvar sobre as antigas tradições, sobre regiões cercadas por inimigos (os alemães e os aliados, mas também os resistentes), o regime revelava sua visão de mundo. A França seria um país curvado sobre si mesmo, um país da cocanha indiferente aos sobressaltos do mundo, revelado por suas inúmeras identidades regionais controladas por uma rede de organizações submetidas, todas, a uma provincialização extrema para suportar o desmoronamento do velho mundo. As elites tecnocráticas e parisienses tinham de manter a ficção do retorno às tradições folclóricas a partir de uma propaganda de festas inteiramente reinventadas. Foi por essa razão que o governo continuou até o fim na via das festas identitárias, mesmo quando tudo parecia perdido, porque, de qualquer forma, a morte permitiria o retorno ao solo antigo das identidades folclóricas.

O epicentro dessa política foi incontestavelmente o sul provençal, com uma extensão na direção de suas margens norte e languedocianas. Ela se organizara ao redor das cidades emblemáticas do retorno às fontes e que o marechal visitava sistematicamente. Três delas formavam uma espécie de triângulo do félibrismo, Nice, Marselha, Avignon, no interior do qual outras cidades (Arles, Toulon, Montpellier) davam o exemplo para o campo. Logo atrás vinha o sudoeste, amputado de sua região costeira sob tutela alemã. O sudoeste também se organizava no entorno das grandes cidades da região, essencialmente Pau, Bayonne, Perpignan e Toulouse, sedes de todas as sociedades folclóricas e espaço privilegiado para a renovação

---

[37] No norte da França (zona ocupada), as autoridades nacionais deveriam, primeiramente, passar pelas humilhações da administração da ocupação alemã (o que significava passar pela Propaganda Abteilung e pelo alto-comando militar na França), que tinha a última palavra nesses assuntos. Elas tinham mais liberdade na zona livre (o sul), pelo menos até 1942.

identitária. A terceira região era o Maciço Central, organizado em torno de Lyon, Saint-Etienne e, evidentemente, Vichy, capital da região sul. Essas cidades tinham os mesmos trunfos que as outras, mas permitiam também, além disso, o alcance ao público operário, que era numeroso nessa região ao redor de cidades mais modestas, como Montluçon, Moulins ou Roanne, que era tão sensível quanto os camponeses aos apelos folclóricos.

Fora da zona sul, cada região utilizou os próprios referenciais folclóricos. No norte, houve dois centros principais, o bretão, em torno da língua e das tradições celtas, esportivas, musicais ou artesanais, e um centro menos importante ao redor de Picardia, não longe da zona proibida do norte tradicional. Mas, nesse caso, a reivindicação pelas festas folclóricas deveria receber o aval das autoridades alemãs, que se tornaram rapidamente desconfiadas em relação a todas as possibilidades de expressão popular. Isso se deu porque todas as festas foram apropriadas, por meio de incidentes, para protestar contra o regime ou contra os alemães (Dalisson, 2002). O folclore dos dias festivos não foi exceção e se prestara, às vezes, à contestação. O 1º de Maio foi a comemoração mais frequentemente contestada, desde 1941, por grupos que, em nome de uma identidade local rebelde às injunções centrais, e na condição de herdeira das liberdades comunais, tentaram deturpar as festas do marechal. Algumas sociedades de "ferroviários provençais", de "operários forezianos"[38] ou de "jovens comunistas dos Pireneus" distribuíram panfletos nos 1ºs de maio de 1942, 1943 e, sobretudo, 1944. Mas esses protestos foram muito marginais, uma vez que o folclore era utilizado em festas muito militarizadas (pela Legião), nas viagens do marechal, sendo todos esses eventos muito vigiados, ou em festas esportivas, que permaneciam muito populares. A folclorização do regime oferecia, portanto, pouco espaço para a contestação política nos dias festivos, uma vez que o poder a apresentava como apolítica. A parte folclórica das festas permaneceu como um dos elementos mais estáveis e dos menos contestados das comemorações do regime, provando que a renovação dos estudos folclóricos do entreguerras havia deixado marcas e que o regime acertou em cheio ao utilizar essa arma para promover seus ideais. Assim, desde o dia seguinte à derrota, quando as primeiras festas locais da libertação aconteceram, os elementos folclóricos foram restabelecidos sem que isso causasse transtornos. Mesmo que as reivindicações identitárias baseadas no folclore e na etnologia tenham desaparecido do debate político nacional até os anos 1960, elas marcaram os espíritos nessa época conturbada, inclusive as das festas do marechal, que nunca desapareceram.

---

[38] De *forézien*. Dialeto franco-provençal falado na região de Forez e em Saint-Étienne. (N.T.)

A instrumentalização das práticas folclóricas pelas festas vichystas fora, portanto, uma constante. Após a renovação dos estudos folclóricos do entreguerras, as temáticas das novas festas (principalmente as da Legião, do marechal, do esporte e do trabalho) prestavam-se muito bem a tal operação. A cada festa, que trazia em si sua parte de foclorização, cada região recorria a atividades folclóricas populares que garantiam o sucesso nunca desmentido das festas do marechal. Uma encenação recorrente (os cenários, os trajes, a língua) acompanhava o renascimento dos movimentos folclóricos locais, auxiliados pelas "sociedades de estudo locais" e pelos grupos marechalistas de juventude e do trabalho. Um novo panteão de heróis folclóricos (Mistral) juntou-se aos novos heróis nacionais, viris e locais, para evitar habilmente as realidades econômicas, sociais e políticas frequentemente muito distanciadas do folclore nostálgico promovido por essas festas. Dessa feita, o poder marcara permanentemente os estudos folclóricos na França e manteve uma ambiguidade que a insensibilização atual do folclore por seus herdeiros políticos de extrema direita ainda não superou.

Referências

BARUCH, M. *Le régime de Vichy*. Paris: La Découverte, 1996.

DALISSON, R. *De la Saint-Louis au cent-cinquantenaire de la Révolution*: un siècle de fêtes publiques en Seine-et-Marne, 1815-1939. Tese (doutorado), Université de Paris I, Septentrion, Lille, 1998. t. II.

____. La propagande festive de Vichy: mythes fondateurs, relecture nationaliste et contestation en France de 1940 à 1944. In: ORY, P. *Guerres mondiales et conflits contemporains*, n. 207, 2002.

EHRHARD, A. Gergovie, haut lieu de la France. *Vingtième Siècle*, n. 78, abr./jun. 2003.

FAURE, C. *Folklore et révolution nationale*. Lyon: PUL, 1987.

GAY-LESCOT, J. L. *Sport et éducation physique sous Vichy*. Lyon: PUL, 1991.

GERVEREAU, L.; PESCHANSKI, D. (Org.). *La propagande sous Vichy*. Nanterre: BDIC, 1990.

GILLIS, J. R. (Org.). *Commemorations*: the politics of national identity. Princeton: Princeton University Press, 1994.

IHL, Olivier. *La fête républicaine*. Paris: Gallimard, 1996. Col. Bibliothèque des Histoires.

MUEL-SCHMITT, F. *Vichy et l'éternel feminine*. Paris: Seuil, 1996.

ROSSIGNOL, D. *Histoire de la propagande en France*: l'utopie Pétain. Paris: PUF, 1991.

O *PAÍS DO PRESENTE* COMEMORA SEU SESQUICENTENÁRIO:
ditadura, consenso e comemorações no Brasil (1972)

Janaina Martins Cordeiro

Em 1941, foi publicado no Brasil e em outros países o livro *Brasil, país do futuro*, do escritor austríaco Stefan Zweig. Logo nas primeiras páginas da introdução, e fazendo jus ao título escolhido, o autor anunciava: "Esse país [...], indubitavelmente, está destinado a ser um dos mais importantes fatores do desenvolvimento futuro do mundo" (Zweig, 2001:13). E ia ainda mais longe, ao contar de seus planos de viver em um lugar onde pudesse experimentar "a sensação de viver no que se está desenvolvendo, no porvir, no futuro" (Zweig, 2001:16).

Interessante notar que, mesmo tendo sido escrito nos anos mais terríveis da ditadura — de inspiração fascista — de Getúlio Vargas, o autor via o Brasil como a perfeita antítese da Europa em guerra: como um lugar *que se desenvolve de maneira pacífica e fecunda*. Para o judeu em fuga de uma Europa em chamas e obcecada pela pureza racial, o Brasil pareceu-lhe uma terra onde "todas essas raças, que já pela cor evidentemente se distinguem umas das outras, vivem em perfeito acordo entre si" (Zweig, 2001:21).

Apesar do tom predominantemente otimista da obra — embora às vezes demasiado europocêntrico —, o livro de Zweig tornou-se, para o senso comum nacional, uma espécie de *profecia às avessas*. O *futuro*, esse tempo *mítico*, esse tempo *da utopia*, no qual tudo se realizará (Carvalho, 2006:30-31), teimava, para os mais pessimistas, em não chegar nunca. A profecia de Zweig não se realizava... A ideia-síntese contida no título do livro tornou-se — e assim o é ainda hoje — a grande *ironia nacional*. *Brasil, país do futuro* transformou-se — para o bem e para o mal — no *epíteto* do país, raramente, no entanto, referido com o otimismo do livro de Zweig. Em geral, passou a bem representar — por inversão e até mesmo com certa dose de sarcasmo — a ideia da *potência que não se realiza*, do *gigante adormecido*.

Dia 31 de dezembro de 1971. Trinta anos haviam se passado desde a publicação do livro de Zweig. O Brasil vivia, então, sob outra ditadura. Em sua mensagem de ano-novo, o presidente Médici dirigia-se à nação em rede nacional de rádio e televisão e declarava, solene: "A Nação tem hoje a tranquila consciência de sua grandeza, em termos realistas, possíveis e viáveis. Temos agora a certeza de que *o eterno país do futuro se transformou, afinal, no país do presente*" (Médici, 1972:76-77; grifos nossos).

Enfim, o presidente anunciava oficialmente: o *futuro havia chegado*. Não se tratava mais de mera utopia. Não havia mais incertezas, dúvidas, vã esperança ou sarcasmo. Havia, sim, um *milagre*. Aliás, mal chamado *milagre*, porque era, afinal, "explicável", a "resultante certa de componentes adequados" (Melo Filho, 1972:385). O Brasil era, então, *grande*, o *gigante acordara de seu sono*.

Naquele fim de ano, Médici completava o segundo ano de seu mandato. Para os segmentos da sociedade comprometidos com o regime, o país parecia tomado por uma *sensação de mudança*. A rigor, no mesmo discurso, Médici afirmava que "tudo mudou [...] nos últimos oito anos", ou seja, desde 1964. E, de fato, a partir de então, estabeleceu-se, para expressivos segmentos da sociedade, um governo comprometido em combater a *ameaça comunista* e, portanto, restabelecer a moral, salvar a família, a religião, a pátria, controlar a inflação e realizar um verdadeiro saneamento financeiro no país. Os atos institucionais, sobretudo os de números 2 e 5, foram saudados como instrumentos fundamentais que permitiram aos militares e a seus partidários civis realizar a *missão* que se propunham e para a qual a sociedade os havia convocado, como deixaram claro as inúmeras Marchas da Família com Deus pela Liberdade realizadas em 1964, antes e depois do golpe.

Não obstante, se a *Revolução* representou, para muitos, expectativas de mudança — ou, antes, de *reorganização* social, política, moral e econômica —, foi a partir de 1970 que segmentos cada vez mais expressivos da sociedade começaram a sentir que, de fato, as expectativas se concretizavam. Os *anos Médici*, conquanto sejam habitualmente identificados pela memória coletiva com os *anos de chumbo* da ditadura, representaram também os *anos de ouro*, quando as ideias de *grandeza* e de *construção do Brasil potência* ganharam as ruas (Cordeiro, 2009:85-104). A conjuntura do *milagre*, entendido aqui para além dos ganhos materiais, gerando uma sensação de otimismo com relação ao presente e *fé* no futuro do país, somada à certeza de que os órgãos do governo estavam trabalhando seriamente na repressão aos *inimigos do regime*, transformava a administração Médici numa espécie de *ápice* do *processo revolucionário*.

Era preciso, então, comemorar a chegada desse *novo tempo*, a hora em que o *eterno país do futuro* transformou-se, finalmente, em *país do presente*. E foi exatamente o que aconteceu em 1972: uma festa. Assim, saudando a *chegada do futuro*, o presidente se despedia do *ano velho* e anunciava que 1972 seria um ano de grandes comemorações: o futuro chegara justamente quando o Brasil completava 150 anos de sua Independência. Era o ano do *Sesquicentenário*, palavra comprida, difícil, mas que ganhou as ruas do país naquele ano.

Em seu discurso de ano-novo, Médici propunha uma reflexão sobre o passado para, no entanto, evocar a *grandeza* do presente e convidar a nação a construir o futuro:

> Ao raiar o ano do Sesquicentenário, desejo refletir, antes de tudo, no grande passado desses 150 anos. No retrospecto desse século e meio de vida independente, encontramos a inteligência, a cultura e o caráter de nosso homem em todos os domínios do pensamento e da ação. [...] Voltando-me para o futuro, pressinto sempre a maior contribuição brasileira para os destinos do mundo. [...] Vejo chegar afinal, depois desses 150 anos de vida independente, a emancipação econômica dos sonhos dos inconfidentes. Vejo o crescimento material irmanar-se com esse humanismo brasileiro que nos distinguiu no mundo em século e meio de trajeto [Médici, 1972:78].

Como deixava claro o discurso do presidente, a volta ao passado que se realizava em 1972 tinha os pés profundamente fincados no presente. Voltava-se ao cenário da Independência política realizada em 1822 para festejar a *independência econômica*, conquistada, definitivamente, 150 anos depois por obra da *Revolução de 1964*. Assim, a festa deveria expressar a *grandeza nacional*, a *obra* que o governo vinha construindo.

As primeiras providências foram tomadas ainda em 1971, em outubro, quando foi instituída uma comissão nacional para programar e coordenar as comemorações. Em seguida, em janeiro de 1972, foi criada a Comissão Executiva Central (CEC) para dirigir e coordenar as comemorações do Sesquicentenário da Independência do Brasil.[1]

Presidida pelo general Antônio Jorge Corrêa, a CEC integrava membros de ministérios civis e militares, além de importantes instituições da sociedade civil. Eram eles: os ministros da Justiça, das Relações Exteriores, da Educação, Marinha,

---

[1] Decreto nº 69.922, de 13 de janeiro de 1972. In: Corrêa (1972:14).

Exército e Aeronáutica, além dos chefes dos gabinetes Militar e Civil da Presidência da República, os presidentes do Instituto Histórico e Geográfico Brasileiro (IHGB), do Conselho Federal de Cultura (CFC), da Liga de Defesa Nacional, da Associação de Emissoras de Rádio e TV e da Associação Brasileira de Rádio e TV.[2] Nesse aspecto, a comissão representou um bom exemplo de como a ditadura usufruiu e soube articular, sempre, apoios civis e militares.

À CEC coube a organização dos eventos em abrangência nacional, a definição e organização geral da festa, que deveria ser capaz de celebrar não somente os 150 anos da Independência do país — a escolha das datas nacionais, dos heróis e dos grandes acontecimentos do passado que deveriam ser recuperados —, como também o momento de grandeza, de acelerado crescimento econômico e o *otimismo* crescente que envolvia segmentos significativos da sociedade brasileira naqueles primeiros anos da década de 1970.

A partir da organização da CEC, foram criadas Comissões Executivas Estaduais (CEEs), responsáveis pela integração dos respectivos estados aos eventos nacionais, respeitando, não obstante, as especificidades locais e regionais: suas datas e seus heróis, criando marcos e incentivando as efemérides particulares de cada região do país. Esse foi, sem dúvida, um fator fundamental para o sucesso das festas, uma vez que integrou os estados e suas tradições locais aos grandes eventos nacionais, colaborando para a grande proliferação de eventos comemorativos ao longo do ano.

Assim, desde janeiro de 1972 vivia-se no país sob a expectativa do início das comemorações: datas como a Abertura dos Portos, em 1808, ou o Dia do Fico, em 9 de janeiro de 1822, foram celebradas. Heróis e batalhas regionais foram rememorados: por exemplo, Joana Angélica e o 2 de julho na Bahia.[3] No Pará, as comemorações se estenderam até 1973, já que é o ano 1823 que marca a adesão daquela região à Independência (Moraes, 2006). Transcendendo o 1822, outras datas importantes foram lembradas: no Recife, comemorou-se a batalha dos Guararapes; no Rio Grande do Sul, a Farroupilha não pôde ficar de fora; mesmo a Abolição da Escravidão e o Dia do Soldado, com amplas homenagens ao duque de Caxias — apenas uma entre as muitas ocasiões nas quais o papel histórico das Forças Armadas foi rememorado —, não ficaram de fora do grandioso calendário cívico de 1972.

---

[2] Decreto nº 69.344, de 8 de outubro de 1971. In: Corrêa (1972:13). Matéria publicada pelo *Jornal do Brasil* em 9 de outubro de 1971 mencionava também a participação da Associação Brasileira de Imprensa (ABI) entre as instituições que compunham a CEC.
[3] Fundo Comissão Executiva da Comemoração do Sesquicentenário da Independência. Pasta 61. Recorte de jornal: Bahia comemora gesto heroico. *O Estado de S. Paulo*, 20 fev. 1972.

Mas foi em 21 de abril, Dia de Tiradentes, que as festas começaram oficialmente, para somente serem encerradas no dia 7 de setembro. Em uma de suas primeiras reuniões, a CEC estabeleceu que as comemorações do Sesquicentenário da Independência deveriam ser "condensadas e limitadas a uma faixa do ano, para que não se incorresse na falha de torná-las fastidiosas e vulgares". Assim, para os intelectuais, políticos e militares envolvidos na organização do evento, tributários de uma tradição histórica que valorizava, sobretudo, os *grandes homens* e os *grandes acontecimentos*, pareceu lógico que essa *faixa do ano* ficasse limitada entre o 21 de abril — Dia de Tiradentes — e o 7 de setembro — Dia da Proclamação da Independência: "Designou-se o período — entre *duas datas de nossa história que se completam* — 21 de abril e 7 de setembro", dizia o relatório produzido pela CEC (Corrêa, 1972:15; grifos nossos).

Entre as duas datas, os dois heróis da nação: Tiradentes e d. Pedro I. É certo, no entanto, que nem todos viram com a mesma naturalidade que a CEC a associação entre os dois eventos.[4] Todavia, em 1972 prevaleceu a associação entre as figuras de ambos os heróis, como se tivessem lutado a mesma luta; como se a batalha do Alferes não tivesse se travado contra a dinastia à qual viria a pertencer o futuro imperador. Ao contrário, pouco se falava disso. No ano do Sesquicentenário, a vontade geral era de *comemorar*.

Tiradentes era, portanto, de acordo com a *história oficial* que se rememorava, um precursor. Sua luta inspiraria os que viriam depois dele, até que chegaria d. Pedro I, o português, capaz de fazer a Independência *à brasileira*, sem grandes rupturas, preservando os laços com a antiga metrópole — laços esses que foram festivamente celebrados por ambas as ditaduras em 1972. Dessa forma, era mais comum encontrar na imprensa da época argumentações que festejavam o caráter conciliador da festa, ao colocar lado a lado Tiradentes e d. Pedro I e que, ao mesmo tempo, confirmavam uma visão de história *linear*, bem de acordo com aquela defendida pela CEC:

> Na figuração de Tiradentes, herói brasileiro, que sofreu o martírio da forca e do esquartejamento, todo um simbolismo de um tempo em que começávamos a assistir, em tantos corações, o desejo de vivermos como Nação Independente. Éramos simples colônia portuguesa, mas em muitos já lampejava a intenção de se ver, nos quadrantes brasileiros, a ideia de uma Pátria livre. No gênio de Andrade e Silva,

---

[4] Ver, por exemplo, alguns protestos publicados em jornais: Fundo Comissão Executiva da Comemoração do Sesquicentenário da Independência. Pasta 75A. Recorte de jornal: "Carta dos leitores". *O Globo*, 15 maio 1972; Pasta 75A. Recorte de jornal: "D. Pedro I a Tiradentes". *Jornal do Brasil*, 30 abr. 1972.

porém, é que se centralizaria a imensa e delicada tarefa política de estruturar condições para que ouvíssemos, na voz de d. Pedro I, o imortal brado do Ipiranga.[5]

Assim, Tiradentes foi celebrado como o *protomártir*, o *primeiro herói*, e d. Pedro I foi o *bravo herói*, aquele que, sem martírio, porém com audácia, conseguiu dar a Independência ao Brasil. Foi a partir desse raciocínio, reconciliador da história-pátria, que foram estabelecidas as datas de início — 21 de abril — e de encerramento das comemorações — 7 de setembro.

Portanto, no Dia de Tiradentes tiveram início as comemorações. O ano festivo começou com um grande *encontro*, o *Encontro Cívico Nacional*. O evento, que o presidente da CEC, general Antônio Jorge Corrêa, anunciava como um acontecimento *inédito no mundo*,[6] deveria acontecer às 18h30 do dia 21. Na hora marcada, simultaneamente, "em todo o País, será ouvido o discurso do Presidente Garrastazu Médici, seguindo-se os atos de hasteamento da Bandeira, ao som do Hino Nacional, cantado pelo povo reunido numa grande concentração, em lugar público, a céu aberto".[7]

O relatório oficial produzido pela CEC também definia o Encontro Cívico a partir do pressuposto da *necessidade de unir* a sociedade em torno das comemorações patrióticas de 1972. O evento do dia 21 de abril foi definido como o ato solene consagrado a Tiradentes e que marcou o início das comemorações com a reunião espiritual e física de todos os brasileiros, num mesmo momento e no âmbito de suas comunidades, levando cada participante a sentir-se parcela integrante da grande coletividade nacional (Corrêa, 1972:33).

A forma como se daria essa *reunião espiritual* da nação se faria pela simultaneidade dos eventos, mas, sobretudo, pela mobilização em torno de símbolos *patrióticos*, como a bandeira, o Hino Nacional e, desencadeando, ou, antes, *autorizando* o início dos demais rituais, a *fala presidencial*. Por todo o país, em praças públicas, o povo deveria se reunir para homenagear o *protomártir* Tiradentes e, cultuando os símbolos nacionais, ouvir as palavras da autoridade máxima da nação. Os cidadãos podiam, assim, reconhecer-se como parte de algo maior, de uma *coletividade* que tinha um passado em comum (representado pelas homenagens a Tiradentes); que cultuava os mesmos símbolos (o Hino e a bandeira); e que partilhava as mesmas experiências

---

[5] Fundo Comissão Executiva da Comemoração do Sesquicentenário da Independência. Pasta 75. Recorte de jornal: "Tiradentes, o protomártir". *Gazeta do Povo*, 21 abr. 1972.
[6] Id. Pasta 51A. Recorte de jornal: "Todo o Brasil cantará o hino na mesma hora". *Notícias Populares*, São Paulo, 3 mar. 1972.
[7] Id. Pasta 51A. Recorte de jornal: "Festejos do Sesquicentenário terão brilho invulgar". *Jornal do Commercio*, Porto Alegre, 17 abr. 1972.

no presente e as mesmas expectativas para o futuro. Esses — presente e futuro —, personificados, naquele momento, pelo discurso presidencial, pelo *líder* da nação, pela *obra revolucionária* que ele representava e pelas esperanças no *Brasil potência* que seu governo julgava encarnar.

Os Encontros Cívicos Nacionais foram, nesse sentido, o primeiro evento de 1972 que permitiram aos cidadãos que se reconhecessem como membros de uma nação, no sentido daquilo que Benedict Anderson denominou *comunidade política imaginada*: uma coletividade na qual, embora a maioria dos membros "não conheça jamais seus compatriotas, nunca os tenha visto e nem sequer tenha ouvido falar deles, *na mente de cada um vive a imagem de sua comunhão*" (Anderson, 1993:23; grifos nossos). Foi, portanto, a essa *imagem de comunhão*, não apenas territorial, mas *a-histórica*, unindo presente, passado e futuro, que os Encontros Cívicos Nacionais buscaram recorrer.

Era a essa ideia de *união cívica* — que a natureza pretensamente *transcendental* daquele evento reforçava — a qual Médici se referiu mais de uma vez em sua aguardada fala do dia 21 de abril:

> Tendo a independência como processo sempre em marcha, entendemos este encontro como o signo das comemorações do Sesquicentenário: o *encontro da comunidade de todos os brasileiros*, o *encontro com a nossa consciência patriótica* e com a nossa vocação de fraternidade e de paz. [...] fazemos votos para que todos possam descobrir, no encontro do Sesquicentenário, os caminhos da permanência deste momento, em que, na união, na confiança e na fé, os brasileiros de agora constroem a grandeza vislumbrada no sonho dos precursores [Corrêa, 1972:34].

No entanto, foi da imprensa pernambucana que veio a notícia, ou melhor, a crônica que melhor representava as expectativas de *união nacional* despertada pelo início das comemorações. Embora longa, creio que vale a citação:

> Espetáculo jamais registrado (que se saiba) no mundo, será o que o Brasil oferecerá aos povos da Terra no próximo 21 de abril, quando todos os brasileiros, em determinada hora, concentrar-se-ão, através do território nacional, para dar início, com a palavra do Presidente da República, às comemorações do Sesquicentenário da Independência do Brasil. Depois que Sua Excelência falar em Brasília, o Pavilhão Nacional, de dimensões excepcionais, será hasteado e concomitantemente, no Rio, em São Paulo, em Porto Alegre, no Recife, em Manaus, em Belém, em Curitiba — que sei eu? —, outros tantos pavilhões brasileiros tremularão nos ares, enquanto milhões de vozes, ungidas de patriotismo, entoarão o Hino Nacional. Na oportunidade, sinos repicarão; sirenes soarão; buzinas serão acionadas e vibrantes

aclamações populares assegurarão ao Brasil o amor de sua gente, boa e generosa, pronta, a qualquer momento, a se sacrificar pela sua grandeza, pela sua liberdade, pela sua soberania.[8]

Como podemos perceber pela leitura da crônica, publicada ainda no início de março, havia ali a expectativa de um *grande começo*. Embora os primeiros meses de 1972 já tivessem assistido a datas e cerimônias remarcáveis, como aquelas que lembraram o Dia do Fico, ou a Abertura dos Portos, ou mesmo os desfiles de carnaval, muitos dos quais rememoraram a história nacional e o Sesquicentenário da Independência, o evento central que marcaria a abertura daquele ano festivo era o Encontro Cívico Nacional. Fosse porque homenageava a memória de Tiradentes, fosse pela mobilização dos símbolos nacionais e pela (oni)*presença* do presidente Médici em todo o território nacional. Tudo isso transformou o evento de abertura das comemorações em um acontecimento singular, ao menos do ponto de vista daqueles que estavam dispostos a dele participar.

Para além disso, como bem o demonstra o artigo da imprensa pernambucana, para muitos, as comemorações do Sesquicentenário representaram o marco de um *novo tempo*, fundado não mais nas promessas de um futuro pródigo, mas na certeza de que esse *futuro* finalmente havia chegado. As expectativas criadas em volta da abertura oficial da festa sintetizavam, em certo sentido, as esperanças em torno do *Brasil grande*.

A ideia segundo a qual o Brasil *ofereceria aos povos da Terra espetáculo jamais registrado no mundo* em 1972 somente foi possível de ser formulada — e, certamente, recebida por muitos com ansiedade — se considerarmos o estado de *euforia* que se vivia no país naqueles anos de *milagre*. Vinculava-se diretamente às potencialidades do *Brasil gigante*, da *jovem potência* que então se realizava em toda a sua plenitude. Assim, a ansiedade demonstrada diante do início do grande *espetáculo* que as comemorações do Sesquicentenário prometiam ser ao longo do ano somente pode ser compreendida na medida em que a concebemos como a síntese das expectativas em torno do *futuro* que, para muitos, da mesma forma como disse o presidente Médici, finalmente se realizava naqueles anos.

No dia seguinte ao Encontro Cívico Nacional, 22 de abril, o navio *Funchal* ancorava nas águas da baía de Guanabara. Vindo de Lisboa, trazia de Portugal os restos mortais de d. Pedro I. O *herói das duas pátrias* retornava para seu *torrão predileto*,

---

[8] Fundo Comissão Executiva da Comemoração do Sesquicentenário da Independência. Pasta 51A. Recorte de jornal: "Crônica da cidade". *Jornal do Commercio*, Recife, 5 mar. 1972.

como se referiu ao Brasil o então presidente português, Américo Tomás, quando da chegada do navio ao Rio de Janeiro. Aqui, grande festa aguardava o imperador.

D. Pedro I foi o personagem central das comemorações. Suas cinzas, partindo do Rio de Janeiro — da Quinta da Boa Vista, antiga residência da família imperial —, percorreram todas as capitais e territórios nacionais, para que pudesse receber a "consagração presencial de todo o povo brasileiro".[9]

São Paulo, o coração das festas daquele ano, foi a última capital por onde passou o esquife de d. Pedro, após percorrer cerca de 26 mil quilômetros,[10] de norte a sul do país. O lugar onde *nasceu o Brasil Independente*, a partir do gesto impetuoso do príncipe Pedro, foi transformado também no lugar de sua *última morada*. E, assim, uma cripta foi especialmente construída para abrigar os restos mortais do imperador bem ali na colina do Ipiranga, onde já descansava a imperatriz Leopoldina. O momento alto da festa e que finalizaria a longa jornada de d. Pedro, em seu *retorno* ao Brasil, foi a cerimônia de inumação de seus despojos, realizada no dia 6 de setembro, à qual se seguiram os tradicionais desfiles do dia 7.

Assim, o evento central das comemorações foi o longo périplo, país afora, do *ilustre defunto*. Por iniciativa da CEC, a passagem da urna imperial pelas capitais estaduais deveria seguir um rígido protocolo, que estabelecia os parâmetros — dos mais gerais aos menores detalhes — que deveriam organizar o espaço festivo, atribuindo ao evento as características ritualísticas que as comemorações deveriam possuir. Tratava-se de conferir *unidade*, de *sacralizar civicamente* o tempo e o espaço em que as comemorações teriam lugar (Catroga, 2005:91) a partir da repetição ritual de determinados eventos e cerimônias.

O estabelecimento e a exigência da execução detalhada de tais procedimentos possibilitavam, além de um efetivo controle da programação estabelecida pela CEC, uma espécie de teatralização do espaço público festivo, a *suspensão do cotidiano* e a substituição do tempo rotineiro por um tempo *extraordinário* (DaMatta, 1997:47), o tempo da festa, da comemoração, no qual toda a sociedade deveria estar voltada para o evento. A ritualística que envolvia a chegada, visitação e partida dos despojos do imperador em cada capital permitia aos indivíduos, em todos os cantos do país, se reconhecerem como membros de uma coletividade, a partir do momento em que podiam compartilhar aquela experiência com outras pessoas, diferentes e distantes cultural e geograficamente, e que, naquele momento, com aqueles eventos, podiam sentir-se parte de algo maior, porque compartilhavam a mesma his-

---

[9] Fundo Comissão Executiva da Comemoração do Sesquicentenário da Independência. Pasta 52A. General Antônio Jorge Corrêa. *O simbolismo presente na trasladação dos restos mortais de d. Pedro I*, p. 4. Mimeogr.
[10] Id. Pasta 53D. Recorte de jornal: "D. Pedro I voltou ao Ipiranga". *Última hora*, 7 set. 1972.

tória, o mesmo passado que se repetia em forma de ritual, no presente. Podiam sentir-se integradas em uma comunidade nacional, uma vez que a ritualização do espaço público por meio das comemorações, a presença do *corpo* do herói nacional, de capital em capital, reunindo o país, constituía-se em grande exaltação patriótica extremamente coesora da nação.

É certo que esse poder de coesão nacional a partir da celebração da história-pátria não se faz descolado do presente e, no contexto de 1972, esteve indissociavelmente relacionado com a conjuntura do *milagre brasileiro*, da euforia desenvolvimentista que ele foi capaz de despertar e que as festas do Sesquicentenário tiveram o poder de potencializar e transformar em algo maior. Ou seja, as comemorações de 1972 puderam transformar a sensação de bem-estar e a confiança no porvir, associadas em termos imediatos aos benefícios do *milagre*, em uma expressão de otimismo maior, na medida em que propunham uma identificação do indivíduo com a *pátria*, e não com o regime. Ao mesmo tempo, na medida em que era a ditadura que promovia as comemorações, podemos compreendê-la, naquele contexto, como parte dessa identidade, como uma construção — e ao mesmo tempo construtora — das relações que a sociedade estabelecia, então, com a *pátria amada*.

Estabeleceu-se, assim, a partir do périplo dos restos mortais de d. Pedro I e ao longo de todo o ano 1972, uma espécie de prolongamento da Semana da Pátria — cujo ápice foram as cerimônias realizadas em São Paulo nos dias 6 e 7 de setembro — e que se baseava na repetição de ritos cívicos comuns a esse evento, para os quais eram *exigidos* o mesmo respeito, solenidade e formalidade que os caracterizavam. Nesse sentido, verificou-se em 1972 um estender do tempo festivo, ao qual a *presença do corpo* do imperador conferia algo de *excepcional*, exacerbando ainda mais a *vontade comemorativa* e o otimismo que caracterizou os anos do governo Médici.

Embora para muitos o longo ritual fúnebre verificado em 1972 pudesse parecer excessivamente mórbido, solene e hierarquizado[11] — como de fato foi —, as cerimônias, em cada capital, mostraram-se extremamente mobilizadoras. Em cidades como Rio de Janeiro, Porto Alegre, Maceió, Fortaleza, Curitiba, Belo Horizonte e São Paulo, a afluência do público foi significativa. Filas imensas se formaram, e as pessoas em geral demonstravam o mesmo comportamento: prestavam sua homenagem a d. Pedro I respeitosamente, graves, porém festivas. Afinal, se para a Bahia do século XIX pode-se afirmar, de acordo com João José Reis, que *morte e festa não se excluíam* (Reis, 2009:137), o mesmo podia ser dito da grande cerimônia fúnebre/cívica que se realizou em torno de d. Pedro I em 1972.

---

[11] Como imaginou, na época, o coronel Octavio Costa, chefe da Assessoria Especial de Relações Públicas da Presidência da República (Aerp). Ver Fico (1997:64).

Solenes, hierarquizados, os *velórios fúnebres* realizados para o imperador país afora eram, simultaneamente, algo alegre, expressavam determinado júbilo nacional. Representavam, antes de tudo, a *pátria* personificada na figura de seu herói, do herói da nação que então comemorava 150 anos de vida independente. A forte hierarquização do espaço festivo era um aspecto fundamental que sustentava o *pacto* estabelecido entre ditadura e sociedade.

Em suma, as cerimônias em torno de d. Pedro I constituíram a perfeita síntese do que representou o festivo ano de 1972: a reafirmação do consenso social em torno da ditadura, representado numa cerimônia que era ao mesmo tempo fúnebre, solene, hierarquizada e festiva, empolgante. É muito representativo o discurso do professor Pedro Calmon durante a cerimônia de inumação dos restos mortais do imperador, no dia 6 de setembro, em São Paulo. Afirmava o professor: "Esta cerimônia exclui a morte. É a comemoração da vida".[12]

Isso porque, mesmo quando se estruturam em termos de cerimônia fúnebre, as comemorações lidam sempre com a construção de um *tempo novo*, com a pretensão de "reconstituir e solenizar, sobretudo, a reinvenção do contrato social" (Catroga, 2005:91), permitindo, de acordo com Fernando Catroga, que "os indivíduos se sintam como sujeitos sociais e cívicos, isto é, como cidadãos comparticipantes de uma coletividade espiritual que os envolvia, apelava e mobilizava, chamada *povo*" (Catroga, 2005:93; grifos do original).

Foi essa possibilidade, ou seja, de os indivíduos se reconhecerem como nação, como parte de uma coletividade que tem em comum o mesmo passado e cultiva para o futuro expectativas semelhantes, que o traslado, périplo e finalmente a inumação dos restos mortais de d. Pedro I representaram país afora durante o festivo ano de 1972.

Os Encontros Cívicos em abril e a peregrinação dos despojos de d. Pedro I, seguida de sua inumação no Ipiranga em setembro, foram os dois acontecimentos maiores de uma festa que teve como característica mais marcante a multiplicação, país afora, de eventos comemorativos os mais diversos ao longo de todo o ano. Entre uma data e outra, a rememoração dos dois maiores heróis do panteão nacional — Tiradentes e d. Pedro I; entre uma data e outra, cinco meses inteiros de festas nos quais a ditadura se expôs solene aos brasileiros, festejando a história-pátria, mas também, e principalmente, o presente e as perspectivas de futuro.

Desse modo, entre tantos eventos, chama a atenção também a realização, entre junho e julho, dos jogos da Taça Independência, um campeonato internacional de

---

[12] Discurso proferido pelo professor Pedro Calmon durante a cerimônia de inumação dos despojos de d. Pedro I em 6 de setembro de 1972. In: Corrêa (1972:70).

futebol que reuniu diversas seleções do mundo[13] e pretendia, de certa forma, reviver as expectativas e *alegrias* de dois anos antes, quando a seleção brasileira conquistara o tricampeonato de futebol no México. Na *minicopa* do Brasil, a seleção de Zagalo sagrou-se campeã mais uma vez, com uma vitória apertada de 1 a 0 — gol de Jairzinho aos 43 minutos do segundo tempo — sobre os portugueses.

Mas, na final da Taça Independência, mais que o futebol apresentado pela seleção — que não se podia dizer ter apresentado a mesma excelência de 1970 —, chamava a atenção os aplausos dedicados ao presidente Médici, no fim da partida, quando entregou os prêmios à seleção. Ali, um Maracanã lotado por 100 mil torcedores aplaudiu seu presidente, que antes acompanhava o jogo com a mesma apreensão e radinho de pilha que todos os outros.[14] Durante a partida, dizia a imprensa da época, não se via o *presidente*, mas apenas o *Milito*, ex-meia-direita do Guarani, de Bagé.[15] O *presidente-torcedor*, imagem forte em um país onde o futebol é elemento fundamental, conformador da identidade nacional e que, depois de Médici, os *brasileiros-torcedores* somente vieram a reencontrar recentemente, na figura de Lula, o presidente corintiano.

Concomitantemente, uma série de eventos complementou a programação do Sesquicentenário: livros editados e reeditados, congressos realizados, escolas e universidades mobilizadas; competições esportivas foram organizadas por todo o país, premiando os vencedores com um "Troféu Sesquicentenário". Músicas foram especialmente compostas para a ocasião. O sambista Zé Kéti, por exemplo, lançou um compacto em homenagem ao Sesquicentenário chamado *Sua Excelência, a Independência*, que saiu com a foto do presidente Médici na capa; outro sambista, Miltinho, gravou *Sesquicentenário da Independência*; Jair Rodrigues cantou *Sete de setembro*, composição feita para abrir o Encontro Cívico Nacional; Emilinha Borba gravou *Você constrói o Brasil* (Bahiana, 2006:70-71). E Ângela Maria cantou o *Hino do Sesquicentenário*,[16] composto por Miguel Gustavo, o mesmo que em 1970 fez *Pra frente Brasil*, marchinha que se tornou o hino da seleção brasileira de futebol durante o campeonato mundial e, por que não, o hino do Brasil durante os anos Médici.

Além dos famosos, cantores regionais, desconhecidos do grande público, queriam também dar sua contribuição e lotavam as caixas de correios da Comissão

---

[13] O torneio aconteceu entre 11 de junho e 6 de julho de 1972 e reuniu seleções de todo o mundo, entre as quais — e além da seleção brasileira, tricampeã mundial de 1970 — as seleções da Argentina, do Uruguai, da Tchecoslováquia, da Rússia, da Iugoslávia e de Portugal. Ver "A taça mais cara do mundo". *O Cruzeiro*, jun. 1972.
[14] "Milito, de meia-direita a presidente da República". *Jornal do Brasil*, p. 63, 9 jul. 1972.
[15] "Médici, um torcedor de noventa minutos". *Jornal do Brasil*, p. 55, 10 jul. 1972.
[16] Disponível em: <http://angelamariasapoti.com/discografia/compduplo.htm>. Acesso em: 27 nov. 2009.

Executiva Central que organizava a festa: eram pessoas comuns, propondo que suas músicas, especialmente compostas para celebrar aquele momento, merecessem a devida atenção e fossem reconhecidas, integrando oficialmente os festejos. Era o caso, por exemplo, do músico baiano Radamés de Almeida Mercuri, que escrevia à Comissão pedindo que sua música *Marcha da Independência do Brasil* fosse transformada no hino oficial da festa.[17]

Em todo o país, a população se mobilizava: associações religiosas, comerciais, femininas, sindicatos os mais variados, escolas, universidades. Todos queriam tomar parte nas comemorações. Rememorando o passado, segmentos importantes da sociedade civil comemoravam o presente e davam sua colaboração para a construção do projeto de modernização planejado pela ditadura: "Brasil Independente: hoje grande, amanhã líder", dizia o *slogan* da festa, no qual se lia com clareza que se comemoravam mais os ganhos presentes e as expectativas para o futuro que propriamente o passado.

As comemorações do Sesquicentenário da Independência em 1972 representam a síntese de um processo mais amplo e complexo vivido pela sociedade brasileira nos primeiros anos da década de 1970. Trata-se de um momento no qual a elaboração de *pontos de vista otimistas* sobre o país ganhou espaço e constituiu as bases de "uma significativa rede de autorreconhecimento social" (Fico, 1997:17). Dito de outra forma, trata-se de um período no qual o Brasil experimentou momentos de vívida euforia nacionalista e desenvolvimentista. Era o período do *milagre brasileiro*, quando o país podia ser comparado a um *imenso canteiro de obras* (Aarão Reis, 2005:56); quando segmentos expressivos da sociedade — não apenas as classes médias, mas também os mais populares, que partiram do Ceará ou do Sul do país acreditando no *sonho amazônico* que a construção das imensas rodovias e a *abertura das fronteiras* no Norte do país representou — acreditaram que aquele era mesmo *o país do presente* e que o presente era moderno, próspero e de acordo com a *boa moral*.

Era um momento no qual aquilo que Pierre Laborie denominou a *opinião dominante* partilhava das expectativas em torno da construção da *potência* e dos benefícios do *milagre* e acreditava que, realmente, a mítica pessimista do *eterno país do futuro* havia finalmente ficado para trás. É importante lembrar, ainda de acordo com Laborie:

> Não há uma contradição irredutível entre a realidade incontestável de uma muito grande diversidade de atitudes no seio de uma população e a existência, nessa mes-

---

[17] Fundo Comissão Executiva da Comemoração do Sesquicentenário da Independência. Pasta 3B. Correspondência recebida.

ma população, de uma linha tendencial evolutiva, de um sentimento comum mais ou menos difuso, mas majoritariamente partilhado [Laborie, 2003:42].

É essa *linha tendencial evolutiva*, esse *sentimento comum*, majoritariamente partilhado, que é preciso buscar e que as comemorações de 1972, por sua diversidade, por sua capacidade de expressar a *pátria* mais que o regime, souberam representar.

Falava-se nesse período em um *nacionalismo de novo tipo*, diferente daquele anterior a 1964:

> O nacionalismo brasileiro está reemergindo depois de ter purgado um discreto confinamento pelos equívocos que cometeu durante o governo Goulart, quando foi confundido com atitudes demagógicas. Ao que tudo indica, a palavra mágica retorna com seu potencial de jacobinismo bastante reduzido. Toda [a] sua capacidade de mobilização parece estar sendo dirigida para o conjunto de medidas que visam ao desenvolvimento econômico e à organização nacional.[18]

Assim, o novo nacionalismo não era *demagógico* ou *ufanista*, antes se pretendia racional, *positivo*, *não xenófobo*, que visava "despertar a consciência dos jovens para a tarefa de construção do Brasil grande". Essa *tarefa*, aliás, foi levada a sério pelo governo e ganhou as ruas do país, que, desde 1970, assumiram a fala empolgada do presidente com relação à seleção de futebol como uma espécie de *mantra* do desenvolvimento nacional: *ninguém mais segura este país!*

Nesse sentido, o governo do presidente Médici marcou a organização de um novo tipo de consenso ditatorial. Para o caso da ditadura de Hitler na Alemanha, Robert Gellately afirma que, embora o consenso em torno do nazismo tivesse sido mais *flutuante que firme* e fosse determinado por distintos fatores segundo o contexto, a partir de 1933 ele não foi colocado em dúvida em praticamente momento algum (Gellately, 2002:15). De certa forma, podemos dizer o mesmo para o caso da ditadura civil-militar brasileira: o acordo de aceitação do regime não foi homogêneo durante toda a ditadura. Particularmente, o consenso[19] que marcou os anos do governo Médici possui uma natureza muito específica, que o difere dos demais momentos.

---

[18] "Brasil — a palavra dos mil usos". *Veja*, p. 36, 8 set. 1971.
[19] Não cabe, nos parâmetros deste capítulo, uma discussão mais detalhada do conceito de consenso. Destaco, todavia, que o entendo da forma como definiram autores como Robert Gellately (2002), Didier Musiedlak (2010:149-175) ou Daniel Aarão Reis (2010:363-392), ou seja, destacando o caráter complexo dos comportamentos sociais e as formas variadas a partir das quais se expressa o pacto entre Estado e sociedade.

Se o tomarmos, por exemplo, em comparação com o tipo de consenso daquele de 1964 que possibilitou e favoreceu o golpe e o estabelecimento da ditadura, poderemos ter uma boa ideia dessa particularidade. Isso porque o consenso social que caracterizou aquele momento — aproximadamente até 1968 — e do qual as Marchas da Família com Deus pela Liberdade tenham sido, talvez, a manifestação mais expressiva tinha uma característica antes de tudo *defensiva* (Chirio, 2000-2001:72): no imediato pós-golpe, o consenso, agregando determinado *conservadorismo autoritário*,[20] era, expressivamente anticomunista. Todavia, o mesmo não se pode dizer do consenso em torno do *milagre*.

Acredito que os anos do governo Médici representaram um momento no qual o tipo de consenso em torno do regime se modificou profundamente. Com os órgãos de informação e repressão aperfeiçoados e agindo a todo vapor, a *caça* aos inimigos do regime podia ser deixada nas mãos do governo, e o sentimento anticomunista, embora permanecendo latente, deu lugar a uma grande *euforia* desenvolvimentista. Esse era um momento em que vastos segmentos sociais queriam *comemorar*. O forte sentimento *cívico* que caracterizava a militância dos grupos que apoiaram o golpe em 1964 continuava presente — como podemos observar ao longo das comemorações de 1972 —, mas agora sem a necessidade da *eterna vigilância* contra o comunismo, muito presente no momento da instauração da ditadura.

Principalmente, tendo em vista o contexto de crescimento acelerado da economia, é importante destacar que essa propaganda que valorizava a coesão social em prol da construção da *grandeza da nação* como elemento constitutivo do consenso foi fortalecida, em grande parte, pela expectativa de ganhos materiais, que se tornava palpável sobretudo para segmentos importantes das classes médias brasileiras, mas que permanecia também no horizonte de outros vastos e importantes setores sociais. Não obstante, conquanto tenham importância fundamental para a conformação do consenso ditatorial, as expectativas de ganho material sozinhas não explicam a centralidade do chamado *milagre brasileiro* como um aspecto crucial da formação do consenso em torno do regime.

É preciso compreender o *milagre* de forma mais ampla, como um *modo de estar no mundo* naquele momento e que, para além das possibilidades de ascensão econômica, oferecia também determinada visão do passado e expectativas de um futuro

---

[20] A expressão *conservadorismo autoritário*, da forma como a utilizo, abrange uma gama diferenciada de manifestações políticas e de sociedade, mas que constituíam uma mesma cultura política da qual se pode dizer majoritariamente conservadora, autoritária e anticomunista. Podemos incluir nessa categoria o udenismo, o pessedismo, o castellismo, o pessepismo/ademarismo em São Paulo, também o catolicismo conservador, muito importante, e, por fim, o arenismo. A ditadura foi instaurada contando com o apoio militante ou não de todas essas forças conservadoras.

promissor a partir de um presente no qual essas pessoas deveriam apenas viver de acordo com as normas sociais estabelecidas. Em outros termos, o *milagre* oferecia a camadas expressivas da sociedade uma ideia segundo a qual o *trabalho* e a obediência às normas e às instituições do presente significavam o respeito pela pátria, por sua história e pelos grandes homens da nação, e ao mesmo tempo a construção de um futuro próspero.

O *milagre brasileiro* foi, portanto, muito mais que os resultados colhidos por determinada política econômica, ao fim bastante criticável. Ele oferecia a importantes segmentos da sociedade uma forma de ver o mundo *confiante no porvir*. Essa maneira de ver e sentir a história do país com tamanho otimismo que o *milagre* oferecia foi exacerbada no contexto das festas de 1972. Um momento no qual o país parou para rememorar seu *passado heroico* e contemplar seu *futuro promissor*.

Assim, um jornal de Porto Alegre publicava, no dia em que a urna de d. Pedro I partiu da cidade, um interessante relato de como presente, passado e futuro se combinavam naquela cerimônia, gerando uma atmosfera de enorme *satisfação* social. Ali, o sentimento de *comunhão cívica* aparecia em harmonia com o *otimismo* e a fé no *progresso do país*, tão característicos dos tempos do *milagre*:

> Foi uma autêntica apoteose o que se constatou no dia da chegada dos restos mortais [...]. Autoridades, estudantes e populares deram uma demonstração plena de seu espírito cívico que também encontrava-se acentuado no Imperador que nos deu a independência. O momento agora é propício [...]. O clima de otimismo e de progresso que se verifica em todas as longitudes e latitudes do País demonstra a alta capacidade construtora do povo e o alto civismo a que o elevou sua compreensão de que não é no clamor estéril, nem na vasão [sic] de lamúrias que se constrói e se edifica. [O país] já acusou sua maioridade e o testemunho encontra-se espelhado na realidade atual e nos propósitos sadios que delineiam um Brasil sempre maior na sucessão imponderável dos anos que passam.[21]

O trecho do artigo é extremamente significativo da *euforia cívica* que tomou conta do Brasil em 1972. E, mais ainda, acrescenta um aspecto caro à propaganda em torno do *milagre*, mas que era, ao mesmo tempo, partilhado pela sociedade, qual seja, a ideia segundo a qual *não é no clamor estéril nem na vazão de lamúrias que se constrói e edifica* um país. Uma clara referência aos distúrbios e protestos sociais que se verificavam no país desde o momento do golpe em 1964 até pelo menos 1968,

---

[21] Fundo Comissão Executiva da Comemoração do Sesquicentenário da Independência. Pasta 53. Recortes de jornal: "Homenagem ao Imperador" (jornal e data não identificados).

quando o Ato Institucional nº 5 (AI-5) colocou fim às manifestações de rua contra a ditadura. Ou mesmo uma referência aos grupos que aderiram ao enfrentamento armado e que, àquela altura, já haviam sido, em grande parte, derrotados pela repressão.

Tal referência ficava ainda mais clara, por exemplo, no *slogan* do Projeto Rondon, que postulava: *Protestar sim, mas com trabalho*.[22] A mensagem nesses dois exemplos era clara e direta e propunha a substituição dos protestos, das manifestações e da participação política ativa e contestadora pelo *trabalho*, este um direito e um dever do *bom patriota* que queria *verdadeiramente* construir um *novo país*, o *país do futuro*. E, se levarmos em consideração o sucesso das comemorações do Sesquicentenário, a *autêntica apoteose*, para usar a expressão do jornal, ou, por outro lado, o expressivo número de 5 mil estudantes que se inscreviam anualmente no Projeto Rondon, teremos dois bons exemplos de como essa ideia encontrava ressonância social.

Visto dessa forma, e não somente a partir do aspecto material, o *milagre brasileiro* talvez tenha sido o elemento que mais fundamentalmente fora capaz de organizar o consenso social em torno da ditadura nos primeiros anos da década de 1970. Ultrapassado o *milagre*, mais uma vez o consenso ditatorial seria redefinido. Este já não se sustentava mais, como há muitos anos, em torno da retórica anticomunista. Mas o otimismo que permeou os anos Médici também já não se verificava mais.

O que torna específico o consenso em torno do governo Médici é o tipo de *missão* do qual a sociedade foi chamada a participar: a missão de *construir o Brasil grande*. Em 1964 havia também uma *missão*: combater o comunismo, salvar a pátria, a religião, a família. A segunda metade da década de 1970 tem especificidades, pois, embora a ditadura ainda fosse forte o suficiente para conduzir o processo de abertura, a sociedade ia lentamente incorporando a democracia como opção política.

A primeira metade dos anos 1970, no entanto, é o tempo do consenso *para a frente*. O jornalista Murilo Melo Filho, em seu livro *O milagre brasileiro*,[23] resumia bem a *missão* daqueles que, nos primeiros anos da década de 1970, acreditavam estar construindo um *novo país*. Demarcando o ano do Sesquicentenário como um momento de reflexão, afirmava:

> Faz 150 anos que conquistamos a independência política. A comemoração deste sesquicentenário deve ser festiva, mas também objetiva: voltando-nos para dentro

---

[22] Ver "Integrar para não entregar". *O Cruzeiro*, p. 152, 15 set. 1971.
[23] Livro comemorativo do *milagre*, patrocinado pela editora Bloch e com o qual o jornalista ganhou o Prêmio Jabuti, em 1972, na categoria "Estudos Literários (Ensaio)". Disponível em: <www.cbl.org.br/jabuti/telas/edicoes-anteriores/premio-1972.aspx>. Acesso em: 17 jul. 2011.

de nós mesmos, façamos um balanço de consciência e uma autocrítica. [...] Esta geração brasileira é a mais importante de todas quantas já habitaram o País. Sofrida, provada e testada, ela se viu, de um momento para outro, chamada a cumprir uma fascinante missão no plano do desafio: a missão de dizer se foi ou não competente para construir uma sociedade moderna e progressista, que as gerações anteriores não conseguiram edificar [Melo Filho, 1972:13-14].

Conquanto se possa dizer que o jornalista falava como representante de um grupo bem específico, de certa forma comprometido com o regime e beneficiado pelos ganhos materiais do *milagre brasileiro,* cujas bases ele procurava analisar em seu ensaio, é preciso não resumir sua análise ao comprometimento com esse grupo e tentar analisá-la no contexto de sua época. Não teria ele apreendido o *estado de espírito* que prevaleceu em muitas mentes naqueles primeiros anos da década de 1970? Não teria em muitos momentos — entre eles as festas do Sesquicentenário da Independência — aquela geração se sentido de fato *a mais importante de todas quantas já habitaram o país*? E não estaria esse sentimento ligado à ideia de pertencimento a uma entidade maior — a pátria — e de *construção de um tempo novo* que a ditadura soube tão bem evocar naquele Sesquicentenário?

Em 1972, todos esses sentimentos — a satisfação com o presente e o otimismo com relação ao futuro — puderam se reencontrar com o passado *glorioso* da nação. Sentimentos e temporalidades múltiplas se misturavam durante as comemorações do Sesquicentenário, sintetizando aquilo que podemos chamar de verdadeiros *tempos de comemorações.*

Referências

AARÃO REIS, Daniel. *Ditadura militar, esquerdas e sociedade.* 3. ed. Rio de Janeiro: Zahar, 2005. p. 56.

____. A revolução e o socialismo em Cuba: ditadura revolucionária e construção do consenso. In: ROLLEMBERG, Denise; QUADRAT, Samantha Viz (Org.). *A construção social dos regimes autoritários*: Europa. Rio de Janeiro: Civilização Brasileira, 2010. v. I.

ANDERSON, Benedict. *Comunidades imaginadas*: reflexiones sobre el origen y la diffusion del nacionalismo. México, D.F.: FCE, 1993.

BAHIANA, Ana Maria. *Almanaque anos 70.* Rio de Janeiro: Ediouro, 2006.

CARVALHO, Vinicius Mariano de. Brasil, um país do futuro: projeções religiosas e leituras sobre um mote de Stefan Zweig. *Horizonte,* Belo Horizonte, v. 5, n. 9, p. 30-42, dez. 2006.

CATROGA, Fernando. *Nação, mito e rito*: religião civil e comemoracionismo (EUA, França e Portugal). Fortaleza: Nudoc/Museu do Ceará, 2005.

CHIRIO, Maud. *Une nouvelle écriture du destin national*: la commémoration de l'Independance du Brésil sous la dictature militaire (1964-1985). Memorial (mestrado em história), Université Paris I, 2000-2001.

CORDEIRO, Janaina Martins. Anos de chumbo ou anos de ouro? A memória social sobre o governo Médici. *Estudos Históricos*, Rio de Janeiro, FGV, v. 22, p. 85-104, 2009.

CORRÊA, Antônio Jorge. *As comemorações do Sesquicentenário*. Rio de Janeiro: Comissão Executiva Central do Sesquicentenário da Independência do Brasil, 1972. Biblioteca do Sesquicentenário.

DAMATTA, Roberto. *Carnavais, malandros e heróis*: para uma sociologia do dilema brasileiro. Rio de Janeiro: Rocco, 1997.

FICO, Carlos. *Reinventando o otimismo*: ditadura, propaganda e imaginário social no Brasil. Rio de Janeiro: FGV, 1997.

GELLATELY, Robert. *No sólo Hitler*: la Alemania nazi entre la coacción y el consenso. Barcelona: Crítica, 2002.

LABORIE, Pierre. *Les français des années troubles*: de la guerre d'Espagne à la Libération. Paris: Seuil, 2003.

MELO FILHO, Murilo. *O milagre brasileiro*. Rio de Janeiro: Bloch, 1972.

MORAES, Cleodir. *O Pará em festa*: política e cultura nas comemorações do Sesquicentenário da "Adesão" (1973). Dissertação (mestrado), Centro de Filosofia e Ciências Humanas, Programa de Pós-graduação em História Social da Amazônia, UFPA, Belém, 2006.

MUSIEDLAK, Didier. O fascismo italiano entre consentimento e consenso. In: ROLLEMBERG, Denise; QUADRAT, Samantha Viz (Org.). *A construção social dos regimes autoritários*: Europa. Rio de Janeiro: Civilização Brasileira, 2010. v. I.

REIS, João José. *A morte é uma festa*: ritos fúnebres e revolta popular no Brasil do século XIX. São Paulo: Companhia das Letras, 2009.

ZWEIG, Stefan. *Brasil, país do futuro*. Ed. Ridendo Castigat Mores. Versão para e-book: <ebooksBrasil.com>. Fonte digital: Rocket Edition. Disponível em: <www.jahr.org>, 2001. p. 13.

Fontes

FUNDO Comissão Executiva da Comemoração do Sesquicentenário da Independência. Arquivo Nacional/SDE — Documentos Públicos, código 1J. Pastas: 3B, 51A, 52A, 53, 53D, 61, 75, 75A.

JORNAL DO BRASIL, jul. 1972.

MÉDICI, Presidente Emílio Garrastazu. *Nosso caminho*. Brasília: Departamento de Imprensa Nacional, 1972.

O CRUZEIRO, set. 1971 e jun. 1972.

VEJA, set. 1971.

MEMÓRIAS DA TRANSAMAZÔNICA:
milagre, fracasso e migração nos anos 1970

César Augusto Martins de Souza

Amazônia: terra de projetos?

A Amazônia, como terra do Eldorado, da Cidade Z,[1] lugar de riquezas incontáveis que deveria ser ocupada e conquistada pela nação brasileira: essa era uma ideia consolidada no país e entremeada por uma série de propostas referentes à integração da região ao restante do país e, ao mesmo tempo, à exploração de suas possíveis riquezas naturais.

Euclides da Cunha, desde meados do século XIX, se referia à região nem tanto como atrasada, mas como fora da história, situada em outro tempo, anterior ao do restante das civilizações ocidentais. Esse autor foi um precursor da ideia, muito difundida posteriormente, da urgente necessidade de elaborar um projeto de colonização com grandes contingentes populacionais na Amazônia. Nesse sentido, somente por meio de um intenso processo migratório a região poderia retornar para a cena histórica da qual, segundo ele, estava ausente, e incluir o elemento humano

---

[1] Em 1925, o explorador britânico Percy Fawcett adentrou a Amazônia em busca de uma antiga civilização, que denominou Cidade Z, o lugar mítico do Eldorado que estaria escondido no interior da floresta. O explorador, assim como tantos outros conhecidos, desde Orellana, desapareceu na floresta, o que tornou sua empreitada um mito, reforçando no imaginário popular a crença de que a floresta amazônica tem vontade própria de forma indomável. Sobre o tema, ver Grann (2009).

em sua realidade, pois este, até então, teria sido um invasor oprimido e apequenado pela imensa floresta e por rios gigantescos.

Analisando uma série de visões sobre a Amazônia, presentes em relatos de viajantes e na literatura, Neide Gondim (2007) discorre sobre como se centralizaram nas narrativas de seres fantásticos e da indolência do homem amazônico, apequenado pelo ambiente hostil que oprime seres humanos com feras selvagens, doenças e calor intenso, fazendo aflorarem, nos humanos, suas mais bestiais características. Esses fatores, analisados por Gondim a partir da forma como são abordados em obras de naturalistas que viajaram pela Amazônia, como Bates e Wallace,[2] e de literatos, como Alberto Rangel (1914) e Euclides da Cunha (2006), teriam tornado a região quase despovoada, por causa das dificuldades de ocupá-la, e essa visão se consolidou para a maioria dos brasileiros.

Gondim analisa que os nativos da região eram vistos por esses escritores, sobretudo por Euclides da Cunha, como preguiçosos, beberrões, ladrões, dados a sensualidades, doentes e atrasados, e que os portugueses advindos em pequenas quantidades para o Amazonas, amalgamados aos nativos, tenderiam a desenvolver as mesmas características, porque estas seriam uma influência do meio sobre os seres humanos (Gondim, 2007).

As visões preconcebidas da Amazônia, que lhe atribuem um suposto vazio demográfico, sem considerar as populações tradicionais que nela habitam, ou lhes atribuindo características bestiais, se consolidaram sobretudo a partir do século XIX, estendendo-se por períodos posteriores. Os amazônidas se constituem, assim, em outros, sujeitos situados nos confins distantes, necessitados de ideias advindas de outros lugares para virem a ser integrados à nação e, assim, atingir o desenvolvimento e o progresso.

Nesse cenário, em 1970, Médici, após uma viagem para o Nordeste, na qual teria se deparado com a miséria dos flagelados pela seca, anuncia uma decisão que perpetraria debates e manifestações contrárias e favoráveis por todo o país: construir uma rodovia que, integrada a outras rodovias, inclusive peruanas, possibilitaria o trajeto entre os oceanos Atlântico e Pacífico. Esse empreendimento seria estratégico do ponto de vista militar e econômico e, ao mesmo tempo, possibilitaria uma maior aceitação do governo do general Médici, por causa do apelo popular da rodovia, que, segundo o ministro dos Transportes, general Mário Andreazza,

---

[2] Bates e Wallace foram dois importantes pesquisadores naturalistas ingleses que empreenderam viagens pela Amazônia, de 1848 a 1859 e de 1848 a 1852, respectivamente, e que escreveram e publicaram diários sobre essas viagens, com anotações científicas, mas também recheados de considerações pessoais, com base em suas impressões. Sobre o tema, ver Bates (1944), Wallace (2004) e Silva (1971).

"talvez fosse o maior projeto integrado que já se fez no mundo" (*Folha de S.Paulo*, 12 set. 1970).

Com o anúncio da obra, diversos jornalistas, literatos, cineastas, políticos, entre outros, ou seja, diferentes sujeitos, passaram a viajar pela região onde seria e/ou estava sendo construída a estrada, com o objetivo de conhecê-la e, assim, utilizá-la como personagem central de livros, reportagens, discursos, filmes. Dessa forma, traziam novos elementos aos debates sobre a rodovia.

Jornalistas que viajaram pela Transamazônica, como Morais, Gontijo e Gomes (Morais, Gontijo e Campos, 1970; Gomes, 1972), referiam-se constantemente à suposta miséria da população, exemplificando, entre outros argumentos, o fato de que a cidade considerada o eixo central da estrada, Altamira, há décadas sobrevivia da caça e venda de peles de gatos-maracajás (*Leopardus wiedii*).[3] A partir dessas visões sobre as populações tradicionais da Amazônia, presentes inclusive em discursos oficiais, como o do ministro dos Transportes, Mário Andreazza,[4] o governo, com o apoio de empresários e de outros setores, construiu a estrada pautado pela ideia equivocada de que havia um grande vazio demográfico na Amazônia. Essa ideia ocasionou diversas consequências, sobretudo após a ditadura, com conflitos de terra em função de expropriações de caboclos e indígenas.

Junto com a repressão, com a participação de ministros de áreas estratégicas, como Delfim Neto (Fazenda), Jarbas Passarinho (Educação e Cultura), João Paulo dos Reis Veloso (Planejamento) e Mário Andreazza (Transportes), o governo decidiu-se pela elaboração de obras de infraestrutura que iriam além dessa função, pois precisariam ter apelo popular para permitir conquistar a opinião pública, desmobilizar oposições e fortalecer os governos militares.

A mudança na política econômica, bem menos conservadora do que a adotada nos dois governos anteriores, centrava-se na maior concessão de créditos e na diminuição de alguns impostos para viabilizar a substituição de importações e o incentivo à produção industrial interna, que possibilitariam o equilíbrio da balança comercial e das reservas cambiais; na reforma universitária e na Lei de Diretrizes e Bases da Educação para enxugar a máquina administrativa e construir a modernização autoritária do Estado; e em obras de infraestrutura, que superariam investi-

---

[3] Há uma série de relatos de jornalistas, bem como de falas de entrevistados, sobre o período anterior à construção da Transamazônica, segundo os quais a principal fonte de riqueza econômica de Altamira seria a caça de gato-maracajá, um animal semelhante a uma onça, porém em tamanho muito menor e que tinha bom preço no mercado por sua pele. Os relatos sobre a economia do gato-maracajá são uma forma de enfatizar as dificuldades econômicas da região, antes da rodovia. Sobre o tema, ver Gomes (1970:1-47).

[4] Sobre o tema, ver Andreazza (1972:67-72).

mentos em áreas de comprovado retorno econômico, pois também seria necessário o apelo popular em torno delas (Silva, 1990:351-384; Diniz, 1994:198-231).

As políticas implementadas, aliadas ao momento favorável da economia mundial, não apenas possibilitaram ao governo alguns resultados, num primeiro momento, expressivos do ponto de vista da macroeconomia, como também um clima de otimismo em diferentes setores, como imprensa e empresariado, estendendo-se a boa parcela da população.[5] Com os resultados positivos das políticas econômicas, durante o *milagre brasileiro* "o país quis legitimar a ideia de que o autoritarismo era benéfico para a economia, trazia paz social, ordem, permitia o progresso" (D'Araujo, 2007:48).

Assim, iniciou-se, em 1970, o gigantesco empreendimento dentro das chamadas políticas de Brasil Grande, que, segundo Médici, iriam resolver os problemas dos nordestinos flagelados pela seca com a transferência para os chamados "vazios demográficos" da Amazônia. A ideia de vazio demográfico, porém, desconsiderava as populações tradicionais no interior da Amazônia nas áreas abrangidas pelos projetos de colonização da Transamazônica.

Algumas problematizações são importantes para refletir sobre a Transamazônica e os debates em torno de sua construção e da mobilização de pesquisadores, articulistas, ensaístas e autoridades governamentais, que divergiam em diversas questões importantes como saúde, viabilidade econômica, integração nacional, ocupação da Amazônia, transferência de populações do Nordeste. Esses temas afloravam na maioria dos debates por intermédio de sujeitos de diferentes origens ligados a setores variados da sociedade, ufanistas, críticos e aqueles que observavam a distância, sem assumir deliberadamente um posicionamento ante um dos grandes projetos de Médici.

Juntando, contudo, os fios, as provas, os debates, fica evidente que há temas ausentes, quase ausentes ou categorias invisíveis nos debates sobre o projeto e que precisam ser problematizados para que se possam examinar, sob diferentes ângulos, a construção e a consolidação da Transamazônica como "a estrada da salvação", um projeto de integração nacional e de resolução dos crônicos problemas da seca do sertão do Nordeste.

Depois do período da borracha, passando pela economia da caça de gato-maracajá, um símbolo das dificuldades econômicas, a região, que veio a se tornar eixo central da rodovia, buscava na exploração desorganizada dos recursos naturais uma forma de sobrevivência. As populações urbanas locais se viam mergulhadas em seu cotidiano ribeirinho, e alguns preferiam assim, enquanto outros, entretanto,

---

[5] Sobre o tema, ver Fico (1997).

como um morador natural de Altamira entrevistado durante a viagem de van entre Uruará e Santarém, consideravam que "já tinha passado a hora de botar esse mato velho abaixo, tocar fogo, para trazer progresso".[6]

O empreendimento avançou rapidamente em diferentes frentes: construindo a estrada, divulgando resultados na imprensa, enfrentando problemas de saúde pública e transferindo populações do Nordeste e do Sul do país para a região. Todo o processo passaria por dificuldades logísticas em torno da abertura de uma rodovia no meio da selva, em região de pequenas cidades, bem como na transferência de populações. Abrir uma rodovia em meio à selva, bem como transferir populações de lugares distantes para lá, parece tão impressionante e, ao mesmo tempo, tão surreal quanto a ideia de Brian Sweeney Fitzgerald, conhecida sob as lentes de Werner Herzog em *Fitzcarraldo*,[7] de arrastar um barco por dentro da floresta para realizar uma ópera no coração da Amazônia.

O processo de colonização, com transferência dirigida e propagandeada de populações de outras regiões do país para a Amazônia, acarretou consequências para o meio ambiente em razão do incentivo de derrubadas por colonos para agricultura e pecuária ou do próprio desenvolvimento da obra. Logo após o início das obras, alguns veículos de comunicação aventavam a possibilidade, como hipótese aparentemente distante, de danos ambientais de consequências definitivas com a construção da Transamazônica. A revista *Veja*, na matéria intitulada "A natureza ameaçada", demonstrava certa preocupação com o futuro da floresta ante a construção da rodovia:

> Dentro de alguns anos, talvez no começo do século XXI, o homem poderá ver, no lugar da atual grande floresta amazônica, o extraordinário paraíso tropical onde a civilização conseguiu harmonizar pela primeira vez a natureza com o progresso. O futuro poderá ser também oposto: cinzento e absurdo. Nesta década, entretanto, para o bem ou para o mal, está sendo lançada a sorte da maior e última reserva natural do planeta.
>
> Até agora, além do ralo povoamento das margens dos rios, o Brasil apenas arranhou os contornos de sua última fronteira. [...] Agora, contudo, é o próprio coração selvagem da Amazônia que está sendo atacado com três golpes profundos e inéditos [Pereira, 1970:54-62].

---

[6] Anotação do diário de campo do autor em Altamira, 9/1/2011.
[7] Sobre o tema, ver Herzog (2011).

Essa é a matéria especial de capa, assinada pelo jornalista Raimundo Rodrigues Pereira, com muitas páginas abordando a estrada e a chegada dos migrantes, que traria novas perspectivas, inclusive às populações amazônicas, que estariam vivendo o mito da miséria feliz.

"O mito da miséria feliz", um dos textos nessa reportagem especial da revista *Veja*, questiona diversos intelectuais e jornalistas não citados na reportagem, os quais afirmariam haver mais abundância nos chamados miseráveis ribeirinhos da Amazônia do que em outras regiões do país, dada a grande quantidade de peixes e animais para caça na floresta. Para o jornalista Raimundo Rodrigues Pereira, entretanto, esse argumento apenas reforça o que ele denomina "mito da miséria feliz". Segundo ele, este seria "um axioma matemático" pautado pela ideia de que "o homem da região [amazônica] não é tão miserável quanto os miseráveis de outras regiões do país; nas águas tem o peixe, no mato tem a caça e na aluvião das margens do rio tudo o que plantar dá" (Pereira, 1970:54-57).

Esse "axioma" seria uma apologia, elaborada por dirigentes locais e outros sujeitos, não citados, à miséria dos amazônidas sob o pretexto de que vivem felizes e em abundância. Nessa reportagem, com muitas críticas e lamentos ao infortúnio das populações amazônicas, o jornalista teria encontrado casas com um quarto e sem nenhum móvel, ou somente com uma cama e/ou algumas redes de dormir divididas pelos muitos membros da família.

A pobreza da população, a floresta opressora, exuberante e rica em recursos naturais, têm inspirado ao longo de séculos o desejo de governos e de outros setores da sociedade em explorar a região com projetos que garantam sua ocupação e ao mesmo tempo possibilitem o uso de recursos naturais, bem como dos espaços físicos. A Amazônia parece, assim, destinada a projetos, soluções mágicas vindas de fora para dentro, a fim de "proteger", "ocupar", "desenvolver", alguns dos verbos constantemente conjugados para se referir à região e que, como se pode observar, estavam presentes nos discursos sobre a rodovia Transamazônica.

A rodovia, um dos maiores projetos para a região e que poderia ser vista do espaço, segundo alguns, sendo a maior estrada do mundo, para outros, e que solucionaria diversos problemas do Brasil de uma só vez, nos discursos do governo, produziu memórias que ficaram esquecidas e/ou desaparecidas; por isso, torna-se importante reuni-las às memórias que se consolidaram sobre ela para que se possa compreender um pouco mais de sua realidade.

Entre a caça aos gatos-maracajás, propagandas, transposição de populações, ditadura civil-militar brasileira e máquinas rasgando, estavam os migrantes construindo as próprias experiências na região. Esses relatos, em geral, ficaram fora dos debates das memórias nacionais sobre a rodovia e contam um cotidiano recheado de detalhes, podendo dificilmente ser encontrados em outras fontes. Contudo, possibilitam compreender um pouco mais do processo de deslocamento de populações e do encontro dos novos habitantes com os nativos da região, com seus estranhamentos e (des)encontros interculturais.

Memórias dos "pioneiros"

A partida de um lugar para outro é parte de um processo de desenraizamento, pois os migrantes já não pertencem mais a seu lugar de origem e ainda não fazem parte do novo, constituindo um "sem lugar", pois não há a perspectiva, a curto prazo, de eles regressarem a seus lugares de origem. Esse fator propicia um processo de deslocamento identitário, pois ainda não pertencem ao novo espaço, de modo que não têm lugar definido durante um período de transição e da chegada ao novo.[8]

Há de se ressaltar, contudo, que o não pertencimento ao novo é parte de um processo de encontro intercultural entre os estabelecidos em face dos *outsiders*, no mesmo sentido problematizado por Elias e Scotson.[9] Segundo essa categoria, os nativos seriam os estabelecidos em face dos outros, os *outsiders* que ainda tentam se estabelecer em um mundo novo, que ainda não lhes pertence.

Na Transamazônica, entretanto, o processo migratório e do encontro entre os diferentes ocorreu de forma diversa da abordada anteriormente, uma vez que os migrantes estavam em maior número que os nativos, ocasionando um acelerado processo de mútuo estranhamento. A própria concepção do projeto acelerava conflitos interculturais, pois visava garantir a transferência de populações do sertão nordestino, afetadas pela seca, e de sulistas sem terra, para diminuir tensões sociais e ocupar a Amazônia.

---

[8] Com a categoria "sem lugar" aqui proposta faz-se referência à categoria que Marc Augé denomina "não lugares", espaços impessoais do mundo atual, como aeroportos ou trens, nos quais se pode conviver com diversas pessoas sem, contudo, interagir com elas. No presente texto, não se está trabalhando especificamente com a definição de Augé, mas busca-se fazer um "desvio" ou reconstrução conceitual para estudar a Transamazônica, pois os migrantes, numa transição espacial, têm suas identidades culturais deslocadas, não pertencem mais a seus lugares de origem nem aos novos. Nesse sentido, tornam-se "sem lugar" por um período inicial de transição, até porque, com o passar do tempo, se estabelecem, tendo o novo não mais como novo, de modo que se constroem novas identidades, dos transamazônidas, ou, como veremos mais adiante, dos pioneiros da Transamazônica. Sobre o tema dos não lugares, construção de identidades e colonização, ver Augé (1994), Hall (1999) e Bosi (1995).

[9] Norbert Elias e John Scotson (2000), estudando a aldeia de Winston Parva, na Inglaterra, analisam a existência de um conflito entre os antigos moradores, os "estabelecidos", que buscavam sobrepujar os *"outsiders"*, os novos moradores que lá chegaram em outros momentos da história da aldeia.

Entretanto, ao ter por objetivo ocupar terras que já eram ocupadas, sob outra lógica de territorialidade, surgia a necessidade de elaborar planos para retirar os "entraves" à colonização, como índios e outras populações tradicionais da região, o que ocasionou, em alguns momentos, conflitos com povos indígenas.[10]

Mas, antes da chegada, do encontro e do desencontro, há a partida, o deslocamento, a decisão familiar, o ato de deixar seu lar, amigos e parentes, para seguir em direção ao desconhecido e diferente. Dessa forma, iremos brevemente acompanhar parte das trajetórias de dois migrantes em sua epopeia para a Amazônia e contrapor com as memórias de moradores nativos sobre as transformações decorrentes da construção da rodovia e da chegada dos novos moradores.

Ao longo de alguns anos morando em Altamira, bem como no período de janeiro a março de 2010 em que percorri a estrada realizando entrevistas, foi possível ouvir diversos relatos emocionantes e emocionados de moradores. Entre eles, Antônio, natural do Maranhão, o qual afirma que se deslocou espontaneamente para Marabá (PA) porque ouvira falar que estavam sendo distribuídas terras naquela região:

> Quando soube da estradona, parti porque tinham terras, fui por conta, sem os "home", porque queria meu chão e mesmo trabalhando no comércio, como o senhor "tá" vendo, sou feliz, tenho meu lote, meus "filho" marabaense, e o governo, mesmo sem ter me levado, me deu assistência.[11]

Relatou ainda que contraiu malária diversas vezes e que viu muitos acidentes ao longo da estrada. Assim, emocionou-se ao relembrar sua chegada, com os olhos fitos nas estantes de seu pequeno ponto comercial, em Marabá, no qual vende artigos diversos, como camisas e tênis a preços populares:

> "Num" tinha nada aqui, era só o que "tavam" fazendo e as "terra" que "tavam" abrindo, eu vim com coragem, porque os "pioneiro tinha" que ter coragem para chegar, "num" sei lhe falar do que senti, mas me emociono de lembrar a cidade crescendo, como ela foi ficando e saber que eu ajudei a construir.[12]

Nas conversas com os primeiros migrantes, a categoria "pioneiros" aparece frequentemente como uma marcador de diferenciação social entre os que chegaram

---

[10] A jornalista Regina Barreiros (1971) relata episódios conflituosos, como um ataque de parakanãs.
[11] Todos os nomes de entrevistados são fictícios para preservar suas identidades. Entrevista realizada pelo autor em Marabá, 19/2/2010.
[12] Ibid.

com "coragem" para o "desafio" de colonizar e aqueles que migraram posteriormente. Essa categoria é frequente em discursos e conversas em muitas cidades ao longo da rodovia, nos estados do Tocantins, Maranhão, Pará e Amazonas. É uma memória que exalta a e ao mesmo tempo se referenda na capacidade de rememorar eventos, como a inauguração da rodovia e o contato com o general-presidente Médici.

De forma semelhante, João Pezinho, entrevistado pelo jornalista Roberto Paulino, do *Correio da Manhã*, exalta a coragem dos pioneiros de enfrentar o desafio de ocupar e colonizar a floresta amazônica: "O colono posto aqui nessa área pelo Incra é o mais feliz em matéria de homem pobre. Mas tem um negócio: 'pra' o cara ficar aqui tem que ser muito macho; a briga é boa, mas é difícil; cabra macho pelo meio fica aqui não, não aguenta, foge e se manda" (Paulino, 1971).

A coragem e o pioneirismo dos migrantes são temas recorrentes nas conversas, bem como os relatos de suas vitórias sobre a selva, os indígenas e os caboclos. O reforço à memória do pioneiro, como, parafraseando Euclides da Cunha (1968), antes de tudo um forte, exalta as conquistas desse grupo e o situa, nas disputas de identidades na Transamazônica, um patamar acima dos demais atores.

Em Medicilândia (PA), município que faz referência em seu nome ao general-presidente que ordenou a construção da Transamazônica, no ponto de parada da Kombi que me transportava para o município de Uruará, foi possível fazer uma entrevista informal, quase casual, com Aparecida, agricultora, 78 anos, enquanto ela esperava o veículo que a levaria até Uruará, onde moram seus filhos, na zona rural. Da conversa informal surge uma história importante para pensar naquele momento as memórias sobre a construção da rodovia, centrada no abraço que dera em Médici:

> Eu "tava" ali, no meio daquele mundo de gente, mas o "homi" veio e me abraçou e me disse que ia me apoiar ali. Eu tinha mal chegado e o Médici, que era um homem bom, me deu força para lutar e lutei. A Transa era minha sorte grande, aqui "nascero" dois de meus "menino" e meu marido morreu de malária e continuei lutando.[13]

Entre anotações e conversas, durante mais de hora em um ponto de Kombi, Aparecida, natural de Santa Catarina, exalta a própria coragem de desafiar a selva para viver e trabalhar na terra, na Amazônia. Tanto ela quanto muitas pessoas com as quais conversei ao longo dos anos viajando pela Transamazônica relatam

---

[13] Anotação do diário de campo do autor, 11/1/2011.

que ficaram em um hotel em Fortaleza e de lá eram transportadas de barco ou de avião para Vitória do Xingu ou Altamira, ou para as outras cidades-polo, sendo de lá instaladas nas agrovilas. A figura do general Médici, que remete às memórias do período de maior repressão, é relembrada por muitos migrantes da Transamazônica como a de um homem bom e ótimo governante.

Não se trata de apoio à repressão, mas da opinião de indivíduos advindos de condições de vida desprivilegiadas que encontraram nas políticas de colonização outra possibilidade em suas vidas. Assim, muitos exaltam a figura "muito humana" do general-presidente, associada à sua presença nas obras da rodovia e à preocupação que ele teria demonstrado com as populações flageladas e despossuídas em sua diáspora para a Amazônia.

Para transpor populações, seria necessária, além da estrada central, uma série de investimentos em áreas relacionadas com a agricultura para que pudesse o empreendimento ser incluído com sucesso no I Plano Nacional de Desenvolvimento (I PND) (Brasil, 1971), integrando populações fora do mercado à categoria de consumidores com o intuito de possibilitar a circulação de capitais e a maior produção agrícola, no sentido de viabilizar o abastecimento interno do milagre brasileiro.

As obras literárias constituem fonte importante para pensar a realidade histórica, pois constroem visões recheadas de elementos simbólicos e representativos que permitem ler determinado tempo com base em universos representados pelo narrador. Odette de Barros Mott, reconhecida escritora de obras infantojuvenis, publicou em 1973, pela editora Brasiliense, com segunda tiragem em 1984, pela Atual, a obra *A Transa-amazônica*, na qual relata a saga de Isório e sua família na cata de guaiamuns (*Cardizoma guanhumi*, um crustáceo semelhante ao caranguejo encontrado no rio São Francisco) e no plantio, na condição de meeiros, de arroz para a Transamazônica.

Após consultas ao Instituto Nacional de Colonização e Reforma Agrária (Incra), houve diversas conversas entre os membros da família e, movidos pelo espírito empreendedor do protagonista, Lindauro, o filho de Isório, a família decide abandonar as terras nas quais eram explorados pelo proprietário para tentar a vida na BR-230. O deslocamento, contudo, segundo o narrador, não teria sido movido por um ímpeto, e sim por reflexão racional da família, após avaliarem as informações obtidas nas entrevistas junto ao Incra e a própria condição. No Incra, teriam obtido as seguintes informações sobre o processo de deslocamento e instalação dos colonos na região:

[...] quando a gente vai, tem condução de graça — vai de avião! Imagine só, nós de avião, se de trem nunca andei! Se o barco afundar, sei nadar, mas se o avião cair, voar sei não, mano!

Dão risadas, Lindauro está menos tenso, já respira mais calmo.

Então, eles levam a gente, dão uma casa para morar, depois a gente paga as prestações com o que o Incra dá, e além disso, ajudam durante seis meses com um salário mínimo, até a primeira safra! Até a gente colher o milho, lá vamos plantar o milho, o arroz [Mott, 1973:80].

Os relatos da obra de Mott do processo de deslocamento e dos anseios dos migrantes em muito se assemelham a muitos outros ouvidos ao longo da rodovia e das condições oferecidas pelo Incra para viabilizar a transferência de famílias e até mesmo de comunidades inteiras de outros estados para os núcleos de colonização da Transamazônica.

A partida é sempre destacada, pelos migrantes, como um momento de difícil decisão, que envolve toda a família, e a chegada se situa entre a concretização de um sonho e o medo de um pesadelo, pois, se a Transamazônica é um bilhete premiado de loteria para o lavrador paranaense Emídio José da Silva (*Folha de S.Paulo*, 30 set. 1972), é também o oposto, o terror, o projeto de vida fracassado para um migrante solitário e anônimo no meio da selva entrevistado por *O Estado de S. Paulo* (26 ago. 1980). As opiniões e concepções dos sujeitos protagonistas do processo migratório divergem conforme o ângulo que observam e a experiência vivenciada.

Do plano dos discursos oficiais até a experiência dos que migraram, pode-se construir um cenário mais denso sobre a rodovia gigantesca no interior da Amazônia. As batalhas pela memória transitaram significados através do tempo, mas as vozes, quase inaudíveis para a sociedade brasileira, dos migrantes e dos ribeirinhos e indígenas (que, em razão da especificidade dessas categorias, serão tema de outro estudo) precisam ser ouvidas para que se possam analisar outros ângulos do empreendimento iniciado na ditadura, mas que se mantém presente até hoje e é o espaço de vivência e sociabilidade de milhares de pessoas nos recônditos do Brasil.

Memórias das memórias da Transamazônica

Ao analisar o processo que desencadeou a ditadura civil-militar brasileira, Reis (2004:50) argumenta que foi um processo de construção histórica, e não um "acidente de percurso". Ela teve o apoio de grupos capitalistas na sociedade brasileira. "Foi processada por brasileiros, não imposta, inventada por marcianos." Da mesma forma, a construção de um projeto de integração e desenvolvimento da região, como a Transamazônica, não foi inventada pelos militares durante o governo Médici, como a imprensa parece tentar afirmar, mas foi fruto de ensaios e debates sobre a Amazônia desde o século XIX, com diferentes tentativas de implementação e concretização. O desaparecimento da estrada tampouco foi um arbítrio da imprensa, mas fruto de um processo histórico que transformou os militares em "estigmatizados gorilas, culpados únicos pela ignomínia do arbítrio. A ditadura? Quem a apoiou? Muito poucos, raríssimos, nela se reconhecem ou com ela ainda desejam se identificar. Ao contrário, como se viu, quase todos resistiram..." (Reis, 2004:50).

Entretanto, assim como no estudo de Reis, os diferentes veículos de comunicação, ensaístas, literatos, manifestam-se sobre a Transamazônica, um dos projetos mais propagandeados de Médici, como se sempre tivessem sido contrários a ela, como se a oposição ao projeto tivesse sido vencida tão somente pelo arbítrio de um presidente autoritário.

Contudo, não é isso o que a documentação analisada neste trabalho indica, e sim que a estrada empolgou e despertou a exaltação nacionalista de diferentes setores da sociedade, que buscaram alterar as memórias sobre ela após a queda da ditadura, porque, juntamente com a ditadura, a rodovia se tornou símbolo do autoritarismo e desapareceu. A rodovia perdida na memória, no meio da floresta, engolida por esta, monumento ao fracasso, se tornou invisível, perdida nos (des)caminhos e embates entre grupos políticos e interesses mais diversos. A definição de Jelin e Langland, ao refletirem sobre monumento e memória, traz elementos para pensar sobre o triunfo, fracasso e esquecimento da rodovia após as transformações na história:

> [...] *dada la historicidad de estos procesos, lo que puede ser vivido como "éxito" o "fracaso" en un momento llevará a cambios de sentido en momentos futuros, dependiendo de las interpretaciones que las generaciones darán a lo que se está conmemorando, al sentido que adquiere el lugar para otros proyectos, incluyendo la posibilidad de indiferencia o olvido* [Jelin e Langland, 2003:5].

O processo de dissenso incorre em uma demonização da Transamazônica, como símbolo da ditadura, logo após o encerramento desse período, de modo que a estrada muda de significado nas memórias, de símbolo de uma era de progresso e desenvolvimento a símbolo do fracasso e do desperdício do dinheiro público. Nos embates da memória, como afirma Reis (2004:30), problematizando a ditadura no Brasil, "as areias são sempre movediças, e os pontos considerados ganhos podem ser subitamente perdidos". Assim, o símbolo do Brasil Grande que explora suas riquezas transmutou-se em símbolo do fracasso, porque "sempre que os povos transitam de uma fase para outra da história, e quando a seguinte rejeita taxativamente a anterior, há problemas de memória, resolvidos por reconstruções mais ou menos elaboradas, quando não pelo puro e simples esquecimento" (Reis, 2004:49).

Entre rejeitar ou aceitar memórias, os diferentes grupos que compõem uma sociedade travam embates pelo reconhecimento ou esquecimento de momentos ou de categorizações em sua história, o que envolve interesses políticos, econômicos, religiosos e/ou identitários. Outros aspectos muito retratados são as condições da rodovia e os protestos de movimentos sociais da região contra os problemas em projetos de colonização e exigindo mais benefícios do governo.

A *Folha de S.Paulo* de 14 de novembro de 1981 comenta que, diante das faixas de protesto "Chega de poeira, queremos justiça" de moradores da rodovia, os ministros Andreazza, do Interior, e Eliseu Resende, dos Transportes, inauguraram uma ponte sobre o rio Itacaiúnas interligando dois dos principais núcleos populacionais de Marabá. O jornal *O Estado de S. Paulo* de 5 de dezembro de 1985 noticiou, com uma crítica da reportagem, que o então presidente José Sarney prometeu asfaltar a "quase intrafegável Transamazônica" e voltar a investir na colonização, pois, no momento, as famílias não estariam conseguindo "nem garantir sua subsistência".

Mas, da retrospectiva aos anos 1970, podemos nos voltar para a construção do projeto e os trajetos pessoais de pessoas que vivenciaram o cotidiano da estrada e suas apreensões sobre ela. Apreensões, preocupações, sonhos e esperanças. Olhar a Transamazônica pelas memórias de operários, engenheiros, agricultores que para lá se deslocaram e lá se estabeleceram possibilita ver esse universo por um ângulo quase oculto.

Algumas imagens se consolidaram para os brasileiros e se tornaram maiores do que os relatos sobre a rodovia, como a da imensa floresta em torno da estrada. Fico analisa que algumas revistas, sobretudo as semanais, davam ainda mais destaque às matérias sobre obras do governo em razão das edições luxuosas que elaboravam, com imagens grandiosas, como o fazia a revista *Manchete*:

> A percepção de [que] aqueles cadernos especiais eram simplesmente comprados por governos ou empresas públicas não é tão importante quanto a compreensão de que eles causavam efetivo impacto. Milhares de imagens de canteiros de obras, de radicais intervenções na paisagem natural, de construção de usinas, estradas e barragens foram divulgadas por todo o país, através de revistas, como a *Manchete*. E colaboraram para a *reinvenção do otimismo*, para consolidar e *ressignificar* a convicção de que vivíamos uma época superadora do atraso [Fico, 1997:84].

Entre memórias do período e posteriores, a Transamazônica surge como personagem central do sucesso e do fracasso dos grandes projetos, posteriormente conhecidos como obras faraônicas, e também do período que transitou entre os "anos de ouro" e os "anos de chumbo" nas memórias.[14] Entretanto, para além dos debates sobre a rodovia e seus impactos na cena social-político-econômica brasileira da década de 1970, é necessário dialogar com as pessoas que para lá se deslocaram e que constroem suas memórias nos recônditos da memória nacional.

São memórias que falam da coragem do presidente, dos pioneiros ante as dificuldades que enfrentaram para vencer a floresta. Memórias de nascimentos e de mortes na Transamazônica, de abertura de plantações e de conflitos com povos indígenas em uma estrada que não foi engolida pela floresta, como muitos acreditam, mas que, cada vez mais, se agiganta na direção desta.

Referências

AUGÉ, Marc. *Não lugares*: introdução a uma antropologia da supermodernidade. São Paulo: Papirus, 1994.

BATES, Henry Walter. *O naturalista no rio Amazonas*. São Paulo: Companhia Editora Nacional, 1944.

BOSI, Alfredo. *Dialética da colonização*. São Paulo: Companhia das Letras, 1995.

CORDEIRO, Janaina Martins. Anos de chumbo ou anos de ouro? A memória social sobre o governo Médici. *Estudos Históricos*, Rio de Janeiro, FGV, v. 22, n. 43, p. 85-104, jan./jun. 2009.

CUNHA, Euclides da. *Os sertões*. Rio de Janeiro: Francisco Alves, 1968.

_____. *À margem da história*. São Paulo: Martin Claret, 2006.

D'ARAUJO, Maria Celina. Experimentalismos na política. *Conjuntura política*: 60 anos. Rio de Janeiro, nov. 2007. p. 48. Disponível em: <www.cpdoc.fgv.br>. Acesso em: 30 jan. 2010.

DINIZ, Eli. Empresariado, regime autoritário e modernização capitalista: 1964-85. In: SOARES, Gláucio Ary Dillon; D'ARAUJO, Maria Celina (Org.). *21 anos de regime militar*: balanços e perspectivas. Rio de Janeiro: FGV, 1994. p. 198-231.

ELIAS, Norbert; SCOTSON, John L. *Os estabelecidos e os outsiders*: sociologia das relações de poder a partir de uma comunidade. Rio de Janeiro: Zahar, 2000.

FICO, Carlos. *Reinventando o otimismo*: ditadura, propaganda e imaginário social no Brasil. Rio de Janeiro: FGV, 1997.

GONDIM, Neide. *A invenção de Amazônia*. Manaus: Valer, 2007.

GRANN, David. *A cidade perdida*: a obsessão mortal do coronel Fawcett em busca do Eldorado brasileiro. São Paulo: Companhia das Letras, 2009.

HALL, Stuart. *A identidade cultural na pós-modernidade*. Rio de Janeiro: DP&A, 1999.

HERZOG, Werner. *Fitzcarraldo*. São Paulo: Moderna, 2011. Col. Folha Cinema Europeu (com textos de Cássio Starling Carlos e Pedro Maciel Guimarães).

---

[14] Sobre o tema, ver Cordeiro (2009:85-104).

JELIN, Elizabeth; LANGLAND, Victoria. Introducción: las marcas territoriales como nexo entre pasado y presente. In: *Monumentos, memoriales y marcas territoriales*. Madri: Siglo XXI, 2003. p. 5.

RANGEL, Alberto. *Inferno verde*. Famalicão/Portugal: Tip. Minerva, 1914.

REIS, Daniel Aarão. Ditadura e sociedade: as reconstruções da memória. In: REIS, Daniel Aarão; RIDENTI, Marcelo; SÁ MOTTA, Rodrigo Patto (Org.). *O golpe e a ditadura militar 40 anos depois (1964-2004)*. Bauru: Edusc, 2004. p. 50.

SILVA, Francisco Carlos Teixeira. A modernização autoritária: do golpe militar à redemocratização 1964/1984. In: LINHARES, Maria Yedda (Org.). *História geral do Brasil*. Rio de Janeiro: Campus, 1990. p. 351-384.

SILVA, Renato. *Amazônia*: paraíso e inferno. São Paulo: Quatro Artes, 1971.

WALLACE, Alfred Russell. *Viagens pelo Amazonas e Rio Negro*. Brasília: Senado, 2004.

Fontes primárias

ANDREAZZA, Mário. *Perspectivas para os transportes*. Discurso pronunciado em Marabá, a 1º de outubro de 1971, por ocasião da inauguração do trecho rodoviário Estreito-Marabá. Rio de Janeiro: Serviço de Documentação do Ministério dos Transportes, 1972.

BARREIROS, Regina. Transamazônica: 1º trecho em setembro. *Folha de S.Paulo*, 20 jun. 1971. Banco de Dados Folha de São Paulo.

BRASIL. I Plano Nacional de Desenvolvimento Econômico e Social (I PND): 1972/1974. Brasília: Governo Federal, 1971.

____. Instituto Brasileiro de Geografia e Estatística (IBGE). *Censo IBGE cidades*, anos 1970, 1980, 1991. Disponível em <www.ibge.gov.br/cidadesat>. Acesso em: 23 set. 2010.

FOLHA DE S.PAULO. Transamazônica segue o ritmo previsto. São Paulo, 12 set. 1970. Banco de Dados Folha de São Paulo.

____. Paulistas à procura da sorte na Transamazônica. São Paulo, 30 set. 1972. Banco de Dados Folha de São Paulo.

____. Na Transamazônica, ponte é inaugurada, por 2 ministros. São Paulo, 14 nov. 1981. Banco de Dados Folha de São Paulo.

GOMES, Flávio Alcaraz. *Transamazônica*: a redescoberta do Brasil. São Paulo: Livraria Cultural, 1972.

____; MORAIS, Fernando. Primeira aventura na estrada. In: MORAIS, F.; GONTIJO, R.; CAMPOS. R. *Transamazônica*. São Paulo: Brasiliense, 1970. p. 1-47.

MANCHETE. A viagem fantástica pela Transamazônica. Rio de Janeiro, n. 1043, 15 abr. 1972.

MORAIS, Fernando; GONTIJO, Ricardo; CAMPOS, Roberto de Oliveira. *Transamazônica*. São Paulo: Brasiliense, 1970.

MOTT, Odette de Barros. *A Transa-amazônica*. São Paulo: Brasiliense, 1973.

O ESTADO DE S. PAULO. O caminho do sonho perdido. São Paulo, 26 ago. 1980.

____. Governo investirá outra vez na Transamazônica. São Paulo, 5 dez. 1985.

PAULINO, Roberto. A gente da Transamazônica transmite sua mensagem de esperança no futuro. São Paulo, 21 dez. 1971. Banco de Dados Folha de São Paulo.

PEREIRA, Raimundo Rodrigues. Especial: a última fronteira. *Veja*, São Paulo, Abril, ed. 110, p. 54-62, 14 out. 1970. Acervo Digital Veja. Disponível em: <http://veja.abril.com.br/acervodigital/home.aspx>. Acesso em: 4 mar. 2010.

VEJA. A seca chegou a Sudene. São Paulo, Abril, ed. 37, p. 36, 17 jun. 1970. Acervo Digital Veja. Disponível em: <http://veja.abril.com.br/acervodigital/home.aspx>. Acesso em: 4 mar. 2010.

Fontes manuscritas

DIÁRIO de campo do autor.
ENTREVISTA realizada pelo autor, Marabá, 19 fev. 2010.

"25 MILLONES DE ARGENTINOS JUGAREMOS EL MUNDIAL": comemorações e cotidiano na Argentina durante a Copa de 1978

Lívia Gonçalves Magalhães

Introdução: futebol e memória

> *Pero tu estrella no está más.*
> *Se la llevó la mañana.*
> *Arde la ciudad, llueve en tu mirada gris,*
> *la gente festeja y vuelve a reír.*
> *Pero este carnaval, hoy no te deja dormir,*
> *mires donde mires ella esta ahí.*
> *Tu vida siempre fue así,*
> *te da y te quita por nada*
> *y aunque estés solo, sin corazón*
> *ahora tenes que seguir la función.*[1]

No início do videoclipe da música "Arde la ciudad", a banda de rock argentina La Mancha de Rolando esclarece: "*Dedicado a los familiares de los desaparecidos durante el Mundial '78*". Ainda hoje, aquela Copa realizada na Argentina durante a última

---

[1] La Mancha de Rolando. "Arde la ciudad". *Viajes*, 2004. CD.

ditadura civil-militar é motivo de discussão e conflito na memória social sobre o período. O contexto de produção da música, em 2004, é um interessante ponto de partida para pensar o momento em que o país novamente reconsidera e reapresenta diversas questões sobre os sentidos do último regime civil-militar e o consenso social que o permitiu.

No novo período democrático, a memória coletiva que prevaleceu em um primeiro momento foi a de uma sociedade vítima da violência resultante do antagonismo e do conflito entre duas forças políticas, guerrilheiros e militares, que resultou na violência física, na forma da violação de direitos humanos de vítimas dessa mesma sociedade "inocente". Ao longo das últimas décadas, essa memória foi constantemente problematizada, como por organizações de familiares de desaparecidos políticos — principalmente HIJOS, que luta para recuperar a identidade política de seus pais —, ou por aqueles que defendem uma memória positiva da ditadura — e nesse sentido o julgamento dos membros das organizações armadas (Jelin, 2008). De certa forma, as entrevistas e parte dos documentos aqui trabalhados reproduzem essa ideia de uma sociedade vitimizada, ou pelo menos alheia aos outros dois grupos em conflito: guerrilheiros e governo. A "sociedade" surge como um terceiro elemento, geralmente ausente aos conflitos políticos. Alguns testemunhos, por exemplo, utilizam um discurso do "nós", perseguidos, torturados, familiares de desaparecidos; "eles", o regime; e "os outros", que seria uma zona ambivalente.[2] Entendo que, para perceber esse tipo de relação entre a sociedade e o regime, é preciso problematizar a dicotomia comum oposição/apoio. De fato, o principal objeto de estudo é exatamente um terceiro elemento, uma zona ambivalente, que se posiciona ora como oposição, ora como apoio ao regime, ou nos dois ao mesmo tempo. Assim, trabalho com três principais grupos sociais no período: o que apoia, a oposição e os ambivalentes, considerando que os três estão sempre em contato e em conflito entre si (Laborie, 2003).

As diferentes manifestações relacionadas com a Copa do Mundo de 1978 refletem tais questionamentos. Por um lado, alguns condenam qualquer tipo de participação na festa, associando a celebração esportiva ao apoio ao regime; por outro, estão os que entendem o futebol como um campo autônomo, independente e impenetrável pela política, e por isso criticam qualquer associação entre a vitória da seleção nacional e a ditadura. E recentemente ganhou força a leitura daqueles que entendem que a própria celebração foi uma forma de resistência ao regime, mostrando que o futebol estava nas "mãos do povo", e este o utilizou como um desafio à ditadura, celebrando nas ruas e festejando sob um governo autoritário.

---

[2] Memoria Abierta. Arquivo Oral. Consultado em ago./set. 2010 e jun./jul. 2011.

Essas três principais leituras atuais disputam entre si o espaço da memória sobre a Copa do Mundo e a ditadura, mas também se complementam. Analisá-las permite compreender aspectos fundamentais da sociedade naqueles anos, assim como ampliar questões sobre os atores sociais e seu cotidiano nos anos de ditadura civil-militar.

Argentina, país sede: a Copa nas mãos do poder

A Argentina foi escolhida sede da XI Copa de Mundo em 1966, 10 anos antes do golpe civil-militar autodenominado *Processo de Reorganização Nacional*, durante o 35º Congresso da Fifa em Londres. O outro país candidato era o México, que renunciou após ser confirmado em 1964 como sede da Copa de 1970. Na época da escolha, a Argentina vivia havia poucos dias sob a ditadura liderada pelo general Juan Carlos Onganía, e, mesmo com as crises política, social e econômica que se agravaram ao longo dos anos, a escolha foi ratificada pela Fifa em 1971. Em 1974, o então presidente Juan Domingo Perón definiu que a organização da Copa seria responsabilidade do Ministério de Bem-Estar Social, sob o comando de José Lopez Rega, por meio da "Comissão de Apoio ao Mundial".[3]

Após o golpe de 24 de março de 1976, a Junta Militar formada pelos três chefes das Forças Armadas que assume o poder decide pela manutenção do evento. Porém, a conturbada situação do país fez com que a Fifa, então presidida por João Havelange — que organizava sua primeira Copa do Mundo —, solicitasse em maio do mesmo ano uma posição definitiva em relação à realização ou não da Copa naquele país. Apesar de algumas opiniões contrárias, principalmente por parte do ministro da Economia, José Martínez de Hoz (que afirmava ser impossível arcar com os gastos da organização na situação em que o país se encontrava), o regime sabia da importância e do potencial da Copa para sua imagem.[4] A principal justificativa para os altos gastos foi de que a maioria das obras era de infraestrutura — vias expressas, hotéis, estádios, aeroportos, um novo edifício para a Argentina Televisora Color (ATC), que pertencia ao estados, entre outros —, mas também incluiu a contratação da empresa Burson-Marsteller, consultora dos Estados Unidos, para assessorar nas estratégias de comunicação e melhorar a imagem do regime, principalmente no exterior.

---

[3] José Lopez Rega também foi ministro de Bem-Estar Social de Isabel Perón e o responsável pela organização e ação da Triple A, grupo paramilitar de direita que atuou na década de 1970.
[4] O processo foi marcado por diversas disputas entre as Forças Armadas, e a realização da Copa do Mundo foi mais um espaço de conflito.

Foi nesse contexto que o governo começou a intervir diretamente no futebol nacional. Primeiramente, ainda em 1976, nomeou para presidente da Associação Argentina de Futebol (AFA) Alfredo Francisco Cantilo, nome de confiança das Forças Armadas. Em junho do mesmo ano, criou-se o Ente Autárquico Mundial 78 (EAM 78), que substituía a antiga comissão criada por Perón, o que significou que a organização da Copa ficava nas mãos do governo, e a AFA se responsabilizava somente pela preparação da seleção nacional. Mas, mesmo com a tentativa de desassociar o evento do governo anterior, ironicamente a Copa do Mundo, que ajudou os militares a renovar certo consenso civil, representava a memória peronista que eles procuravam extinguir. O símbolo do evento estava diretamente associado ao ex-líder populista: "*El diseño de las dos líneas paralelas que parecen el contorno de una Copa no era otra cosa que el clásico saludo de Perón, con las manos en alto*" (Gilbert e Vitagliano, 1998:13).

Os conflitos internos entre as três Armas, que marcaram todo o governo e se refletiam na questão da organização da Copa, não terminaram com a decisão de seguir adiante com o evento. O almirante e chefe da Marinha, Emílio Eduardo Massera, não apenas enfrentou, uma vez mais, Martínez de Hoz, como também exigiu uma pessoa de sua confiança em uma posição central no EAM. Em 1976, o presidente e chefe do Exército Jorge Rafael Videla nomeou o general Actis como presidente do órgão. Massera aceitou a nomeação de Actis, porém exigiu que o almirante Carlos Alberto Lacoste, homem de sua confiança, fosse o segundo nome na instituição.[5] Os desentendimentos entre os dois responsáveis pelo EAM foram constantes. Em agosto de 1976, Actis foi assassinado em um episódio contraditório, e a presidência do órgão foi ocupada formalmente pelo general Antonio Merlo, mas era Lacoste quem tinha o poder de fato (Bufali, Boimvaser e Cecchini, 1994).[6]

Assim, mais do que a vitória da seleção nacional, a principal arma nas mãos do regime era a realização e a organização da Copa do Mundo. Era a oportunidade tanto de renovar o consenso interno — em 1978, a "guerra contra a subversão de esquerda", a principal justificativa para o golpe, foi considerada vencida pelo regime — como de melhorar a imagem externa do país, em meio a denúncias de violação de direitos humanos tanto por exilados como por organizações interna-

---

[5] Lacoste foi também homem de confiança do ex-ministro de Isabel Perón, José Lopez Rega. Posteriormente, já no período democrático, sua carreira política no espaço esportivo continuou por um tempo, quando foi tesoureiro da Fifa, sob a presidência do brasileiro João Havelange (Bufali, Boimvaser e Cecchini, 1994).

[6] Mesmo a informação oficial sendo de que o crime foi responsabilidade da organização armada Montoneros, ele não foi incluído pelos militares em um livro publicado posteriormente com todos os supostos atentados de grupos guerrilheiros contra as Forças Armadas, o que gerou a suspeita de que os responsáveis foram homens fortes da própria Marinha.

cionais.[7] Para o regime, o êxito futebolístico ultrapassava o limite esportivo, e o objetivo era que os próprios líderes ficassem associados à vitória. Para isso, mesmo sem uma política oficial e sistematizada de propaganda, o governo realizou diversas campanhas, cujo objetivo era construir uma ilusão de participação da população no projeto civil-militar do novo país e instaurar a ideia de guerra e luta contra a "subversão", fosse ela interna ou externa. Uma das ações oficiais de propaganda política foi a contratação da anteriormente citada agência de relações públicas Burson-Marsteller. Foram feitas diversas publicidades internacionais do país, foram convidados jornalistas e personalidades estrangeiras à Argentina, além da realização de atividades culturais em importantes cidades europeias.[8] Nesse espaço da propaganda, a realização da competição no próprio país dava aos militares argentinos uma ferramenta a mais no uso da Copa a seu favor (Franco, 2005). Mas, ao mesmo tempo, essa organização foi um dos principais desafios em relação à sua imagem que o regime teve de enfrentar.

A "campanha anti-Argentina" e a propaganda oficial[9]

Em 1978, a Argentina estava no centro do debate internacional por dois eventos dos quais seria sede: a Copa do Mundo de Futebol e o Congresso Internacional de Câncer. Por isso aumentaram, por parte de organizações internacionais de direitos humanos e de exilados argentinos, as já citadas denúncias contra as violações de direitos humanos e contra o desaparecimento forçado de pessoas, bem como contra a violência por parte do Estado. Essas denúncias eram originárias principalmente da Europa, onde as principais manifestações eram de grupos e partidos de esquerda e de organizações, como a Anistia Internacional. Os Estados Unidos, naquele momento governado pelo democrata James Carter (1977-1981), também denunciaram de maneira ativa, especialmente na voz da subsecretária de Direitos Humanos Patrícia Derian, que desde 1977 já visitava a Argentina e se reunia com familiares de desaparecidos e vítimas do regime (Quiroga, 1996).

---

[7] Além da questão da imagem, a situação econômica desfavorável também foi uma das razões para a procura de novos meios de consenso.
[8] Essa também foi a empresa responsável pelo *slogan* "Los argentinos somos derechos y humanos", de 1979, nas vésperas da visita da Comissão Internacional de Direitos Humanos da OEA.
[9] Ao pensar a chamada "campanha anti-Argentina", é interessante considerar que, embora houvesse denúncias internacionais de alguns países, principalmente do governo dos Estados Unidos, todos os países ocidentais reconheciam como legítimo o regime argentino iniciado com o golpe em 1976 (Alabarces, 2002).

Em sua defesa, o governo argentino denominou todas essas manifestações "campanha anti-Argentina". Em seu discurso, o regime denunciava o que considerava uma campanha externa contra o país, resultado de um desconhecimento da realidade nacional por parte dos acusadores e também de uma ação da "subversão externa". Na verdade, a "campanha anti-Argentina" era uma reatualização de uma antiga denúncia, existente desde o primeiro ano do regime, que em 1978 ganhou força (Franco, 2005). A partir dessas acusações, pode-se notar uma releitura da Doutrina de Segurança Nacional (DSN) no discurso do governo argentino. Antes, a DSN era utilizada para justificar a ideia do "inimigo interno" e da guerra interna contra a "subversão" e a guerrilha. Com a "campanha anti-Argentina", o inimigo estava fora do país, e era necessário combater a "subversão externa", representada pelos exilados e seus "aliados" (Canelo, 2004). Porém, essa releitura tinha como objetivo o consenso social dentro da própria Argentina, mesmo que por meio de acusações do exterior. Nesse contexto, a Copa de 1978 foi entendida pelo governo como uma oportunidade de contestar todas essas acusações, e por isso a necessidade de que o evento fosse exitoso e, claro, tal êxito fosse associado ao regime.

A fim de reverter a imagem negativa externa e renovar sua legitimação interna, o governo civil-militar seguiu os diversos conselhos da agência Burson-Marsteller & Associados, como a utilização de jovens na organização, mostrando a juventude atraente e sã do país; a utilização da Copa como uma oportunidade de o governo se apresentar positivamente, enfrentando a imagem autoritária que transmitia com a ideia do golpe; e também a oportunidade de acordos publicitários com grandes empresas multinacionais, que não apenas ajudariam a melhorar a imagem do país, como seriam uma importante fonte de lucro. E, finalmente, a oportunidade de responder às acusações do exterior, com a grande cobertura internacional pelos diversos meios de comunicação como uma forma de mostrar a imagem desejada pelo regime ao mundo (Lamadrid e Halac, 1986).

Com a realização da Copa no próprio país, grande parte das publicidades privadas se referia à infraestrutura e estimulava uma imagem positiva do país, como a do Automóvel Clube Argentino: "*El Mundial es la oportunidad de mostrarnos tal como somos, en la medida justa de nuestro valor*".[10] Assim, em muitos casos os discursos se confundiam com os do próprio governo e reproduziam a ideia oficial de um país injustiçado pelas críticas internacionais e que via na Copa a oportunidade de mostrar sua face "verdadeira". A televisão teve um importante espaço, e a transmissão em cores mundial foi uma das ferramentas de propaganda do evento utilizada pelo governo. Porém, a tecnologia não chegou a tempo ao país, que somente transmitiu os jogos

---

[10] *La Nación*, p. 11, segunda seção, 11 jun. 1978.

em cores para o exterior e internamente em cinemas e teatros específicos, não em residências. O jornal argentino *Clarín* fez um caderno especial sobre a transmissão, que enfatizava o investimento em tecnologia "de ponta", de acordo com o jornal uma das exigências do governo nas muitas obras feitas para a Copa.[11]

De fato, o governo considerou a Copa tão favorável que decidiu responder à advertência da Organização dos Estados Americanos (OEA) e do governo dos Estados Unidos sobre as violações de direitos humanos pelo Estado. O governo convidou a Comissão Internacional de Direitos Humanos (CIDH) da OEA para verificar a situação do país, mas a visita somente foi concretizada em 1979, e foi a primeira denúncia formal de um organismo internacional contra a ditadura (Novaro e Palermo, 2003). Para alguns, a visita foi uma importante vitória na luta contra a ditadura e só foi possível pela atenção recebida com a Copa, considerando, portanto, que a vitória não favoreceu apenas o regime.

Percebe-se, assim, que a Copa foi importante para a ditadura dialogar com essas zonas ambivalentes. Porém, foi também um espaço para diversos setores sociais refletirem sobre sua relação com o regime, como a oposição, que buscou vias de contestação no espaço esportivo. De fato, a Copa não se resumiu ao uso que o regime fez dela, mas também foi um importante espaço de relações e manifestações sociais.

"*El que no salta es holandés*": a Copa nas mãos do povo

> [...] *fue uno de los momentos donde era más claro que afuera la vida continuaba.*[12]

A frase citada, dita por Graciela Daleo, que naquele momento estava detida-desaparecida na Escola de Mecânica da Armada (Esma), evidencia um lado não usual dos trabalhos sobre ditaduras e governos autoritários: o caráter cotidiano, o dia a dia da zona ambivalente. É indiscutível que tantos afetados pela violência tiveram suas vidas alteradas e até interrompidas, assim como seus familiares, porém para parte da sociedade essa cotidianidade foi a marca do período. Assim, um momento que significou uma exceção para todos no país, como foi o caso da Copa do Mundo, é uma oportunidade de ver como se expressaram diversos atores e grupos

---

[11] *Clarín*, 1 jun. 1978.
[12] Graciela Daleo em *Mundial 78. La Historia Paralela*. Argentina, 2008. DVD. Graciela estava sequestrada na Esma durante a Copa do Mundo, e no DVD em questão relata que, no dia da vitória final, foi levada com mais alguns presos em um carro com um grupo de militares para ver e participar das comemorações.

sociais: "*¿Qué teníamos que hacer? ¿No bailar? ¿Boicotear el Mundial? ¿Las dictaduras pasan, las copas quedan? Fuimos, ganamos, bailamos*" (Lamadrid e Halac, 1986:9).

Como a Argentina era sede da Copa, a organização do evento foi parte importante da experiência vivida por todos os atores envolvidos. Por um lado, estava o governo, que, como vimos, focou não apenas na questão da publicidade, mas também em obras de infraestrutura, sempre com a oportunidade de renovar determinado consenso. Por outro, os outros indivíduos que compartilharam essa experiência seja de seu lar, com amigos, familiares, seja da dura realidade de um centro clandestino, com outros presos e desaparecidos políticos, seja na busca dos familiares — positiva ou negativamente, todos viveram em seu dia a dia aquela Copa.

Uma das marcas do evento foi seu mascote, o Gauchito, batizado de Pampita. Tratou-se de um menino vestido a caráter de gaúcho argentino, um dos estereótipos nacionais que a ditadura procurou valorizar:

> Un panteón heroico; una narrativa histórica, oficial y coercitiva sobre todo discurso alternativo; el modelo del melting pot como política frente a la inmigración, y un subsecuente mito de unidad étnica; y un relato de origen que instituyó la figura del gaucho como modelo de argentinidad y figura épica [Alabarces, 1998:9].

Também se tornou símbolo da Copa o *slogan* "*25 millones de argentinos jugaremos el Mundial*", título e parte da música oficial do evento, composta por Martin Darre.[13] A canção, que evoca a união nacional e a participação popular no evento, reflete a retórica oficial da oportunidade de mostrar ao mundo uma imagem positiva da Argentina: "*Luciremos nuestra imagen/ en deporte y en cultura/ brindaremos a hermanos/ de otras tierras nuestra proverbial/ hospitalidad/ mundial la justa deportiva sin igual*".

Assim, com o clima da organização e da experiência de viver cotidianamente a Copa, os festejos e a participação popular começaram antes mesmo da vitória da seleção nacional, que garantiu a conquista do campeonato. Afinal, a própria realização do evento já permitia comemorações e foi um dos principais canais de

---

[13] A letra completa mostra diversas referências à unidade e à imagem nacional por meio da Copa: "*25 millones de argentinos/ jugaremos el mundial/ mundial la justa deportiva sin igual/ mundial un grito de entusiasmo universal/ vibrar, soñar, luchar, triunfar/ luciendo siempre sobre la ambición y la ansiedad/ temple y dignidad/ jugar en limpia competencia hasta en final/ sentir latente en cuerpo y alma el ideal/ asi brindar a todos nuestra enseña grande/ y fraternal, azul y blanca celestial/ con fervor enfrentaremos/ con amor recibiremos/ con honor en la victoria o en la derrota/ palpitando igual, nuestro corazón/ (…silbado…)/ luciremos nuestra imagen/ en deporte y en cultura/ brindaremos a hermanos/ de otras tierras nuestra proverbial/ hospitalidad/ mundial la justa deportiva sin igual/ mundial un grito de entusiasmo universal/ vibrar, soñar, luchar, triunfar/ luciendo siempre sobre la ambición y la ansiedad/ temple y dignidad/ jugar en limpia competencia hasta en final/ sentir latente en cuerpo y alma el ideal/ asi brindar a todos nuestra enseña grande/ y fraternal, azul y blanca celestial/ 25 millones de argentinos/ jugaremos el mundial*" (Mundial78. Acesso em: 10 ago. 2011).

estímulo do governo e dos que o apoiavam, como os meios de comunicação, que fizeram eles mesmos uma campanha contra a suposta "campanha anti-Argentina".

Foi comum nos jornais e revistas da época o pedido de participação popular na resposta às denúncias. Segundos esses meios — que reproduziam a retórica oficial —, as acusações eram contra o próprio povo argentino, contra a nação, e por isso se exigia uma resposta coletiva. Foram inúmeras as formas de "participação" incentivadas, como o envio de cartas ao exterior contando a "verdadeira" situação do país.[14] Nesse sentido, a Copa do Mundo transformou-se na oportunidade de resposta, por meio do cotidiano e da organização como da própria seleção nacional, que passou a ser a representação da "verdadeira" Argentina. E não foram poucos os que aderiram a tais campanhas.

Também ganhou destaque o apoio de parte da juventude argentina ao discurso oficial relacionado com o futebol e a vitória da Copa do Mundo. No dia seguinte à conquista da seleção, milhares de estudantes secundaristas foram ovacionar o presidente Videla na praça de Maio. Videla não apenas acenou dos balcões da Casa Rosada, mas desceu para cumprimentar a juventude, que o recebia como mais um herói da conquista. É importante considerar a leitura de Karl Mannheim, que quebra o mito da juventude sempre renovadora, destacando que existem também as culturas juvenis marcadas por um conservadorismo e que apoiam os governos autoritários (Mannheiem, 1967). Nesse caso, mesmo os que afirmam que celebravam sem relação com a ditadura não podem esclarecer por que esses jovens foram agradecer ao presidente e ovacioná-lo senão por determinado consenso estabelecido pela seleção nacional.

A festa nas ruas, nas prisões e no exterior

A vitória na Copa e as comemorações ao longo do torneio foram, para muitos, uma manifestação popular sem precedentes na história do país. Os meios favoráveis ao regime e o próprio governo enfatizavam que "*los argentinos, acaso por primera vez en lo que va del siglo, levantaron estos colores* [da bandeira nacional] *sin enfrentamientos*" (Gente, s.n., 26 jun. 1978). Ou seja, afirmavam que era uma comemoração que unia a população sem conflitos políticos, que haviam marcado a história recente do país. E não eram os únicos. Mesmo para os que se opunham ao regime era uma oportunidade rara de união, de celebrar ainda que sob o poder de um regime opressivo: "*Es*

---

[14] Além dos postais da revista *Para Ti*, podemos citar o caso da revista *Gente* (p. 5, 11 maio 1978): "*Invita a cualquiera de tus amigos preocupados que elija cualquier dirección en cualquier guía y escriba preguntando sobre la realidad argentina. Y te puedo anticipar las respuestas*".

que, nos guste o no, sea trágico o ridículo, nos dé culpa hoy recordarlo o placer, ese día estábamos todos unidos por una misma voluntad: que Argentina saliera campeón mundial" (Lamadrid e Halac, 1986:9).

Para os que ficaram no país, a festa foi quase uma unanimidade. Muitos já aguardavam ansiosos o evento desde a escolha da sede, em 1966, e mesmo contra o regime não hesitaram em participar da festa futebolística. De fato, a maioria da população recorda que aquele foi um momento de alegria, uma oportunidade de festejar em meio a uma situação de crise que se estendia havia anos:

> *Entonces me acuerdo cuando sale la gente por el Mundial, que la gente gritaba, festejaba y demás, yo creo que fue, era como una cuestión de… aprovechaba digamos el tema del Mundial para salir a la calle a gritar, ¿no? Y yo lo único que me acuerdo fue la primera vez que paré ahí en la esquina, la gente pasaba en los autos, y la gente… y yo lloraba como loca, y veía a la gente y se me caían las lágrimas y no lo podía controlar. Digamos, era la primera vez que había llorado desde que había empezado la represión en Villa. Como una cosa que no podía creer, viste, ver gente en la calle manifestando, aunque fuera por una cuestión de un Mundial.*[15]

De fato, muitos viveram uma situação contraditória: sabiam que o regime utilizava a Copa a seu favor, viam e viviam as campanhas e propagandas, mas não deixaram de comemorar. Para diversos dos que estavam clandestinos no país, era também uma oportunidade para sair às ruas e talvez encontrar pessoas que acreditavam mortas ou desaparecidas. Desse ponto de vista, a Copa foi um alívio.

Para os que estavam presos, legalmente ou como desaparecidos, as experiências foram diversas. A maioria reconhece a época da Copa como um período de euforia, de acompanhar os jogos e torcer. Muitas vezes, inclusive, com os próprios torturadores. Entre os presos também foram comuns as discussões sobre qual deveria ser o papel da oposição, principalmente das organizações armadas, durante o evento: "*Y nos hubiera encantado que afuera nuestros compañeros impidieran la realización del Mundial o algo así, pero ya una vez que entraban a la cancha ya… gritábamos los goles*".[16] E mesmo com o acordo de cessar-fogo entre os líderes montoneros e a Marinha, assinado antes da Copa, houve aqueles que tentaram algum tipo de ação contra o governo:

> *[…] creo que fue a la noche, estábamos todos encerrados y ponen el partido. Van 3 o 4 minutos del partido y de repente irrumpe la marcha peronista. La marcha peronista y una consigna que decía "Argentina Campeón, Videla al paredón". Y ahí se cortó la transmisión y obviamente no pudimos*

---

[15] Memoria Abierta. *Testimonio de María Eva López de Gasanea*. Villa Constitución, Santa Fé, 2007b.
[16] Memoria Abierta. *Testimonio de Julio Menajovsky*. Buenos Aires, 2002.

escuchar más el partido. Nosotros por un lado pensamos: "Los compañeros están haciendo toda una campaña de hacer conocer ante los periodistas extranjeros, ante lo resto de la gente, de la población en general de cual era la situación y cual era nuestra postura". Nosotros queríamos que Argentina saliera campeón, pero que Videla fuera al paredón por todo lo que estaba haciendo. ¿Ahora justo en la cárcel de La Plata lo tenían que hacer? [risos] Nos queríamos volver locos, "¿justo acá tenían que venir a cortar la transmisión?", porque nos cortaron el partido y bueno… Por supuesto la gran mayoría de los presos que no compartían algunas de esas ideas silbaban, se volvían locos, y bueno, desgraciadamente. Y a partir de ahí se terminó el Mundial para nosotros, se terminó el Mundial para nosotros.[17]

Por outro lado, os que estavam fora do país também viveram de forma intensa a Copa de 1978. A questão de boicotar ou não o evento foi discutida em diversas partes do mundo, principalmente em lugares com grande número de exilados, como México, Brasil, Espanha e França. No México, por exemplo, os membros montoneros trabalhavam também na contraofensiva (que ocorreu em 1979) e aproveitaram a atenção internacional para realizar diversos trabalhos de denúncia da situação argentina.[18] Para muitos exilados, a Copa era também um momento de esperança, tanto de alguma possível ação contra o governo como de encontrar nas transmissões algum companheiro desaparecido nas plateias dos estádios.

Mas o principal centro de debates foi a França, onde foi organizado o Comitê de Boicote à Copa do Mundo (Coba). E nem mesmo aí as opiniões foram unânimes sobre a promoção do boicote. No caso do Comitê em Paris, era difícil para os franceses entenderem que a maioria dos exilados argentinos não era a favor desse tipo de ação:

Y fue difícil porque en el exilio la mayoría de los exiliados argentinos, de todas tendencias, PRT, Montoneros, otros, más o menos todos estaban en contra hacer el boicot, por el boicot. Por diversas razones, dicen que el pueblo no comprende, el pueblo argentino; hubo otro argumento, era de decir que es muy importante que viene la prensa internacional con la Coup para ver la situación. No. La Junta muy bien organizada. El foot es una pasión, ne regarde pas côtes. Finalmente, la decisión fue de hacer el boicot.[19]

---

[17] Memoria Abierta. *Testimonio de Carlos Zamorano*. Buenos Aires, 2003.
[18] A chamada "contraofensiva" montonera foi o retorno de militantes montoneros que estavam no exílio e entraram clandestinamente na Argentina para tentar uma nova ofensiva contra a ditadura. O resultado foi um desastre, gerando fortes críticas aos líderes desse agrupamento que incentivaram o retorno (Novaro e Palermo, 2003).
[19] Memoria Abierta. *Testimonio de Louis Joinet*. Buenos Aires, 2007a.

A questão de boicotar ou não a Copa foi apresentada nos diversos exílios, e de maneira geral os argentinos eram contra tal atitude. Finalmente, o boicote acabou tendo efeito inverso, pelo menos em um primeiro momento. As manifestações fizeram com que muitos jornalistas fossem cobrir a Copa também pendentes de conferir a situação do país e as denúncias. O governo argentino soube, então, utilizar essa atenção a seu favor e investiu forte na propaganda que enaltecia a imagem positiva do país e no recebimento dos turistas e dos jornalistas. O resultado foi uma melhora significativa na imagem externa, especialmente pelo testemunho dos visitantes ao deixar o país: "*Visitantes, que se han sentido como en su propia tierra, tratados con afectuosa hospitalidad, podrán ahora testimoniar sobre la realidad de nuestra patria, deformada por una abierta campaña internacional*".[20]

Entre os exilados, a maioria afirma que acompanhou e torceu pela seleção. E, claro, que celebrou a vitória nas ruas. No México, alguns exilados montoneros foram celebrar em frente à embaixada argentina aos gritos de "*Argentina Campeón, Videla al paredón*". De modo geral, para os que eram a favor da Copa, o futebol era entendido como algo em uma esfera separada da política. Para os que se opunham, exatamente por seu peso político não podia ser deixado nas mãos do regime, e era uma oportunidade de manifestações e denúncias. E, para outros, principalmente membros de grupos peronistas, o futebol era, de fato, um espaço de resistência, e a visão do povo manipulado pelo esporte era elitista e equivocada:

> [...] *y yo plateé que no estaba de acuerdo con este posicionamiento que planteaba que todo el pueblo es un pueblo de imbéciles, que se ganaba la Argentina campeón del Mundial todos se iban a olvidar de lo que pasaba, que iban a salir a gritar "Viva Videla", y que la instrumentación que hacia Videla, y que por supuesto hacia una instrumentación maléfica del Mundial de Fútbol era una historia. Y que había una historia popular que así como había otros países que habían tenido su Mundial de Fútbol... el pueblo argentino no iba a quedar atrapado ni engranado por si Kemps hiciese un gol o no hiciese un gol. O sea, que mi posición fue de esta perspectiva, reconociendo lo que hacía la Junta, de que había que tomar el Mundial de Fútbol sin tanto dramatismo, y si ganaba o perdía Argentina la gente iba a salir a la calle, iba a saltar de alegría y después iba a ir a su casa y va a seguir pensando que era una época de mierda.*[21]

Por fim, estavam aqueles que, no exílio ou no país, não festejaram a Copa, por entenderem que era um momento equivocado, que a situação do país não permitia esse tipo de celebração. E também que era uma ferramenta nas mãos dos militares:

---

[20] Jorge Rafael Videla em *Mundial 78. La Historia Paralela*. Argentina, 2008. DVD.
[21] Memoria Abierta. *Testimonio de Nicolás Casullo*. Buenos Aires, 2005.

Pero yo lo viví de un modo absolutamente marginal, o sea, no lo celebré, no participé, te mentiría si te dijera que no vi algun partido, pero con un sentimiento muy contradictorio y amargo, adónde sabes que sí, podés tener algun sentimiento a favor de que gane la Argentina pero al mismo tiempo la conciencia y la lucidez de que si la Argentina gana sirve para afianzar el Proceso, no? El Proceso Militar no dependía del Mundial pero en alguna medida iba a legitimarlo, como sucedió.[22]

Essa foi a posição que, posteriormente, com o restabelecimento da democracia, ganhou força na memória sobre o evento: a Copa como um mero instrumento de consenso nas mãos do governo, sem qualquer outra interpretação possível. Hoje, ela não apenas é revisada, mas contestada por muitos dos atores que viveram aqueles dias de festa e reivindicam seus festejos e, claro, o valor de seu primeiro título.

Considerações finais

Yo no condeno a la gente, no condeno. Porque creo que fue un momento que la gente quiso ganar a algo, y ganó con el fútbol[23]

A partir de 1983, com o fim do Processo e as inúmeras denúncias de violações de direitos humanos aos responsáveis militares, bem como a consequente condenação moral do próprio governo (tanto na sociedade argentina como internacionalmente), a principal memória do período passou a ser a de reprovação do regime. A Copa do Mundo de 1978 foi inserida nessa leitura e associada à própria ditadura, como mais uma parte desta. Durante anos, condenaram-se tanto o evento como os jogadores, a comissão técnica e os torcedores, e para muitos era uma vergonha assumir ter participado das celebrações, que ganharam uma conotação quase tão negativa quanto a própria ditadura.

Hoje, novas leituras contestam essa memória, que efetivamente não é tão única como se procurou apresentar nos últimos anos. Neste texto, percebe-se que, se, por um lado, a Copa foi uma importante ferramenta nas mãos do regime, também foi essencial para o aumento das denúncias internacionais de violação dos direitos humanos, assim como uma oportunidade tanto de agir contra a ditadura para alguns membros da oposição como de ser uma válvula de escape para presos e desaparecidos políticos. E, para os "cidadãos comuns", um momento de festa, de celebrações, num período conturbado da história do país.

---

[22] Memoria Abierta. *Testimonio de Horacio Paglione (Tarcus)*. Buenos Aires, 2004.
[23] Hebe Pastor de Bonafini em *Mundial 78. La Historia Paralela*. Argentina, 2008. DVD.

A conquista da seleção nacional de futebol e o transcurso do evento sem maiores problemas eram as ferramentas de que o governo e os meios de comunicação que o apoiavam necessitavam para mostrar o que chamavam de "verdade" sobre o país. Criou-se a partir do esporte um discurso de união, que reproduzia a retórica do próprio regime: "*Hicimos el Mundial. Y lo hicimos bien. Y nos unimos. Y rompimos la sombría imagen que nos fabricaron desde afuera*" (*Gente*, s.n., 8 jun. 1978).

A Copa também significou, para o governo, o fim de um primeiro momento e o início de uma nova etapa do Processo e, consequentemente, do próprio país. O evento terminou no dia 24 de junho, e a ditadura não perdeu a oportunidade da celebração para associá-la ao fechamento de um ciclo nacional: vencida a guerra contra a "subversão interna", a melhora da imagem do país com o evento e o fim da primeira etapa do Processo. Foi nesse contexto positivo que, no dia 31 de julho, Videla deixou de ser chefe do Exército — manteve-se apenas como presidente — e assumiu o general Viola. Em agosto, Massera deixou também a chefia da Marinha, o que lhe dava a liberdade para tentar a presidência futuramente.

Outro ponto que deve ser pensado é o legado que a Copa deixou para o país. O principal investimento foi, claro, em propaganda, e nesse sentido entram também as obras de infraestrutura. Foram feitos investimentos em avenidas, nos meios de comunicação (principalmente em telefonia e televisão, apesar de a transmissão em cores não ficar pronta a tempo para o território nacional), em hotéis (praticamente nos dois anos anteriores ao evento, levantou-se a rede hoteleira exigida pela Fifa), nos aeroportos (Ezeiza não ficou pronto a tempo, mas foi utilizado) e nos estádios, construídos e reformados. Foram sede, no total, seis locais em toda a Copa, dos quais três reformados (o Monumental e o estádio Vélez Sarsfield, na capital, Buenos Aires, e o de Rosário), e outros três construídos para o evento (um em Córdoba, um em Mar del Plata e um em Mendoza). O questionamento sobre a necessidade dos estádios foi feito já na época, e inclusive por membros do governo.[24]

Os efeitos da Copa de 1978 se prolongaram, e 1979 foi outro importante ano. Em junho, aproveitando sua imagem favorável, o governo realizou um jogo comemorativo de um ano do título, com uma seleção formada por jogadores do país (nem todos os vencedores do ano anterior) contra um combinado de diversos países do mundo (Blaustein e Zubieta, 2006:289). Os argentinos perderam, mas nem isso foi capaz de apagar a alegria esportiva. Alguns meses depois, a vitória da seleção argentina na Se-

---

[24] O secretário da Fazenda Juan Alemann afirmou, após a vitória: "*Ahora habrá, entre otras cosas, que resolver el destino de los estadios. Parece que nadie los quiere*" (*Gente*, p. 74, 13 jul. 1978). O tema dos estádios surgiu novamente em 2011, com a realização da Copa América na Argentina. Muitos estão mal conservados, e criticou-se a necessidade de um novo estádio, em La Plata, construído recentemente.

gunda Copa Juvenil de Futebol, realizada no Japão, com Maradona como destaque, certamente não gerou a mesma euforia que a conquista no ano anterior em casa, mas também significou uma renovação na imagem oficial. O campeonato ocorreu na mesma época da visita da Comissão Interamericana de Direitos Humanos da OEA, que chegou ao país no dia 6 de setembro. Foi durante essa competição, coincidindo com a vista da CIDH, que o governo divulgou o *slogan*: "*Los argentinos somos derechos y humanos*". Novamente, os estudantes secundaristas foram ovacionar Videla na Casa Rosada, agradecendo-lhe a nova conquista esportiva, como feito no ano anterior.

Mas nem tudo foi positivo para o regime durante a Copa de 1978. Em termos turísticos, foi um verdadeiro fracasso: estimou-se a visita de 50 mil a 60 mil turistas, mas os números oficiais registraram apenas 7 mil, além dos 2.400 jornalistas e dos 400 convidados (Alabarces, 2002). Os jornais não escondiam a decepção com o número escasso de visitantes, tentando entender por que não havia interesse em participar dessa festa e de conhecer o país. A pouca adesão internacional piorou a questão financeira, já que sequer se justificavam todos os investimentos propostos.

Por outro lado, como se procurou mostrar nestas páginas, a Copa também teve diferentes significados para os outros atores envolvidos, além da recusa em participar ou da adesão total. Foi um momento em que presos políticos e desaparecidos tiveram alguma experiência além da violência das prisões, e que a maioria recorda como uma época de menores traumas. Mesmo sabendo o que a Copa significava para a imagem oficial, ela era uma válvula de escape.

Hoje, cabe pensar aquele momento a partir da ideia do futebol como importante elemento de identidade nacional argentina, não só como uma Copa que ocorreu durante a ditadura. Com o passar dos anos, a "nova" memória do Processo deixa de criticar e negativizar a vitória de 1978, repensando aquele momento dentro de uma conquista maior, da história do próprio futebol nacional, não apenas restrita ao período civil-militar. Finalmente, cabe ressaltar que a interpretação de que comemorar a Copa foi uma forma de resistência hoje pode ser compreendida dentro da lógica da memória oficial atual, de que a sociedade argentina foi resistente à ditadura. Esta é a memória que o kirchnerismo, no poder desde 2003, procura estabelecer: a de um povo sempre contestador e resistente, de uma sociedade que lutou contra o autoritarismo em todos os espaços. Inclusive quando o assunto era futebol.

Referências

ALABARCES, P. Lo que el Estado no da, el fútbol no lo presta: los discursos nacionalistas deportivos en contextos de exclusión social. In: *Prepared for delivery at the 1998 meeting of the*

Latin America Studies Association. The Palmer House Hilton Hotel, Chicago, Illinois, 24-26 set. 1998, p. 1-27.

____. *Fútbol y patria*: el fútbol y las narrativas de la nación en la Argentina. Buenos Aires: Prometeo, 2002.

ARCHETTI, E. Fútbol: imágenes y estereotipos. In: DEVOTO, Fernando; MADERO, Marta. *Historia de la vida privada en la Argentina. La Argentina entre multitudes y soledades. De los años treinta a la actualidad*. Buenos Aires: Taurus, 1999. t. III, p. 227-253.

BERSTEIN, S. Culturas políticas e historiografia. In: AZEVEDO, C. et al. (Org.). *Cultura política, memória e historiografia*. Rio de Janeiro: FGV, 2009. p. 29-46.

BLAUSTEIN, E.; ZUBIETA, M. *Decíamos ayer*: la prensa argentina bajo el proceso. Buenos Aires: Colihue, 2006.

BUFALI, A.; BOIMVASER, J.; CECCHINI, D. *El libro negro de los mundiales de fútbol*. Buenos Aires: Planeta, 1994.

CANELO, P. La política contra la economía: los elencos militares frente al plan económico de Martínez de Hoz durante el proceso de Reorganización Nacional (1976-1981). In: PUCCIARELLI, A. (Comp.). *Empresarios, tecnócratas y militares*. Buenos Aires: Siglo XXI, 2004. p. 219-312.

FRANCO, M. La "campaña antiargentina": la prensa, el discurso militar y la construcción de consenso. In: BABOT, J.; GRILLO, M. (Ed.). *Derecha, fascismo y antifascismo en Europa y Argentina*. Tucumán: Universidad de Tucumán, 2002. p. 195-225.

____. Derechos humanos, política y fútbol. *Entrepasados*, Buenos Aires, v. XIV, n. 28, p. 27-45, 2005.

____. *El exilio*: argentinos en Francia durante la dictadura. Buenos Aires: Siglo XXI, 2008.

GASTALDO, E.; GUEDES, S. De pátrias e de chuteiras. In: ____; ____ (Org.). *Nações em campo*: Copa do Mundo e identidade nacional. Niterói: Intertexto, 2006. p. 7-12.

GILBERT, A.; VITAGLIANO, M. *El terror y la gloria*: la vida, el fútbol y la política en la Argentina del Mundial 78. Buenos Aires: Norma, 1998.

GUEDES, S. De criollos e capoeiras: notas sobre futebol e identidade nacional na Argentina e no Brasil. In: XXVI ENCONTRO ANUAL DA ANPOCS. *Anais…* Caxambu, 2002.

JELIN, E. *Los trabajos de la memoria*. Madri: Siglo XXI, 2002.

____. La justicia después del juicio: legados y desafios en la Argentina postdictatorial. In: QUADRAT, S. et al. (Org.). *Ditadura e democracia na América Latina*. Rio de Janeiro: FGV, 2008. p. 341-360.

LABORIE, P. De l'opinion publique à l'imagineire social. *Vingitième Siècle*, v. 18, n. 18, 1998.

____. *Les français des années troubles*: de la guerre d'Espagne à la Libération. Paris: Seuil, 2003.

____. Memória e opinião. In: AZEVEDO, C. et al. (Org.). *Cultura política, memória e historiografia*. Rio de Janeiro: FGV, 2009. p. 79-97.

LAMADRID, J. C. C.; HALAC, R. *Yo fui testigo*: los militares y el Mundial. Buenos Aires: Perfil, 1986. t. 8.

MAGALHÃES, L. "La pelota no dobla": política, futebol e ditadura na Argentina em 1978. In: IV SEMANA DE HISTÓRIA POLÍTICA UERJ. *Anais…* Rio de Janeiro, 2009.

____. *Histórias do futebol*. São Paulo: Arquivo Público do Estado, 2010.

MANNHEIM, K. O problema da juventude na sociedade moderna. In: *Diagnóstico de nosso tempo*. Rio de Janeiro: Zahar, 1967.

NOVARO, M.; PALERMO, V. *Historia Argentina*: la dictadura militar 1976/1983, del golpe de Estado a la restauración democrática. Buenos Aires: Paidós, 2003. v. 9.

QUADRAT, S. V. *A repressão sem fronteiras*. Tese (doutorado), PPGH, UFF, Niterói, 2005.

QUIROGA, H. La verdad de la justicia y la verdad de la política: los derechos humanos en la dictadura y en la democracia. In: QUIROGA, H.; TCACH, C. R. (Org.). *A veinte años del golpe con memoria democrática*. Rosário: Homo Sapiens, 1996. p. 67-86.

REIS, D. A. Ditadura e sociedade: as reconstruções da memória. In: REIS, D. A.; RIDENTI, M.; MOTTA, R. P. S. (Org.). *O golpe e a ditadura militar 40 anos depois (1964-2004)*. Bauru: Edusc, 2004. p. 29-40.

RÉMOND, R. (Org.). *Por uma história política*. Rio de Janeiro: FGV/UFRJ, 1996.

YANKELEVICH, P. (Org.). *Represión y destierro*: itinerarios del exilio argentino. La Plata: Al Margen, 2004.

Fontes

JORNAL *Clarín*, jan./set. 1978.
JORNAL *La Nación* jan./set. 1978.
MUNDIAL 78. Disponível em: <http://mundial78.blogia.com/2009/080602-25-millones-de--argentinos-cancion-del-mundial-78.php>.
REVISTA *El Gráfico*, jan./set. 1978.
REVISTA *Gente*, jan./set. 1978.

Orais

LA MANCHA de Rolando. "Arde la ciudad". *Viajes*, 2004. CD.
MEMORIA Abierta, Arquivo Oral, consultado em ago./set. 2010 e jun./jul. 2011.
MEMORIA Abierta. *Testimonio de Julio Menajovsky*. Buenos Aires, 2002.
____. *Testimonio de Carlos Zamorano*. Buenos Aires, 2003.
____. *Testimonio de Horacio Paglione (Tarcus)*. Buenos Aires, 2004.
____. *Testimonio de Nicolás Casullo*. Buenos Aires, 2005.
____. *Testimonio de Louis Joinet*. Buenos Aires, 2007a.
____. *Testimonio de María Eva López de Gasanea*. Villa Constitución, Santa Fé, 2007b.

Visuais

MUNDIAL 78. *La historia paralela*. Argentina, 2008. DVD.

JOVENS E DITADURAS

DEUS, PÁTRIA, IMPÉRIO E MILÍCIA:
a socialização política e as cartilhas escolares dos anos iniciais da ditadura franquista (1936-1951)*

Rafael Valls

A política educativa do primeiro franquismo

Uma das características definidoras da ditadura franquista em relação às restantes ditaduras dos anos 1930 é sua diretíssima vinculação com a vitória militar em uma Guerra Civil tão cruel e destruidora do adversário como o foi a Guerra Civil Espanhola entre 1936 e 1939. O caráter antitético com que se formulou tal enfrentamento por parte dos vencedores de tal contenda supôs o desejo de eliminar tanto física como politicamente os considerados inimigos. Nesse empenho por legitimar a existência da definida como *Nova Espanha* e negar a existência de outras formas de entender a realidade espanhola daqueles anos, o franquismo contou com a colaboração direta de um dos poderes mais arraigados na sociedade espanhola tradicional, o da Igreja Católica, especialista nas políticas de afirmação do conveniente e da negação radical do contrário. A importância do religioso, do católico, mais precisamente, na definição de grande parte dos aspectos sociais, culturais e educativos da realidade espanhola é outra das características peculiares da ditadura franquista, muito superior às do fascismo italiano, por exemplo, no qual também a Igreja Católica desenvolveu um papel importante, mas muito menor.

* Título original: "Dios, Patria, Imperio y Milicia: la socialización política en las cartillas escolares de los años iniciales de la dictadura franquista (1936-1951)". Traduzido por Ronald Polito. (N.E.)

Para a dialética maniqueísta do franquismo, o trabalho educativo realizado pelo setor mais aberto e europeísta do professorado espanhol ao longo das primeiras décadas do século XX, e especialmente durante os anos da Segunda República espanhola (1931-1936), havia-se caracterizado pelo abandono da "educação moral e religiosa, [...] [de modo que] até o amor pela pátria se sentia com ominoso pudor, afogado pela corrente estrangeirizante, laica, fria, krausista e massônica da Institución Libre de Enseñanza [Instituição Livre de Ensino]".[1] Em consequência, o sistema educativo imposto pelo franquismo se propôs alcançar, por uma parte, a eliminação total das orientações liberais e progressistas que haviam confluído significativamente no sistema educativo republicano (seu caráter laico e público; sua tendência europeizadora; sua aceitação das diversidades nacionais dentro do conjunto da Espanha; e, em resumo, sua tolerância com respeito às diversas concepções filosóficas, históricas e culturais imperantes na sociedade espanhola dos anos 1930), e, por outra, a imposição dos considerados valores *tradicionais* espanhóis (os representados pela corrente espanhola mais reacionária, intransigente e antiliberal dos séculos XIX e XX), que se identificavam exclusivamente com a religião católica mais fundamentalista e com o patriotismo militar-espanholista. A matéria escolar mais explicitamente encarregada de realizar essa transformação foi a história, tanto a universal quanto a da Espanha, mas desse espírito profundamente maniqueísta não se livraria nenhuma matéria escolar, nem as cartilhas escolares dedicadas à aprendizagem da leitura e da escrita por parte dos alunos de menor idade, como analisaremos posteriormente.

Para a consecução desses fins, o franquismo não hesitou em aplicar todas as medidas pertinentes. Em primeiro lugar, confeccionou alguns *programas escolares* nos quais as valorações e o significado de cada situação, circunstância, época ou personagem histórico estavam univocamente estabelecidos. Valham como exemplo, entre outros muitos possíveis, os seguintes, relacionados com a interpretação histórica presente nos manuais escolares do primeiro franquismo:

— "El Cid (século XI): protótipo do cavalheiro cristão heroico espanhol".
— "Séculos XV-XVI: formação das grandes nacionalidades. Pureza moral da nacionalidade espanhola, fiel continuadora do espírito católico da cristandade me-

---

[1] A Institución Libre de Enseñanza foi uma entidade cultural, de caráter privado, impulsionada por intelectuais e docentes espanhóis de orientação progressista, que se propôs desde sua criação, em 1876, e até sua proibição, em 1940, a modernização da estrutura educativa espanhola, tendo como orientação fundamental sua europeização. Um de seus principais inspiradores teóricos foi o filósofo alemão Karl Krause. Por esse motivo, os integrantes da Institución Libre de Enseñanza foram frequentemente definidos como *krausistas* (não necessariamente com o tom desqualificador com que se usa no texto citado).

dieval. A Reforma Protestante: sob sua aparência moral e puritana, seu fundo de revolução ególatra e de racionalismo dissolvente".

— "Século XVIII: desvio da política espanholista pelas influências francesas, o enciclopedismo e a infiltração da maçonaria por intermédio dos ministros, apesar do catolicismo de nossos reis".

— "Guerra da Independência (1808-1814): seu sentido espanhol, antiexótico, tradicional, católico e monárquico".

— "A Segunda República espanhola: os pseudointelectuais ambiciosos e despeitados, a maçonaria e os financistas judeus internacionais fazem cair a monarquia. A Segunda República: sentido anticatólico, antimilitarista e antiespanholista; seus desastres, suas desordens, seus crimes".

— "Os Estados Unidos da América do Norte: sentido materialista e inferior da civilização norte-americana. Falta de fundamento e de unidade moral. Imoralidade financeira. Superioridade moral da América Espanhola sobre a América do Norte".

— "Rumos da cultura e da civilização no século XX: o falso pacifismo democrático. O comunismo: seu materialismo, seu rebaixamento anti-humano do homem em máquina. O fascismo: seu sentido nacional, espiritual, histórico, dignificador da pessoa humana".[2]

Para alcançar um estrito cumprimento dessas disposições, o franquismo dispôs que todo manual escolar devia contar, além do cumprimento estrito dos programas escolares estabelecidos, com uma *dupla censura prévia*: a representada pela aprovação ministerial e a do *nihil obstat* reservada às autoridades eclesiásticas. Essa disposição tinha sido precedida de outra pela qual as bibliotecas escolares deviam ser expurgadas de todas aquelas publicações que não respondessem aos "santos princípios da religião e da moral cristã, e que exaltem com seus próprios exemplos o patriotismo da infância". De todas essas obras não devia ficar "nem vestígios".

O quadro se completava com uma depuração de todo o professorado, já que "em todos os seus graus e cada vez com mais raras exceções tem sido influenciado e quase monopolizado por ideologias e instituições dissolventes, em aberta oposição, com o gênio e a tradição nacional". Com essa medida, pretendia-se "extirpar, pela raiz, essas falsas doutrinas que, com seus apóstolos, têm sido os principais fatores da trágica situação a que foi levada nossa pátria". Sua parcial substituição por um novo professorado, integralmente devotado ao Novo Estado, também foi planejada com total precisão: para o professorado que não requeresse título acadêmico

---

[2] Todos esses enunciados foram retirados do "Cuestionario oficial de historia para los cursos de bachillerato" (*Boletín Oficial del Estado* [BOE], Orden del 14/4/1939).

facultativo (ensino primário), as vagas oferecidas deviam ser cobertas em 80% por "mutilados, ex-combatentes, ex-cativos e pessoas da família das vítimas da guerra" (entenda-se, do campo franquista em sentido totalmente exclusivo). Os que haviam sido oficiais provisórios ou de complemento no Exército sublevado (pessoal militarizado durante a Guerra Civil, mas não proveniente das filas da milícia profissional) eram eximidos inclusive do fato de possuir o título de mestres. Para o professorado de ensino secundário, sim, se manteve a exigência do título de licenciatura universitária, embora e com a mesma porcentagem de reserva de vagas para os que tinham méritos de guerra. As comissões de seleção do professorado foram designadas diretamente pelo Ministério de Educação. Tal como afirmava por essa mesma época um dos componentes dessas comissões de seleção: "[É óbvio] que um professor laico não se conceba em uma nação católica, nem um mestre internacionalista no seio de uma nação de forte e gloriosa estirpe" (Allue Salvador et al., 1940:135).

A afirmação anterior nos põe na pista de um dos aspectos fundamentais da ideologia estimulada pelo franquismo: a da conexão essencial entre nacionalismo e catolicismo. Na *concepção franquista do nacional-catolicismo*, o ser católico não é algo adicionado ou sobreposto ao nacionalismo, mas sua própria essência. Como distintos ideólogos franquistas reiteradamente afirmaram, o sentido profundo da história da Espanha é a consubstancialidade entre pátria e religião, ou, dito de outra maneira, para os espanhóis não existia nem podia existir dualidade entre pátria e religião, dado que, segundo essa interpretação, o espanhol é, por natureza, cristão e católico. Essa mesma concepção é a que está na base de um dos conceitos mais frequentemente repetidos nesses anos: o da *hispanidade*. Não se trata de um conceito totalmente novo, pois sua configuração inicial, no marco do pensamento neocatólico espanhol, data de finais do século XIX. Durante o franquismo inicial, contudo, esse conceito assumirá um novo caráter e dimensão tanto ideológica como política e gozará de continuada presença em todos os âmbitos de comunicação e propaganda franquistas e também no âmbito escolar.

Em uma primeira aproximação de seu significado, a hispanidade pode ser definida a partir de uma dupla afirmação: a Espanha é obra do catolicismo e a América é obra da Espanha. A simbiose entre as ideias de catolicidade (quando o fato de ser católico se converte em essência fundamental da existência humana) e império (com uma significação fundamentalmente cultural, no caso da ideologia da hispanidade) é a que define o caráter básico do ser hispânico. Dentro dessa conceitualização, o antigo império territorial americano é considerado um fato, certamente glorioso, do passado espanhol, mas não é essa a ideia principal que subjaz à hispanidade. A dimensão prioritariamente destacada no chamado *espírito da hispanidade* é a do catolicismo tradicional como oposição ao culturalismo secularizador da modernidade europeia. Para seus incentivadores, a realização histórica desse ideal da hispanidade teve, nos séculos XV e XVI espanhóis, seu momento de maior plenitude mediante a colonização da América (expansão evangelizadora conatural ao conceito de católico universal) e a oposição militante às definidas como forças da "anti-história" (tanto a desagregação religiosa da Reforma Protestante como os avanços do poder turco na Europa). A ideologia da hispanidade supõe, nessa perspectiva, uma legitimação da crítica católica (e também da filofascista, presente igualmente nos primeiros governos da ditadura franquista) aos regimes políticos liberais, aos valores democráticos e ao parlamentarismo. Essa ideologia, ao mesmo tempo, fazia também as vezes do frustrado imperialismo preconizado por uma parte importante dos integrantes do círculo de poder do franquismo.

Dessa perspectiva ideológica do franquismo inicial não resulta surpreendente constatar que o ensino da história se convertesse, desde 1938, ano em que se estabeleceu a primeira lei educativa do Novo Estado, na matéria principal de todo o sistema educativo. Por meio dela se pretendia alcançar

> a revalorização do espanhol, a definitiva extirpação do pessimismo anti-hispânico e estrangeirizante, [...] trata-se, assim, de pôr de manifesto a pureza moral da nacionalidade espanhola; a categoria superior, universalista, de nosso espírito imperial, da hispanidade, defensora e missionária da verdadeira civilização, que é a cristandade.[3]

O *esquema ideológico subjacente à história ensinada*, estabelecido nos primeiros anos do franquismo, esteve plenamente vigente nas duas primeiras décadas deste e perdurou até a morte do ditador sem grandes mudanças (exceção feita da vertente *imperialista* de sua interpretação da história espanhola). Em síntese, esse esquema era o seguinte.

A pátria espanhola se constitui a partir do *espírito* religioso católico, e não pela vontade de seus cidadãos. A identificação entre espanhol e católico é a *essência* da história espanhola. A negação do católico é a negação do espanhol, que, por sua vez, se identifica plenamente com o que foi a Espanha nos séculos XV, XVI e XVII: defensora da catolicidade e criadora de um império baseado na fé católica. Tudo aquilo que não se identifique com o católico é antiespanhol (tanto se procede do interior da Península Ibérica como se procede do estrangeiro), ainda que o antiespanhol seja fundamentalmente o estrangeiro, que trata de se opor à missão universal-católica da Espanha por *interesses materiais, comerciais e financeiros*. A luta entre o bem (o católico e espanhol) e

---

[3] Ley de Reforma da Segunda Enseñanza (BOE, 20/9/1938). Os outros níveis educativos foram reformados nos anos posteriores à Guerra Civil: ensino universitário (1943) e ensino primário (1945).

o mal (o francês e, por extensão, o estrangeiro, o materialista, o liberal etc.) conta na Espanha com alguns cúmplices do mal que, renunciando a seu ser espanhol, atuam favorecendo a destruição da própria essência da Espanha, ainda que mascarem essa finalidade com algumas formulações nas quais se declare que sua pretensão é a de melhorar as condições culturais, sociais, econômicas e políticas da Espanha. Eles são a *anti-Espanha*, já que negam sua essência, seu ser católica.

As influências do mal e de seus agentes interiores são as causas da procrastinação da Espanha e da perda de seu anterior império universal. Desde o século XVIII, os governantes da Espanha foram turvando sua essência e entregando-se ao materialismo estrangeiro. A situação chegou a ser tão catastrófica para o *autêntico povo espanhol* que este se viu na necessidade de voltar à essência da Espanha, à sua catolicidade para, a partir dela, tentar recriar seu império (agora em sentido *espiritual*) e sua grandeza cultural. Esse trabalho histórico é o do Novo Estado e o de seu líder carismático, Francisco Franco, que, baseando-se no *tradicional*, assume o novo para criar uma nova Espanha, fiel reflexo da Espanha eterna.

Quais são os conteúdos e valores mais destacados dessa interpretação franquista da história da Espanha? Os manuais franquistas, tanto os da educação primária quanto os da secundária, com distinto grau de detalhe, costumam dividir a história da Espanha em três grandes períodos.

O *primeiro período*, definido como *até a unidade da Espanha*, compreende desde os primeiros povoadores da Espanha até meados do século XV, isto é, até o início do reinado dos Reis Católicos. Esse longo período histórico recebe um tratamento bastante sumário e é caracterizado como uma etapa de preparação, de precedente da época imperial espanhola, convertida em ponto central de toda a história da Espanha. O ingresso hispano ao *Império Romano* é visto, por seu turno, como prefigurador de ações semelhantes tanto na época esplendorosa da Espanha como na dos contemporâneos regimes totalitários:

> [...] essa implantação da unidade espiritual no Império Romano, com violenta supressão dos dissidentes, tão celebrada pelos padres da Igreja, é atitude política igual à dos mestres de Carlos V, os Reis Católicos; estes [...] têm de salvar uma crise dissolvente, e a salvam buscando por igual procedimento a absoluta unanimidade estatal que hoje, por outros caminhos, buscam grandes povos para salvar outras crises.

Da *época visigótica* se destacam dois aspectos: o alcance da unidade territorial e o da unidade religiosa católica, que era a religião dos mais e dos melhores. Da "dominação mulçumana" se sublinha a sobrevivência (linha de continuidade da Espanha eterna) da religião católica mediante os moçárabes (os que continuaram com a religião cristã). Outro aspecto destacado é o da continuidade da Espanha hispano-visigoda através dos *reinos cristãos* do norte peninsular, que supõem a comunidade de ideais ante o inimigo comum, o muçulmano, que apagou toda diferença entre hispano-romanos e visigodos nos territórios não submetidos.

O *segundo período*, identificado como o da autêntica plenitude da Espanha, compreende desde o reinado dos Reis Católicos até o final do século XVII. É esse o período que maior atenção quantitativa e qualitativa recebe nos manuais de história. A exaltação de que é objeto essa época se baseia em que nela, segundo a interpretação franquista, são cumpridos os dois ideais configuradores da essência da hispanidade: a catolicidade e o império. O reinado dos Reis Católicos é considerado o originador dessa plenitude hispânica. São eles os criadores da unidade *territorial* (conquista de Granada e anexação de Navarra), *nacional* (união das coroas de Castela e de Aragão) e *religiosa* (expulsão dos judeus, implantação da Inquisição e instauração de um regime que vela pela pureza dos dogmas, como instrumento de unidade, de reforma e de disciplina do clero, para sua reforma). A partir desse momento em que todos os territórios peninsulares já são a unidade de destino que é a Espanha é quando se inicia propriamente o império espanhol, pois

> existe a autoridade soberana em mãos firmes e decididas; há um Estado ilustrado, forte, valoroso, que satisfez seus ideais imediatos e deseja outros [...] porque possuímos uma cultura nossa que tem uma base religiosa profunda, austera, séria, que com Cisneros não tolera descaminhos nem relaxamentos de decadente renascentismo, e essa cultura ansiosa de fazer prosélitos, isso é, império [Bermejo de la Rica e Ramos, 1946:8].

Se substituirmos "Cisneros" por Franco e "renascentismo" por democracia ou parlamentarismo, obteremos a leitura pretendida por esses manuais.

Os reinados dos monarcas da casa dos Habsburgo, especialmente os de Carlos I e de Felipe II, são abordados a partir desse mesmo *prisma nacional-católico*. Tanto a conquista e a colonização da América como as guerras europeias (contra os turcos, os luteranos alemães e flamengos, os huguenotes franceses e os anglicanos) ou o Concílio de Trento ("tão ecumênico quanto espanhol") são vistos como distintas concretizações do autêntico sentido histórico-católico da Espanha, isto é, sua conversão na "muralha solidíssima contra a qual se estilhaçaram as acometidas da anti-história".

O *terceiro período*, considerado o da *desespanholização da Espanha*, abarca a época compreendida entre o século XVIII e 1936, ano inicial da Guerra Civil. O esquema interpretativo maniqueísta desses manuais (amigo × inimigo, Espanha × anti-Espanha, forças do bem × forças do mal etc.) mostra-se ainda mais tosco nesse período. Quem são os causadores dessa situação de abandono dos ideais da hispanidade católico-imperial? A resposta dada pelos textos escolares é muito contundente: "as gerações da Ilustração, a de 1812 e a de 1898. A geração da Ilustração descristianizou a sociedade, a de 1812 liberalizou o Estado, [...] o século XIX, com a culminação na geração de 1898, é o reflexo fiel da desorientação dos principais valores" (Bermejo de la Rica e Ramos, 1946:149). O grau extremo dessa negação do ser da Espanha, segundo a interpretação franquista, foi alcançado com a Segunda República. Diante desses negadores da "Espanha eterna", houve uma continuada oposição, personificada pelo genuíno povo espanhol, que, sim, se manteve fiel aos ideais tradicionais espanhóis e rechaçou o espírito liberal francês. Essa Espanha tradicional é a que foi reinstaurada, em 1936, pelo Novo Estado, que trata de "retornar aos ideais que haviam contribuído para o engrandecimento da Espanha durante a época dos Reis Católicos". Ou, dito de outra maneira, "com a guerra de libertação, ficaram salvos a Espanha e o sentido cristão da vida ante a perversão das forças do mal" (Querol Roso, 1944:128).

Esse programa e sua interpretação, em forma mais sintética ou mais ampliada, eram os repetidos em cada um dos três graus da educação primária e em cada um dos sete anos da secundária.

Um dos autores de manuais de história mais representativos da primeira década do franquismo, Agustín Serrano de Haro, escrevia no prólogo de seu livro do primeiro grau de história:

> [...] consideramos tão transcendental o alcance disto [o amor à pátria] que, depois de ler este livro, ficando na alma dos meninos um halo de emoção, um estremecimento de heroísmo, uma ânsia — vaga ou concreta — de virtude, nos damos por satisfeitos... Queremos que comecem a ouvir os nomes exemplares e as gestas heroicas; que as coisas de Deus e da Espanha entrem, como sal de bendição, na levadura germinal de sua consciência. Mas não precisamente para que saibam. Tudo não há de consistir em saber [...] o que importa é que a lição cale até o fundo e deixe as entranhas tremendo de emoção.

A essa descrição da finalidade fundamental encomendada ao ensino da história seu autor acrescentava, nas linhas posteriores, uma só recomendação didática para os mestres: "Ama tu muito a Espanha e encontrarás recursos infinitos para ensinar aos meninos que a amem" (Serrano de Haro, 1943:6).

As cartilhas escolares do franquismo inicial

Nenhum tipo de material escolar escapou das características ideológicas e políticas que tentamos destacar mediante a análise da interpretação histórica imposta durante o franquismo. Certamente, não era uma interpretação nova ou desconhecida, pois se baseava, em grande medida, nos subsídios do pensamento católico mais fundamentalista e conservador, com o qual comungavam também, sem grandes diferenças, as opções e os grupos políticos que haviam se sublevado contra a Segunda República espanhola. Nas questões educativas e nos costumes sociais, o predomínio da Igreja Católica deixou pouquíssimo espaço de decisão a outra força institucional interessada em seu controle, a Falange, que, a partir de seus delineamentos fascistas, representava o único partido político existente.[4] Uma mostra significativa desse predomínio católico no âmbito educativo é a de que os dois ministros de Educação desse primeiro período do franquismo, e também seus principais colaboradores, eram destacados militantes católicos. A hierarquia católica foi também a que impediu que prosperasse a proposta, impulsionada pela Falange, em 1938, da criação de um manual único nos distintos níveis da educação primária e secundária. A Igreja Católica conseguiu, igualmente, que lhe fosse atribuída capacidade censora sobre a totalidade dos manuais escolares.

As dificuldades de criar novos materiais escolares durante os anos da Guerra Civil e os do imediato pós-guerra fizeram com que uma parte dos manuais já existentes previamente ao período da Segunda República fosse aceita como livros de texto pelo franquismo. Tratava-se fundamentalmente dos manuais utilizados nas escolas de tipo religioso e dos de orientação mais marcadamente conservadora. Apesar disso, esses manuais *recuperados* tiveram de ser corrigidos e adaptados às novas circunstâncias, especialmente no referente à obrigatória exaltação da figura do ditador Franco, dos símbolos da Nova Espanha e do novo espírito militarista que se buscava implantar na sociedade espanhola do momento. A pretendida nova escola do Novo Estado mostrava, mais uma vez, o muito que assumia da escola espanhola mais tradicional e católica, claramente enfrentada, desde muito antes, nas tentativas modernizadoras e europeístas que estavam se dando em uma parte importante da escola espanhola.

As *novas cartilhas* (e também os livros de iniciação à leitura e à escrita) do primeiro franquismo apresentam uma série de peculiaridades que as diferenciam de suas predecessoras. Essas diferenças se plasmam tanto em seu aspecto material como

---

[4] O nome completo desse partido único é Falange Española Tradicionalista y das Juntas de Ofensiva Nacional-Sindicalista, criado por Franco, em 1937, mediante a obrigatória unificação de todos os partidos favoráveis à sublevação militar antirrepublicana. Sua longa e inabitual denominação é fruto da intenção de refletir nela as origens prévias de seus componentes. Na fala popular, tal denominação se reduziu a Falange, sem acréscimos.

em seus conteúdos textuais e icônicos. É conhecida a carência de papel durante os primeiros anos do pós-guerra, e as novas cartilhas são mostra, quase sem exceções, de tais penúrias. Seu aspecto exterior é muito mais pobre e descuidado, e a qualidade do papel utilizado é ínfima. Suas ilustrações são muito esquemáticas e, normalmente, de baixa qualidade tanto estética quanto didática. Os conteúdos das novas cartilhas não seguem uma ordem predeterminada que esteja generalizada, mas apresentam marcadas diferenças nesse ordenamento, ainda que os temas tratados e sua orientação ideológica sejam bastante semelhantes. Os dois principais modelos que pudemos constatar entre as cartilhas analisadas oscilam entre o tipo vinculado às denominadas *enciclopédias*, isto é, aqueles materiais que abordam de maneira sistemática, embora muito simplificada, os conteúdos das distintas áreas curriculares estabelecidas para os anos iniciais da educação primária (instrução religiosa, moral e patriótica; língua espanhola; aritmética, geometria; geografia; história da Espanha e natureza),[5] ou entre aqueles outros materiais que estabelecem uma organização menos estruturada ou sequenciada dos conteúdos, ainda que estes sejam bastante similares, com exceção dos relacionados com a aritmética e a geometria, que nesse segundo tipo de cartilhas não costumam estar presentes.[6] Neste último caso, os temas religiosos (tanto morais como da denominada história sagrada), os históricos e geográficos (basicamente relacionados com a Espanha) ou os vinculados às ciências naturais se entremesclam, sem uma ordem que possa ser generalizável para o conjunto desse tipo de material. O que em ambos os modelos sempre se cumpre, com maior ou menor extensão, é a presença da figura de Franco e dos marcos históricos reivindicados pela interpretação nacional-católica da história da Espanha. Tal como ocorria na totalidade das aulas escolares (presididas pelo crucifixo e pelas imagens de Franco e de José Antonio Primo de Rivera, o fundador da Falange, a organização política que daria seu nome posteriormente ao partido político único do franquismo), também em todos os manuais escolares, desde as cartilhas até as enciclopédias, tais figuras seriam onipresentes.

A vinculação entre catolicismo e pátria espanhola é a característica mais destacável dessas novas cartilhas escolares do primeiro franquismo. A análise de uma dessas cartilhas pode nos servir de exemplo dos conteúdos predominantes nelas.[7] Já na introdução são destacadas as principais finalidades que se pretende com sua proposta escolar:

---

[5] Com essa denominação e disposição aparecem, por exemplo, no libreto de M. Antonio Arias (1949).
[6] Assim ocorre, por exemplo, na conhecida cartilha de Antonio Álvarez (1955).
[7] Referimo-nos à cartilha de E.P.E. (1940).

Esta cartilha foi escrita com o desejo de que sirva aos meninos espanhóis como iniciação às coisas boas e santas. Pretendemos que seja o abecê de tudo o que enobrece e eleva o espírito... A profusão de ilustrações a cores que esta cartilha contém atrairá em grande medida os pequenos. Oxalá imprimam em sua alma [com] marca indelével os conceitos de amor a Deus e à Espanha que nas páginas deste silabário se encontram profusamente espalhados! Assim a estrela da Espanha imperial e católica será melhor seguida e mais amada pelos futuros soldados e trabalhadores da pátria.[8]

A relação estabelecida entre amor a Deus e à Espanha, assim como entre a Espanha imperial e o catolicismo, era um tema já destacado pela ideologia neocatólica espanhola desde finais do século XIX, ao que agora é acrescentado um sentido mais militar (os futuros soldados). Essa importante variável militarista, que é uma das contribuições mais destacadas do falangismo, está muito presente nas cartilhas escolares desses anos. No caso concreto da cartilha que estamos analisando, as referências militaristas se dão tanto a respeito de algumas gestas históricas de tipo bélico da história espanhola, incluindo as relacionadas com a recente Guerra Civil Espanhola, como em relação com as práticas de desfiles de tipo militar protagonizados pelos meninos enquadrados nas organizações infantis daqueles anos.[9]

A estrita inter-relação entre catolicismo e franquismo, entre Deus e pátria, se manifesta de maneira muito reiterada nas páginas dessa cartilha e nas da maioria dos materiais escolares desses anos. É muito frequente que essa relação se estabeleça tanto dentro de cada página como entre páginas contíguas. Os exemplos possíveis dessa consubstancialidade nacional-católica são inumeráveis. Entre os muitos possíveis destacamos alguns dos mais significativos em nossa valoração. Assim, por exemplo, em duas páginas contíguas são mostrados Franco e o papa (p. 48-49); nas duas folhas anteriores, essa conexão se estabelece a partir da bandeira espanhola e de um santo espanhol, São José de Calasanz; o mesmo ocorre nas duas páginas precedentes (p. 44-45), nas quais a relação se estabelece a partir dos soldados do

---

[8] E.P.E. (Advertências, 1940:3). Essa cartilha é um dos relativamente escassos exemplos nos quais suas imagens estão impressas em quatro cores. O autor dessas imagens é M. Llimona, um ilustrador de destaque daqueles anos.

[9] Ibid., p. 33. Nesse caso, o desfile militar dos meninos, uniformizados com a vestimenta dos falangistas, vai acompanhado do seguinte texto: "Franco! Franco! Franco! Assim dizem entusiasmados os Flechas quando saúdam o Caudilho e o aclamam". Flechas era a denominação dada às organizações infantis masculinas do franquismo. Margaritas era a das meninas, cujas funções próprias, evocadas muito genericamente, eram, segundo essa cartilha, as de "adornar a pureza do torrão natal, alegrar os caminhos e as trilhas [...] e, durante a guerra, a de curar os soldados de Deus e da pátria [...] os feridos recebiam consolo em suas dores e em suas aflições" (p. 34).

Exército franquista durante a Guerra Civil ("os que derramaram seu sangue por Deus e pela Espanha") e o culto religioso à Virgem, encarnado, nessa ocasião, por uma menina que deposita um ramo de flores em uma de suas imagens, repetindo uma das jaculatórias espanholas tradicionais desse culto mariano ("Ave Maria Puríssima, sem pecado concebida").

Os *cadernos de escrita pautada* para a aprendizagem e utilização da escrita por parte dos alunos, os denominados *cadernos de caligrafia*, tampouco escaparam dessa presença esmagadora dos temas religiosos, histórico-patrióticos e militaristas estimulados pelo nacional-catolicismo imperante. O modelo de uma das editoras escolares mais importantes desses anos pode nos servir de exemplificação concreta do que vimos dizendo. Em um desses pequenos cadernos podemos encontrar as seguintes frases que tinham de ser copiadas, com distintos tipos de letras, pelos alunos (as reproduzimos na mesma ordem em que aparecem em tal caderno):[10]

— Maria é mãe de Deus.
— Um mal patriota é um traidor.
— Velarde se sublevou em Madri.[11]
— Samuel ungiu como rei a David.
— Colombo descobriu a América.
— Observe os mandamentos.
— Franco salvou a Espanha.
— Ame sempre a sua pátria.
— A Espanha salvou a Europa.
— Morrer por Deus é viver.

Os manuais escolares de iniciação à leitura dedicados às meninas apresentam algumas características bastante diferentes em relação às novas cartilhas escolares anteriormente consideradas, que foram utilizadas nas escolas públicas indistintamente por meninos e meninas. Esses materiais dedicados ao alunado feminino foram empre-

---

[10] *Método de caligrafia Bruño número 5* (s.d.). O exemplar desse caderno que consultamos foi utilizado por um aluno em 1944. As capas desses cadernos estão dedicadas aos principais personagens e marcos históricos destacados pelo franquismo. Na capa do número 6, por exemplo, figuram os Reis Católicos e a Alhambra de Granada, localidade conquistada por esses reis, considerados os unificadores da Espanha após a derrota dos muçulmanos e os impulsionadores do Descobrimento da América. Seu reinado era considerado, por esses e outros motivos, como o de maior esplendor da história da Espanha. Em todos esses cadernos, a última folha está dedicada ao escudo nacional franquista.
[11] O capitão Velarde é um dos heróis espanhóis da Guerra da Independência contra os exércitos napoleônicos (1808-14).

gados quase exclusivamente na escola privada, aquela que frequentou o alunado cujas famílias dispunham de maiores recursos econômicos. Em ambos os casos, tanto na escola pública quanto na privada, o franquismo proibiu taxativamente a coeducação, isto é, a possibilidade de que os alunos e as alunas estivessem juntos nas mesmas aulas escolares. Esses materiais para a escolarização feminina prestam grande atenção ao desenvolvimento das consideradas virtudes características das mulheres na conservação da ordem familiar e das boas maneiras sociais. Muitas de suas páginas estão dedicadas ao que se considera dever ser uma boa filha, uma futura mãe amorosa com os filhos e uma esposa complacente com o marido. Em outras partes, são abordados diversos aspectos da religião católica, tanto de uma perspectiva mais moral quanto da própria prática religiosa. Já em terceiro lugar de importância aparecem os aspectos mais diretamente políticos, vinculados habitualmente à pessoa de Franco e aos novos símbolos do Novo Estado franquista, em especial o da bandeira nacional, frequentemente representada, tanto no texto escrito como nas ilustrações, em relação com desfiles militares.[12]

Esses desfiles de tipo militar não se reduzem exclusivamente aos protagonizados pelos soldados do Exército, mas incluem frequentemente os realizados pelas juventudes da Falange (cuja organização juvenil se inspirou, de maneira muito direta, nos modelos das juventudes hitlerianas e nos Balilla italianos). Pode servir-nos de exemplo dessa extensa prática um desses livros de leitura para as meninas no qual encontramos duas imagens de desfile de tipo militar, uma com meninas e outra com meninos, ambos com a vestimenta das juventudes da Falange. As atividades posteriores aos desfiles vêm descritas de forma muito sugestiva dentro do que temos considerado o espírito nacional-católico da educação franquista e a clara diferenciação entre sexos:

> De tarde houve uma grande festa desportiva: as meninas fizeram exercícios rítmicos e cantaram; os meninos jogaram uma partida de futebol, que foi animadíssimo. E depois ceamos e nos recolhemos, não sem antes elevar ao céu uma oração pela Espanha e seus mortos e para que Deus nos conserve Franco, nosso Caudilho, por muitos anos. Devemos sentir carinho pelas instituições que devolveram a paz e a tranquilidade à Espanha. Devemos amar nosso Caudilho, que consagrou sua vida a nosso bem-estar. E devemos sentir-nos orgulhosas de ser filhas de uma Espanha tão admirável [Torres, 1949:62-63; Um desfile no povoado].

---

[12] Assim ocorre, por exemplo, em um dos manuais mais utilizados nesses anos, escrito por Josefina Álvarez (1944:117-119; "Que passe a bandeira!").

Nesses manuais para a educação feminina, os aspectos históricos têm menor protagonismo que no resto dos materiais escolares, sem que deixem de estar presentes. Neles não se dá, normalmente, um relato histórico sistemático das distintas fases ou épocas da história da Espanha, senão que costumam reduzir-se ao tratamento de algumas das escassas figuras femininas destacadas de sua história, como a rainha Isabel, a Católica, ou a escritora e Santa Teresa de Jesus. A partir desses dois personagens históricos femininos, que tomamos como referências exemplares do enfoque nacional-católico do conjunto da educação espanhola desses anos, propõe-se que as alunas interiorizem uma série de reflexões explicitadas nos manuais:

> Todas as meninas devemos ter grande devoção a Santa Teresa. É uma santa espanhola e além disso teve todas as qualidades de nossa raça. Santa Teresa amou muitíssimo a Jesus, e por isso se pôs seu nome: Santa Teresa de Jesus, como a conhece o santoral. Imitemos nossa santa para que, se não pudermos ser como ela, ao menos ganhemos o céu, que é para o que estamos neste mundo.
> Imitemos as qualidades morais dessa grande rainha da Espanha. No posto que ocupemos, embora seja muito modesto, podemos imitar Isabel de Castela, que foi uma dama caseira, humilde e simpática, apesar de sua alta classe [Torres, 1949:42 e 53].

Outra das diferenças desses livros de iniciação à leitura destinados às meninas, com respeito às mais frequentes cartilhas e enciclopédias do primeiro franquismo, é a qualidade melhor de suas imagens. Diante dos desenhos muito esquemáticos dos segundos, nos das meninas encontramos alguns desenhos muito mais cuidados, tanto se são de um estilo clássico como se se trata de um desenho mais moderno.

O terceiro tipo de *cartilhas, enciclopédias e de livros de iniciação à leitura* que se apresentou nos primeiros anos do franquismo é constituído por aqueles que denominamos os materiais *recuperados* de épocas anteriores, fundamentalmente dos anos 1920, e que, em alguns casos, continuaram sendo reimpressos também durante o período republicano. Esses materiais continuaram conservando a maior parte de suas características originais, mas todos eles foram readaptados às novas exigências impostas pelo franquismo, especialmente no relacionado com a interpretação nacional-católica da história da Espanha, com a maior presença dos temas patrióticos e religiosos e com a necessária exaltação da figura de Franco e dos marcos históricos relacionados com o Novo Estado. Alguns desses materiais escolares recuperados pelo franquismo inicial, como é o caso das enciclopédias de Pla-Dalmau, geradas nas duas primeiras décadas do século XX, gozaram de muito ampla aceitação nas escolas públicas espanholas até os anos 1960. O interesse desse tipo de material escolar reside basicamente na forma como articula os conteúdos de aprendizagem relacionados com a iniciação à escrita, à leitura, ao desenho e ao cálculo matemático. Essas obras, à diferença das criadas *ex novo* nos primeiros anos do franquismo, que costumavam começar com temas de tipo religioso, costumam iniciar-se com algumas lições muito elementares de gramática com as quais se começa a aprendizagem simultânea da leitura e da escrita. Em cada página desses pequenos livros se apresentam igualmente alguns desenhos muito simplificados para que o alunado os observe e descreva, fomentando, dessa maneira, a prática verbal da língua. Junto a esses desenhos aparecem outros, ainda mais esquemáticos, que devem ser copiados pelos alunos. Um processo muito semelhante é seguido nos capítulos posteriores, dedicados à iniciação nas noções fundamentais de aritmética. As partes seguintes costumam seguir uma distribuição das matérias de tipo mais disciplinar, destacando as dedicadas à história e à geografia da Espanha; a relacionada com os conhecimentos da natureza e a destinada monograficamente à história sagrada, baseada no relato bíblico, na religião e no cumprimento dos definidos como deveres religiosos.[13]

Outro tipo de materiais recuperados da tradição escolar anterior, e adaptados pelo franquismo, são os *livros de iniciação à leitura organizados a partir dos núcleos de atenção* mais próximos aos interesses e vivências dos pequenos escolares. Neles se parte de textos relacionados com a descrição da casa, da família, dos alimentos, da localidade, das formas de sociabilidade e outros aspectos relacionados com a natureza e os animais. Nesse tipo de material de leitura também são dedicados alguns fragmentos à religião. A exaltação patriótica está vinculada de forma mais patente àquelas partes em que se aborda o tema da pátria, em relação exclusiva com a Espanha, que costumam concluir com alguns parágrafos dedicados à figura de Franco e com uma imagem representando um menino, vestido com o uniforme da Falange e fazendo a saudação fascista, tendo como fundo uma bandeira espanhola.[14]

A modo de conclusão

Se nos decênios anteriores ao franquismo a ideologia do nacional-catolicismo havia tido seus seguidores entre grupos políticos e sociais restritos aos âmbitos mais reacionários da Espanha antiliberal, com o franquismo essa ideologia se converteu

---

[13] Nessa descrição, seguimos basicamente o modelo apresentado pela conhecida enciclopédia de Pla-Dalmau (s.d., ainda que a edição que utilizamos possa ser datada nos anos 1940).
[14] Assim ocorre, por exemplo, entre outros muitos possíveis, no libreto de Enrique González (s.d.; o exemplar utilizado é de inícios dos anos 1940). A figura descrita está na p. 155.

em um dos apoios fundamentais da estrutura educativa do Novo Estado. Seu êxito deveu-se às diversas possibilidades de adaptação ou de reinterpretação partidária que oferecia às distintas correntes ou famílias políticas que conformaram o poder franquista.

Por uma parte, os *falangistas*, aos quais a ideia de império contida no conceito de hispanidade atraía fortemente, ainda que nunca se atrevessem a precisar com clareza o significado que conferiam à sua defesa do imperialismo. Só após o fracasso dos países do Eixo, ao finalizar a Segunda Guerra Mundial, aceitaram de forma explícita a formulação "espiritualista" e não territorial desse imperialismo tão reiteradamente presente em sua retórica oficial. Por outra, os *católicos*, em suas diversas acepções, e a *hierarquia católica*, que, se já tinham estimulado muito majoritariamente a definição da Guerra Civil Espanhola como cruzada, com muito maior facilidade apoiaram a tentativa de sua, já desde há tempos, ansiada recristianização da sociedade que a concepção nacional-católica comportava, não só para a Espanha, mas também para o conjunto dos países latino-americanos. Para o grupo de *militares* presentes nos distintos centros de decisão política do franquismo, a exaltação dos exércitos espanhóis da Conquista, assim como a definição dos espanhóis como cavalheiros da cristandade e autênticos representantes das mais puras essências da "raça", era algo que lhes adicionava prestígio para além do poder real que já detinham em um regime político tão militarizado como o era o franquista.

A ideologia nacional-católica cumpria uma função tanto interna quanto externa. A verdadeira funcionalidade interna, na Espanha, do nacional-catolicismo não dependeu apenas de sua aceitação genérica por esses grupos políticos integrados ao franquismo, mas do fato de que essa ideologia lhes possibilitou a realização de uma leitura da história da Espanha na qual eles, os vencedores da Guerra Civil, ficavam convertidos nos "verdadeiros" espanhóis, por cima do que a decisão democrática dos outros espanhóis havia decidido durante a Segunda República. No final das contas, essa concepção lhes permitia legitimar todo o ocorrido a partir de 1936, incluindo o conjunto da repressão exercida pelo franquismo desde aqueles momentos iniciais. É dessa perspectiva que cabe entender a absoluta prioridade quantitativa e qualitativa que o desejo de "socializar" essa ideologia e sua correspondente interpretação nacional-católica da história espanhola receberam no conjunto dos meios de comunicação espanhóis, tanto nos manuais escolares como nas histórias em quadrinhos juvenis das décadas de 1940 e 1950, em grande parte da produção artística (pintura, escultura, arquitetura, cinema etc.) e em outros meios de propaganda, tanto privados como públicos (selos, imprensa, anúncios de produtos comerciais etc.).

Essa ideologia nacional-católica, especialmente por meio do conceito da hispanidade, cumpriu também uma funcionalidade externa, convertendo-se em um instrumento bastante eficaz para tentar dissimular o isolamento internacional ao qual a Espanha franquista se viu submetida de forma parcial durante a Segunda Guerra Mundial e de uma maneira muito mais contundente a partir da finalização desta. As relações com os países latino-americanos, especialmente com aqueles que possuíam governos conservadores ou autoritários, era uma das poucas possibilidades de romper essa situação de isolamento referendada pela Organização das Nações Unidas (1946-1951). O apoio econômico e político recebido de parte de algumas das repúblicas latino-americanas (o caso da Argentina de Perón é um dos mais significativos) mostra que as funções atribuídas à hispanidade não eram exclusivamente de tipo retórico nem para consumo exclusivamente interno. Os outros dois apoios diplomáticos recebidos durante esse difícil período inicial do franquismo também têm bastante a ver com essa marcada defesa do nacional-catolicismo e da hispanidade: tanto o Vaticano como os Estados Unidos se converteram nos principais protetores do franquismo em escala internacional. Ambos firmaram, respectivamente, uma concordata e um pacto em 1953. O franquismo estava se beneficiando da nova dinâmica internacional na qual a oposição Leste-Oeste, comunismo-ocidentalismo (cristianismo) havia substituído a anterior contraposição entre democracia e totalitarismo. O franquismo, e especialmente seu máximo representante, o ditador Franco, havia se definido desde tempos atrás como o "vigia e sentinela do Ocidente". Em consequência, grande parte da população espanhola, incluída a escolar, não teve outra possibilidade senão a de viver sob a vigilância e o temor gerados por um sistema político e um ditador que, segundo se dizia então, só tinha de render contas de seus atos perante Deus.

Referências

ALLUE SALVADOR, M. et al. *Una poderosa fuerza secreta*: la Institución Libre de Enseñanza. San Sebastián: Editorial Española, 1940.

ÁLVAREZ, Antonio. *El parvulito*. Zamora: Elma, 1955.

ÁLVAREZ, Josefina, *Mari-Sol (pequeñita)*: libro de lecturas para niñas. Madri: Magisterio Español, 1944. p. 117-119.

ARIAS, M. Antonio. *Mis primeros pasos*. Burgos: Hijos de S. Rodríguez, 1949.

BERMEJO DE LA RICA, A.; RAMOS, D. *Los ideales del imperio español*. Madri: Tip. Clásica Española, 1946.

E.P.E. Cartilla. *Silabario español*. Segunda parte. Barcelona: Seix y Barral, 1940.

GONZÁLEZ, Enrique. *Enseñanzas*: libro de primeras lecturas. Nova ed. reform. Zaragoza: Hijos de R. González, [s.d.].

MÉTODO de caligrafía Bruño número 5. Madri: Bruño, [s.d.].

PLA-DALMAU. *Enciclopedia cíclico pedagógica*: grado de iniciación (párvulos). Gerona: Dalmau Carles, [s.d.].

QUEROL ROSO, L. *Breve síntesis de historia española*. Madri: Gredos, 1944.

SERRANO DE HARO, Agustín. *Yo soy español*: el libro de primer grado de historia. Madri: Escuela Española, 1943.

TORRES, Federico. *Mis amiguitas*: el libro de las niñas. Madri: Hernando, 1949. p. 62-63.

CONTROLE, CONSENSO E REBELDIA:
cultura franquista e socialização dos jovens na Espanha de Franco*

Miguel Ángel Ruiz Carnicer

O regime do general Franco como produto da terrível Guerra Civil sofrida na Espanha entre 1936 e 1939 acolhe um tipo de cultura necessariamente fabricada a partir do poder e com pretensões de ser um dos instrumentos de dominação da população espanhola. Ainda que a produção cultural, literária, propagandística e educativa tenha tido um protagonismo menor no campo rebelde do que no republicano durante a guerra, contudo, no imediato pós-guerra, boa parte da legitimação do regime se baseia em dois grandes pilares: o terror dos assassinados, encarcerados, deportados, exilados e desaparecidos, com toda a violência de um sistema que baseia sua continuidade no terror (e na lembrança do terror da Guerra Civil, seu fundamento mais forte até o final), e, por outro lado, a construção de uma "cultura" dos vencedores que vai varrer todo (ou quase todo) rastro da cultura dos vencidos, e não só destes, mas de toda a tradição heterodoxa, renovadora, ilustrada que havia florescido na Espanha, com altos e baixos, desde o século XVIII. A presença de um rastro liberal que fará possível uma reconstrução progressiva de uma razão cultural distanciada do franquismo mais adiante, como expuseram autores como Jordi Gracia, não é senão algo que é possível deduzir *a posteriori* entre as ruínas do que foi a

---

* Título original: "Control, consenso y rebeldía. Cultura franquista y socialización de los jóvenes en la España de Franco". Traduzido por Ronald Polito. (N.E.)

relevante tradição liberal e progressista na Espanha da restauração e especialmente do primeiro terço do século XX, mas nunca uma corrente que como tal sobreviva.

A nova cultura franquista, que tinha seus precedentes em revistas como *Acción Española* e nos grupos alfonsinos radicalizados e sua cultura política pré-fascista, em boa medida se reinventa ao exagerar, fascistizar e manipular esses precedentes e ao priorizar a urgência de instalar-se no poder; esse passado conservador e reacionário está demasiado distante e pode ser facilmente manipulado. Trata-se de criar, sobretudo, uma nova cultura popular baseada na criação do "novo homem" hispânico, que, tendo raízes muito profundas na tradição (tradição reacionária antiliberal, tradição carlista, tradição católica, tradição hispânica, tradição conservadora) e uma retórica imperial que, se reclama da tradição dos reis católicos, de Carlos V e de Felipe II, se inspira, em realidade, nos fascismos triunfantes na Europa, põe em marcha mecanismos de socialização e enquadramento da população, apagando o passado (anterior à guerra) e criando um novo espaço retórico de adoração do Estado e sua encarnação, como mais funda essência dos valores espanhóis tradicionais, e tudo isso em torno do catolicismo menendezpelayista. Era o nascimento de um novo culto, uma religião política — seguindo Emilio Gentile — baseada em uma grande ruptura, uma refundação radical do Estado que se servia dos elementos mais tradicionais, mais conservadores, mais negadores da evolução liberal, ilustrada e aberta do Estado, reduzindo a nada a outra tradição, a tradição liberal da contemporaneidade espanhola.

Portanto, a mescla dos velhos ingredientes com mecanismos novos e a moda política na Europa se convertia em todo esse acervo reacionário da cultura franquista que é um elemento fundamental para explicar a construção e o assentamento do novo regime. Essa "cultura" se projetava em um sem-fim de aspectos nos quais se mesclavam o político (os órgãos de enquadramento de meninos, jovens, mulheres, operários, com seus órgãos de imprensa, bibliotecas, atividades etc.), o estético (os monumentos aos mortos em todos os povoados da Espanha, as comemorações de datas e pessoas, a arquitetura e as artes), o jornalístico (controle total da imprensa e dos meios de comunicação mais modernos, como o rádio), o educativo (todo o aparato educativo e suas concepções anti-institucionalistas) e o intelectual (o mundo acadêmico e literário que persegue o "estilo joseantoniano" e fala de valores falangistas, ou católicos, ou imperiais...).

Ambivalências e contradições da cultura dos vencedores

Todos esses fatores têm de ser contemplados em seu conjunto, com suas interseções, mas também com as ambivalências e contradições que geram, algo que já pusemos às claras em seu momento, especialmente ao estudar o Sindicato Español Universitario (SEU). Essas ambivalências e contradições são as que explicam também a própria evolução do regime, até perder a batalha da cultura, em termos de Juan Pablo Fusi, mas também as que fazem com que boa parte dos que vão se opor com mais força ao regime (estudantes e operários jovens) não o façam por uma politização ligada às forças derrotadas na guerra, mas porque o regime não é capaz de impor sua cosmovisão ou, se o faz, gera contradições com sua própria prática política, social, intelectual. E isso levará à ruptura e ao enfrentamento e, posteriormente, ao reencontro com os partidos e as forças que encarnavam a antiga legalidade republicana ou a nova realidade política da Europa democrática dos anos 1960 e 1970. Ponhamos alguns exemplos sobre essa matéria.

Em primeiro lugar, a releitura do passado cultural, literário, político e acadêmico vai ser especialmente manipuladora e ainda continua gravada nas mentes de boa parte da população que, como assinalaram vários autores, via Unamuno como um filósofo sério e atormentado, mas não como um militante do Partido Socialista Operário Espanhol (Psoe) que apoia as mobilizações estudantis antiprimorriveristas; Pío Baroja como um homem resmungão e amargo (o de *Comunistas, judíos y demás ralea*), mas não como um ativo homem de ação de convicções anarquistas; Lorca como um esteticista com má sorte, apaixonado pelo mundo gitano, mas não como um homem comprometido com o desenvolvimento do mundo da cultura popular, o das Misiones Pedagógicas e La Barraca; ou Antonio Machado como o homem bom que passeia por Soria enquanto canta Castilla, mas não o que esporeia os velhos vícios da lassidão hispana e homem do povo na Guerra Civil Espanhola, com seu compromisso republicano e sua dura morte no exílio de Colliure... Pessoas como Laín ou Ridruejo têm muito a ver com essa manipulação. Esses autores, que podem ser utilizados só até certo ponto por essa manipulação, vão ser o eixo da aprendizagem de muitos jovens nos anos 1950, que vão procurar outras chaves.

Nas revistas do SEU podemos encontrar, especialmente desde fins dos anos 1940 em *La Hora* e sobretudo nos anos 1950 com *Alcalá* e outras, uma atitude crítica para com a realidade do regime em alguns aspectos, ainda que esta quase nunca se expresse formalmente; mas, especialmente ao longo dos anos 1940, o regime, isolado internacionalmente e com o projeto fascista impossível já de ser levado a cabo, mostra seu aspecto mais medíocre e cinzento, menos atraente para a juventude, enquanto se continuava dizendo, demagogicamente, que o regime se baseava na juventude e em seus projetos revolucionários. Algo similar ocorreu na Itália nos anos 1930, nos Littoriali della Cultura e dell'Arte, nos círculos del Cineguf e outros. Dessa forma, o fascismo mostrava aqui sua incapacidade para ir mais além da peripécia vital da geração protagonista, nesse caso a da Guerra Civil; na Itália, a da Primeira Guerra Mundial e a da Marcha sobre Roma.

Trata-se de um fenômeno de como sobre as ruínas da Espanha inerme vão abrindo caminho setores e sensibilidades que, com a cumplicidade ingênua de determinados círculos oficiais, formulam visões alternativas que acabaram socavando um discurso oficial que irá se gastando com clareza nos anos 1950, uma vez que se supera a etapa mais negra da economia autárquica e vai se rompendo o isolamento internacional mediante o acordo com os Estados Unidos e a Santa Sé e se vai aceitando a excepcionalidade política espanhola na Europa reconstruída.

Em quase todos os âmbitos encontramos essas contradições e ambivalências, incluído o plano político com os enfrentamentos entre católicos propagandistas e falangistas, substituídos depois os primeiros pela pujante organização religiosa Opus Dei. A luta entre os fiéis ao ideário estatista da Falange e os que reivindicam a iniciativa privada, tão franquistas e intransigentes como os outros, dará inclusive uma aparência de batalha política entre direitas e esquerdas ao fio da transformação econômica espanhola e o incipiente desenvolvimentismo nos anos 1960. Os jovens universitários do SEU ocuparão posições muito críticas com o ensino religioso, pedindo, como no pós-guerra, o predomínio de um ensino estatal e controlado pelo poder político de forma exclusiva.

Se formos ao mundo literário, aí encontramos que os grandes autores do regime, e os exemplos mais conhecidos são Camilo José Cela ou Gonzalo Torrente Ballester, ambos de formação falangista, vão introduzir em seus romances uma boa dose de ceticismo, de irreverência e, no caso de Cela, um retrato ácido e muito duro da realidade social espanhola, que, embora seguramente tentasse aproximar-se mais a indicar as carências e não tanto a acusar o regime, o resultado foi de denúncia dessa realidade. Coisas não muito diferentes se passam no mundo do cinema em filmes de José Antonio Nieves Conde, como *Surcos*, ou em personalidades como Juan Antonio Bardem, comunista desde jovem, mas que está rodeado e apoiado pelos jovens aprendizes de cineastas falangistas ligados ao SEU, que é quem dá suporte às Conversaciones Cinematográficas de Salamanca de 1955.

No mundo da arte, a abstração pictórica avança na Espanha desde fins dos anos 1940, concretamente 1947, pela mão de outro grande incrédulo, mas agora próximo do regime, como Eugenio d'Ors e seu Salón de los Once, mas também de movimentos autônomos como o grupo Pórtico em Zaragoza, Dau al Set na Catalunha, o Grupo de Altamira em Santander ou as tentativas de algumas galerias em Bilbao ou em San Sebastián. Apesar da incompreensão da população para a arte abstrata, das zombarias e outras coisas, a realidade é que a arte abstrata vai ser apoiada pelas autoridades do regime de forma bastante ativa, ainda que desestruturada; boa parte das exposições e de becas (bolsas de estudos) para jovens pintores ou escultores vem da mão das administrações regionais ou de pessoas da cultura nitidamente franquistas. Há uma conexão mais ou menos clara entre falangistas e arte abstrata que hoje nos parece surpreendente e da qual se aproveitaram uns e outros. O franquismo, porque mostrará mais adiante uma cara "liberal" ante o mundo ao incluir nas bienais essas obras, e os artistas, porque se beneficiaram desse apoio oficial para suas carreiras, apesar de que majoritariamente não se incluíssem entre os devotados ao regime.

Se falarmos de poetas, em revistas como *Laye*, em princípios dos anos 1950 em Barcelona, poderemos encontrar que escrevem Carlos Barral, Josep María Castellet, Manuel Sacristán e muitos ouros; pois bem, essa revista era paga e fazia parte da Delegación de Educación da Falange em Barcelona; aí, junto à reprodução de discursos dos ministros ou às loas a José Antonio e a Franco, podemos ver os temas que realmente atraíam essa juventude, ainda mal definida politicamente: Europa, a liberdade, as viagens, a leitura... tudo aquilo que lhes transportasse para um mundo diferente do que estavam vivendo.

O mesmo podemos dizer do teatro que é representado nos teatros universitários (TEUs) ou do filme que se vê nos cineclubes do SEU. Todas essas questões e vivências "culturais" às quais nos referimos geram um tipo de evolução que deteriora sua fé inicial no regime, mas que não se pode expressar como um repúdio político expresso. Essa tensão de caráter pré-político fará possível a criação de um marco que permita a aparição de uma cultura crítica especialmente entre os jovens de distintos grupos sociais e ocupações que, a partir dessas contradições, ao que se somavam o autoritarismo do regime e sua impossibilidade de mudar e de reformar-se (posta às claras com a tentativa de abertura de Ruiz-Giménez na primeira década dos anos 1950), ia derivar em um claro distanciamento entre a juventude espanhola e o regime, algo que já é claro desde a segunda metade dos anos 1950, até chegar, em alguns casos, à ruptura intelectual e social e, daí, à ruptura política, com crescente nitidez ao longo dos anos 1960.

De alguma maneira, fazer uma leitura cultural da evolução do regime nessa chave nos permite compreender muito melhor o *tempo* da evolução deste, tanto nos elementos que explicam rupturas como também nas limitações. Sem a quebra do projeto cultural franquista por meio de suas fissuras, contradições e nula capacidade política de seu desenvolvimento em um contexto europeu hostil, não se pode entender a evolução dos setores mais dinâmicos da sociedade espanhola, os seja, os jovens e singularmente os estudantes universitários. O que não quer dizer que persista durante muito tempo entre a população uma cultura política autoritária entre os espanhóis, que reine o apoliticismo ainda tão estendido e importante, que haja tiques autoritários e que a aprendizagem democrática tenha sido uma dura tarefa ainda inconclusa.

Portanto, e como síntese do dito previamente, a cultura — no sentido amplo, quase antropológico, que manejamos aqui — que encontramos no franquismo se dirige sempre à consolidação de um regime, mas, sobretudo, a um repensar as bases filosóficas, de convivências, totais dos espanhóis, apoiados na orgia de sangue da guerra. E isso ocorre inclusive com as iniciativas que parecem mais autônomas do poder político, que não é uma imprensa claramente manipulada, como todo mundo percebia, ou a leitura infantil das obras de José Antonio em inúmeras fogueiras de acampamento, escolas e internatos; no fato de que todas as iniciativas inovadoras dos jovens têm de se dar nos marcos que o regime impõe, porque não há outro em absoluto (e assim as atividades do SEU e de outras seções do partido). Quando quiserem se opor, as novas gerações não poderão se valer de uma tradição esquerdista que lhes foi roubada, mas deverão partir das posições populistas da Falange e do velho discurso retórico da "Esquerda" do fascismo, como Ledesma Ramos ou o próprio José Antonio na hora de romper com a situação... tudo isso vai deixar algumas marcas dos mecanismos de socialização do regime ao longo dos anos da ditadura muito mais presentes nas gerações que vão se sucedendo.

A cultura, a criação de uma cultura específica, que se projeta por certo na "cultura" tal e como entendemos o mundo artístico, acadêmico, educativo, ideológico, forma parte, pois, de um projeto de implantação de determinado modelo de cidadão, baseado na dominação do Estado e da exclusão da pessoa de alguns instrumentos de intervenção e decisão; a exclusão da racionalidade democrática em definitivo.

A socialização juvenil, chave da cultura franquista

Refletir sobre como os jovens sofrem o processo de inclusão social na ditadura é uma questão capital para saber como poder fazer frente à dissolução progressiva desta, o distanciamento inapelável que se começa a transitar nos anos 1950, como descrevemos, e que explode em 1956, mas que se faz vivo e óbvio no repúdio ao controle do sindicato estudantil oficial falangista na Universidade, o SEU nos primeiros anos 1960. Já se disse suficientemente que o mundo da cultura se sente completamente alheio ao projeto político-social dos vencedores da Guerra Civil desde fins dos anos 1950, ainda que este seja um processo progressivo, fragmentário e difícil de perceber fora das aulas universitárias, do mundo das revistas especializadas ou no mundo de alguns círculos políticos e sociais, embora também encontremos meios como o cinema, no qual se evidencia esse distanciamento com respeito o regime, mas sobretudo com relação aos ideais vitoriosos do 18 de Julho. O filme *Muerte de un ciclista*, de J. A. Bardem, expõe esses sentimentos, como boa parte de uma literatura chamada social, crescentemente desarraigada com respeito a uma paisagem social que exclui parte muito significativa da Espanha que a revolução nacional-sindicalista devia resgatar.

Nesse trajeto, a juventude tem papel muito importante. Em primeiro lugar, porque o fascismo é um movimento que apela para a juventude e faz desta inclusive um programa político: o novo, o jovem, o atual, ante o caduco, o liberal, o que empesteia com caspa e levitas parlamentares do século XIX. Esse é o clichê em toda Europa nos anos 1920 e 1930, e também na Espanha. É verdade que, com uma mobilização similar, mas oposta, como é a dos jovens socialistas e comunistas, e na Espanha também libertários. A guerra, assunto de toda a população, mas protagonizado pelos jovens como agentes mais ativos do conflito, aprofunda e dá dimensão épica a esse protagonismo dos jovens e do jovem.

Em segundo lugar, o regime franquista, como todos os regimes cunhados a partir de um projeto fascista, ainda que convivam com dimensões conservadoras e clericais transversais e muito poderosas, conta só com a cooptação como via para substituir o pessoal político e garantir, assim, a continuidade e o controle social do regime existente. Daí que cuidem da educação e singularmente da universidade, pois aí irão se formar os filhos dos vencedores e, portanto, os chamados a perpetuar a ordem produto da guerra. Isso supõe também que esses jovens, sobre os quais sempre se pensa que são naturalmente favoráveis ao regime, como o foram no momento bélico, possam ter acesso a uma série de autores, experiências, formação que os prepare para a alta missão do futuro. A criação de uma Facultad de Ciencias Políticas y Económicas no curso de 1943-1944 na Universidad Central é uma boa mostra desse espírito.

Em terceiro e último lugar, a manutenção dos ícones do passado, com o culto à figura de José Antonio Primo de Rivera, mas também Ramiro Ledesma Ramos e todos os nomes dos mártires da revolução, que será dirigido aos jovens convertendo-se no programa do regime. Todo esse aparato de culto à personalidade aparentemente dota de peso político o regime que lhe permite vender-se assim mesmo como um projeto não completo, cheio de expectativas e altruísmo e na busca da perfeição, ante uma realidade muito mais chata e medíocre, já que a sobrevivência era a única coisa a que podia aspirar a ditadura e mais ainda no contexto hostil após 1945. Mas essas celebrações não só do 18 de Julho, mas do dia da dor, essas cinco rosas rituais do 20 de Novembro, esse enaltecimento contínuo dos jovens; essas apelações do Caudillo aos jovens para que fossem a guarda ativa da revolução que ele encaminhava... esses jovens aos quais se pede que se manifestem contra a ONU em 1946, contra os contrabandistas e os empresários do pão em 1948, contra a Grã-Bretanha por Gibraltar em 1953 se sentem agentes de uma revolução ainda incompleta.

Estes são os três pilares que explicam a centralidade dos jovens no discurso político e ideológico do regime: origem política, necessidade de reprodução e elaboração doutrinal dirigida a eles como forma de ser coerente com as duas questões anteriores.

Por essa razão, o tema da socialização da juventude é central na hora de analisar a ditadura. Daí que eu tenha analisado um de seus mecanismos fundamentais, o SEU, ainda que existam muitos outros, cada um em sua escala: a Frente de Juventudes, a Sección Femenina e, globalmente, todos os mecanismos de enquadramento do Movimiento. Em outros níveis, a Igreja como outro dos pilares, com objetivos próprios, mas coincidente com os objetivos do regime, em parte ao identificá-lo como a melhor garantia de seu peso tradicional na sociedade, especialmente em educação, costumes e ritos sociais; além disso, o agradecimento aos que lhes salvaram do abismo no qual se encontraram nos anos 1930 com a onda anticlerical que chega à sua plenitude na guerra; também o sistema educativo em todos os níveis, com especial relevância na universidade franquista, com todas as suas debilidades e limitações, é outro mecanismo fundamental de controle e implantação do regime.

Vamos considerar fundamentalmente o contexto cultural e político no qual se socializam as distintas gerações de jovens no pós-guerra e quais foram os mecanismos de controle usados com eles, o tipo de consenso que geraram, por que se produziu a rebeldia dos jovens e como reagiu o regime diante dela, vendo as distintas fases.

Guerra e pós-guerra: a juventude está com Franco

Isso é o que afirmava o regime. Só bastava olhar esses batalhões de alferes provisórios, as mobilizações dos universitários, a agitação promovida por Igrejas e congregações religiosas ou a imprensa juvenil, que ardentemente exaltava a militância juvenil na luta contra a república e se autoproclamava defensora dos valores da revolução ante a burguesia temerosa. Mais tarde, no imediato pós-guerra, os postos de recrutamento por motivo do anúncio da formação da División Azul remarcaram essa tendência. E ainda que isso não seja certo, porque também a Guerra Civil dividiu os jovens em dois grupos e a mobilização dos jovens por meio dos partidos e de umas muito militantes seções juvenis foi mui intensa, é inegável que, como no resto da Europa, o fascismo espanhol tem forte componente juvenil, uma exaltação de alguns jovens elevados à categoria de mártires além de tudo pela guerra, que faz com que se perceba por parte da sociedade e que se autoperceba por parte dos jovens essa primazia do elã juvenil na configuração do que haverá de ser o novo Estado.

Daí que os setores mais militantes, como o SEU, buscando emular os modelos alemão e italiano, busquem a mobilização para a defesa de uma interpretação radical, próxima desses referentes europeus. E procurem modelar a sociedade às suas teses. Assim o podemos rastrear em múltiplos artigos publicados em *Haz*, a principal revista da época, e também o podemos ver em outras publicações falangistas como *Vértice* ou o próprio *Arriba*. O culto à juventude recebe também o influxo da guerra mundial e se criam mecanismos de mobilização como a Frente de Juventudes ou a seção feminina para as meninas. Esse estatuto especial da juventude se traslada para que a férrea censura, em mãos alemãs em nível da imprensa geral, não atue nos meios falangistas, ainda que se reprimam manifestações de autonomia juvenil, impedindo-se a existência de Boy Scouts e limitando a marca da Igreja nos grupos juvenis (ainda que em pé de igualdade se instalem conselheiros e capelães em cada grupo juvenil).

Não só havia um protagonismo dos jovens na rua, nas mobilizações, na imprensa; também na mensagem do regime: o futuro era da revolução, cujo comando devia estar nas juventudes. Franco o repete uma e outra vez em seus discursos. E é uma forma que o regime tem de pressionar os elementos mais moderados em um contexto de guerra mundial, quando se pode entrar no conflito em qualquer momento e há sérias dúvidas sobre o comportamento da população. Daí que se queira mostrar uma e outra vez a força dos vencedores. Inclusive o desejo dos jovens de integrar geracionalmente os vencidos faz com que às vezes se façam propostas de aproximação do mundo operário e comunista que não terão uma vida efetiva, mas mostrarão à radicalidade da mentalidade dessa primeira geração bélica sua autossuficiência e os direitos que estavam convencidos que tinham para modelar a vida da Espanha no futuro: a Espanha era deles, eles a haviam resgatado da valeta e podiam manejá-la a seu prazer: haviam-na comprado com o sangue dos mortos, com a luz desses luzeiros que a poesia ridícula dos falangistas repetia uma e outra vez em seus discursos sincopados.

Politicamente falando, essa força na rua, especialmente concentrada nos falangistas, mas também nas milícias carlistas que, no País Basco e em Navarra, mas também na Catalunha, em Valência e em Andaluzia, faziam ato de presença na rua com uniformes e armas, tem seu limite na queda do fascismo italiano no verão de 1943 como expressão mais acabada da mudança de direção no conflito mundial. Ainda que a sorte do Eixo tenha começado a mudar em meados de 1942, é na queda do *Duce* que se comprova que os Aliados têm a iniciativa e que, portanto, o regime tem muito mais dificuldades políticas para traçar um panorama de sobrevivência no futuro. Isso leva a uma matização do entusiasmo da voz oficial do regime (ainda que se mantenha no interior dos escritórios) e, sobretudo, a uma constatação de que essa sonhada Nova Ordem Continental não tem futuro; isso supõe uma maior pressão dos setores católicos e dos militares não tão próximos do Eixo, e a dificuldade também de delinear um panorama claro do futuro do regime. Por outro lado, o regime sempre buscou sua estabilização; e se a mobilização serviu a essa estabilização, agora a moderação e um perfil humilde serão os adequados, como fica muito claro no verão de 1945 com a derrota dos fascismos europeus e do militarismo japonês.

Isso não impede que, em alinhamento com essa cultura política radicalizada e como forma de pressão do Estado, continuem se mantendo ações contra professores monárquicos ou que tentam dissociar-se da continuidade do regime em prol de uma opção mais moderada ou conservadora.

Contudo, não podemos esquecer que havia muitos jovens nas cidades e povoados da Espanha que eram vencidos ou filhos de vencidos e assim se sentiam, tanto entre os setores universitários e intelectuais como entre a população operária e camponesa; mas esses grupos ou tentam sobreviver e ajudar suas famílias a fazê-lo em um entorno tão hostil, ou colaboram de uma forma ou de outra com os setores que ainda combatiam o regime, ou a partir das montanhas ou a partir das publicações clandestinas, ainda que se tenha de esperar 1946 e a reorganização da Federación Universitaria Escolar (FUE) no interior da Espanha para que possamos falar de grupos minimamente organizados que tentam esboçar uma voz de oposição e de convocação para a luta contra a ditadura.

A queda do Eixo significava a desaparição das opções de futuro do ingrediente fundamental do regime, o falangismo, e também boa parte da mordacidade juvenil e radical que o regime quis ter. A partir desse momento, serão os católicos ligados à Asociación Católica Nacional de Propagandistas que ganham peso no governo, além dos setores do Exército, que sempre haviam estado ali. A sobrevivência faz com que esse afã juvenil desapareça do protagonismo do discurso do regime, que se tente a partir dele levar os universitários para o interior das classes, os jovens para seus assuntos pessoais; tudo isso para alcançar o objetivo de sempre: manter a coalizão reacionária no poder e a defesa dos valores e interesses dos vencedores da Guerra Civil. Isso dará lugar a uma nova fase, em que o consenso substitui entre os jovens a visão que se tem do regime, no sentido de que Franco e o regime passam a ser o poder estabelecido, inclusive a paisagem habitual tão assentada como uma velha mudança geológica.

Os anos 1950: rebeldia e contradições

Os mais ou menos jovens que ganharam a Guerra Civil e vão envelhecendo não quererão deixar seu posto. Não só Franco, claro. Os muitos cargos na enorme estrutura central e provincial do Movimiento, a administração local, os burocratas de diversos tipos tampouco os vão deixar. E, quando os jovens quiserem fazer efetivo esse comando que lhes havia sido atribuído, lhes dirão que não, lhes quererão "esbofetear", como lhes dizem em suas revistas juvenis. Porque eles ganharam uma guerra de verdade e não estavam dispostos a que as novas gerações de pessoas alheias ao sacrifício assumissem por mera delegação, sem conquistá-lo, um poder que em realidade não eram eles que o haviam conseguido.

Essa questão da ruptura geracional, um clássico da politologia já nos anos 1960, explica boa parte da peculiar lei de ferro à qual estariam submetidos os fascismos: na medida em que a experiência que dá lugar ao fascismo é uma experiência geracional, dificilmente transmissível, ainda que, sim, suscetível de converter-se em discurso, isso causa uma dificuldade na hora de conseguir que as novas gerações interpretem da mesma forma o conjunto de lemas e referentes das origens. Mais ainda, as novas fornadas de jovens procuram projetar as ânsias da revolução e de mobilização em um entorno que lhes diz que têm de ser seguidores do existente, que a revolução já está feita, que agora é preciso trabalhar, seguir caladamente a tarefa, e já não cabe senão rememorar continuamente a gesta realizada pelos pais, que os meios necessariamente alinhados com o regime repetem uma e outra vez e para os quais as novas gerações são convocadas para sua comemoração, mas dificilmente para sua aplicação como motor de renovação e transformação. Tudo isso se vê em revistas como *Alférez*, *La Hora*, *Alcalá* ou *Nosotros*, todas elas do SEU, salvo a última, que estava na órbita das chamadas Falanges Universitarias, grupo dissidente purista que aparece em fins dos anos 1950 e início da década de 1960. Essa situação começa a fazer-se presente a partir de meados dos anos 1950, com a renovação geracional nas universidades, que faz com que pessoas que não viveram a guerra em primeira pessoa ocupem as salas de aula e, ainda que fortemente socializadas nos valores falangistas, tenham problemas para identificar na cinzenta Espanha dos anos 1950 essa revolução em marcha que lhes asseguravam que o fascismo estava sendo realizado a partir dos postulados dos fundadores, José Antonio Primo de Rivera, Ramiro Ledesma, Julio Ruiz de Alda e alguns mais.

Como a segunda metade dos anos 1950 e, sobretudo, os anos 1960 são um momento de ruptura do isolamento produto da autarquia, de acesso a mais livros, de contato com a Europa mais próxima e constatação das insuficiências da Espanha vencedora, é explicável que se agudizem as contradições.

Essas insuficiências da Espanha de Franco começaram a ser evidentes quando os jovens universitários começaram a se aproximar da realidade operária e camponesa por meio do Servicio Universitario del Trabajo, fundado pelo padre Llanos em 1952 e que supunha mudar as férias habituais por uma estada de 20 dias com operários, agricultores, pescadores, mineiros, produtores segundo o jargão do regime, buscando-se uma aproximação dos jovens universitários aos operários. O resultado foi que os estudantes, que iam falar para os trabalhadores de José Antonio Primo de Rivera e de uma revolução nacional-sindicalista que Franco teria levado a cabo, se dão conta de que são eles os impressionados pela lamentável situação dos operários espanhóis, apesar do presumido caráter social do regime, como se lhes repetia sempre, e das críticas falangistas à selvageria do capitalismo liberal. As injustiças, as desigualdades ficaram lacerantemente a descoberto. Continuaram depois as ações de alfabetização em zonas do interior do país, as saídas em viagens baratas para acampamentos internacionais de trabalho que propiciavam termos de comparação e o acesso a autores e revistas que estavam muito distantes da ortodoxia do regime e cujo acesso era muito mais fácil dentro dos ambientes universitários e de confiança do regime. E tudo isso deu lugar ao aprofundamento das contradições.

Não é uma questão menor que pudessem ser representadas obras de autores como García Lorca ou de Bertold Brecht dentro das universidades, assim como poder ter acesso a filmes dentro dos cineclubes que estavam vedados em sua distribuição comercial.

Não era questão de um delineamento político, mas de alargamento da visão, de comprovar a vastidão intelectual e política do mundo e, sobretudo, observar a contradição entre um discurso que prometia revolução e juventude e a constatação de que a realidade do regime estava baseada no nevoeiro e no imobilismo em torno dos valores dos que ganharam a Guerra Civil, e que ademais levava a uma profunda desconfiança para com essa nova juventude que, embora também tivesse Primo de Rivera nos lábios todo o tempo, falava de ambições e necessidades de mudança que incomodavam os que acreditavam que tudo ficou resolvido em 1º de abril de 1939.

Os que entre as pessoas identificadas com o regime desde seus inícios foram conscientes desse processo de esvaziamento do regime e de perda de projeto próprio por rigor intelectual e decência pessoal foram os que desertaram de forma mais evidente (Dionisio Ridruejo) ou mais sutil (Pedro Laín), em muitos casos em um longo processo de evolução pessoal. Outros, menos identificados, tiveram uma evolução intelectual e a partir do catolicismo ou mediante uma ruptura mais intensa passaram a ser referentes críticos para o regime, ainda que dentro de margens determinadas, dos quais revistas como *Cuadernos para el Diálogo* é um bom exemplo.

Os jovens mais nobres e idealistas mais ou menos alinhados com as teses e o ideário falangista foram evoluindo ou para um purismo neofalangista cada vez mais crítico com a ditadura, ou para uma ruptura nítida com o estabelecido, passando com os anos à militância antifranquista, ativa ou passiva. Alguns outros, que haviam feito sua carreira dentro do regime, seguirão dentro dele, mas com perfis e características de certa descrença ou reformismo, alguns dos quais formarão os quadros da Unión de Centro Democrático na transição, como é o caso de Rodolfo Martín Villa, Juan José Rosón ou, com suas peculiaridades, Adolfo Suárez.

A ruptura

A esse processo não podia ser alheia a comentada perda da batalha política e cultural por parte do regime, o fato de que não fora capaz de apresentar projeto algum como de tal regime para o futuro; essa ausência de projeto será substituída pelo impulso desenvolvimentista uma vez estabilizada a economia espanhola, e para o "estado de obras" (Silva Muñoz). O governo aparentemente desideologizado da tecnocracia vinha substituir os que se identificavam com o ideário dos perdedores da Segunda Guerra Mundial. Franco ficava convertido, enfim, no pai da pátria, artífice de uma Espanha de paz e desenvolvimento, como se expôs na potente campanha de propaganda do regime "XXV anos de paz", coincidindo com esse aniversário do fim da Guerra Civil. Qualquer projeto de transformação social em alinhamento com os velhos fascismos de entreguerras ficava afastado. Também a aspereza do primeiro Estado fascista, mas sem que isso supusesse que a repressão desaparecera, mas que esta se fez muito mais seletiva, na defensiva ante os movimentos sociais de jovens operários, estudantes universitários e a pujante vizinhança dos bairros degradados sem serviços que se criavam nos anos 1960 e 1970 nos subúrbios das cidades.

Aí já não há um consenso possível e é quando o SEU, o mecanismo mais genuinamente pré-bélico do falangismo e o discurso revolucionário mais claro, era afastado e substituído pela autoridade acadêmica e pela intervenção policial ante a mobilização estudantil, além de pelas detenções e torturas nas delegacias. Ficarão os nostálgicos, ficarão também os antifranquistas, e entre eles e de forma majoritária uma população que havia sofrido muito, que tinha a guerra gravada a fogo em sua consciência, fosse de primeira ou segunda mão, e que queria desfrutar dessa certa aparência de paz e desenvolvimento econômico que lhe proporcionava o regime. O sofrimento da guerra não podia senão levar a esse feroz materialismo gerado pelo regime e que fazia das férias, do piso novo na propriedade ou da aquisição do primeiro pequeno carro um bem substitutivo da utopia política e social, afastada entre os escombros da Espanha fenecida.

Nos anos 1960 e 1970, será evidente que o franquismo havia perdido a batalha cultural; isso se vê claramente nas universidades, mas também em outros meios, em que as ideias marxistas ou separatistas ou esteticamente diferentes do franquismo sejam as que triunfem. O regime, como demonstrou Pere Ysás, é consciente disso. O retrocesso dos valores do regime (parcialmente, já que esses anos são também de consolidação material e de encarnação, no sentido literal, na vida cotidiana dos espanhóis do regime franquista como algo normal, inevitável, sem alternativa aparente) vai ser visto com mais clareza quando, nos anos de agonia do franquismo, não haja terreno para os apoios ao regime, e os próprios setores sensatos do franquismo assumam uma mudança de regime ou a morte do ditador. Havia-se criado um mundo da cultura, mas também do pensamento, da filosofia, da arte, muito distante dos valores de 18 de Julho.

Não podemos esquecer em qualquer caso que, nos anos 1960, o regime deixa em segundo plano esses grupos e prossegue com o que havia feito no passado, ou seja, fabricar uma cultura de massas que busca distanciar a população da cultura crítica e que agora se beneficia do rádio ou da televisão, fazendo, dessa forma, com que se perfile como um traço de aparente abertura, unida ao avanço econômico dos anos 1960, criando-se uma ilusão de liberdade que não é real para setores sociais determinados ou para minorias intelectuais e políticas, mas que para uma boa parte das classes médias é perfeitamente real. Aqui é preciso falar da televisão e do rádio e da ação do próprio Manuel Fraga Iribarne como ministro de Informação e Turismo.

A aparente desideologização do regime, o brilho do capitalismo, a conversão do próprio franquismo reescrevem a história da própria ditadura, apesar dos múltiplos setores dos que romperam seus laços com o regime.

Conclusões: cultura e socialização

A cultura, pois, aparece como um elemento que ata, que é uma arma de dominação da população em geral e juvenil em particular ao longo de todo o período, na medida em que é o Estado que apaga os restos da cultura liberal e da tradição de esquerdas; e que cria, por meio da escola, os órgãos de enquadramento, a tarefa ativa da Igreja em seus púlpitos, a ação da universidade, a confessionalidade da investigação, o controle da alta cultura (apropriação de Machado, da geração de 1898 etc.), toda uma superestrutura favorável à sua continuidade. Mais adiante fabrica um novo consenso nos anos 1960, inclusive com a utilização em proveito próprio das novas tecnologias da comunicação, do turismo ou inclusive transformando parcialmente as próprias elites, como é o caso da Opus Dei, grupo em ascensão na Espanha dos anos 1960 e 1970, ainda que já houvesse se mostrado assim desde os anos 1940 no Conselho Superior de Investigações Científicas (CSIC).

Mas também é uma arma que dispara; e ocorre desde o princípio, com o próprio descrédito do sistema de imprensa, em mãos dos alemães; com uma escola pública que retrocede em oferta nos altares da Igreja; com a aparição dentro dos setores falangistas de um repúdio do catolicismo do Estado, com a releitura da copla ou do filme de curta-metragem, com uma resistência surda e calada... Mas é a partir da segunda metade dos anos 1950 quando os velhos meios falangistas (e de uma forma muito clara os do SEU) servem de palanque para a construção de uma consciência crítica entre a juventude mais preparada, como se constata nas revistas da época; quando no seio da Igreja surgem — ainda que marginais e perseguidos — grupos de cristãos de base críticos com o apoio da Igreja ao regime e uma militância alternativa... quando a mencionada arte abstrata vai ganhando a partida aos modelos formalistas e radicais... quando o nacional-catolicismo acaba desacreditado entre os próprios católicos e os homens dos anos 1950 limitam o folclorismo transnoitado... quando o turismo, o associacionismo, as viagens são aproveitados para buscar uma alternativa a qualquer preço... quando a necessidade de uma integração europeia e uma abertura econômica rompem os espartilhos intervencionistas... e tudo isso impacta os jovens, forjados em um ideário em perpétua espera para sua aplicação, em uma revolução pendente e inacabada, mas que continua sendo a tarefa comum na qual necessariamente hão de estar comprometidos. Essas ambivalências e contradições, favorecidas por alguns mecanismos de poder que propiciam a criação de grupos desconectados da realidade, e a separação do regime com a sociedade, levam finalmente a uma ruptura dos jovens na segunda metade dos anos 1950 e primeiros anos de 1960.

Uma sociedade que, se mudou, foi por transformações propiciadas pelo próprio regime, além de pela incidência do entorno exterior, mas também pelo esgotamento em si mesmo da fórmula do regime, que era personalista no político, com a centralidade de um fato histórico, a Guerra Civil, a vitória franquista e pela impossibilidade de sua autorreforma quando havia forças que lhe empurravam para outros lugares. Daí que, inclusive os que se utilizam das vias e dos referentes intelectuais do regime sirvam-se deles para afastar-se desse que, acima de qualquer outra coisa, e das forças que ele mesmo desata, é imobilista, lhe repugna tudo o que signifique mudança e tem uma concepção mumificada da realidade social espanhola, a qual o torna inábil para seu propósito de socialização dos jovens nos valores dos vencedores da guerra, assentando as bases para sua deterioração e destruição final.

Referências

ALVAREZ COBELAS, José. *Envenenados de cuerpo y alma*: la oposición universitaria al franquismo en Madrid (1939-1970). Madri: Siglo XXI, 2004.

AYER. Dossier *Juventud y política en la España contemporanea*, n. 59, 2005.

BALDÓ, Marc. Movimiento estudiantil y oposición al franquismo en los años sesenta. In: CHUST, M.; BARRACHINA, M. A. *Propagande et culture dans l'Espagne franquiste 1936-1945*. Grenoble: Ellug/Université Stendhal, 1998.

BROSETA, S. (Coord.). Dossier estudiants i moviment estudiantil a la Universitat de València durant el segle XX. *Saitabi*, n. 49, 1999. (Artigos de M. Baldó, D. Comas, Ma. F. Mancebo, M. Á. Ruiz Carnicer, y S. Rodríguez Tejada.)

____. (Ed.). *La pluma y el yunque*: el socialismo en la historia valenciana. València: PUV, 2003. p. 127-152.

CÁMARA VILLAR, Gregorio. *Nacionalcatolicismo y escuela*: la socialización política del franquismo (1936-1951). Jaén: Hesperia, 1984.

CAPELLA, Juan Ramón. *La práctica de Manuel Sacristán*: una biografía política. Barcelona: Trotta, 2005.

CAPITÁN DÍAZ, Alfonso. *Educación en la España contemporânea*. Barcelona: Ariel, 2000.

CARRERAS ARES, J. J.; RUIZ CARNICER, M. A. (Ed.). *La universidad española bajo el régimen de Franco (1939-1975)*. Zaragoza: Institución Fernando el Católico, 1991.

CISQUELLA, Georgina; ERVITI, José Luis; SOROLLA, José A. *La represión cultural en el franquismo*. Barcelona: Anagrama, 2002.

CLARET MIRANDA, J. *El atroz desmoche*: la destrucción de la universidad española por el franquismo, 1936-1945. Barcelona: Crítica, 2006.

COLOMER I CALSINA, Josep María. *Els estudiants de Barcelona sota el franquisme*. Barcelona: Curial, 1978. 2 v.

DÍAZ, Elías. *Pensamiento español en la era de Franco (1939-1975)*. Madri: Tecnos, 1983.

DOCUMENTOS del movimiento universitario bajo el franquismo. Nota introductoria de F. Fernández Buey. *Materiales*, Barcelona, extra-1, 1977.

EQUIPO LIMITE. *La agonía de la universidad franquista*. Prólogo de M. Sacristán. Barcelona: Laia, 1976.

FARGA, M. J. *Universidad y democracia en España, 30 años de luchas estudiantiles*. México, D.F.: Era, 1969.

FERRARY, A. El franquismo: minorías políticas y conflictos ideológicos 1936-1956. Pamplona: Eunsa, 1993.

FONTANA, J. (Ed.). *España bajo el franquismo*. Barcelona: Crítica/Departamento de Historia Contemporánea de la Universidad de Valencia, 1986.

FUSI, Juan Pablo. *Un siglo de España*: la cultura. Madri: Marcial Pons Historia, 1999.

GARCÍA ALCALÁ, Julio Antonio. *Historia del Felipe (FLP, FOC, ESBA)*: de Julio Cerón a la Liga Comunista Revolucionaria. Madri: Centro de Estudios Políticos y Constitucionales, 2001.

GERVILLA CASTILLO, E. *La Escuela del Nacional-catolicismo*: ideología y educación religiosa. Granada: Impredisur, 1990.

GONZALEZ CALLEJA, Eduardo. *Rebelión en las aulas*: movilización y protesta estudiantil en la España contemporánea 1865-2008. Madri: Alianza, 2009.

GRACIA, Jordi. *Crónica de una deserción*: ideología y literatura en la prensa universitaria del franquismo (1940-1960) (antología). Barcelona: PPU, 1994.

____. *Estado y cultura*: el despertar de una conciencia crítica bajo el franquismo (1940-1962). Toulouse: Presses Universitaires du Mirail, 1996.

____. *La resistencia silenciosa*: fascismo y cultura en España. Barcelona: Anagrama, 2004.

____; RUIZ CARNICER, Miguel Angel. *La España de Franco*: cultura y vida cotidiana (1939-1975). Madri: Síntesis, 2001.

GRAHAM, Helen; LABANYI, Jo. *Spanish cultural studies*: an introduction — the struggle for modernity. Oxford: Oxford University Press, 1995.

HERNÁNDEZ SANDOICA, Elena; PESET, José Luis. Laín en la Universidad de Madrid. *Cuadernos Hispanoamericanos*, p. 446-447, 1987.

____; RUIZ CARNICER, Miguel Ángel; BALDÓ LACOMBA, Marc. *Estudiantes contra Franco (1939-1975)*: oposición política y movilización juvenil. Madri: La Esfera de los Libros, 2007.

JULIÁ, Santos. *Historias de las dos Españas*. Madri: Taurus, 2004.

LA ROVERE, Luca. *L'eredità del fascismo*: gli intellettuali, i giovani e la transizione al postfascismo 1943-1948. Turim: Bollati Boringhieri, 2008.

LIZCANO, Pablo. *La generación del 56*: la universidad contra Franco. Barcelona: Grijalbo, 1981.

MAINER, José Carlos; JULIÁ, Santos. *El aprendizaje de la libertad, 1973-1986*. Madri: Alianza, 2002.

MANGINI, S. *Rojos y rebeldes*: la cultura de la disidencia durante el franquismo. Barcelona: Anthropos, 1987.

MARAVALL, José María. *Dictadura y disentimiento político*: obreros y estudiantes bajo el franquismo. Madri: Alfaguara, 1978.

MARSAL, J. F. *Pensar bajo el franquismo*: intelectuales y política en la generación de los años cincuenta. Barcelona: Peninsula, 1979.

MAYORDOMO PEREZ, A. (Est. y selecc.). *Historia de la educación en España*: textos y documentos. Nacional-catolicismo y educación en la España de posguerra. Madri: Ministerio de Educación y Ciencia, 1990. 2 v.

MESA, Roberto (Ed.). *Jaraneros y alborotadores*: documentos sobre los sucesos estudiantiles de febrero de 1956 en Madrid. Madri: Universidad Complutense, 1982.

MONTORO ROMERO, Ricardo. *La universidad en la España de Franco (1939-1970)*: un análisis sociológico. Madri: Centro de Investigaciones Sociológicas, 1981.

MORÁN, Gregorio. *El maestro en el erial*: Ortega y Gasset y la cultura del franquismo. Barcelona: Tusquets, 1998.

MORENO FONSERET, R.; SEVILLANO CALERO, F. *El franquismo*: visiones y balances. Alicante: Universidad de Alicante, 1999.

MORENTE VALERO, F. *Tradición y represión*: la depuración del magisterio en Barcelona (1939-1942). Barcelona: PPU, 1996.

NICOLÁS MARÍN, Encarna. *La libertad encadenada*: España en la dictadura franquista (1939-1975). Madri: Alianza, 2005.

____; ALTED, Alicia. *Disidencias en el franquismo (1939-1949)*. Murcia: Diego Marín, 1999.

NIETO, Alejandro; MONEDERO, Carmelo. *Ideología y psicología del movimiento estudiantil*. Barcelona: Ariel, 1977.

PASAMAR ALZURIA, Gonzalo. *Historiografía e ideología en la postguerra española*: la ruptura de la tradición liberal. Zaragoza: Prensas Universitarias de Zaragoza, 1991.

____; PEIRÓ, I. *Diccionario Akal de historiadores españoles contemporáneos (1840-1980)*. Madri: Akal, 2002.

PEREDA, Rosa. *Contra Franco*. Barcelona: Planeta, 2203.

PRESTON, P. *Franco, Caudillo de España*. Barcelona: Grijalbo, 1994.

RICO, Eduardo G. *Queríamos la revolución*: crónicas del Felipe. Barcelona: Flor del Viento, 1998.

ROCA, J. M. (Ed.). *Forja de rebeldes*: una aproximación a los orígenes de las vanguardias militantes del radicalismo de izquierdas en la segunda mitad de los sesenta — el movimiento estudiantil (1964-1970). Madri: Los libros de la Catarata, 1993.

____. (Ed.). *El proyecto radical*: auge y declive de la izquierda revolucionaria en España (1964-1992). Madri: Los libros de la Catarata, 1994.

RODRIGUEZ LOPEZ, C. *La Universidad de Madrid en el primer franquismo*: ruptura y continuidad (1939-1951). Madri: Dykinson, 2002a.

____ et al. Las universidades en Europa en periodos de dictadura (monográfico). *Cuadernos del Instituto Antonio de Nebrija de Estudios sobre la Universidad*, Madri, Universidad Carlos III, n. 5, 2002b.

RUIZ CARNICER, Miguel Ángel. *Los estudiantes de Zaragoza en la pós-guerra*: aproximación a la historia de la Universidad de Zaragoza. Zaragoza: Institución Fernando el Católico, 1989.

____. *El Sindicato Español Universitario (SEU), 1939-1965*: la socialización política de la juventud universitaria en el franquismo. Madri: Siglo XXI, 1996.

____. Los estudiantes de la Universidad de Valencia en el franquismo (1939-65): del encuadramiento político a la agitación social. *Saitabi*, n. 49, p. 125-153, 1999.

____. Spanish Universities under Franco. In: CONNELLY, John; GRÜTTNER, Michael (Ed.). *Universities under disctatorship*. Pensilvânia: The Pennsylvania University State University Press, 2005.

SANCHEZ RECIO, G. (Ed.). El primer franquismo (1936-1959). *Ayer*, n. 33, 1999.

SANTONJA, G. *De un ayer no tan lejano*: cultura y propaganda en la España de Franco durante la guerra y los primeros años del Nuevo Estado. Madri: Noesis, 1996.

SANZ DIAZ, Benito. *Rojos y democratas*: la oposición al franquismo en la Universidad de Valencia, 1939-1975. València: CCOO-PV, 2002.

SARTORIUS, N.; ALFAYA, J. *La memoria insumisa*: sobre la dictadura de Franco. Madri: Espasa, 1999.

TUSELL, J. *Franco y los católicos*: la política interior española entre 1945 y 1957. Madri: Alianza, 1984.

VALDEVIRA, Gregorio. *La oposición estudiantil al franquismo*. Madri: Síntesis, 2006.

YSÀS, Pere. *Disidencia y subversión*: la lucha del régimen franquista por su supervivencia (1960-1975). Barcelona: Crítica, 2004.

VIOLÊNCIA

INIMIGOS DA NAÇÃO:
massacres, silêncios e ordens políticas na Argentina*

Ludmila da Silva Catela

Desde os alvores da constituição da República Argentina, a eliminação do "outro" foi uma ação regular e periodicamente sustentada pelo Estado como modo de impor "a paz". Atacar um adversário interno até provocar seu extermínio ou aniquilamento foi uma prática possível, legitimada pelos mais diversos argumentos e formas de imposição simbólica. Assim, decantou-se um esquema cultural argentino de uma matriz de pensamento e ação que acompanhou a história da formação e consolidação do Estado e da cultura nacional. Sabe-se que os modos de construção e produção da alteridade daqueles setores indesejados para o projeto da nação chegaram a uma formulação diáfana na oposição *sarmientina* "civilização e barbárie", dicotomia irreconciliável e associada a outros pares de oposições binárias como cultura/natureza, sagrado/profano ou bem/mal. A impressão desses esquemas em um inconsciente nacional coletivo se expressa nos modos de fazer política, mesmo a praticada por aqueles grupos que explicitam algum grau de repúdio, crítica e reflexividade sobre essa matriz. A razão do uso da violência para impor "a paz" teve, ao longo desses dois séculos, um fator em comum: a negação da humanidade de certos "outros" que, tratados como inimigos políticos portadores de impureza moral, podem e devem ser exterminados.

---

* Título original: "Enemigos de la Nación. Masacres, silencios y órdenes políticos en Argentina". Traduzido por Ronald Polito. (N.E.)

Em face da pergunta de como o desaparecimento de pessoas, a apropriação de meninos, a tortura, o sequestro, os centros clandestinos de detenção, as fossas comuns foram possíveis, não devemos nem podemos isolar essa experiência extrema de outras análogas sucedidas no território argentino.

Neste texto, realizarei uma análise das continuidades no uso da violência para a anulação do indesejado: índio, comunista, subversivo ou outro, ao longo da história da constituição da nação Argentina. Importa menos registrar uma descrição geral ou uma história linear dos massacres do que ver as continuidades e rupturas desses processos de eliminação, assim como a elaboração de silêncios, esquecimentos e ciclos de memórias em torno dos modos pelos quais os massacres se tornaram visíveis ou foram silenciados. Para isso, é necessário pensar as memórias e as violências no plural, indagando ali onde a memória dominante evidencia esquecimentos e silêncios.

Nas relações cotidianas, na interação entre os indivíduos, entre os grupos sociais e a nação (com seus agentes e especialistas), a violência (étnica, urbana ou política) conduz formas de comunicação, aguda manifestação reguladora das relações sociais. Na tensão entre forças "pacificadoras" e energias disparadas em um "conflito", delimitam-se os lugares e perfis de vítimas, vitimários e espectadores. Em síntese, a reflexão sobre a violência implica, de um ponto de vista antropológico, analisar os conflitos gerados por relações de violência como elementos constitutivos das relações sociais, culturais e políticas. Por outro lado, orienta o olhar para as formas concretas de sua manifestação, situadas local e historicamente: Que pessoas ou grupos se enfrentam ou apelam para a violência diante de fatos que consideram "injustos"? O que os leva a matar e morrer por suas concepções políticas, sociais ou étnicas? Quais são as condições que motivam essas pessoas a desencadear esse tipo de processo?

Tomando como eixo e ponto de referência a última ditadura militar argentina, com suas características locais e sua expansão nacional, proponho um olhar para trás a partir da pergunta sobre como — e que aspectos — o uso da violência pode revelar-nos sobre as formas de impor visões de mundo e delimitar grupos, ou sobre as formas das comunidades de pertencimento e os mecanismos de exclusão que giram em torno da ideia de nação.

Geralmente, quando se pensa em um relato (o roteiro de um museu, a estrutura de um manual, o discurso de um ato político, os guias em um lugar de memória) que tente explicar os modos de construção do inimigo e seus métodos para exterminá-lo, constroem-se respostas com materiais históricos de curto prazo ou com *memórias curtas* relativas ao passado recente. É o que ocorreu com respeito às narrações e memórias da década de 1970 na Argentina, como se esse período tivesse sido uma exceção histórica. Não é casual que, ante a pergunta sobre a última ditadura militar, as respostas variem em margens temporais bem curtas. Estas podem retroagir, no máximo, até a década de 1960, a década de 1950 e, em um extremo, até a de 1930. As respostas geralmente estão mediadas pelas posturas políticas e ideológicas de quem tenta considerar a origem política da tragédia como modo de explicação. Dessa forma, aparecem, como argumentos principais, eventos concretos da história, como a proscrição do peronismo, o *cordobazo*,[1] ou a perseguição ao comunismo. Cada uma dessas explicações reúne comunidades de pertencimentos políticos e identitários muito fortes e exclui, claramente, outros possíveis relatos, atores e percursos para compreender a complexidade do passado recente.

Minha intenção é entender e explicar. Isso implica transcender o interesse ideológico, pessoal e coletivo. Não busco explicar uma "memória completa", mas traçar linhas sobre as memórias e suas complexidades, com seus cinzas e claro-escuros, suas continuidades e rupturas.

Uma campanha do deserto...

> *Conseguiremos exterminar os índios? Pelos selvagens de América sinto uma invencível repugnância sem poder remediá-la.* [...] *Devem ser exterminados sem nem sequer perdoar a criança, que tem já o ódio instintivo ao homem civilizado*
>
> Domingo Faustino Sarmiento (1811-1888).

Todos sabemos, por haver estudado nos manuais escolares, pelos livros de história, pelos programas de televisão, pelos romances de ficção ou pelo cinema, algo sobre a Campanha do Deserto empreendida na década de 1870 pelo general Roca[2] e pensada e conceitualizada intelectualmente pelo Instituto Geográfico Argentino.[3]

---

[1] Movimento de protesto ocorrido na Argentina em 29/5/1969, na cidade de Córdoba. (N.T.)
[2] "Recordemos que, entre 1879 e 1889, a República Argentina levou adiante a conquista militar do espaço pampeano-patagônico — processo incorporado à consciência histórica comum com o nome de Conquista do Deserto —, e, entre 1884 e 1917, expandiu suas fronteiras sobre o nordeste na região do Chaco — acontecimento conhecido como Conquista do Chaco, do Deserto do Chaco, do Deserto Verde etc. Esses fatos, precedidos entre 1874 e 1875 pela Campanha dos Andes, da Puna ou "de Susques", contribuíram com seu resultado para a cristalização da estrutura da República Argentina tal como hoje a concebemos sob a matriz Estado-nação-território" (disponível em: <www.a-r-w-e-b.com.ar/isociologia>). Como resultado desse processo, foram exterminados, nos territórios do Pampa, Patagônia e Chaco, um total estimado de 12.335 indígenas, como fruto das campanhas de aniquilamento levadas adiante pelo Estado nacional em seu afã de conquistar aqueles territórios.
[3] "O Instituto Geográfico Argentino, criado em 1879, faz um uso muito particular do termo 'deserto', já que, apesar de falar tecnicamente dos tipos de biomas que há na região do Chaco com

Dessa Campanha são guardadas, na memória coletiva, imagens e representações que abarcam diversos episódios.[4] Não é uma memória homogênea, mas sim polarizada entre os que argumentam que ali houve um genocídio e os que ainda hoje a defendem como um modelo de contato e civilização.[5] Contudo, como ideia central, duas imagens aparecem em luta: por um lado, a expansão da "civilização" sobre o território "deserto" que devia ser conquistado e, por outro, as grandes batidas policiais de populações indígenas massacradas em nome dessa expansão. É singularmente chamativo como, quando aprendíamos isso na escola, raramente nos preguntávamos: "Mas, se havia um deserto, como era possível que fossem massacrados povos inteiros?". O ódio ao índio construído por intelectuais nacionais como Sarmiento ou outros, a constituição de imagens sobre o "medo do ataque indígena", a construção de um mal engendrado nessas terras a partir da ideia do "selvagem" e de um modelo de pátria em que o "branco" era sinônimo de progresso, entre outras questões, foram, pouco a pouco, constituindo políticas em que o extermínio, a eli-

---

bosques subtropicais, pântanos e demais tipos de vegetação, em todos os seus textos e discursos da época se refere constantemente ao 'deserto do Chaco'. Leva-se a cabo uma representação imaginária da área geográfica sobre a qual se pretende exercer um domínio efetivo. Os objetivos políticos são transmitidos aos científicos" (Musante, 2007).

[4] Houve duas leis que enquadram a Campanha do Deserto e que modificam o lugar reservado ao indígena. A novidade é estabelecida na Lei nº 947, sancionada em 5 de outubro de 1878. Esta descreve minuciosamente as ações previstas a respeito das terras a conquistar e, à diferença da precedente Lei nº 215, de 1867, não inclui uma análise ou projeções em relação a qual seria a solução com respeito à população presente nessas terras.

[5] As cartas de leitores, notas de opinião e editoriais dos jornais de maior circulação do país são um bom território no qual observar essa polaridade. Os dois jornais que mais têm se manifestado sobre o tema são *La Nación*, claramente de direita, e *Página/12*, com tendência de esquerda. Assim, as cartas de leitores no jornal *La Nación* costumam ser as mais eloquentes nessa polaridade. Na grande maioria, sem dissimulações, se "reivindica" a Campanha do Deserto como exemplo de civilização. A seguinte é uma mostra das editadas por esse jornal: "O general Roca realizou a Campanha do Deserto em 1879. Os argentinos de então a pediam aos gritos. Os ataques indígenas assolavam cidades e estâncias, roubando e sequestrando as moradoras, as famosas cativas. O último grande ataque indígena ocorreu em 1876. Massivo e mortal ataque indígena, que provocou mais de 400 mortos, 500 sequestrados cativos e 300 mil cabeças de gado roubadas [...]. A primeira presidência de Roca foi exitosa: imigração, inversões estrangeiras, aumento das exportações, desenvolvimento exponencial das vias férreas; Primeiro Congresso Pedagógico e Lei nº 1.420. Em síntese, criação do moderno Estado nacional". "Carta de lectores". Assinada por Claudio Chávez, DNI 8.288.385, 10 jun. 2006. Disponível em: <www.lanacion.com.ar/813161-cartas-de-lectores>. Acesso em: nov. 2010. Outro exemplo pode ser visto em: "Roca y el mito del genocidio", de Juan José Cresto, de 23/11/2004. Disponível em: <www.lanación.com.ar/nota>. Por outro lado, a partir de um olhar sobre a Campanha do Deserto como genocídio, podem-se ler as numerosas notas elaboradas pelo historiador Osvaldo Bayer no jornal *Página/12*, que, com substanciosos documentos, mostra e demonstra a extrema violência exercida sobre os povos indígenas. Pode-se consultar, por exemplo, "Desmonumentar". Disponível em: <www.pagina12/contratapa/13-145745-2010-05-16>. Acesso em: 16 maio 2010.

minação e o desaparecimento desse "outro-índio" eram necessários para construir um nós, "os argentinos".

O livro *Pureza moral y persecución en la historia*, de Barrington Moore (2006), tenta compreender quando e por que alguns seres humanos assassinam e torturam outros, os quais são apresentados como uma ameaçadora fonte de *contaminação* por mostrar ideias religiosas, políticas, étnicas e econômicas diferentes. Para o autor, é evidente que o elemento mais importante desse problema é constituído pelas ideias antigas e pelas que se têm na atualidade sobre o próprio conceito de "contaminação", que não é, em caso algum, estanque, mas vai mudando com o tempo. O interessante, então, é descobrir en que tipo de contextos aparece e reaparece essa combinação de ideias e de ações. Moore parte de uma pergunta geral: até onde devemos remontar nossa investigação em busca de formas de pureza moral com poderosos componentes de violência? Sua resposta é óbvia, como ele mesmo afirma, no Antigo Testamento são recolhidos acontecimentos tais como a invenção do monoteísmo e as lutas sangrentas que foram companheiras de sua própria expansão e arraigamento. O monoteísmo, em seu sentido mais direto de crença em *um* e somente *um* Deus, implica, necessariamente, encontrar-se de posse do monopólio da graça e da virtude que distingue seus membros de outras religiões parecidas e competidoras. A competência foi, e continua sendo, bárbara e cruel. Podemos acrescentar aqui que, de forma similar, quando se pensa em uma e só uma possibilidade de construção de nação, a ideia de contaminação aparecerá e se ressignificará ao longo da história.

Durante mais de um século houve poucos contrarrelatos relativos à Campanha do Deserto. Em termos de construção da memória oficial e dominante, a nação incluiu Roca no panteão dos heróis nacionais, bendizendo com seu nome povoados, ruas, estátuas, e incluindo sua imagem em livros escolares, datas comemorativas e, é claro, nas notas de circulação cotidiana no mercado de trocas monetárias. Assim, sua figura foi produzida, distribuída e usada para referenciar a nação, o "nós". Foi a partir das propostas de diferentes intelectuais argentinos, como Osvaldo Bayer,[6] e dos processos de reetnização que a memória dominante começou a ser questionada, aparecendo outras versões no espaço público. Tenta-se mudar os nomes de ruas, são realizados atos de repúdio das estátuas dos antes pretendidos heróis nacionais e aparecem em cenas as "tão temidas" e "desaparecidas" comunidades indígenas como "novos" atores sociais.[7]

---

[6] Historiador e ensaísta argentino. É um dos principais incentivadores do movimento social e político que luta por retirar do espaço público as estátuas de Julio Argentino Roca.
[7] Para uma análise histórica e etnográfica da emergência étnica e dos movimentos etnopolíticos, consultar Bartolomé (2004).

Essa releitura da Campanha do Deserto empurra para o espaço do público diversos grupos que se acreditavam "exterminados", como os *huarpes*, os *wichis*, os *pilagás* e outros. São eles, a partir das ações de seus caciques — e, deve-se dizer, de um grupo de historiadores, antropólogos e advogados —, que começam a povoar o espaço público de outras memórias que, até esse momento, haviam circulado pelo espaço privado, sendo transmitidas de geração a geração. Memórias subterrâneas, nem esquecidas nem silenciadas, mas estrategicamente guardadas na transmissão oral e, geralmente, por meio dos idiomas nativos. Como todo processo de memória que explode no espaço público, suas ondas expansivas são difíceis de determinar. O interessante desse processo foi a recuperação de múltiplas camadas de memórias. Nas palavras de um dos líderes *wichis*: "Nós transmitimos a nossos filhos que a civilização mostrou como troféu, muitas vezes, os testículos de nossos antepassados e que queriam nos prender como animais soltos. Mas o que sabem de nós...? Não sabem nada" (Cacique Wichi, 2008).

A aparição das comunidades indígenas no espaço público, silenciadas e despojadas de todos os seus direitos, ou, dizendo melhor, "incorporadas" sob a noção de cidadão argentino pelo Estado nacional que, durante anos, nem sequer as reconheceu em seus censos, é, em meu modo de ver, pelo menos inquietante. Vale aqui a pergunta de Pierre Nora sobre os processos sociais da memória e, mais especificamente, a pergunta: para que serve a memória? Nora ressalta que esta, diferentemente da história, se caracteriza por suas reivindicações de emancipação e libertação, amiúde popular e sempre contestatória. Ao mesmo tempo, reivindica-a como a história daqueles que não tiveram direito à história e reclamam seu reconhecimento. Assim, as memórias sociais e coletivas deste século, que surgem da "insondável desgraça do século, do alongamento da duração da vida, do recurso possível aos testemunhos de sobreviventes, da oficialização também de grupos e de comunidades, ligadas à sua identidade, sua memória, sua história (os três termos são equivalentes)", têm a pretensão de prover-nos de uma "verdade mais 'verdadeira' que a veracidade da história, a verdade do vivido e do lembrado — lembrança da dor, da opressão, da humilhação, do esquecimento —, qualquer que seja, em síntese, a parte de reconstrução e de recondução artificial dessa memória" (Nora, 2009:29-30).

Assim, Nora dá pistas para compreender por que, há mais de um século, essas memórias emergem e revelam outros despojos, outros mortos, outros massacres. O que se concebia como uma "domesticação do índio" para "civilizá-lo" hoje é traduzido e denunciado como aniquilação que se iniciou com a constituição da nação, mas que se perpetuou, ao longo dos anos, sob um processo de reinvenção da oposição civilização/barbárie em cada novo evento. Ante os perigos do "ataque indígena", o Estado nacional e a sociedade "branca" temerosa responderam com enfrentamentos, sangue e eliminação do outro, entendido como inimigo e, fundamentalmente, como um ser contaminante da "pureza" nacional. Assim, na região do Chaco argentino se sucederam processos de eliminação em San Javier (1904), Fortín Yunka (1919), Napalpí (1924), El Zapallar (1933) e Rincón Bomba (1947), para citar os mais conhecidos e públicos. A imagem que oferece um cacique *pilagá*, em sua denúncia desses fatos, resume parte dessa história no mesmo momento em que se produziu. Contudo, o que resulta interessante é que, em seu relato, incorporou as noções de impureza e desumanização com as que foram consideradas na matriz civilização e barbárie. Em suas palavras, "sempre quiseram varrer o ataque indígena do terreno, domesticando e matando o índio, para que a civilização avance..." (Cacique Pilagá, 2008).

Invariâncias dos massacres

Assim, ao longo de dois séculos, os massacres contra o índio, o estrangeiro, o operário, o comunista e o subversivo foram uma constante na nação Argentina. De modo geral, infligir a morte sobre o outro foi uma constante, razão pela qual é necessário reformar o olhar para conseguir interpretar como isso foi possível. Analisar o tema da morte como forma de neutralização do "outro" impuro para o projeto nacional permitirá também compreender que a última ditadura militar não foi um surto de cólera motivado por intensas e obscuras emoções e interesses ideológicos e econômicos de uns poucos, mas um acontecimento controlado e organizado, que levou a um extremo esquemas de violência política já assentados em uma tradição nacional de longa data. Na última ditadura, construiu-se a mesma desumanização e demonização (antes, os índios; agora, os subversivos), com idêntica ausência de culpabilidade e remorso.

Observando com lupa a relação massacres-identidade-nação, é possível arriscar a dizer que houve dois momentos, refletidos em dois massacres singulares, em que se puseram em questão a construção da alteridade e as ideias de nação excludente, organizadas em uma política de extermínio sistemático do outro.

O principal, como já adiantei, foi a Campanha do Deserto, em que a noção de civilização e extensão do território excluía as populações locais do projeto de nação.

> Estamos, como nação, empenhados em uma contenda de raças na qual o indígena leva sobre si o tremendo *anátema de sua desaparição*, escrito em nome da civilização. *Destruamos*, pois, moralmente essa raça, *aniquilemos* seus recursos e organização po-

lítica, desapareça sua ordem de tribos e, se for necessário, divida-se a família. Essa raça quebrada e dispersa, acabará por abraçar a causa da civilização. As colônias centrais, a Marinha, as províncias do norte e do litoral servem de teatro para realizar esse propósito [Roca, 2006:28].

Julio Argentino Roca falava em nome da nação, que aparece estreitamente vinculada à poderosa imagem da civilização. Potente em seu próprio direito de controlar ou estimular o homem à ação. Desaparição, aniquilação, destruição moral e divisão das famílias aparecem como as ações que, em nome da nação, são possíveis e desejáveis. Nesses relatos, os índios não são mais que "coisas" ou partes de uma paisagem — a do deserto? — que deve ser purificada, limpa, ordenada. As metáforas sobre a paisagem e a limpeza povoam, assim, o imaginário social sobre a Campanha do Deserto. Nas páginas do jornal *La República*, Roca afirmava: "Se o pampa não for ocupado, prévia destruição dos lares de índios, é inútil toda precaução e pão para impedir as invasões" (Roca, 2006:30).

É eloquente o discurso de Roca diante do Congresso da Nação, em 1879, depois de ter finalizado a denominada Campanha do Deserto: "A onda de bárbaros que inundou pelo espaço de séculos as férteis planícies foi por fim destruída". "O êxito mais brilhante acaba de coroar essa expedição, deixando assim livres para sempre do domínio do índio esses vastíssimos territórios que se apresentam agora cheios de deslumbrantes promessas ao imigrante e ao capital estrangeiro" (Roca, 2006:50).

Inicia-se, assim, a construção de um relato sobre a nação. A Campanha do Deserto, e o massacre que a acompanhou, pode ser pensada como um divisor de águas que ordena as novas concepções sobre a nação branca e europeia que termina por predominar na relação dicotômica nós-outros. Dessa maneira, nessa Campanha se estabeleceu, talvez, pela primeira vez, um inimigo "interno", enunciado como alheio à cultura nacional, um elemento contaminante que devia ser excluído, submetido e, no extremo, eliminado, morto.

A eliminação do "outro" como solução para preservar o "nós"

Em 1902, foi aprovada a Lei nº 4.144, conhecida como de "residência", que concedia ao Executivo a faculdade de aplicar penas de desterro sem garantias legais e sem prévia detenção. Essa lei permitia a expulsão dos estrangeiros chamados "indesejáveis" — anarquistas, comunistas, sindicalistas, operários — para seus países de origem. Usando palavras similares às vertidas anos antes contra os índios, o ministro do Interior, Joaquín V. González, declarou que o que estava ocorrendo na nação argentina "era produto de um par de dezenas de agitadores de profissão... basta eliminá-los para a sociedade voltar à tranquilidade merecida".[8]

Em torno do centenário ocorrem os seguintes processos repressivos:

• *1909 (1º de maio): Matança contra operários.* Cresce a agitação operária e se decreta o Estado de sítio. O coronel Ramón Falcón, chefe de polícia, realiza uma repressão contra a multidão reunida pelos sindicatos anarquistas, deixando grande quantidade de mortos e feridos na Plaza Lorea. Alguns jornais falam de 22 mortos; os anarquistas, em troca, de 60.

• *1919 (9-16 de janeiro): Fuzilamento de operários (acontecimento conhecido como "A semana trágica")*. Como consequência do conflito na empresa Vasena, produz-se uma greve geral seguida de uma cruenta repressão policial, apoiada por grupos de choque privados, com mortos e feridos, conhecida como "A semana trágica". As fontes policiais falam de 800 mortos; outras, de 1.500.

• *1921 (22 de janeiro): Fuzilamentos na Patagônia.* Depois de uma série de greves e negociações frustradas com os estancieiros e com os delegados do Poder Executivo nacional, são fuzilados, com a autorização do tenente coronel Varela, centenas de trabalhadores.

• *1922: Os assassinatos de La Forestal.* No norte da província de Santa Fé se produzem movimentos grevistas entre os trabalhadores da companhia La Forestal, de capital britânico. A greve de La Forestal, em 1922, culminou com uma repressão na qual a "polícia volante", conhecida como os "cardeais", e outras formações parapoliciais atuaram impunemente com o apoio do governo nacional com um saldo de centenas de mortos e 16 dirigentes operários condenados a oito anos de prisão.

1924 (19 de julho): Massacre de Napalpi (Chaco). Depois de alguns conflitos de terra entre indígenas e colonos brancos, um grupo de 130 homens das forças policiais do governo (e com a autorização do governador Centeno) entra no acampamento indígena de Napalpi na província do Chaco. Sem resistência alguma de parte dos indígenas, as forças policiais disparam contra a massa de indígenas. Estima-se que 200 indígenas perderam a vida no que ficou conhecido como "o massacre de Napalpi".[9]

---

[8] Citado em Pigna Felipe. Disponível em: <www.elhistoriador.com.ar/articulos>.
[9] Essa cronologia foi realizada pela autora em colaboração com o antropólogo Lorenzo Macagno, da Universidade Federal de Curitiba.

Dessa forma, as repressões organizadas pelo Estado, apoiadas em leis e discursos, iniciaram o processo de construção de representações sociais e políticas acerca do perigo e do mal focalizado em um "outro" nacional. Na passagem do século, o *comunismo*, como categoria geral, substituiu a de *barbárie*, adjudicada até esse momento ao índio. Pouco a pouco se constituiu em sinônimo de oposição à pátria e ameaça à ordem estabelecida. Como bem analisa Velho (1980:59), essa categoria

> muitas vezes vem acompanhada de criminoso, ateu, traidor, com fortes implicações morais. A lógica do discurso acusatório faz com que a denúncia política passe a ser uma acusação mais global em que a própria humanidade dos acusados é posta em questão [...]. Existe a ideia de que sua mente é corrompida por agentes externos às fronteiras de sua sociedade.

É interessante como essas classificações ficaram plasmadas também em documentos policiais, livros e arquivos. Por exemplo, no Archivo Provincial de la Memoria (APM),[10] foram recuperados, de uma dependência policial do interior da província de Córdoba, dois cadernos que, em sua primeira leitura, não "dizem" muito. Contudo, quando são observados detalhadamente, não como meros documentos acumulados pela polícia provincial, mas como processos classificatórios do outro, adquirem poderoso significado. Uma centena de "prontuários pessoais", amarrados entre duas capas de madeira sob a sigla OSP (*Orden Social y Político*), guardam um interessante sistema classificatório sobre os cidadãos de Río Cuarto. Essa documentação, que tem como ano de início a década de 1920, classifica os indivíduos perseguidos e vigiados por suas "ideias anarquistas". Depois, com a passagem das décadas, esses mesmos cadernos mostram outras categorias acusatórias, e muitos cidadãos passam a ser perseguidos por suas "ideias comunistas". Finalmente, para os anos 1960 e 1970, por suas "ideias subversivas". Essa forma de construção do olhar sobre o "outro" perdurou no tempo, de forma minuciosa, burocrática e obsessiva. A modo de exemplo, um só indivíduo foi sistematicamente observado e reprimido, durante 40 anos, por ser e difundir "ideias comunistas", ter em seu poder "literatura subversiva" e participar de "eventos suspeitos".[11]

---

[10] O APM foi criado em 2006 pela Lei nº 9.286 para resgatar, resguardar, preservar e difundir os documentos dos diferentes momentos ditatoriais que afetaram a província de Córdoba. O APM conta com numerosos fundos e séries documentais. Entre elas se encontra o Fondo Policía de la Provincia e a subsérie Orden Social y Política, que conta com documentação relativa à história da perseguição política em toda a província. Essa subsérie documental abarca datas desde 1920 até 1980 e está ordenada por prontuários individuais de cidadãos de Río Cuarto.

[11] Registro da subsérie Orden Social y Político pertencente à série documental Policía de la Provincia de Córdoba sob custódia do APM.

Assim, o comunista, o subversivo arrasta o estigma do "estrangeiro", contamina sua sociedade com o exógeno. Desarma e desorganiza, de alguma forma, a "ordem natural" com ideias e comportamentos disruptivos. Nesse sistema de representações e acusações, o comunista é entendido como "um traidor, que renega sua pátria" (Velho, 1980:60). Já não é o bárbaro que desestabilizava a nação em pleno processo de construção — como foi o caso dos índios —, mas aquele que pretende "sujar" e "desordenar" o instituído no panteão do nacional/do patriótico.

Subversão: a impureza de nosso país...

A guerrilha, como todos sabemos, não só atua no campo militar, como se infiltra, destrói e corrompe distintas áreas da vida comunitária, como o clube, a escola, a oficina, a família, procurando, desse modo, dominar nossa vida nacional [...]. O povo argentino não só compreende, mas partilha a luta contra a subversão; se não for assim, não se pode vencer

Luciano Benjamín Menéndez, ex-comandante
do III Cuerpo de Ejército.

Essas classificações sobre o "outro" perdurarão, com modificações significativas, durante o período da Revolução Libertadora, quando o mal aparece encarnado no peronismo (bombardeio da Plaza de Mayo e massacre de José León Suárez), para emergir, novamente, com toda a sua força, na década de 1970. Herdeiros das representações dos anos 1920 e 1930 e da Lei de Residência, o marxismo e a subversão se erigiram como bandeiras do Operativo Independência e do Processo de Reorganização Nacional.[12]

De modo semelhante à Campanha do Deserto e à Lei de Residência, o Operativo Independência não foi produto de um "bando de loucos", contrariamente significou a execução de ações do Estado pensadas e reguladas por leis e decretos. Assim, os Decretos nº 261/1975, da presidenta Isabel de Perón, e os subsequentes nºˢ 2.770, 2.771 e 2.772, de outubro de 1975, estabeleciam:

---

[12] A Revolução Libertadora foi o movimento golpista contra o governo constitucional de Juan Domingo Perón em 1955. O Processo de Reorganização Nacional foi o nome dado pelos militares ao golpe de Estado de 1976, contra o governo constitucional de Isabel Perón. O Operativo Independência foi o sistema repressivo organizado e levado adiante para "lutar contra a subversão", em 1975, durante o governo de Isabel Perón.

O comando geral do Exército procederá à execução de todas as operações militares que sejam necessárias para efeitos de *neutralizar e/ou aniquilar* a ação dos elementos subversivos que atuam na província de Tucumán.[13]

Artigo 1º. As Forças Armadas sob o Comando Superior do Presidente da Nação que será exercido através do Conselho de Defesa procederão à execução das operações militares e de segurança que sejam necessárias para efeitos de aniquilar *a ação dos elementos subversivos em todo o território do país*.[14]

Esses decretos descrevem uma mudança significativa, operada em poucos meses, das concepções da repressão, estendendo a ação de uma pequena província como Tucumán a todo o território nacional. O mais significativo é como a neutralização do "outro" se transforma em aniquilação. Os decretos mostram, mais uma vez, certo tipo de representação do campo político. O país está, novamente, "em perigo" de ser contaminado, e sua pureza está sendo questionada. As palavras executar, aniquilar e lutar aparecem sem censuras no discurso estatal. Elas são rapidamente apropriadas por diferentes setores sociais (jornalistas, políticos, sindicalistas etc.), que se somam para povoar de imagens e produzir representações de um "inimigo" a quem potencialmente é preciso eliminar.

Podemos observar uma solicitação, surgida em 1975, em Tucumán, por motivo da comemoração do 25 de Maio. Ali se afirmava que era preciso "exterminar minúsculos grupos de extraviados... para erradicar de nosso solo os elementos apátridas que tentam mudar a gloriosa e pura bandeira celeste e branca por um trapo qualquer" (Taire, 2008).

Durante os anos 1970, termos como bando de *delinquentes subversivos*, *apátridas* ou *extremistas* se transformaram em categorias acusatórias que geraram práticas e ações repressivas concretas: mais de 500 centros clandestinos de detenção, milhares de prisioneiros torturados, 30 mil desaparecidos, 500 meninos e meninas apropriados, que foram acompanhados de ações — tanto clandestinas quanto legais —, como também de discursos públicos sem censuras. Podemos citar a já célebre frase do general Ibérico Saint Jean, em 1977: "Primeiro mataremos todos os subversivos, depois mataremos seus colaboradores, depois... seus simpatizantes, em seguida... aqueles que permanecerem indiferentes e, finalmente, mataremos os tímidos".[15]

---

[13] Decreto do Poder Executivo Nacional nº 261/1975; grifos nossos.
[14] Decreto nº 2.772 de 6 out. 1975. Data: 6 out. 1975; grifos nossos.
[15] General Ibérico Saint Jean. Gob. de la Provincia de Buenos Aires, maio 1977.

Porém, o que mais chama a atenção são as continuidades nos discursos públicos. Em 1979 se comemorou, em plena ditadura militar, o centenário da Campanha do Deserto.[16] Isso foi motivo de numerosos festejos e manifestações públicas. Os laços entre o passado e o presente, a 100 anos da Campanha, foram eloquentes na maioria dos discursos militares. Nas palavras do ministro da Justiça da Nação Rodríguez Varela, as guerras tinham uma continuidade e um mesmo objetivo:

> [...] os argentinos queríamos concluir essa guerra defensiva contra os terroristas [...], mas não conseguiremos consolidar a paz em um instante. A paz, como ocorreu há 100 anos, é preciso ganhá-la derrotando previamente os que se propuseram impor-nos um regime escravista por meio da violência.[17]

Conclusão: crueldade e desumanização em nome da nação

Se contemplarmos esse percurso de produção de sentidos da nação argentina e observarmos seus efeitos sobre o sofrimento humano, o mais significativo dessas metodologias de construção da política foi a aprovação moral da crueldade. Para os agentes do Estado, foi necessário definir um inimigo contaminado como elemento não humano, ou seja, situado na margem dos "verdadeiros humanos", ou, para usar palavras mais gerais, da "boa sociedade". São estes últimos aos quais se deve a mais "mínima obrigação, porquanto criaturas iguais a si mesmas" (Héritier, 2006:21). Como bem afirma Bartolomé, para o caso do genocídio indígena durante a Campanha do Deserto,

> os índios estavam e não estavam ali, o deserto era deserto apesar da presença humana, mas essa presença não era branca, nem sequer mestiça, e portanto carente de humanidade reconhecível. Povoar significava, contraditoriamente, matar. Despovoar a terra desses 'outros' irredutíveis e irreconhecíveis para substituí-los por brancos à imagem do 'nós' que manejava o Estado nacional emergente [Bartolomé, 2004].

A partir dali, o inimigo contaminado se define, metamorfoseando-se segundo a época e a ideologia dominante, como uma ameaça demoníaca (sejam os ataques

---

[16] Para uma análise pormenorizada a respeito, ver o trabalho de Sánchez (2008).
[17] *La Nación*, 4 out. 1979, citado em Sánchez (2008:6).

indígenas, as ideias comunistas, a guerrilha) à ordem social existente. A partir desse modo de representação e classificação do mundo, a desumanização e a demonização servem para diminuir ou, em muitos casos, eliminar por completo "os remorsos ou o sentimento de culpa diante das crueldades mais bárbaras" (Héritier, 2006:23) em nome da paz, da ordem e da pátria.

Cada um dos massacres executados contou com o uso das forças do Estado como ferramentas da morte e ação repressiva, mas também com a construção de discursos, leis, ideias que os "intelectuais" da nação levaram adiante. Cada um deles guarda uma particularidade e um encadeamento de fatos singulares (as imagens de povoar zonas desertas ou as de atacar o mal externo do comunismo). Contudo, as metodologias do horror se repetem uma e outra vez: fossas clandestinas, assassinatos massivos, apropriação dos bens das comunidades, uso desmedido da crueldade. Nesse sentido, cortar partes dos corpos, exibi-los, desaparecer com eles ou mutilar os que já estão mortos se trata, como diz Héritier (2006:16),

> de tornar inertes, impotentes, reduzidos ao estado de vegetais imóveis aos quais se teme como inimigos... A crueldade se exerce em um teatro no qual convém mostrar-se ostensivamente pelo tratamento, que deve fazê-lo sofrer na própria carne que não é um ser humano à imagem de Deus como Uno, mas um corpo animal, carente de direitos.

Contudo, o impacto da eliminação do que se considera impuro não se expressa somente nos massacres e no uso da violência física. A eficácia simbólica dessas construções acusatórias é sua perdurabilidade no tempo e no espaço das representações. Para finalizar, gostaria de destacar três processos de memórias e silêncios, pelo menos incômodos ou inquietantes, para quem trabalha sobre o passado recente e os crimes políticos. O que perdura na construção das memórias é um grande esquecimento ou, pelo menos, um silêncio perturbador: o lugar do indígena. De fato, quando se recordam as violências das décadas de 1920 e 1930 a partir da história, dos discursos políticos e das memórias coletivas, salienta-se a figura do operário ou do imigrante de esquerda, "esquecendo-se" os massacres (que não foram poucos em número e variedade) dirigidos contra as diferentes comunidades indígenas. Essas matanças foram produto, em sua maioria, da resposta à massividade dos movimentos milenaristas indígenas (lidos e reprimidos pelo Estado como ataques indígenas). Ali se acionava a polícia, a guarda e o Exército a partir de uma visão de perigo que terminava quase sempre na aniquilação dos grupos indígenas. A última delas foi em 1947, em Rincón Bomba, durante o governo de Juan Domingo Perón.[18]

Da mesma forma, em relação ao reconhecimento de pessoas classificadas e validadas pela história como vítimas da violência do Estado argentino durante a última ditadura militar (1976-1983), costumam ficar de fora tanto camponeses quanto indígenas, os que estão ausentes das estatísticas e estimativas. Nas conclusões do informe *Nunca más*, que valida e dá conta das vítimas entre os anos 1976-1983, podemos observar e conhecer o desaparecimento de "operários, estudantes, donas de casa, religiosos, profissionais, docentes, autônomos, jornalistas, atores, recrutados e pessoal subalterno das forças de segurança, empregados" (Conadep, 1986:480). Não houve, por acaso, indígenas e camponeses desaparecidos? Se a Comisión Nacional de Desaparición de Personas (Conadep), em seu informe, não registrou desaparecimentos de indígenas (e outras categorias "impuras", como prostitutas, homossexuais, judeus ou estrangeiros), podemos arriscar-nos a pensar que o discurso nacional sobre o impuro foi altamente eficaz, impondo a visão de uma Argentina sem índios. O procedimento não só supôs o massacre físico concreto, como também sua eliminação das representações, o que, sem dúvida, gerou práticas "inconscientes", que redundaram na inexistência dessa categoria, na hora de recolher as denúncias. Dupla desaparição: a da negação do indígena como categoria social e a do não registro como desaparecidos durante a ditadura.

Paradoxalmente, o atual processo de reetnização que se vive na Argentina exige que os grupos reunidos em associações e em comunidades indígenas que queiram impor suas memórias e reivindicar justiça sobre os massacres — antigos e atuais — se adaptem ao vocabulário criado e legitimado para falar do passado recente, emanado do informe Conadep. No entanto, categorias como terrorismo de Estado, genocídio, tortura, ou outras, não refletem necessariamente as vivências, as experiências e os acontecimentos que, desde há mais de um século, vêm sofrendo sobre seus corpos. Assim, as memórias longas dessas comunidades devem ajustar-se e submeter-se às memórias curtas e dominantes sobre o passado recente para ser escutadas e compreendidas.

Quem executa o massacre, como diz María Victoria Uribe Alarcón (2004), só tem diante de si um estranho que não pertence a seu mundo, um estranho que é o arquétipo do indizível, fisicamente próximo, mas espiritualmente distante. Desse modo, constrói-se uma forma de alteridade na qual as vítimas desapareceram para dar pas-

---

[18] É interessante fazer notar que, durante esses últimos 10 anos, se reivindicou ao Estado nacional a necessidade de escavação das fossas produto das matanças. Até o momento não se concederam recursos humanos nem se financiou para que isso se realizasse.

sagem a estranhos que não pertencem a seu mundo. Tomara que não nos transformemos em executores simbólicos de todos aqueles que lutam por integrar o "nós".

Referências

BARTOLOMÉ, Miguel Alberto. Los pobladores del "desierto": genocidio, etnocidio y etnogénesis en la Argentina. *Les Cahiers ALHIM*, n. 10, p. 1-17, 2004.

CACIQUE PILAGÁ. In: *Debates sobre el genocidio de los pueblos originarios y los límites de la justicia*. Buenos Aires: UBA, 2008. Vídeo, testemunho oral.

CACIQUE WICHI. In: *Debates sobre el genocidio de los pueblos originarios y los límites de la justicia*. Buenos Aires: UBA, 2008. Vídeo, testemunho oral.

CONADEP. Informe de la Comisión Nacional de Desaparición de Personas. *Nunca más*. Buenos Aires: Eudeba, 1986.

HÉRITIER, Françoise. Réflexions pour nourrir la réflexion. In: *Séminaire de la violence*. Paris: Odile Jacob, 2006. p. 13-53.

MOORE, Barrington. *Pureza moral y persecución en la historia*. Barcelona: Paidós, 2006.

MUSANTE, Marcelo. *El discurso como herramienta de un proceso social genocida*. 2007. Disponível em: <http://comisionporlamemoria.chaco.gov.ar/contenidos/contenidos/porlashuellasdelniandu/word/escritos/musante_sobre_Napalpi.pdf>.

NORA, Pierre. *Les lieux de mémoire*. Santiago do Chile/Montevidéu: LOM Ediciones y Trilce, 2009.

RED DE INVESTIGADORES SOBRE GENOCIDIO Y POLÍTICA INDÍGENA EN ARGENTINA. *Aportes para una reflexión sobre el genocidio y sus efectos en relación a la política indígena en Argentina*. 2008. Disponível em: <www.a-r-w-e-b.com.ar/isociologia>.

ROCA, Julio Argentino. *Iconografía militar*. Buenos Aires: Roca Museo, 2006.

SÁNCHEZ, Laura. La negación del genocidio en el discurso sobre la Conquista del Desierto. In: TERCERAS JORNADAS DE HISTORIA DE LA PATAGONIA. *Anales...* San Carlos de Bariloche, 2008. Mimeogr.

TAIRE, Marcos. *Víctimas de la dictadura cómplices del Operativo Independencia*. 2008. Disponível em: <www.memoriando.com/noticias/701-800/713.html>.

URIBE ALARCÓN, María Victoria. *Antropología de la inhumanidad*: un ensayo interpretativo sobre el terror en Colombia. Bogotá: Norma, 2004.

VELHO, Gilberto. *Duas categorias de acusação na cultura brasileira contemporânea*: individualismo e cultura. Petrópolis: Vozes, 1980.

AUTORITARISMOS MORAIS, DISSIDÊNCIA SEXUAL E MEMÓRIA:
ditaduras civil-militares na Argentina e no Uruguai e organizações LGTTBIQ*

Diego Sempol

Existe importante bibliografia que aborda de forma interdisciplinar a origem, as características e o impacto social e político das ditaduras civil-militares na Argentina (1976-1983) e Uruguai (1973-1984), assim como trabalhos-chave sobre o surgimento dos movimentos de direitos humanos em ambos os países e as "lutas da memória" (Jelin, 2002) que esse passado recente ainda desperta no presente.

Mas se investigou muito pouco sobre a perseguição e a violência que o terrorismo de Estado em ambos os países desencadeou sobre a população Lésbica, Gay, Travesti, Transexual, Bissexual, Intersexual, Queer (LGTTBIQ) durante esses anos. Nos processos de "reconstrução nacional" que tentaram levar adiante ambos os regimes ditatoriais e as elaborações particulares que formularam sobre a Doutrina da Segurança Nacional, se entremesclaram valorações morais que procuravam preservar a nação, a família heteropatriarcal e os jovens de "desvios sexuais" e "corrupções morais" que permitissem abrigar a subversão.

Neste capítulo, proponho demonstrar, por meio de testemunhos e recompilação de documentos, a existência durante esses anos de violência estatal sistemática con-

---

* Título original: "Autoritarismos morales, disidencia sexual y memoria. Dictaduras cívico-militares en Argentina y Uruguay y organizaciones LGTTIBQ". Traduzido por Ronald Polito. (N.E.)

tra a população LGTTBIQ em Buenos Aires e Montevidéu, assim como analisar a forma em que esse tema foi ou não abordado pelas organizaciones LGTTBIQ em ambos os países nos últimos 30 anos. As perguntas que guiam este trabalho são: Como as organizações LGTTBIQ de Buenos Aires e Montevidéu tematizaram a violação dos direitos humanos sofrida por esses grupos durante a ditadura? A forte discriminação existente com a população LGTTBIQ durante a democracia contribuiu para silenciar ou invisibilizar suas propostas? Em que medida a tradicional violência estatal sobre esses grupos normalizou e invisibilizou a violência exercida pelo terrorismo de Estado? Como se relacionaram as organizaciones LGTTBIQ com as formas em que se construiu em nível social e oficial a categoria dos direitos humanos?

Alguns antecedentes

Embora durante quase todo o século XX a construção da homossexualidade e do lesbianismo[1] como uma enfermidade fosse hegemônica na Argentina e no Uruguai, isso não eximiu que fosse objeto de perseguição policial e/ou tratamento judicial. Como assinala Puar (2007), o Estado é um grande difusor da heteronormatividade e ativo praticante de formas de violência para com os dissidentes sexuais.

Em todo o caso, a situação dos homossexuais, travestis e lésbicas em Buenos Aires e Montevidéu foi diferente durante o século XX. Embora o Código Penal (1886) argentino não incluísse o delito de sodomia (seguindo o Código Napoleônico), isso não inibiu que as sexualidades entre pessoas do mesmo sexo fossem perseguidas pela polícia desde fins do século XIX. Salessi (1995) analisa como em Buenos Aires, em princípios do século XX, a metáfora da sodomia foi utilizada para articular um discurso sobre o "bárbaro" que permitiu definir e estigmatizar (ao aplicar uma perspectiva patologizadora) diferentes grupos sociais que interpelavam os projetos civilizatórios da capital portenha e legitimar, assim, sua repressão. A perseguição policial aos "invertidos" recém-adquiriu estatuto legal com a proliferação de editais policiais nos anos 1930 e o Reglamento de Procedimientos Contravencionales da Polícia Federal em 1949.[2] A ação policial argentina conseguiu obter logo no início

---

[1] Para evitar anacronismos, utilizarei os termos "homossexual", "lesbianismo" e "travesti" quando aludo a períodos prévios aos anos 1990, e a sigla LGTTBIQ quando abordo os anos 1990 ou me refiro de forma genérica aos movimentos da diversidade sexual. A sigla LGTTBIQ recém adquiriu visibilidade em ambas as cidades nos últimos 20 anos.

[2] Entre os editos policiais (Polícia Federal) se encontrava o Edito de Bailes Públicos, cujo artigo 2º, inciso F, estabelecia que eram passíveis de sanção "os que se exibissem na via pública ou lugares públicos vestidos ou disfarçados com roupas do sexo contrário", e o inciso H sustentava

importantes graus de autonomia, na medida em que podia aplicar penas de até 30 dias, sem que mediasse a ação da justiça, em todas aquelas "faltas" que não estavam incluídas no Código Penal.[3] A ação policial, como assinala Tiscornia (1999, 2008), sofreu, assim, certa "desestatalidade" que lhe permitiu o controle das atividades delituosas antes que seu combate, desenvolvendo uma economia política centrada, entre outras coisas, na chantagem e no suborno. Essa autonomia da Polícia Federal foi legitimada pelo sistema judicial argentino na medida em que cobria uma área na qual não chegava este último (faltas, ilegalidades e transgressões menores, privacidade dos indivíduos), tornando essas práticas policiais algo naturalizado e silencioso, que convivia de forma conjunta com as práticas de castigo estatal.

A perseguição de homossexuais por meio de grandes batidas teve seu primeiro grande embate em 1942, na raiz do escândalo que gerou uma denúncia de corrupção que implicava vários cadetes do Colégio Militar; houve um episódio forte no ano seguinte, com a expulsão do país do cantor e bailarino espanhol Miguel de Molina; e adquiriu um caráter permanente entre 1946 e 1949, quando foram fechados quase todos os lugares de reunião homossexuais e a polícia os perseguiu de forma sistemática. A ação policial teve, a partir de então, momentos de forte ação e intermitência, produzindo-se novos picos repressivos nos anos 1954, 1959, 1967 e 1973. Como assinala Jáuregui (1987:157), as "práticas sexuais dos habitantes de nosso país foram vigiadas e reprimidas mediante normas religiosas e estatais. Dessa forma, lenta e paulatinamente, o amor e o prazer deixaram de ser uma eleição individual para adquirir acentuado caráter público". A intensão do Estado argentino de "moralizar a pontapés" politizou essas sexualidades ao longo do tempo.

---

que também eram puníveis "as pessoas de um ou outro sexo que publicamente incitarem ou se oferecerem ao ato carnal". Embora nesse caso não se fizesse alusão à homossexualidade, a Polícia Federal os aplicava exclusivamente para deter homossexuais. Por sua vez, o artigo 207 de Procedimentos Especiais versava explicitamente sobre os homossexuais: "As delegacias seccionais, ao ter conhecimento que em determinadas casas ou locais de sua jurisdição se reúnem homossexuais com propósitos vinculados à sua imoralidade, independentemente das medidas preventivas e de repressão que possam corresponder-lhes, comunicam o fato à Superintêndencia de Investigações Criminais para sua intervenção". Também na Ordem do Dia de 15/6/1932, no inciso I, se indicava a possibilidade de deter sujeitos conhecidos como "pederastas" se estivessem em companhia de menores de 18 anos. A perseguição também chegou a afetar os direitos políticos: a Lei Eleitoral nº 5.109 (1943), em seu artigo 3º, inciso I, proibia que as pessoas homossexuais votassem, exercessem cargos públicos ou pudessem ser candidatos, argumentando que eram "indignas" de possuir direitos civis. Por último, a Lei de Averiguações de Antecedentes (1958) facultava à polícia deter qualquer cidadão por 48 horas, só para efeito de sua identificação. Foi uma das principais normas utilizadas para reprimir os homossexuais.

[3] O Código de Procedimento no Criminal (1888) estabelecia que o chefe de polícia era o juiz natural para julgar contravenções, podendo impor multas e prisões de até 30 dias. Dessa forma, a polícia era legislador (podia criar editos), juiz e executor da pena (já que as prisões eram cumpridas ou nas delegacias ou no Depósito de Contraventores).

No Uruguai, o Código Penal criminalizou, sim, a sodomia até 1934, quando ocorria sem consentimento, sem esclarecer a partir de que idade a pessoa estava em condições de consentir esse tipo de ação. Além disso, os homossexuais detidos em espaços públicos eram frequentemente acusados de "ultraje ao pudor", "atos imorais" ou "atentado aos bons costumes". Barrán (2002:178) analisa como os casos judiciais que envolvem homossexuais se multiplicam por 10 entre 1921-1930, sublinhando, por sua vez, que só um número reduzido de detidos pela polícia chegava finalmente a instâncias judiciais. Esse incremento da perseguição tem muito a ver com o fato de que o chefe de Polícia de Montevidéu entre 1923 e 1927, Juan Carlos Gómez Folle, tornou público que um de seus objetivos era "limpar" a capital de "depravados sexuais", "afeminados indecorosos" e "pervertidas" (Barrán, 2002:178). A campanha do jornal *Justicia* contra as "machonas de Montevidéu" implicou um reconhecimento dessa onda repressiva, na medida em que reforçou o estigma social de identidades dissidentes ao integrá-lo agora também ao campo político da esquerda e ao ligá-lo a uma visão de classe e a uma crítica à burguesia de Montevidéu.[4]

Mas, diferentemente da Argentina, no Uruguai a polícia está fortemente subordinada ao poder político e não gozou em nenhum momento de níveis de autonomia significativos, nem de forças judiciais ou legislativas. Em nenhuma parte do território uruguaio existiram ou existem figuras legais similares aos editos policiais argentinos.

Dessa forma, enquanto em Buenos Aires existiu uma marcada perseguição policial com numerosas ondas repressivas, a situação em Montevidéu reflete um clima, salvo exceções muito pontuais, com menor presença e intervenção policial. Como assinala Elias (1986:34), as leis morais contribuem para vitimizar os indivíduos (como foi o caso de Buenos Aires até 1998 e de Montevidéu até 1934 nesse tema) e reforçam sua subordinação social ao ver-se envolvidos em uma atmosfera quase criminosa, assim como perdem da perspectiva judicial seu caráter de vítimas, na medida em que quase sempre são abordados como ofensores. Por isso, ainda que em ambos os países existisse uma forte estigmatização social, em Buenos Aires a existência de normas policiais específicas e de uma forte autonomia dessa força conferiu a homossexuais, lésbicas e travestis uma situação de vulnerabilidade maior ao estarem envolvidos em toda uma rede de chantagens policiais, sofrerem prisões frequentes (às vezes por períodos de 30 dias ou mais) e maus-tratos durante a detenção, enquanto no caso de Montevidéu a violência social recebeu em alguns momentos reforço estatal policial, mas esta última não foi o principal ator.

---

[4] Para mais informação sobre essa campanha, ver Barrán (2002:112-114).

Essas diferenças sobre o estatuto dos dissidentes sexuais e os níveis de violência estatal geraram politizações que correm por diferentes caminhos e o desenvolvimento de diferentes marcos interpretativos em ambas as cidades. As primeiras ações coletivas de homossexuais e lésbicas no Cone Sul surgiram em Buenos Aires (Nuestro Mundo em 1967 e a Frente de Liberación Homosexual em 1971), em boa medida por causa do maior clima repressivo, da perseguição via editos e das *blitzes* persistentes em que viviam os homossexuais nessa cidade. Em Montevidéu, pelo contrário, nos anos 1960 se viveu um clima de permissividade oficial para com a dissidência sexual, e a primeira organização homossexual recém apareceu em 1984, durante o último ano da ditadura.

A antessala aos golpes de Estado na Argentina e no Uruguai

O peronismo, depois de anos de resistência e luta, reclamava, por meio de fortes mobilizações sociais, o regresso do general Juan Domingo Perón à Argentina. O peronismo conjugava nesse momento uma forte corrente "nacionalista" e "socialista" na qual operavam grupos guerrilheiros como os Montoneros e setores extremadamente conservadores que finalmente seriam os que primariam dentro do movimento. Em março de 1973, Héctor Cámpora (delegado de Perón e identificado com os setores mais radicais) foi eleito presidente e depois de quase um mês e meio de governo renunciou para facilitar a realização de novas eleições presidenciais nas quais foi eleito o próprio Perón, com 62% dos votos. Rapidamente, Perón estreitou sua relação com os setores mais conservadores e duros do peronismo, facilitando uma depuração dos setores mais radicais.

Dessa forma, Buenos Aires, durante 1973, oferecia um cenário convulsionado, mas carregado de possibilidades novas, ao menos com relação ao período prévio. Durante o governo de Onganía (1966-1970), foram realizadas importantes e aparatosas batidas contra homossexuais, depois que Luis Margaride, católico confesso e próximo aos setores de ultradireita, voltou a ocupar um lugar na Divisão de Moralidade dentro da Polícia Federal (já havia trabalhado nessa área entre 1959 e 1963). Com Cámpora se viveu um período de "liberação": aos tradicionais lugares de encontro para paquera[5] se somaram locais para dançar — como La Gayola, Freedom, Vikingo, entre outros —, onde se permitia, de forma discreta, a presença de homossexuais. A primavera durou pouco, porque, com a ascensão ao poder

---

[5] Estações Ferroviárias Once, Retiro e Constitución.

de Perón, Margaride voltou a cumprir funções-chave dentro da Polícia Federal, acentuando-se novamente a perseguição de homossexuais.

Também durante a "primavera de Cámpora", pela primeira vez organizações homossexuais ocuparam o espaço público, participando de manifestações, espalhando folhas volantes e distribuindo a revista *Somos*. O grupo Nuestro Mundo foi criado em 1967 a partir da iniciativa de Héctor Anabitarte, um ex-militante comunista, e em 1971 foi formada a Frente de Liberación Homosexual (FLH), que reuniu sob seu guarda-chuva vários coletivos,[6] entre os quais se destacou o grupo Eros, por sua maior visibilidade e pela presença do sociólogo e poeta Néstor Perlongher. O projeto político da FLH foi liberacionista: no princípio, tentou se articular com os setores mais radicais do peronismo (Juventude Peronista) para incluir a sexualidade e o sexismo como parte do projeto de emancipação social, denunciou a perseguição policial e exigiu a derrogação dos editos policiais e a libertação dos homossexuais presos.[7]

Em 20 de junho de 1973, a FLH participou com bandeira própria da recepção no aeroporto de Ezeiza a Perón, que voltava à Argentina pela primeira vez desde que se havia exilado em 1955. As disputas entre os setores de direita e de esquerda para apoderar-se do cenário terminaram aos tiros e com mortes. Dias mais tarde, os setores conservadores justificaram o "massacre de Ezeiza" mediante cartazes nas ruas da capital nos quais se acusavam os Montoneros, os "drogaditos" e os homossexuais de traidores de Perón e da Argentina. Montoneros rapidamente respondeu com um lema que se tornou muito conhecido: "Não somos putos, não somos drogados, somos soldados da FAR e Montoneros". A partir de então, toda possibilidade de diálogo e intercâmbio entre a FLH e os setores radicais peronistas se desvaneceu, ficando a organização isolada, e só em diálogo com grupos feministas[8] e de modo informal com o Partido Socialista dos Trabalhadores.

O semanário *El Caudillo*, porta-voz da Triple A (Alianza Argentina Anticomunista), publicou em princípios de 1975 um artigo que propunha a "limpeza" dos homossexuais da cidade.

> Temos de criar Brigadas de Rua que saiam percorrendo os bairros das cidades para que cacem estes sujeitos vestidos como mulheres, falando como mulheres, pensando como mulheres. Cortar-lhes o cabelo na rua ou raspá-los e deixá-los amarrados às

---

[6] A FLH esteve integrada pelos grupos Nuestro Mundo, Profesionales, Bandera Negra, Safo, Emanuel e Eros.
[7] Ver revista *Somos*, n. 1, p. 7, dez. 1973.
[8] O diálogo da FLH foi com a Unión Feminista Argentina e o Movimiento de Liberación Feminista.

árvores com legendas explicativas e didáticas... [...] É preciso acabar com os homossexuais. Prendê-los ou matá-los [*El Caudillo*, 12 fev. 1975].

Embora não se conheçam operações da Triple A contra homossexuais, as *blitzes* em lugares de encontro recrudesceram durante 1975, as ações da FLH se tornaram cada vez mais clandestinas e, depois do golpe de Estado em 1976, o grupo se dissolve por completo.

Pelo contrário, no Uruguai nos anos 1960 e princípios dos anos 1970 — coincidem todos os entrevistados —, com o amparo de uma escassa repressão policial a homossexuais e travestis, se produziu a consolidação progressiva de um circuito semiclandestino de encontros e sociabilidade no próprio centro de Montevidéu e em uma das praias mais importantes da cidade (Pocitos). Na capital existiam vários lugares de encontro informais e anônimos — banheiros de cinemas (Trocadero, York e Plaza), bares (Palacio de la Pizza, La Rinconada), o local da Compañía Onda, entre outros —, assim como reuniões e eventos sociais em bares e restaurantes e frequentes festas privadas.

> Lembro que passava, com a gente tomando chá, uma Coca-Cola, café no Sorocabana, horas, horas, faziam romarias, 20 ou 30 pessoas, você ia "pra" cá e "pra" lá, que a gente cruzava a 18 de Julio [principal avenida da cidade] de ponta a ponta, depois parava em um boliche, e aí se juntava com outras pessoas. Ou, se não se encontrava com alguém, voltava para lá de novo. Esses passeios da 18 de Julio e Ejido na Plaza Independencia, a gente ia por uma calçada e voltava pela outra. E você parava em um bar e conversava com as pessoas e se enganchava com outro... E se você bebia era porque já havia conseguido alguma coisa, e se não se enganchava ficava do mesmo jeito com as pessoas conversando, eu que sei. Era outra história. Era todos os dias da semana, sempre havia gente. Todo mundo dava um tempo ali, ou quando você parava de trabalhar já ficava um tempo no centro... [entrevista a Roberto Acosta, 8 jul. 2006].[9]

Park e Burgess (1967:45) indicam como nas cidades existe uma "região moral" que atrai indivíduos e grupos diferentes e permite sua interação temporária. O centro da cidade de Montevidéu, ao ter forte concentração de habitantes, muito movimento pela forte vida operária que concentrava e certo anonimato em comparação com os bairros carregados de controle social, tornou-se o lugar privilegiado aos

---

[9] Roberto Acosta nasceu em 1950, é aposentado e durante anos foi ativista gay independente. Atualmente, faz parte do Colectivo Ovejas Negras.

dissidentes sexuais para se concentrarem. O "percurso" pela principal avenida da cidade em busca de pares, a existência de numerosos bares e cinemas de encontro permitiram a construção de novas redes de sociabilidade e o desenvolvimento de padrões comuns. O ritual de aproximação e namoro descrito pelos diferentes entrevistados revela forte codificação no reconhecimento que buscava, antes de tudo, a autoproteção.

> Você ia caminhando, alguém te olhava e então você o olhava e você achava que... você se aproximava de uma vitrine... ou continuava caminhando, contava até 10 e então apenas depois virava a cabeça. [...] e então o outro estava justamente... E isso já era um sinal. Você atrasava o passo, e parava na esquina e pegava um cigarro. Ou ia ver alguma coisa esperando que se aproximasse. Ficava a decisão de quem ia seguir quem, aí havia como que uma luta. Ao final um ganhava, e um dos dois se aproximava do outro. Isso podia levar desde minutos até meia hora, porque havia o temor de "e se não for". Havia duas coisas: policiais e outros que diziam que eram policiais, e o chantageavam. Nos anos 1960, o problema real eram os chantagistas. Tive muita sorte com isso, e uma vez só me aconteceu, quis me roubar e eu o mandei para a puta que o pariu. Olha que estou armado, me respondeu. E eu lhe disse, bom, "tá", então você vai ter de me dar um tiro no meio da San José, e saí em diagonal. Esse homem me viu uma vez depois cruzando a 18 e a Convenção e eu não o vi, bá, eu o vi no último momento, e ele me deu um pescoção, aqui; me safei um pouco, pois bem, ele me reconheceu [entrevista a Andrés, 19 set. 2006].[10]

Mas esse circuito semiclandestino rapidamente se reduziu com o incremento do autoritarismo e em particular depois do golpe de Estado em 27 de junho de 1973.[11]

Ditaduras e repressão da dissidência sexual

Perelli (1990) indica como no Cone Sul os regimes militares desenvolveram em seu discurso uma noção de ordem que idealizou o Ocidente cristão e se centralizou na família heteropatriarcal. O discurso autoritário traçou, assim, uma fronteira entre

---

[10] Andrés nasceu em 1947, identifica-se como gay e nunca teve militância política partidária nem foi ativista do movimento LGTTBIQ.
[11] De todo modo, durante a ditadura (1973-1985) subsistiram alguns banheiros públicos e parques como lugar de namoro. Com a restauração democrática em 1985, voltou a ser reativada plenamente a zona de "giro" no centro da cidade, mas com a novidade de que se estendeu por várias quadras mais, até chegar inclusive à Plaza de los Treinta y Tres Orientales.

o argentino e o forâneo (Avellaneda, 1986; Filc, 1997) e o uruguaio e o estrangeiro (Perelli, 1987; Cosse e Markarian, 1996), definindo a identidade nacional com base em uma série de "valores essenciais" que não eram mais que uma interpretação dos valores católicos dos setores eclesiásticos mais conservadores. Valores que sustentavam uma "ordem natural" a partir da qual se enfrentavam o Bem e o Mal (Perelli, 1987). Tudo aquilo que questionava esses valores era considerado forâneo e uma ameaça à família, pilar da sociedade.

A subversão passou assim, no Uruguai, a ser qualquer tipo de atividade ou atitude

> destinada a solapar a força militar, econômica, psicológica, moral ou política de um regime. O Exército do Uruguai identifica a subversão como ações violentas ou não desenvolvidas [...] em todos os campos da atividade humana que se manifestam no âmbito interno de um estado e cujas finalidades se percebem como não convenientes para o sistema político global [*El Soldado*, n. 80, dez. 1981].

Na Argentina, a categoria de guerra também sofreu forte ampliação e terminou por envolver todas as práticas cotidianas, transformando, assim, a relação entre o público e o privado, ao converter alguns comportamentos íntimos em antipatrióticos. Os jovens, acrescenta Filc (1997:44), foram considerados um dos grupos mais vulneráveis à "contaminação", na medida em que eram tentados pelo "desvio sexual", o que em última instância conduzia à subversão.

No Uruguai, uma cartilha publicada na revista *El Soldado* em fins da ditadura assinalava sem rodeios: "Os inimigos da instituição familiar são, enfim, inimigos de nossa civilização" (*El Soldado*, n. 98, set./out. 1984).

A repressão em Buenos Aires

A poucos meses do golpe de Estado, foram fechados os poucos locais de "convivência" que haviam subsistido na capital federal. Rapisardi e Modarelli (2001) indicam como durante a ditadura na cidade de Buenos Aires os únicos espaços de paquera e encontro que subsistiram foram as chamadas "chaleiras" (banheiros públicos de alguns bares e estações de trens), alguns pontos de encontro de rua e festas privadas na província e no Tigre — uma zona de ilhas do delta do rio Paraná nas redondezas de Buenos Aires. A militarização da Polícia Federal chegou com a nomeação como chefe de polícia do general de brigada Albano Harguindeguy, em 2 de fevereiro de 1976, que procurou aceitar a relação entre as Forças Armadas e a polícia, assim como a perseguição da subversão incrementando o controle estatal sobre o tecido urbano. Como explicou o chefe da División de Moralidad da Polícia Federal em 1977 (durante as jornadas de psicopatologia social organizadas pela Universidad de Buenos Aires), era prioritário "espantar os homossexuais das ruas para que não perturbem a gente decente" (*El Porteño*, dez. 1983. Suplemento Cerdos y Peces, p. 16).

As ondas repressivas sobre os homossexuais foram sensíveis às conjunturas políticas e à maior ou menor visibilidade do país no contexto internacional.[12] Dessa maneira, a chegada de milhares de turistas estrangeiros durante o Mundial de Futebol de 1978 propiciou que o regime militar tentasse publicizar uma imagem do país oposta à construída pelos organismos de direitos humanos por meio de suas denúncias por violação de direitos humanos em diferentes instâncias internacionais. Por isso se difundiu a publicidade oficial em que se dizia que na "Argentina somos direitos e humanos" e se procurou limpar a cidade de pessoas ou grupos que questionaram a imagem nacional que se queria difundir. Esse clima se traduziu em um recrudescimento da repressão sobre os homossexuais em prol de uma "limpeza" (Jáuregui, 1987:168), tarefa reivindicada pela Polícia Federal e em particular pela División de Moralidad. Em junho de 1978, por causa da pressão do bispo de San Martín, foram detidos 200 frequentadores do bar La Gayola (Caseros), e, segundo Jáuregui (1987:169), os procedimentos que se repetiram durante esse mês do Mundial e nos seguintes implicaram a detenção de aproximadamente outros 1.400 homossexuais.

Também a maioria dos testemunhos (Perlongher, 1981; Acevedo, 1985; Jáuregui, 1987) coincide em denunciar a existência de chantagens a homossexuais por parte de funcionários da própria Polícia Federal. Era frequente, segundo os testemunhos, que fossem usadas ciladas para homossexuais, em que a polícia utilizava menores em situação de prostituição para deter pessoas com uma boa posição econômica e obter, depois de várias horas de "abrandamento" (ameaças sobre as consequências legais da detenção), subornos suculentos.

---

[12] A perseguição policial tanto em Buenos Aires quanto em Montevidéu durante as ditaduras centrou-se na diversidade sexual, em particular em homossexuais e travestis. Ainda que, em alguns casos, lésbicas tenham sido detidas em ambas as cidades, foi exceção. Essa diferença provavelmente se radica nas diferentes formas de relacionamento com o espaço público que têm lésbicas, homossexuais e travestis, pautadas pelos padrões de gênero. As organizações lésbicas que apareceram na Argentina nos anos 1980 e 1990 não abordaram, por isso, o tema do passado ditatorial, e tampouco este foi um eixo significativo para as lésbicas que integravam organizações mistas em Montevidéu, onde não houve grupos exclusivamente lésbicos de peso. Para uma aproximação da situação das lésbicas na Argentina, ver Sardá e Hernando (2001) e Fígari e Gemetro (2009:33-53).

Do exílio espanhol, indica Anabitarte (2008), o grupo Nuestro Mundo enviou, em 17 de março de 1977, um comunicado aos meios de comunicação denunciando as prisões arbitrárias que sofriam os homossexuais sob a ditadura e como eram obrigados a assinar "O segundo H", em referência a um dos editos policiais que tornava puníveis pessoas que publicamente incitassem ou se oferecessem para o ato carnal. O mesmo fazia Perlongher de seu exílio no Brasil, assinalando a "limpeza moral" que o regime ditatorial procurava:

> Um gigantesco aparato repressor — dois policiais em cada quarteirão, patrulheiros, carros de assalto, controles militares até na praia (!) — faz de Buenos Aires uma cidade ocupada, sustentada em disposições que punem em até com 30 dias de prisão a homossexualidade, o travestismo, a prostituição etc. A suspeita de pederastia é castigada com 90 dias de prisão, [...]. Lançou-se com fúria à caça aos gays, com brilhantes resultados: milhares de homossexuais, homens e mulheres, padeceram detenções, espancamentos e torturas somente porque o olho vigilante da polícia, treinada especialmente ao extremo de reconhecer até as lésbicas nas ruas, detectou neles algum sintoma de perversão. Por exemplo, trazer uma malha de balé ou um par de brincos é prova suficiente de libertinagem. E qualquer tentativa de recorrer à justiça é contundentemente desestimulada. Nesse pesadelo paranoico, sair para "caçar" na Argentina é uma aventura suicida. Os gays tremem escondidos em suas casas, pois nem aí estão seguros [*Boletim do Grupo Gay da Bahia*, n. 1, ago. 1981].

Uma realidade que confirma o testemunho de Gustavo, que já havia sido preso em Villa Devoto durante 20 dias em 1974 por ser homossexual:

> Na delegacia me fizeram assinar um papel e me levaram ao Departamento Central de Polícia. Ali me fizeram assinar novamente, de modo que me puseram dois 2do H no mesmo dia [...]. Em pouco tempo voltaram a me prender [...] levava um presente para uma amiga: um conjunto de gargantilha, brincos e um anel. Teimaram que isso era realmente para meu uso, me obrigaram a colocá-los e me fotografaram com o aparato em cima [Acevedo, 1985:218].

Em 1978, Gustavo volta a ser detido por três policiais civis, depois que o veem dando indicações a um menor sobre onde tomar um ônibus. Na delegacia batem nele e o obrigam a ficar nu:

> [...] me faz agachar e me mete o cano de uma escopeta no cu; queria que lhe contasse o que tinha feito com o menor. No outro dia volta a fazer comigo a mesma

coisa, exigindo-me os detalhes de minhas presumidas trepadas com os demais presos na cela comum. Depois queriam fazer-me assinar a conformidade com o 2do H, sem deixar-me lê-lo, assegurando-me que era um requisito para sair em liberdade. Me nego e me prendem no calabouço de castigo; [...] me metem com três verdugos que me arrebentam. Pensei, assim acabam comigo e assinei. Às três horas o caminhão prisão me conduziu a Devoto [Acevedo, 1985:218].

A perseguição de homossexuais por parte dos chamados "grupos de tarefa" (encarregados da repressão) também existiu. Em 1978, foi capturado o "Chufo", militante montonero homossexual que voltou à Argentina do exílio para realizar uma série de tarefas para sua organização armada:

Ele volta com tarefas muito específicas e com dois meses cai, e como produto de sua queda e da investigação que os serviços da Marinha vinham realizando com respeito a ele, chegaram a um grande grupo de amigos e conhecidos que eram todos gays, eu sabia disto [...] nesse mesmo dia é invadido o apartamento de um deles, de Jorge, que também era amigo meu, e era companheiro do Chufo nesse momento e todos foram levados, 10, 11 loucas, para a Esma, o *chupadero*.[13] Por gente amiga minha que sobreviveu à Esma, sei que fui um escândalo entre os marinheiros, "não só nós temos de sequestrar subversivos como também veados", "o que vamos fazer com isto?". A maioria é solta depois de uma semana. Os marinheiros tinham uma atitude de profundo repúdio e devem ter batido nele especialmente por sua condição. Estavam aí não pela política, mas porque era uma reunião social de homossexuais. Estavam como que sobressaltados, não sabiam o que fazer, se os matavam ou não os matavam, então decidem soltá-los [entrevista a Carlos de Lorenzo, 18 dez. 2010].[14]

No princípio de 2011, Valeria Ramírez,[15] que esteve detida durante a ditadura no centro clandestino conhecido como "El Pozo" de Banfield, ofereceu seu testemunho ante a Comisión Nacional sobre la Desaparición de Personas [Comissão Nacional dobre o Desaparecimento de Pessoas] (Conadep), convertendo-se, assim,

---

[13] Centros clandestinos de detenção organizados pelo Estado argentino. (N.T.)
[14] Carlos de Lorenzo foi militante dos Montoneros nos anos 1970, esteve exilado no México e atualmente trabalha no Centro Cultural Haroldo Conti, subordinado à Secretaria Nacional de Direitos Humanos.
[15] Valeria Ramírez tem 57 anos, vivia nos anos 1970 na localidade de Llavallol, que está situada no Departamento de Lomas de Zamora (na Província de Buenos Aires). Foi detida em 1977 em frente ao Hotel Colonial de Camino de Cintura, lugar onde conseguiu sua primeira "praça" para exercer o comércio sexual. Atualmente, trabalha como voluntária na Fundación Buenos Aires Sida.

no primeiro caso em que uma pessoa travesti declarou diante desse organismo. Ramírez indicou que, durante a ditadura, em duas oportunidades foi transladada para esse centro de detenção, sendo na primera vez sequestrada quatro dias e na segunda quase toda uma semana:

> Nos prendiam por sermos homossexuais e exercer a prostituição. [...] Na segunda vez, dividi minha detenção com outras sete companheiras com as quais trabalhávamos juntas. Pelo que eu soube, as únicas que ficamos vivas fomos só duas. As outras ainda continuam desaparecidas [...] Nos violavam sistematicamente, de fato nos obrigavam a fazer sexo por um prato de comida, quando pedíamos água ou para que nos permitissem tomar banho. Se você não cedia não te davam comida ou te batiam [*El Argentino*, 27 jan. 2011].

As *blitzes* policiais foram, para além dos picos, permanentes, e a partir de 1981 chegaram inclusive a lugares considerados relativamente seguros pelos homossexuais. Em fevereiro de 1981, a prefeitura irrompeu em uma ilha do Tigre onde se realizava uma festa privada, sendo detidos 340 homossexuais (Perlongher, 1981), e em uma operação similar no ano anterior nessa zona 10 homossexuais haviam morrido afogados tentando escapar da batida policial. E, em novembro de 1981, embora houvesse muitos turistas, a polícia realizou uma *blitz* brutal na Plaza Dorrego, o coração do tradicional bairro San Telmo, e prendeu um cantor e 20 presentes. "A justificativa policial foi que há muita gente amoral, homossexuais e esse tipo de gente na Plaza" (*The Buenos Aires Herald*, 7 nov. 1981).

Depois da derrota da Guerra das Malvinas em 1982, se inicia o processo de transição democrática, mas à repressão estatal já descrita se somaram dois novos fenômenos: 18 homossexuais foram assassinados de forma brutal na cidade de Buenos Aires entre 1982 e 1983 e a maioria dos casos nunca foi esclarecida. Por sua vez, a sequência de homicídios ocorreu conjuntamente com a aparição de um autodenominado Comando Condor, o qual, em junho de 1982, enviou comunicados de imprensa a diferentes meios da capital advertindo sobre sua intenção de perseguir os homossexuais e impedir que continuassem se produzindo na capital espetáculos lascivos. Um mês mais tarde se responsabilizaram pelo incêndio que acabou com o Teatro Nacional. Em 1983, um autodenominado Comando de Moralidade ameaçou em várias oportunidades o cineasta alemão Werner Schroeter, que realizava uma investigação para a televisão alemã sobre a situação dos homossexuais na Argentina. Finalmente, Schroeter foi sequestrado e brutalmente golpeado e teve de abandonar o país em setembro de 1983.

Não passou muito tempo antes que as organizações homossexuais portenhas especulassem sobre a relação entre esses comandos e os 18 assassinatos, na medida em que o terrorismo de Estado havia desenvolvido uma forte arbitrariedade e contava com uma provada vocação de extermínio ante aqueles grupos dos quais se queria "limpar" a Argentina. Mas a possível relação entre ambos os fenômenos nunca foi confirmada.

Mas, além de que os assassinatos foram fruto de uma violência social, e não de comandos parapoliciais — na medida em que o cruzamento entre classes sociais era frequente nesse momento nos lugares de giro, e eram frequentes os extravasamentos violentos nas situações de prostituição informal —, a reação policial aos casos confirmava a forte matriz homofóbica do regime. Alguns investigadores ou comissários, entrevistados pelos meios de comunicação a respeito, culpabilizavam as vítimas, seguindo uma tendência já estudada (Sarti, Barbosa e Mendes Suarez, 2006; Ramos e Carrara, 2006). Dois altos funcionários da Polícia Federal notaram, em 1983: "Os desviados sabem que o suicídio não pode ser publicizado é por isso que recorrem a alguém que alcance o mesmo objetivo saindo do anonimato" (*Diario Popular*, 29 jul. 1983).

A investigação escassa e ineficaz dos assassinatos ambientava, ao gerar um clima de impunidade, a realização de novos episódios. O chefe da División Homicidios de la Polícia Federal, comissário Nelson Horacio Corgo, justificou a ineficácia para resolver os 18 casos alegando que "Os homossexuais vivem mantendo relações superficiais. Estou seguro de que, se se pudesse reviver um dos que morreram no outro dia e lhe perguntasse: Quem o matou?, ele diria: Não sei, um cara que conheci há meia hora" (*Clarín*, 23 jul. 1982).

Por fim, nos últimos meses da ditadura, as *blitzes* para homossexuais se tornaram midiáticas. Em 10 de setembro de 1983, em uma festa privada no bairro Belgrano, a polícia realizou uma grande operação e deteve cerca de 250 pessoas. As autoridades entregaram à imprensa no dia seguinte fotos da operação, as que apareceram em numerosos meios na capa. A visibilidade à força não fez mais que reforçar o medo que existia entre muitos homossexuais, já que, como observa Acevedo (1985:197), "uma simples prisão cujas consequências fossem o conhecimento por parte de suas famílias, sua esposa e filhos, seus amigos, seus companheiros de trabalho, de suas 'outras inclinações' pode — simplesmente também — converter-se na pior catástrofe de sua vida".

A repressão em Montevidéu

Em 26 de maio de 1971, é aprovada a Lei nº 13.963, conhecida como a Lei Orgânica Policial, que reorganizou profundamente essa força, ao criar várias dependências novas e ao unificar os critérios de funcionamento em todo o país. Por sua vez, a intervenção das FFAA na polícia implicou a militarização e a substituição dos cargos políticos por militares, o desenvolvimento de uma férrea disciplina interna, a criação de fortes hierarquias internas e o doutrinamento na Doutrina da Segurança Nacional. A Direção Nacional de Informação e Inteligência teve papel preponderante no funcionamento da polícia, e se produziu a perda crescente das garantias procedimentais com os detidos.

Em 1976, coincidindo com a intenção fundacional da ditadura civil-militar (Caetano e Rilla, 1987) e a raiz do assassinato de um homossexual, o chefe de polícia de Montevidéu, coronel Alberto Ballestrino, deteve mais de 300 homossexuais e se propôs limpar a cidade da "atividade perniciosa do homossexualismo" (*El Día*, 27 out. 1976). Os testemunhos coletados denunciam a intensificação das perseguições durante esse ano e nos posteriores, e como a presunção de homossexualidade estava na origem da detenção policial:

> Durante a ditadura, os milicos não só perseguiam tupamaros, mas também homossexuais. Uma vez me levaram quando eu estava esperando o ônibus na 8 de outubro às duas da manhã. Na delegacia foi bravo, me lembro que o comissário me disse: "O que você estava procurando a estas horas", rindo, e a mão vinha "pra" apertar. Por sorte meu cunhado trabalhava nessa delegacia, eu o mencionei e aí tudo mudou. Mas os homossexuais que eram afeminados, os milicos perseguiam o tempo todo, não podiam nem andar pela rua [entrevista a HB, 12 ago. 2008].[16]

O incremento da periculosidade do "percurso" no espaço público não impediu que subsistissem alguns lugares de paquera em banheiros públicos (banheiro do Terminal de ônibus de Arenal Grande) e parques da cidade (parque Batlle e Ordoñez). Tal como em Buenos Aires, as situações mais problemáticas e recorrentes foram sofridas por dois grupos específicos: homossexuais e travestis. Para os homossexuais e pessoas que tinham expressões de gênero dissidentes das socialmente esperadas, ou que por sua roupa e forma de interagir pareciam candidatos a ser incluídos dentro da categoria de homossexual, tornou-se perigoso inclusive deslocar-se normalmente pelo espaço público para realizar suas tarefas cotidianas.

> Estava esperando que meu amigo parasse de estudar para irmos juntos a um domicílio em Pocitos, e veio a polícia, e "O que vocês estão fazendo aqui?". Me pisaram, me tocaram todo, se deram conta de que era maricas, entende? Arrancavam meus

---

[16] HB nasceu em 1936, é ator e docente, e nunca teve militância política.

cabelos, o que você tem nessa cabeça, porque eu tinha o cabelo *African look* [...] Me levaram muitas vezes detido durante a ditadura, para averiguações [...] Só pelo fato de estar em uma esquina esperando alguém, e não podia, entende? E os milicos já te agarravam, [...] e todos queriam passar por você. Se você deixasse, passava toda a delegacia. Os milicos nesse sentido..., odeio-os, entende? Porque são do terror... [entrevista a Roberto Acosta, 8 jul. 2006].

A população conhecida por essa época como "os travestis" tinha começado a ocupar várias ruas de Montevidéu em fins dos anos 1960 para exercer a prostituição,[17] mas com a chegada da ditadura, segundo as entrevistadas, ocorreu uma inflexão importante em seu relacionamento com a polícia. Ainda que a perseguição policial ao comércio sexual sempre tenha existido, o que mudou com o incremento do autoritarismo foram os lapsos de detenção e os níveis de violência institucional: em fins dos anos 1960, as prisões de Ordem Pública ou em uma delegacia não superavam em geral as 24 horas, enquanto a partir de 1974 passaram a durar sete ou 15 dias. E os maus-tratos e a tortura para obter informação sobre delinquentes (narcotráfico, contrabando, roubos), no princípio quase ausentes, foram se instalando progressivamente como uma prática policial cotidiana:

> Naquele tempo te levavam e te detinham um tempo. Depois começou a ditadura e... te deixava preso sete ou oito dias na chefatura. Na delegacia te passavam para outra dependência e dessa para outra. Você saía da Ordem Pública, chegava numa porta e te faziam entrar Inteligência, e depois Furto. No final você perdia mais de sete dias. [...] Era todo o tempo... Você estava fazendo um trabalho, e te agarravam e já estava fichado e... já ia preso. Na chefatura primeiro faziam que iam te bater, ameaças, te levam para um quarto, todos com capuz, e te ameaçavam, faziam que iam te dar uma surra. No tempo da ditadura... te faziam um submarino, que era um tanque com água, te davam o aguilhão que eram dois cabinhos. Te tiravam do tanque molhada e punham esses cabinhos em você... isso era o famoso aguilhão. Eu era menor quando aconteceu comigo. Fiquei uma semana: me pegavam a cada intervalo. Quando viam que no meu corpo não dava mais, os mesmos chaveiros te davam água, ainda que te proibissem de tomá-la porque se dizia que amortecia os golpes. E te tiravam nua do calabouço. [...] Às vezes a polícia te extorquia. Na ditadura era muito mais. Se você negociava, se entregava alguém, saía da repartição sem problema [entrevista a Julia, 16 jul. 2011].[18]

---

[17] O primeiro lugar foi em uma rua central (Andes e 18 de Julio), e a partir de 1967-1968 a maioria se deslocou para a zona do Bulevar Artigas e a 21 de Setiembre.
[18] Julia nasceu em 21/5/1957 em Montevidéu, se autoidentifica como travesti e esteve em situação de prostituição desde os 11 anos.

Durante a ditadura, a chefatura, asseguram os testemunhos, ficou povoada de delinquentes, homossexuais e travestis. "O pátio da chefatura estava sempre cheio,… não como agora que não há ninguém nunca… sempre havia maricões, gays, punguistas e travestis… era infernal" (Entrevista Lucy, 3 jun. 2009).[19]

O risco de desenvolver o comércio sexual como estratégia de sobrevivência cresceu significativamente diante do agravamento da violência policial, e embora em alguns casos se optasse por empreender trabalhos formais, os processos de identificação e fichamento impediram às pessoas escapar das redes de repressão policial:

> Sempre os maricas eram os que pagávamos a conta… vivíamos uma semana dentro do pátio da chefatura. Os problemas maiores eram com a 3 e a 4 (que agora é a 2) e Ordem Pública. […] Não me batiam no princípio, depois começaram a apertar para que entregássemos gente, para isto, para aquilo outro, os de Furto e os de Homicídios. Aí te batiam, mas até aquele momento não havia me acontecido nada comigo. […] Como a coisa ficava cada vez pior, procuro no jornal trabalho e entro em uma fábrica de calçados, estou a um ano trabalhando, pegando caixas, […] nessa época a polícia ia a La Teja na casa das meninas para ver o que estava acontecendo, sabiam os nomes de todas, […] fui num aniversário em Aparicio Saravia, na hora dos parabéns, me agarra a polícia ali, eu estava de gay, mas já sabiam que eu era Mariela, começam a me pegar e pegar, que tinha que entregar e eu não sabia nada. Me deram uma porrada… me penduraram, e me puseram o aguilhão nos testículos e capuz… fiquei uma semana ali dentro. Não sabia nada, fui a um aniversário. Depois quando viram que não tinha nada me pediram desculpas, e me deram um café […] faziam submarino, aguilhão e te batiam. Havia 15 meninas mais, estavam já por Ordem Pública. […] Quando estive no pátio, eu disse nem louca eu fico aqui. Aí começamos todas a ir embora: umas para o Brasil, outras para a Argentina [entrevista a Mariela, 2 out. 2011].[20]

À repressão policial se somou a existência de sequestros por parte do Exército e/ou da Armada, onde muitas travestis sofreram maus-tratos, espancamentos e violência sexual de todo tipo. "Era uma época em que passavam e te levavam… e te levavam. A mim levaram uma vez para a Armada, e outra vez ao Quartel 14.

---

[19] Lucy nasceu em 17/2/1956 em Montevidéu, se autoidentifica como travesti e está em situação de prostituição desde os 16 anos.
[20] Mariela nasceu em 30/10/1954 em Montevidéu, se autoidentifica como travesti e está em situação de prostituição desde os 18 anos.

Ficaram comigo uma semana, mais ou menos... certo?... e era um atrás do outro. Se você se negasse, te pegavam" (entrevista Julia, 16 jul. 2011).

Mariela lembra que algo similar ocorreu com várias de suas companheiras do circuito de prostituição de rua:

> Levaram as minhas amigas... a Negra Pantera esteve 15 dias no quartel... as levavam para os quartéis e a Marinha, as violavam, as faziam caminhar de joelhos sobre pedregulho. Era quando andavam na rua as Fuerzas Conjuntas... eu sempre corri como louca, conhecia os apartamentos e meandros da 21 de Setiembre,... não sabe... conheço todos por alto daí de dentro porque sempre me escondia. Na Armada te davam uma injeção. [...] e depois te deixavam nas pedras, "agarre as pedras que senão você cai e não olhe até a gente ir embora", continuava encapuzada, entende, escutava o ruído das ondas, e não sabia onde estava, e aí te deixavam, para que você não visse [entrevista Mariela, 2 out. 2011].

Essa violência sexual também foi aplicada pela polícia, muitas vezes sobre a própria população que reprimia e torturava:

> A polícia aparecia a qualquer hora da noite, chamava e te tirava correndo da cama. Muitas vezes você ia parar na cadeia, te fichavam e te deixavam toda a noite ali. Outras, te levavam e era simplesmente para satisfazer seus desejos sexuais. E muitas vezes também não chegava no comissariado porque o desejo sexual era satisfeito onde eles bem entendessem [Pierri e Possamay, 1993:19].

Embora durante a ditadura não houvesse em Montevidéu boliches nem lugares de dança para homossexuais, depois da derrota do projeto constitucional militar no plebiscito de 1980 e do começo de um afrouxamento do regime, começaram a fazer novamente reuniões informais em casas ou em clubes do centro. O conhecido ator uruguaio Petru Valensky lembra:

> A detenção em que caí foi muito violenta. Em 12 de janeiro de 1982. Foi muito triste. Foi exatamente em frente a [a redação do jornal] *El País*, na rua Zelmar Michelini. O boliche naquela época se chamava Gente. 162 pessoas caminhando diante do olhar atônito dos que carregavam os jornais, que não podiam crer em tanto mau-trato. O que era chefe de polícia nesse momento a vida me levou a conhecê-lo, inclusive a ter que escrever uma nota. Eu lhe perguntei o que havia acontecido essa noite, por que havia ocorrido isso, e ele me contou que estava muito sobrecarregado, que o haviam obrigado [*Qué Pasa*, 18 nov. 2006].

Os chantagistas continuavam sendo um problema importante (alguns policiais, outros que afirmavam ser, mas não eram), e existiam ciladas para pegar homossexuais por "corrupção de menores" ou para conseguir dinheiro. "Naquela época não havia boliches, não havia nada, o que havia sim eram armadilhas que eram feitas para 'caçar' os gays e metê-los na prisão. Te faziam a carga, isto é, te carregavam, e depois te extorquiam ou te levavam preso diretamente" (Valensky, *Qué Pasa*, 18 nov. 2006).

A perseguição e a violência estatal conviveram e reforçaram os processos de estigmatização e da violência social para as pessoas com sexualidades ou identidades genéricas dissidentes.

Democracia, organizações LGTTBIQ e passado recente

No marco da "terceira onda" democratizadora (Huntington, 1991), o processo de transição para a democracia se iniciou na Argentina com a derrota da Guerra das Malvinas (1982) e foi caracterizado como uma transição não pactuada fruto do colapso do regime militar (O'Donnel e Schmitter, 1991), enquanto o processo no Uruguai se inicia em 1985 e tem caráter fortemente negociado ou pactuado (Caetano e Rilla, 1987).

Na Argentina, a partir do Estado se tentou instrumentar uma ética dos direitos humanos como marco fundacional da nova democracia, enquanto no Uruguai, embora os direitos humanos tivessem um lugar relevante no debate público, o governo de Julio María Sanguinetti (1985-1989) promoveu a aplicação de anistias para os militares implicados na violação dos direitos humanos durante a ditadura.

De todas as formas, em ambos os países, durante esse período adquiriram relevância os valores democráticos, a liberdade de expressão e uma maior tolerância com a opinião alheia e as diferentes sexualidades. A saída da ditadura e o clima de liberação em face do fim da censura promoveram a proliferação de discursos em nível midiático sobre a sexualidade em formatos muito variados. Os eixos inato/adquirido, patologia/normalidade atravessam as discussões sobre a sexualidade, e nesses debates participam as instituições psicanalíticas, de sexologia, a Igreja Católica e as organizações homossexuais e lésbicas.

Durante esse período, surgem em Buenos Aires e Montevidéu organizações que lutavam pelos direitos de homossexuais e lésbicas. Essas organizações se posicionaram no espaço público exigindo o reconhecimento social, direitos e o fim da repressão policial à população homossexual. Como se posicionaram ante o passado recente? O que lembram e como?

Em Buenos Aires, memória e direitos humanos

As formas em que as organizações LGTTBIQ argentinas se relacionaram com o passado recente podem ser agrupadas em dois momentos: um primeiro período fundacional, entre 1982 e 1990, quando se gestou um marco interpretativo que relacionou sexualidade e direitos humanos e se disputaram os próprios sentidos da categoria de direitos humanos; e uma segunda etapa, entre 1990 e 2010, quando se produziu uma forte condensação dos sentidos sobre esse passado.

Disputas e primeiros deslocamentos (1982-1990)

Das seis primeiras organizações que surgiram em Buenos Aires em 1982, o grupo 10 de Setiembre e o Grupo Federativo Gay foram os que mais puseram ênfase na ditadura: exigiam o esclarecimento do assassinato dos 18 homossexuais entre 1982 e 1983 pelas mãos de "grupos parapoliciais" (*El Testigo*, 23 nov. 1983:25-34) e se consideravam dentro do movimento de direitos humanos. Nesse sentido, observava-se que, durante a ditadura,

> uma vez liquidada a guerrilha, toda a infraestrutura bélica desenvolvida foi usada para controlar a população, sendo o homossexual o principal setor atacado. Perseguição que culminou em 10 de setembro de 1983, ainda em pleno retrocesso do governo militar, com a detenção de 250 pessoas no bairro de Belgrano. A febre nazi que padeceu o país nos últimos 10 anos deixa essa sequela que exalta a morte, a agressão física, o sequestro, contra pessoas que, por sua raça, religião, ideias políticas ou simplesmente o companheiro sexual que escolheu, são consideradas perigosas para um projeto político que claramente se manifesta como patológico [*Revista Postdata*, Grupo Federativo Gay, ano 1, n. 1, p. 6, mar. 1984].

Essa leitura do passado recente de alguns grupos homossexuais portenhos foi decisiva para atingir a articulação precoce entre o paradigma dos direitos humanos e a sexualidade.[21] Esse marco interpretativo inovador no princípio se justificou su-

---

[21] As formas de relacionar teoricamente a (homo)sexualidade e os direitos humanos foram mudando com os anos. Em algumas ocasiões, os membros da organização da CHA aderiam à ideia de uma transformação progressiva dos direitos humanos em diferentes gerações, outras vezes se fundamentavam reivindicando o direito ao corpo e à sua livre disposição. Em 1986, um plenário interno da CHA sobre direitos humanos terminou produzindo um documento interno que aderia à teoria da indivisibilidade dos direitos humanos. A CHA consolidou, assim, um percurso teórico pioneiro, na medida em que cruzou ambos os campos quase uma década antes que o fizesse o movimento LGTTBIQ internacional. Nesse período, o movimento Gay Lésbico

blinhando que a perseguição ditatorial não foi exclusivamente por razões político-partidárias, mas também, entre outras coisas, para fins moralizantes, ao ampliar-se a categoria subversão sob a Doutrina da Segurança Nacional.

Essa interpretação também foi difundida no princípio pela Comunidade Homossexual Argentina (CHA), criada em 1984,[22] já que entre suas metas estava incluída a busca do "esclarecimento dos crimes e delitos ocorridos durante os anos da ditadura militar, especialmente aqueles relacionados com as violações aos direitos humanos: detidos-desaparecidos, assassinatos a homossexuais" (*Boletín de la CHA*, n. 3, p. 2, fev. 1985).

A equiparação entre detidos-desaparecidos e "assassinatos de homossexuais" foi chave para entender a sexualidade como um direito humano, um direito além do que foi subjugado pelo terrorismo de Estado. Mas essa homologação nunca adquiriu peso social significativo em Buenos Aires por vários fatores: as diferenças entre a CHA e o resto das organizações de direitos humanos argentinas[23] em sua capacidade de convocatória e incidência na agenda política, a forte legitimação social que obtiveram as denúncias de repressão por motivos políticos graças ao impacto social que tiveram os julgamentos dos nove comandantes que haviam encabeçado o governo ditatorial entre 1976 e 1982 (Feld, 2002) e a publicação do *Nunca más*, assim como a forte homofobia que reinava em Buenos Aires durante a transição democrática, que tendeu a naturalizar em nível social a violência estatal sobre homossexuais e travestis exercida durante a ditadura e a nova democracia.

Embora a CHA tenha entregado um dossiê de apresentação de sua organização à Conadep (*Boletín de la CHA*, n. 2, p. 1, dez. 1984), a existência e ações dos "comandos" de Moralidade e Condor, a detenção, tortura e maus-tratos de milhares de homossexuais e travestis (e algumas lésbicas), as *blitzes*, os "assassinatos de homossexuais", junto a outras ações repressivas perpetradas pela ditadura, não foram

---

internacional ainda falava de direitos sexuais e de liberdade sexual. As redes transnacionais tentaram pela primeira vez relacionar os direitos sexuais com os direitos humanos no âmbito da ONU em meados dos anos 1990 (Correa, Petchesky e Parker, 2008:167-171).

[22] Entre 1984 e 1987, a CHA foi basicamente uma "federação de grupos" que contava com um órgão executivo formado por um Conselho de Representantes integrado pelo presidente e vice-presidente, por um representante de cada grupo e um de cada comissão de trabalho. Todos tinham voz, mas voz e voto só os representantes dos grupos e o presidente. Os grupos que a integraram foram Pluralista, Oscar Wilde, 10 de Setiembre (mais tarde Grupo de Acción Gay), Venezuela, Dignidad, Contacto, Grupo Federativo Gay, Camino Libre, Mujeres de la CHA e Liberación.

[23] O movimento de direitos humanos estava constituído nessa época pelo Serpaj, a Liga Argentina pelos Direitos do Homem, a Assembleia Permanente pelos Direitos Humanos (APDH), o Centro de Estudos Legais e Sociais (CELS), Movimento Judeu pelos Direitos Humanos (MJDH), Mães da Praça de Maio, Avós da Praça de Maio, Familiares de Detidos e Desaparecidos por Razões Políticas e Movimento Ecumênico pelos Direitos Humanos.

objeto de análise da Comissão. O eixo da investigação e o informe que produziu a Conadep giraram em torno da metodologia repressiva do regime militar e dos detidos-desaparecidos, ficando, assim, o resto da violência estatal exercida durante a ditadura com propósitos moralizantes cindido da noção de violação de direitos humanos que seu trabalho utilizou. Os lemas da CHA "a dignidade homossexual é um capítulo na vigência dos direitos humanos na Argentina" ou "o livre exercício da sexualidade é um direito humano" tentaram combater, sem muito êxito, essa visão hegemônica durante a transição democrática.

Tampouco contribuiu para visibilizar essa inovação a instrumentação a partir do governo de uma política de direitos humanos que promoveu uma cristalização do próprio sentido do problema dos direitos humanos, associando exclusivamente ao castigo judicial os responsáveis pelos crimes por motivos políticos durante a ditadura.

> Até agora, a política governamental não definiu ativamente seus objetivos. Lamentavelmente ainda continuam as discriminações — com os homossexuais, os que reclamam seu direito à vida, a uma moradia digna, à assistência de saúde, à educação. Porque, ainda que para o senhor ministro do Interior os direitos humanos só se refiram aos desaparecidos, isso não é assim: o espectro é muito mais amplo [*Boletín de la CHA*, n. 4, p. 8, mar. 1985].

Mas, sem margem para dúvidas, um dos aspectos centrais que impediram de dar visibilidade à violação dos direitos humanos que viveu a diversidade sexual durante a ditadura foi a falta de denúncias judicializadas que permitissem confirmar o que sempre circulou em nível de conversações informais e testemunhos dentro das organizações homossexuais.[24] Esse hiato se explica por causa do medo de tornar-se visível e expor-se durante um processo judicial, da naturalização e minimização nas próprias vítimas da violência estatal e da falta de reconhecimento do direito a ter direitos, assim como do fato de que continuavam vigentes os editos policiais, que criminalizavam nos fatos os homossexuais e travestis. Dessa forma, o nível de realidade e visibilidade que alcançaram as violações dos direitos humanos por moti-

---

[24] A judicialização era central para determinar os fatos e os responsáveis na medida em que quase não ficaram arquivos militares que testemunham a metodologia repressiva deflagrada pela ditadura argentina. E os existentes, como o Archivo de la Dirección de Inteligencia de la Policía de la Provincia de Buenos Aires, administrado atualmente pela Comisión Provincial por la Memoria, não tem informação sobre os temas aqui trabalhados. No Uruguai existe o Archivo de Inteligencia de la Policía, mas sua acessibilidade me foi negada pelo Ministério do Interior em 2011, amparando-se na Lei nº 18.331, de proteção de dados pessoais. Atualmente, estou esperando a resolução de uma ação legal que iniciei para conseguir reverter essa decisão ministerial.

vos políticos (em particular os detidos-desaparecidos graças aos processos judiciais) nunca foi alcançado pelas que tiveram fins político-moralizantes.

Durante os anos 1980, a CHA participou ativamente, com bandeiras e lemas próprios, da maioria das manifestações públicas organizadas pelo movimento de direitos humanos, na medida em que a violência estatal contra homossexuais implicou que, dentro dos repertórios disponíveis nesse momento, esse movimento fosse o campo de articulação política e ideológica mais próximo da realidade que viviam os homossexuais na Argentina. Mas o relacionamento com o movimento de direitos humanos era recente e bastante conflitivo. Em 1985, no marco de um ato institucional por motivo da primeira comemoração do 28 de Junho em Buenos Aires, a CHA recebeu adesões de três organismos de direitos humanos: a Assembleia Permanente pelos Direitos Humanos (APDH) reconheceu que na "luta pelos direitos humanos repudiamos toda forma de discriminação e repressão, sejam quais forem os fundamentos que se utilizem para isso" (*Boletín de la CHA*, n. 6, p. 8, jul. 1985), e gestos similares existiram por parte da Liga Argentina de Defesa dos Direitos do Homem e de Familiares de Desaparecidos e Detidos por Razões Políticas. Mas o resto das organizações continuava sem se manifestar sobre o fundo do assunto: se a discriminação e repressão por orientação sexual era uma violação dos direitos humanos. O presidente da CHA, Alejandro Zalazar, sublinhou nessa oportunidade que, embora houvesse satisfação ante as três adesões,

> a satisfação dos membros da CHA também se transforma em exigência para com organizações que ainda falando de direitos humanos não reconhecem, todavia, como violatórios desses direitos o preconceito, a discriminação e a tortura psicológica exercida pelas forças de segurança e pela sociedade em geral. Uma de nossas tarefas é esclarecer a problemática homossexual e outra é a denúncia dos que falam de direitos humanos e dão as costas para os homossexuais. As organizações de direitos humanos devem definitivamente pronunciar-se sobre toda violação aos direitos que dizem defender, sobrepondo-se ao preconceito que individualmente ainda conservam alguns de seus integrantes e dirigentes [*Boletín de la CHA*, n. 6, p. 8, jul. 1985].

Uma forte inflexão no tema dos direitos humanos foi a aprovação, em 1985, da Lei de Ponto Final[25] e, em 1987, da Lei de Obediência Devida,[26] depois do aquartelamento de Aldo Rico no Campo de Mayo durante a Semana Santa desse ano, que implicou que o governo cedesse ante as pressões das Forças Armadas.

---

[25] A Lei de Ponto Final estabeleceu um prazo de dois meses para iniciar novas causas judiciais por violação de direitos humanos durante a ditadura.
[26] A Lei de Obediência Devida desculpava massivamente os subordinados militares implicados na violação dos direitos humanos durante a ditadura.

Uma mudança de cenário importante, à qual se somava a persistência de perguntas-chave sem respostas claras: existiram homossexuais e travestis que foram detidos-desaparecidos por sua identidade de gênero ou orientação sexual? Segundo as denúncias da transexual argentina Brigitte, que recebeu o estatuto de refugiada política na França pela perseguição policial que sofreu na Argentina, na cidade de Córdoba em 1976 as Forças Armadas teriam assassinado ou detido-desaparecido 17 companheiras. Sua amiga Jeanette, assegura, "foi detida ao sair do trabalho do cabaré Luzbel. Nunca voltou a ser vista" (*Clarín*, 6/9/1989:30). Essa denúncia pública nunca se judicializou. O testemunho ante a Conadep realizado por Ramírez em 2011 abre um novo panorama, mas ainda é muito cedo para determinar seu impacto.

Por sua vez, Bazán (*Página 12*, 5 maio 2004), Rapisardi e Modarelli (2001:213) e Anabitarte (2008:242) observam que o dirigente da CHA, Carlos Jáuregui, teria recebido a confirmação por parte do rabino Marshall Meyer de que 400 casos de homossexuais detidos-desaparecidos durante a ditadura não haviam sido incluídos no informe da Conadep por causa da pressão da ala católica da APDH. Contudo, Jáuregui nunca confirmou essa informação de forma pública.[27]

Os assassinatos de homossexuais foram fruto da violência social ou de grupos "parapoliciais" que buscavam uma "limpeza moral"? A homologação que se fez nos primeiros momentos entre detidos-desaparecidos e assassinatos de homossexuais que apontavam com clareza a violência estatal, à medida que foram passando os anos e não se avançou na verdade sobre esses fatos, também impediu de dar aparência de realidade a essas afirmações.

Essa progressiva impossibilidade de fechar os sentidos desses episódios os tingiu de certa irrealidade e dificultou progressivamente que ocupassem um lugar central nas declarações e discursos da CHA. As declarações dos dirigentes da CHA e de militantes de outras organizações homossexuais começam, assim, a se povoar, no momento de falar sobre os "assassinatos de homossexuais", de casos como "nunca esclarecidos", "hipóteses sobre" (*Posdata*, ano 1, n. 1, p. 6, mar. 1984), para final-

---

[27] Em 1995, o informe "Violaciones de DDHH y Civiles en la República Argentina basadas en la orientación sexual de las personas y de las personas viviendo con VIH/Sida" (3. ed., dez. 1995), realizado pela organização Gay DC, retorna ao tema da violação dos direitos humanos na ditadura e observa que "o aspecto mais difícil de documentar, relacionado com a situação dos homossexuais durante a ditadura militar, é todo o relativo à desaparição forçada de pessoas. Não existe informação suficiente para afirmar que alguma pessoa tenha sido sequestrada e desaparecida por sua orientação sexual". No entanto, o parágrafo conclui, referindo-se à conversa entre Jáuregui e o rabino Marshall Meyer sobre a existência de 400 homossexuais desaparecidos não incluídos no *Nunca más*, que "Meyer assegurava haver recebido testemunhos de ex-detidos-desaparecidos que informavam sobre a existência de violações e maus-tratos cruéis contra pessoas gays e lésbicas ou que, aos olhos dos repressores, pareciam gays ou lésbicas".

mente terminar consolidando-se como um problema com sentidos abertos, sobre o qual "se torna dificultoso, se não arriscado, extrair algum tipo de conclusão" (Jáuregui, 1987:172).

Progressivamente, essa primeira visão sobre o passado recente conviveu com outra que realizou um primeiro deslocamento de sentidos: os assassinatos de homossexuais e a repressão durante a ditadura deixaram de ser o centro, passando a ocupar esse lugar as denúncias que ressaltavam as continuidades da ditadura na democracia com a persistência de *blitz* e detenções em lugares de reunião homossexual durante o governo de Alfonsín.

Em 28 de junho, celebramos o Dia Internacional da Dignidade Homossexual. E talvez essa lembrança seja um passo a mais para nos aproximarmos da verdade, como primeiro passo para a justiça. Os homossexuais não somos seres humanos "diferentes", nossa sexualidade é distinta da da maioria, nada mais. [...] "Não nos equivoquemos, não estamos enganados, a mesma mão que torturou, violou e assassinou é a que estampa o selo sobre 2do H que nos aplicam. Vamos então buscar a verdade" [*Boletín de la CHA*, n. 5, p. 1, jun. 1985].

A demanda central passou, assim, a ser o "desmantelamento do aparato repressivo" (*Boletín de la CHA*, n. 6, p. 2, jul. 1985), e a partir do marco interpretativo dos direitos humanos se viu a perseguição contra os homossexuais como "repressão" e "discriminação" e se falou de "tortura psicológica" para aludir aos maus-tratos e às pressões aos quais a Polícia Federal submetia os detidos (Documento Homosexualidad y Derechos Humanos, CHA, 1985).

A diminuição significativa dessas operações policiais sobre homossexuais ocorreu a partir de 1991 e 1992 em razão de dois episódios: o impacto social do caso Bulacio[28] e a obtenção, em 1992, da pessoa jurídica da CHA, a primeira grande conquista legal do movimento.[29]

---

[28] Em 19 de abril de 1991, uma *blitz* policial durante um recital de *rock* se converteria em um caso paradigmático na luta contra os editos e a repressão a partir da morte no comissariado 35 de um dos jovens detidos ilegalmente: Walter Bulacio. A repressão de homossexuais cessou bastante a partir desse período, embora houvesse novos picos em 1994 e 1995. Mas, em termos gerais, a Polícia Federal em Buenos Aires a partir de 1991 continuou reprimindo centralmente só a população travesti.

[29] A CHA desenvolveu durante os anos 1980 uma ofensiva legal e parlamentar sem muito êxito: em agosto de 1986, a Sala de la Feria de la Cámara del Crimen confirmou a constitucionalidade dos editos que facultam à Polícia Federal impor penas de prisão. Tampouco obteve resultados efetivos a Campanha para a Derrogação da Lei de Averiguações de Antecedentes realizada em 1986 (na qual se conseguiu de todo modo reunir 2 mil assinaturas de apoio), nem a tentativa em âmbito legislativo em 1985 de conseguir que se incluísse a discriminação por orientação

Condensação e integração para um "nós" argentino

Entre 1990 e 1995, o tema do passado recente e a violação dos direitos humanos saiu da cena pública depois que o presidente Carlos Menem (1989-1995) aplicou, em 1989 e 1990, uma série de indultos aos militares processados por delitos de lesa-humanidade, e foi subjugado o último levante militar em dezembro de 1990. Menem selou uma forte política de aliança com todos os setores do peronismo, as Forças Armadas e a Igreja Católica e por meio de um forte presidencialismo levou adiante um programa neoliberal (O'Donnell, 1992).

Por sua vez, nos anos 1990, o movimento se povoou de novas organizações, e a partir de 1992 se iniciam em Buenos Aires as marchas do "orgulho gay lésbico" (que depois passariam a se chamar "Lésbico Gay Travesti Transexual Bissexual Intersexual"),[30] somando-se ao trabalho contra a repressão policial e o HIV-Aids toda uma agenda que reclamava direitos positivos (união civil, lei antidiscriminação). Também nesse momento aparecem as primeiras organizações travestis e transexuais,[31] as que propõem como tema prioritário a repressão policial, a tortura em comissariados, os assassinatos e inclusive o desaparecimento de travestis.[32] Essa problemática originou que, na marcha de orgulho de 1995, o lema fosse "vigiemos a polícia" e, na de 1996, "a discriminação nos condena. A polícia nos mata. Continuamos de pé".

O silêncio social sobre a violação dos direitos humanos na ditadura também é visível no movimento LGTTBIQ, e inclusive Gay DC, uma das principais organizações dos anos 1990, introduzindo um novo marco interpretativo centrado nos direitos civis, que desde então conviveu de forma mais ou menos explícita com o dos direitos humanos.[33]

---

sexual como delito na Lei Antidiscriminação nº 23.592 ("Carta aberta aos legisladores"). Em 1989, a CHA se propôs conseguir a aprovação de sua pessoa jurídica, para efeito de concluir seu processo de institucionalização e poder receber financiamento de forma direta. A meta foi recém-alcançada em 1992, via decreto presidencial de Menem, fechando-se assim um período caracterizado pela luta por sua legalização e o reconhecimento de seus direitos perante o Estado.
[30] As mais conhecidas são Sigla, Isis, Nexo, Gays DC, Grupo de jovens: Construindo nossa sexualidade, Lésbicas à Vista, Convocatória Lésbica, As Luas e as Outras, Área Queer, Agamos.
[31] Travestis Unidas (TU), Asociación de Travestis de la Argentina (ATA), Organización de Travestis y Transexuales de la Argentina (Ottra), Transexuales por el Direito a la Vida y a la Identidad (Transdevi), Tratado del Direito a la Identidad Personal (TDI), e Asociación por la Identidad de las Travestis (Alit).
[32] Vejam-se os informes sobre "Violaciones de DDHH y civiles en la República Argentina basadas en la orientación sexual de las personas y de las personas viviendo con VIH/Sida" realizados por Gay DC e a CHA entre 1993 e 1999.
[33] Segundo Marcelo Ferreyra, que integrou a organização Gay DC, a mudança estava de acordo "que os direitos humanos eram um discurso que havia caído em fins dos anos 1980, e nos parecia

A gravidade da repressão policial sobre a população travesti, a exigência da derrogação dos editos policiais e, a partir de 1998, do artigo 71 do Código de Convivência, em que se voltou a criminalizar a prostituição, ocuparam quase toda a agenda e promoveram um discurso em que as alusões ao passado recente são escassas e simplificadas. Os sentidos nunca fechados sobre os episódios durante a ditadura e a não judicialização de muitos testemunhos começavam a produzir seus efeitos. Por exemplo, Gay DC denunciava, em 1993, dessa forma a expulsão de um oficial das Forças Armadas por ser homossexual:

> As Forças Armadas argentinas têm a convicção de ser uma sociedade à parte dos "melhores homens viris". [...] Não duvidaram de golpes de Estado, toques de recolher para estarem mais cômodos no poder. Resultaram, então, em roubos, torturas e 30 mil desaparecidos. Esse mês o almirante Ferrer assinou a destituição de um oficial acusado de "faltar à honra militar" por "atitudes equívocas em conversas" de tema erótico com o filho de um suboficial. Em seu editorial, Confidencial Argentina, exige a vergonha das Forças Armadas argentinas que expulsam homossexuais e glorificam os assassinos [*Confidencial Mayo*, Gays, DC, 1993:4].

Com o passar dos anos, torna-se senso comum no movimento aludir ao poder como "autoritário e corrupto", o que em certo sentido inclui em si mesmo uma explicação sobre o passado recente. Essa "condensação" do passado que encerram os discursos dos protagonistas lembra muito uma espécie de "passado presente" (Koselleck, 1993) que opera nas organizações no momento de definir suas estratégias políticas e no forte repúdio às autoridades policiais.

Em 1995, com o ressurgimento do tema dos direitos humanos na Argentina a partir das declarações de Adolfo Scilingo sobre os voos da morte e a autocrítica que realizou o chefe do Exército Martín Balza, o movimento LGTTBIQ apoiou as ações das organizações de direitos humanos, mas nos discursos públicos já não apareceu mencionada de forma explícita a repressão que sofreu a população LGTTBIQ durante a ditadura, senão que as alusões a esse passado recente são feitas a partir de um "nós" mais amplo em chave de comunidade política genérica, reservando para as particularidades LGTTBIQ o presente repressivo policial.

> Para que nos sintamos mais seguros, Solá nos soltou para os militares, sim, aqueles que torturaram e despareceram com mais de 30 mil pessoas, e além disso, solicita

que direitos civis eram um discurso mais pragmático [...] menos teórico [...] uma coisa de resolver as necessidades cotidianas" (entrevista a Marcelo Ferreyra, 31/3/2010).

orçamento para mais polícia, sim, a que suborna, viola, tortura e assassina travestis, trabalhadoras sexuais, jovens, trabalhadores, imigrantes. [...] Dar mais poder a essa polícia seria mais seguro para quem? [*Queer*, ano 2, n. 23, p. 2, abr. 2004].

Essas ressignificações subsistem até a atualidade, quando se alcançou uma série de conquistas legais importantes (união civil em Buenos Aires em 2002 e matrimônio igualitário em 2010) e o fim da repressão policial em Buenos Aires sobre a população travesti em situação de prostituição.

Talvez essas mudanças ajudem a compreender por que Ramírez decidiu apresentar-se para dar testemunho ante a Conadep em 2011. A espera de 33 anos para contar o ocorrido obedeceu a que "Só agora recentemente posso falar. Me sinto um pouco mais protegida, e porque, além disso, a quem isso podia interessar? Fomos os desaparecidos invisíveis da ditadura" (AFP, 28 jan. 2011).

Ramírez deixa entrever não só o medo que frequentemente sofrem muitas vítimas de fazer públicas suas denúncias perante o risco de agravar sua situação de vulnerabilidade social, ou de cair no descrédito, mas também que revela a dificuldade que existiu durante décadas para tornar audível esse tema em toda a sociedade. A expressão "desaparecidos invisíveis", por mais que possa resultar redundante em um sentido, sublinha, por outro lado, a complexidade passada e presente com a qual tiveram de lidar muitos homossexuais, lésbicas e travestis cujos direitos humanos foram violados durante as últimas ditaduras do Cone Sul. Se foi difícil para as organizações de direitos humanos tornar visíveis as formas de repressão que exerceu o terrorismo de Estado sobre os militantes políticos, a violência estatal aplicada aos dissidentes sexuais durante esse período foi quase inaudível, minimizada e por vezes diretamente naturalizada.

Suas palavras revelam uma mudança também com respeito à própria experiência: "Nesse momento nós não considerávamos que militávamos porque não participávamos de nenhum partido político, mas depois compreendemos que sim, que militávamos por nosso direito à identidade" (*El Argentino*, 27 jan. 2011). Ressignificação que lhe permitiu romper com a naturalização que vivia diante das situações de violência cotidianas.

Em Montevidéu: silêncio e memórias privadas

A transição democrática uruguaia (1985-1989) teve um caráter "restaurador" em nível político e simbólico, reativando-se rapidamente o funcionamento do centralismo partidário que estabelece a lealdade partidária como eixo dominante para outras adesões e pertencimentos (Beisso e Castagnola, 1987; Caetano, Rilla e Pérez,

1992). Essas barreiras tradicionais para o desenvolvimento de identidades sociais públicas foram superadas de forma parcial graças à oportunidade política que habilitou o fim da ditadura e às expectativas sobre os futuros conteúdos da democracia. A manutenção da repressão policial em um crescente clima de liberação política explica o surgimento de Escorpio (setembro de 1984), a primeira organização homossexual do Uruguai. Seu projeto foi construir uma subcultura em oposição ao centralismo partidário, com eixo na liberação sexual e dos corpos. O fim da censura a partir de 1985 permitiu que seu Manifesto Homossexual adquirisse visibilidade, mas o clima repressivo e de discriminação foi tão intenso que a organização funcionou de forma clandestina até sua dissolução em 1987.

Por sua vez, durante o primeiro governo de Julio María Sanguinetti (1985-1989), a subordinação do poder militar à autoridade civil foi um processo complexo, cheio de retrocessos e avanços. O fator mais irritante para as Forças Armadas foi o desenvolvimento de causas judiciais que citavam nos tribunais militares acusados por violação de direitos humanos durante a ditadura civil-militar (1973-1984). O risco de desacato que anunciavam os militares citados, depois que o comandante do Exército general Hugo Medina anunciasse que não iria ao tribunal e que havia guardado em seu cofre todas as citações judiciais, promoveu entre o Partido Colorado e o Partido Nacional a aprovação da Lei de Caducidade da Pretensão Punitiva do Estado, em 22 de dezembro de 1986, no mesmo dia em que deviam comparecer à Justiça os primeiros militares.[34] A aprovação dessa lei gerou profundo mal-estar em alguns setores sociais, pelo que em 28 de janeiro de 1987 se constituiu a Comissão Nacional Pró-referendo, que reuniu figuras emblemáticas (Matilde Rodríguez, Elisa Dellepiani e María Esther Gatti), o movimento de direitos humanos uruguaio,[35] um vasto número de organizações sociais e setores político-partidários. As 634.702 assinaturas coletadas para submeter a lei a referendo foram entregues em 17 de dezembro de 1987 na Corte Eleitoral. Mas os resultados do referendo de 16 de abril de 1989 deram a vitória ao voto amarelo (a favor de manter vigente a lei), com 57% dos votos.

---

[34] A Lei nº 15.848 estabeleceu que havia caducado o exercício da pretensão punitiva do Estado a respeito dos delitos cometidos entre 1973 até 1º de março de 1985 por funcionários militares e policiais. Por sua vez, o artigo 3º dispunha que os juízes levariam todas as denúncias ao Poder Executivo para que este ditaminasse se estavam compreendidas na Lei de Caducidade, para efeito de ordenar seu arquivamento, se fosse o caso, enquanto o artigo 4º encarregava o Poder Executivo da investigação sobre o destino dos detidos-desaparecidos, em especial dos meninos sequestrados junto a seus pais, ou nascidos em cativeiro.

[35] Até 1996, o movimento de DDHH uruguaio esteve composto de forma estável por Madres y Familiares de Uruguayos Detenidos-Desaparecidos, Servicio Paz y Justicia (Serpaj), Instituto de Estudios Legales y Sociales del Uruguay (Ielsur), Sersoc e Amnistía Internacional-Uruguay. O surgimento de Hijos em 1996 renovou um micromundo bastante estável.

Dessa forma, no Uruguai, diferentemente da Argentina, o tema dos direitos humanos não se tornou um marco fundacional da nova democracia, e não houve durante os 11 anos seguintes nenhum tipo de investigação judicial sobre a violação dos direitos humanos durante a ditadura civil-militar. E a publicação do informe *Nunca más* no Uruguai (que foi elaborado por iniciativa do Servicio Paz y Justicia — Serpaj, e não do Estado) não teve tanto impacto social como na margem vizinha.

As organizações homossexuais e lésbicas que surgiram nos anos 1980 adotaram um marco interpretativo centrado na liberação, que interpelava o discurso médico patologizante e a cultura conservadora uruguaia. As organizações não utilizaram o paradigma dos direitos humanos e não se posicionaram publicamente sobre o passado recente, mas sim sobre as *blitzes* a centros de reunião homossexual que se produziram em 1985 e entre 1988 e 1989. Esse problema que os homossexuais partilhavam com a população jovem de Montevidéu forçou a organização Homossexuais Unidos (1988-1996) a dialogar com vários coletivos juvenis, sociais, de bairros e culturais, entre os que a Coordinadora Anti Razzias [Coordenadora Antiblitz] fundou em 1989. O assassinato do jovem Antonio Machado em um comissariado despertou forte mobilização social, conseguindo a Coordinadora reunir em algumas manifestações até 30 mil pessoas e com isso frear finalmente as *blitzes* policiais. No Uruguai, as primeiras organizações travestis apareceram em 1991 (Mesa Coordenadora de Travestis e depois a Associação de Travestis do Uruguai) e centraram seu trabalho no problema do HIV-Aids e da exclusão social. Essas organizações não denunciaram em seu momento a existência de violência policial, em razão de que esta em geral havia cessado em fins dos anos 1970, depois que se judicializou uma denúncia por tortura que sofreu uma travesti em um comissariado de Montevidéu.

O silêncio nas organizações travestis sobre a violação dos direitos humanos durante a ditadura e a violência policial nos anos 1980 foi também persistente. Em uma entrevista que realizou o semanário *Mate Amargo* em 1991, com várias integrantes da Mesa Coordenadora de Travestis, emergiu essa realidade de forma explícita. O jornalista primeiro lhes perguntou: "Como viveram os travestis durante a ditadura?" e anotou em continuação na nota a reação das entrevistadas "(trocam olhares e pela primeira vez noto algo parecido com espanto)". Finalmente, Fanny, uma das entrevistadas, respondeu: "Olha, ninguém vai te falar disto. Para nós é uma página encerrada. Mude de tema, por favor". O jornalista insistiu: "E a situação atual, qual é?". Adriana, outra das moças entrevistadas, então respondeu: "Te diria que normal. Com frequência nos detêm, ficamos 12 horas e nos soltam" (*Mate Amargo*, ano VI, n. 128, p. 12-13, 11 set. 1991).

Esse silêncio da população LGTTBIQ sobre a violência estatal que sofreu durante a ditadura é muito difícil de interpretar. Em nível geral, é possível que a persistência desse silêncio esteja relacionada com o medo de se tornarem visíveis (inevitável se é feita uma denúncia) e de não serem levados a sério pelas autoridades, na medida em que não existia nenhuma lei que garantisse seus direitos, assim como com uma avaliação resignada perante a situação de vulnerabilidade social que termina por tornar inoportuno e até perigoso qualquer tipo de denúncia. Muitos perpetradores continuavam estando em cargos-chave na polícia e nas FFAA, embora pessoas cujos direitos humanos foram violados por motivos políticos fossem reconhecidas por parte importante da população como vítimas. Dessa forma, o cenário distava de ser alentador para iniciar ações judiciais ou denúncias desse tipo.

Essa configuração gerou que as experiências e os sentidos sobre a repressão persistissem entre a população LGTTBIQ como memórias privadas e que com o tempo (por cauda da dispersão geográfica, da morte de muitos de seus protagonistas e da falta de organizações LGTTBIQ que construíssem efetivamente uma comunidade) fossem se desfiando e encapsulando nas narrativas individuais, silenciadas pela vergonha ou pela impossibilidade de encontrar um Outro que escute e que reconheça sua realidade e permita afirmar o relato. De fato, durante a realização desta investigação, muitos dos entrevistados me disseram que era a primeira vez que falavam sobre o tema fora de seu círculo íntimo de afetos.

Ainda que a agenda dos direitos humanos sofresse importantes mudanças e avanços nos últimos anos,[36] que permitiram confirmar socialmente a existência de

---

[36] A primeira investigação sobre o destino dos detidos-desaparecidos e dos meninos(as) apropriados(as), em cumprimento ao artigo 4º da Lei nº 15.848, se realizou durante a administração de Jorge Batlle (2000-2004), mediante a criação da chamada Comissão para a Paz, e uma segunda tentativa teve lugar durante a administração de Tabaré Vázquez (2005-2009), quando, a pedido do governo, uma equipe de historiadores e arqueólogos realizou novos trabalhos de investigação. Durante o governo de Vázquez se desarquivaram vários casos cujo avanço judicial havia sido obturado pela aplicação do artigo 3º da Lei de Caducidade, conseguindo-se o processo com prisão em fins de 2006 do ex-presidente tornado ditador Juan M. Bordaberry e seu ex-chanceler Juan C. Blanco, pela coordenação repressiva regional e o desaparecimento de Elena Quinteros. Em 17 de dezembro de 2007 foi a vez do ex-comandante do Exército e último ditador militar Gregorio Álvarez. A onda seguinte de processados importantes foi em 28 de março de 2009, quando a sentença do juiz Luis Charles conferiu penas de entre 20 e 25 anos de prisão por "assassinato especialmente agravado" aos ex-militares José Gavazzo, Gilberto Vázquez, Jorge Silveira, Ricardo Arab, Ernesto Ramas, Luis Maurente e os ex-policiais Ricardo Medina e José Sande, todos eles já detidos desde 11 de setembro de 2006 pelos delitos de "privação de liberdade" e "associação para delinquir" no desaparecimento dos militantes de esquerda Adalberto Soba e Alberto Mechoso, em 1976, em Buenos Aires. Nesse contexto, tomou força a ideia de anular a Lei de Caducidade, e assim o resolveu o Congresso da Frente Ampla, em 2009. Finalmente, prosperou a iniciativa de realizar uma nova consulta popular, dessa vez pela via de um plebiscito, e não de referendo, iniciando-se, assim, os debates técnico-jurídicos para conseguir sua anulação. O processo de reunião de assinaturas foi exitoso, mas o plebiscito foi feito simultaneamente com as eleições nacionais, pelo que a campanha eleitoral deslocou o tema da anulação da Lei de

uma metodologia repressiva sistemática que gerou detidos-desaparecidos, tortura e repressão por motivos políticos durante a ditadura, a não inclusão de nenhuma referência a perseguições por orientação sexual ou identidade de gênero reforçou, tal como na Argentina, a invisibilidade desse tipo de violência estatal moralizante.

As organizações LGTTBIQ de Montevidéu recém-começaram a utilizar a categoria de direitos humanos em fins dos anos 1990, mas sempre aludindo aos direitos humanos da diversidade sexual, e não à sexualidade como um direito humano, como fez a CHA. Ademais, os discursos das organizações que incluíram essa categoria não fizeram referência ao passado recente.

Reflexões finais

Como observa John Conroy (2001), em toda sociedade existe uma espécie de indivíduo que a maioria social admite como "torturável". Essa categoria vai variando no tempo e é a base que permite identificar em cada contexto quais vítimas recebem reconhecimento oficial, quais vão ser consideradas livres de toda culpa e quais são ignoradas por completo em dado momento (Elias, 1986:17).

A violência estatal em Buenos Aires com homossexuais e travestis atravessa quase todo o século XX, o que contribuiu para naturalizar esse fenômeno. Essa continuidade histórica lançou em um nível social inaudível os testemunhos de homossexuais e travestis sobre as violações dos direitos humanos durante a ditadura e durante a transição para a democracia. A conceitualização da sexualidade na chave dos direitos humanos, entre outros aspectos, foi o que permitiu ressignificar essa violência, desnaturalizá-la entre as próprias vítimas e um grupo reduzido da sociedade, e iniciar a construção de novas formas de cidadania. A disputa com boa parte das organizações do movimento de direitos humanos para que reconhecessem que "o livre-exercício da sexualidade é um direito humano" tenta ampliar o campo das vítimas da violência estatal e problematizar a cada vez mais cristalizada relação entre direitos humanos e perseguição por motivos políticos. A vigência dos editos policiais e a manutenção da perseguição geraram que a CHA centrasse suas denúncias, antes que no passado recente, na existência de práticas autoritárias e moralizantes estatais em plena democracia. Nos anos 1990, esse processo não fez mais que se agudizar, sofrendo as alusões ao passado ditatorial uma forte condensação e atualização que explicitava como as promessas democráticas ainda não

Caducidade. Os resultados de 2009 confirmaram pela segunda vez a vigência da lei, ao alcançar o voto pelo Sim só em 47% das vontades.

haviam chegado para a população LGTTBIQ portenha. A aprovação da Constituição de Buenos Aires em 1996 (que reconheceu como delito a discriminação da população LGTTBIQ), assim como a derrogação dos editos policiais em 1998 e a transformação posterior do Código de Convivência Urbana, permitiram à população LGTTBIQ, depois de longa luta, mudar ao menos em parte seu estatuto "torturável" e tornar-se audível na sociedade portenha.

No Uruguai, a perseguição policial durante a ditadura mudou radicalmente, na medida em que se praticaram a tortura e os maus-tratos de forma recorrente, e o Exército e a Armada torturaram e exerceram violência sexual em particular sobre a população travesti. A violência militar cessou com a transição democrática, mas não a policial, que durou até fins dos anos 1980. A partir desse momento, a estigmatização e a exclusão social da população LGTTBIQ se tornaram em Montevidéu, muito antes do que em Buenos Aires, o eixo central do trabalho das organizações. Por isso, em termos gerais, a violência estatal com a diversidade sexual em Montevidéu a partir de 1990 foi antes de tudo no terreno simbólico: o não reconhecimento de direitos legais e a inação ante as situações de discriminação no nível social.

A transição pactuada uruguaia e o naufrágio do impulso de conseguir "verdade e justiça" em 1989 impediram a judicialização das denúncias por violação dos direitos humanos de familiares de detidos-desaparecidos, reduzindo ainda mais as possibilidades de que algo similar ocorresse com as violações dos direitos humanos sofridas pela população LGTTBIQ. Instalou-se, assim, um persistente silêncio sobre a violência vivida, que foi abonado pelas barreiras sociais e a vergonha que impunha ficar no armário, a forte discriminação social e a impossibilidade de fazer-se audível socialmente.

Em ambos os países, os avanços alcançados pelos movimentos de direitos humanos foram muito distintos durante os anos 1980 e 1990, e também em ambas as cidades foram diferenciados o relacionamento e a problemática da população LGTTBIQ com a polícia. Essas diferenças incidiram de modo significativo na forma com que essas organizações se relacionaram com o passado recente em ambas as cidades e no tipo de narrativas que desencadearam.

As conquistas legais obtidas pela diversidade sexual nos últimos cinco anos em ambos os países[37] produziram uma mudança na situação de subordinação social que vivia a população LGTTBIQ e um avanço importante em sua legitimação social. Esse movimento abre novos lugares de enunciação e até talvez, no caso de Montevidéu, a saída para o espaço público das memórias privadas sobre a ditadura.

---

[37] Matrimônio Igualitário (2010) na Argentina e União Concubinária (2007), adoção para casais homoparentais (2009) e Lei de Mudança de Registro de Sexo (2009) no Uruguai.

Essa possibilidade é incerta, é verdade, mas, contudo, o comparecimento de Ramírez à Conadep no princípio de 2011 marca na região uma inflexão promissora.

Referências

ACEVEDO, Zelmar. *Homosexualidad*: hacia la destrucción de los mitos. Buenos Aires: Del Ser, 1985.

ANABITARTE, Héctor. La situación de las dictaduras argentinas y España. In: UGARTE PÉREZ, Javier (Ed.). *Una discriminación universal*. Barcelona: Egales, 2008. p. 225-247.

AVELLANEDA, Andrés. *Censura, autoritarismo y cultura*. Buenos Aires: Ceal, 1986. 2 v.

BARRÁN, José Pedro. *Amor y transgresión en Montevideo*: 1919-1931. Montevidéu: EBO, 2002.

BAZÁN, Osvaldo. *Historia de la homosexualidad en la Argentina*. Buenos Aires: Marea, 2004.

BEISSO, María del Rosario; CASTAGNOLA, José Luis. Identidades sociales y cultura política en Uruguay. Discusión de una hipótesis. *Cuadernos del Clahe*, 2. série, ano 12, v. 44, n. 4, p. 9-18, 1987.

BOLETÍN de la CHA, n. 4, p. 8, mar. 1985.

CAETANO, G.; RILLA, J. *Breve historia de la dictadura*. Montevidéu: Claeh EBO, 1987.

____ et al. *Partidos y electores*: centralidad y cambios. Montevidéu: Claeh Argumentos/EBP, 1992.

CONROY, John. *Unspeakable acts, ordinary people*: the dynamics of torture. Berkeley: University of California Press, 2001.

CORREA, S.; PETCHESKY, R.; PARKER, R. *Sexuality, healt and human rights*. Nova York: Routledge, 2008.

COSSE, I.; MARKARIAN, V. *1975*: año de la orientalidad. Montevidéu: Trilce, 1996.

ELIAS, Robert. *The politics of victimization*: victims, victimology, and human rights. Oxford: Oxford University Press, 1986.

FELD, Claudia. *Del estrado a la pantalla*: las imágenes del juicio a los ex comandantes en Argentina. Buenos Aires/Madri: Siglo XXI, 2002.

FÍGARI, C.; GEMETRO, F. Escritas en silencio. Mujeres que deseaban otras mujeres en la Argentina del siglo XX. *Sexualidad, sexo, salud*: revista latinoamericana, Clam, Uerj, n. 3, p. 33-53, 2009.

FILC, Judith. *Entre el parentesco y la política*: familia y dictadura, 1976-1983. Buenos Aires: Biblos, 1997.

HUNTINGTON, Samuel. *The third wave*: democratization in the late twentieth century. Norman: Univesity of Oklahoma Press, 1991.

JÁUREGUI, Carlos. *La homosexualidad en Argentina*. Buenos Aires: Tarso, 1987.

JELIN, Elizabeth. *Los trabajos de la memoria*. Buenos Aires/Madri: Siglo XXI, 2002.

KOSELLECK, Reinhart. *Futuro pasado*. Buenos Aires: Paidós, 1993.

O'DONNELL, Guillermo. *Delegative democracy?* Working paper, Kellogg Institute, Notre Dame, n. 172, 1992.

____; SCHMITTER, P. *Transiciones desde un gobierno autoritario*. Buenos Aires: Paidós, 1991.

PARK, R.; BURGESS, E. The city suggestions for investigations of human behaviour in the urban environment. Londres: The University of Chicago Press, 1967.

PERELLI, Carina. *Someter o convencer*: el discurso militar. Montevidéu: Clade EBO, 1987.

____. The military's perception of threat in Latin America. In: GOODMAN, L.; MENDELSON, J.; RIAL, J. (Comp.) *The military and democracy*: the future of civil-military relations in Latin America. Nova York: Lexington, 1990.

PERLONGHER, Néstor. Sexo y espanto: o pesadelo de ser gay na Argentina. *Boletim do Grupo Gay da Bahia*, n. 1, p. 20-22, ago. 1981.

PIERRI, E.; POSSAMAY, L. *Hablan los homosexuales*. Montevidéu: La República, 1993.

PUAR, Jasbir. *Terrorist assemblages*. Homonationalism in queer times. Durham: Duke University Press, 2007.

RAMOS, S.; CARRARA, S. A constituição da problemática da violência contra homossexuais: a articulação entre ativismo e academia na elaboração de políticas públicas. *Physis*: revista de saúde coletiva, Rio de Janeiro, v. 16, n. 2, p. 185-205, 2006.

RAPISARDI, F.; MODARELLI, A. *Fiestas, baños y exilios*: los gays porteños en la última dictadura. Buenos Aires: Sudamericana, 2001.

REVISTA Postdata. Grupo Federativo Gay, ano 1, n. 1, p. 6, mar. 1984.

SALESSI, Jorge. *Médicos, maleantes y maricas*: higiene, criminología y homosexualidad en la formación de la Argentina moderna. Rosário: Beatriz Viterbo, 1995.

SARDÁ, A.; HERNANDO, S. *No soy un bombero pero tampoco ando con puntillas*. Toronto: Bomberos y Puntillas, 2001.

SARTI, C.; BARBOSA, R.; MENDES SUAREZ, M. Violência e gênero: vítimas demarcadas. *Physis*: revista de saúde coletiva, Rio de Janeiro, v. 16, n. 2, p. 167-183, 2006.

TISCORNIA, Sofía. La seguridad ciudadana y la cultura de la violencia. In: NEUFELD, M. et al. (Comp.). *Antropología social y política. Hegemonía y poder*: el mundo en movimiento. Buenos Aires: Eudeba, 1999.

____. *Activismo de los derechos humanos y burocracias estatales*: el caso Walter Bulacio. Buenos Aires: Del Puerto/Cels, 2008.

DISPUTAS DE MEMÓRIA

PRO PATRIA MORI:
o culto dos mortos na Espanha do pós-guerra, 1939-1940*

Francisco Sevillano

O fim da guerra da Espanha, proclamado no último momento do Quartel Geral Militar do "generalíssimo" Francisco Franco na noite de 1º de abril de 1939, dia de Sábado de Aleluia, fez imediatamente presentes a dor e o luto da experiência traumática da morte massiva.[1] Na exaltação cerimonial da "Vitória", a política da lembrança do "novo Estado" franquista arraigou o sentido e constrangeu o limite do culto aos mortos dentro da "cultura de guerra", da persistente trama de significação formada pelos valores, pelas ideias, pelos símbolos e ritos que havia legitimado o "erguimento" da "Espanha nacional" e a luta na "cruzada" contra a anti-Espanha. A percepção da "violência sagrada" das vítimas como origem fundadora da comunidade nacional se entreteceu, assim, com as representações coletivas da guerra.

---

* Título original: "Pro Patria Mori. El culto de los muertos en la España de posguerra, 1939-1940". Traduzido por Ronald Polito. (N.E.)
[1] Além dos trabalhos de G. Gorer, Ph. Ariès ou M. Vovelle, que se sucederam entre 1966 e 1975 sobre as atitudes perante a morte no Ocidente, ver a crítica à ideia da "morte invertida", ou seja, do nascimento do tabu da morte no século XX, que sustentam tais autores, em Cannadine (1981:187-242). A partir do livro de J. Winter — *Sites of memory, sites of mourning*, de 1995 — sucederam-se e multiplicaram-se os estudos sobre o luto coletivo e a construção e o uso político da memória das vítimas.

Pro patria mori, o morrer pela pátria como sacrifício, foi vivido como comunhão espiritual com o *corpus mysticum* da nação.[2]

A politização da lembrança, a ritualização, a retórica e a "localização" do culto dos "mortos" mostram como a cultura de guerra, também se servindo das ideias cristãs de morte, salvação e ressurreição, foi a matriz da sacralização da política e da violência na "nova Espanha".

A politização das lembranças das vítimas no "novo Estado"

No ardor da vitória, às 11 da noite do dia 3 de abril, a Radio Nacional da Espanha emitiu, de Burgos, a nota "Comemoração dos mortos", chamando os espanhóis ao alerta:

> Espanhóis, alerta. A paz não é um repouso cômodo e covarde ante a história. O sangue dos que caíram pela pátria não consente o esquecimento, a esterilidade nem a traição.
>
> Espanhóis, alerta. Todas as velhas bandeiras de partido ou de seita acabaram para sempre. A retidão da justiça não se dobrará jamais diante dos egoísmos privilegiados, nem diante da criminosa rebeldia. O amor e a espada manterão, com a unidade de mando vitoriosa, a eterna unidade espanhola.
>
> Espanhóis, alerta. A Espanha segue em pé de guerra contra o inimigo do interior ou do exterior. Perpetuamente fiel a seus mortos, a Espanha, com o favor de Deus, segue em marcha. Uma Grande e Livre, para seu irrenunciável destino.[3]

O jornal falangista *Arriba*, imediatamente editado em Madri, publicou o lema "Memória da Espanha. Rito permanente de lembrança para os mortos", que mandava que "todas as noites, às 11, os espanhóis escutassem, braço para o alto, o lema, a voz de comando e o hino nacional".[4]

Em 16 de abril, o papa Pio XII expressava radiofonicamente aos católicos espanhóis sua congratulação pelo "dom da paz e da vitória com que Deus designou coroar o heroísmo cristão de vossa fé e caridade, provado em tantos e tão genero-

---

[2] Acerca de precoce desenvolvimento da ideia *pro patria mori* dentro dos conceitos do mundo cristão medieval e sua herança na contemporaneidade, ver Kantorowicz (1951:472-492). A respeito da experiência coletiva da Grande Guerra na França como uma vivência religiosa que, ante a presença da morte em semelhante situação extraordinária, deu uma carga inabitual a toda a apreensão do divino, ver Becker (1994).

[3] Ver a nota da emissão radiofônica em *La Vanguardia Española*, 4 abr. 1939.

[4] *Arriba*, Madri, 4 abr. 1939.

sos sofrimentos".⁵ Na mensagem, expressou suas lisonjeiras esperanças de que o caminho da tradicional e católica grandeza da Espanha havia de ser o norte que orientasse todos os espanhóis, amantes de sua religião e sua pátria, no esforço de organizar a vida da nação em perfeita consonância com sua nobilíssima história de fé, piedade e civilização católicas, sem que o papa Pio XII esquecesse reverenciar a memória dos mártires que haviam morrido por sua fé e amor à religião católica:

> E agora, diante da lembrança das ruínas acumuladas na Guerra Civil mais sangrenta que recorda a história dos tempos modernos, nós, com piedoso impulso, inclinamos ante tudo nossa face à santa memória dos bispos, sacerdotes, religiosos de ambos os sexos e fiéis de todas as idades e condições que em tão elevado número selaram com sangue sua fé em Jesus Cristo e seu amor à religião católica: "*Maioren hac dilectionem nemo habet*", "Não há maior prova de amor".⁶

Ao episcopado cabia aconselhar que na política de pacificação todos seguissem os princípios inculcados pela Igreja e proclamados pelo "generalíssimo" Francisco Franco: de justiça para o crime e de benévola generosidade para com os equivocados. Pois não havia de esquecer os enganados por uma propaganda mentirosa e perversa, conduzindo-lhes novamente com paciência e mansidão ao seio regenerador da Igreja e ao terno regaço da pátria; e "levem-nos ao Pai misericordioso, que os espera com os braços abertos".⁷

Entre outros aspectos, a restauração da plenitude e autonomia da esfera católica pelas autoridades do "novo Estado" havia feito que, por lei da chefatura do Estado de 10 de dezembro de 1938,⁸ se restabelecesse a integridade, propriedade e jurisdição eclesiástica nos cemitérios paroquiais, pondo fim à sua secularização. Curiosamente, a inflação de religiosidade individual e coletiva ante uma situação extraordinária, a guerra e a presença e proximidade da morte traumática e massiva, levou a recuperar a prática dos enterros *ad santos*, ou ao menos dentro do espaço sagrado dos templos, criptas, casas religiosas ou nos locais anexos a uns e outras. Diante das frequentes petições de familiares que chegavam ao Ministério do Interior, ordenou-

---

⁵ A SSMO D. N. Pio Div. Prov. Papa XII ad universos hispaniae christifideles datus, die XVI mensis Aprilis, ano MCMXXXIX. *Acta Apostolicae Sedis. Comentarium Officiale* (AAS). Roma: Typis Polyglottis Vaticanis, ano XXXI, série II, v. VI, p. 151, 1939.
⁶ Ibid., p. 153.
⁷ A SSMO D. N. Pio Div. Prov. Papa XII ad universos hispaniae christifideles datus, die XVI mensis Aprilis, ano MCMXXXIX. *Acta Apostolicae Sedis. Comentarium Officiale* (AAS). Roma: Typis Polyglottis Vaticanis, ano XXXI, série II, v. VI, p. 153-154, 1939.
⁸ *Boletín Oficial del Estado* (BOE), 20/XII/1938.

-se, com data de 31 de outubro desse ano de 1938,[9] que as petições de inumação em todo local de caráter religioso seriam dirigidas ao Ministério pela pessoa de parentesco mais próximo ao defunto, justificando documentalmente haverem-se cumprido as prescrições sanitárias vigentes. Toda concessão, além dos demais direitos que merecesse, seria gravada com um donativo em dinheiro, entregando-se a quantidade arrecadada à autoridade eclesiástica competente para que a invertesse na reconstrução dos templos devastados.

À margem da autoridade eclesiástica sobre os lugares sagrados, a partir das instâncias do "novo Estado" franquista, foi-se intervindo no procedimento, na circunspecção e na homenagem às vítimas que haviam entregado sua vida em defesa da "causa nacional". Assim, por lei de 16 de maio de 1939,[10] facultou-se às prefeituras dispensar ou reduzir as exações municipais que gravavam as inumações, exumações e traslados dos cadáveres das vítimas da "barbárie vermelha" ou mortas no *front*; o que foi justificado no breve preâmbulo da lei, alegando:

> O custo dos traslados de cadáveres, como consequência dos diversos impostos que os gravam, é tão elevado em sua totalidade que, se em circunstâncias normais pode justificar-se por seu caráter de pompa, sem míngua do sentimento afetivo que lhe imponha, não pode ter tal consideração nos momentos presentes, já que, na generalidade dos casos, obedece à verdadeira necessidade de render a última homenagem de respeito aos restos queridos de pessoas assassinadas em circunstâncias trágicas ou mortas no *front* e cujo enterramento verificou-se muitas vezes em lugares inadequados.

A evidente necessidade de facilitar administrativamente aos familiares a recuperação, o traslado e o enterro dos cadáveres se conjugou com uma decidida política de lembrança dos "caídos", promovida sob a chefia do falangista Dionisio Ridruejo a partir da Subsecretaria de Imprensa e Propaganda. A procura da seriedade, do decoro e da gravidade da lembrança nos atos públicos motivou, com data de 24 de junho, a ordem dessa subsecretaria, do Ministério do Governo, sobre as emissões em alguns espetáculos do hino nacional e a parte diária dos mortos que transmitia

---

[9] BOE, 3/XI/1938.
[10] BOE, 17/V/1939. Em sucessivas ordens de 1º de maio e de 22 de julho de 1940, do Ministério do Governo (BOE, 9/V/1940 e 25/VII/1940), precisou-se que as exumações e inumações de assassinados dentro da mesma província seriam autorizadas pelo governador civil, e, enquanto tivessem de ser feitas em lugares de província distinta, o seriam pela Direção Geral de Saúde, ficando isentos os familiares do pagamento de direitos sanitários, não obstante isso não afetasse possíveis resoluções judiciais proibindo ou condicionando as exumações de vítimas de fatos delituosos.

a Rádio Nacional da Espanha; pelas dificuldades de ambiente, o contraste da emissão em muitos casos com a índole frívola do espetáculo, ou pela incômoda situação em que se surpreendia uma cena determinada, deixaram de ser obrigatórios, em todos os locais públicos, as emissões de parte dos mortos e o hino nacional na sessão diária que fazia a Rádio Nacional, deixando a critério dos governadores civis e dos chefes provinciais de propaganda a aplicação da disposição. Contudo, manteve-se subsistente a emissão dos primeiros compassos do hino nacional ao acabar todos os espetáculos e com a cortina baixada.[11]

Com o objetivo de unificar o estilo e dar sentido à perpetuação em um monumento dos fatos e das pessoas da história da Espanha, e em especial aos monumentos comemorativos da guerra e em honra aos "mortos", e para evitar que o entusiasmo pudesse prevalecer caprichosamente nessas iniciativas, inclusive provocando a desilusão quando se tratasse de projetos inviáveis, a ordem do Ministério do Governo de 7 de agosto desse ano estabeleceu que todas as iniciativas de monumentos em geral, e inclusive a abertura de subscrições para sua construção, concursos de projetos etc., ficavam subordinadas à aprovação ministerial. Igualmente, ficava proibido publicar notícias ou informes, ou fazer qualquer outra espécie de propaganda, sobre iniciativas e projetos até que não se obtivesse a aprovação ministerial por intermédio da Chefia do Serviço Nacional de Propaganda.[12] O afã de unificar essas iniciativas motivou, assim, o estrito controle do trâmite administrativo para sua autorização e financiamento, e a reiteração às autoridades de vigiar o cumprimento das disposições que foram sendo ditadas.[13]

---

[11] Archivo General de la Administración (AGA), Sección Cultura (SC), Fondos Ministerio de Información y Turismo (MIT), c. 1378.
[12] BOE, 22/VIII/1939.
[13] Para resolver as petições que, com informe das autoridades que interviessem no trâmite, fossem levadas ao Ministério, dispôs-se, em 5 de outubro desse ano, que corresponderia à Direção Geral de Propaganda a autorização de monumentos, lápides, inscrições etc., e à Direção Geral de Beneficência o tocante às subscrições (AGA, SC, MIT, c. 1364). Dias mais tarde, em 16 desse mesmo mês, estabeleceu-se que os governadores civis, ao levar ao Ministério do Governo uma iniciativa de monumento, o fariam com seu informe, enviando a documentação correspondente à Subsecretaria de Imprensa e Propaganda; por sua vez, esta a tramitaria à Direção Geral de Propaganda, enquanto o faria à Direção Geral de Beneficência no referente às solicitações de subscrições para a construção de tais monumentos, concursos de projetos etc. (AGA, SC, MIT, c. 1378). O descumprimento frequente desses trâmites motivou que, por circular de 29 de outubro de 1940, se reiterasse aos governadores civis que vigiassem toda iniciativa que não cumprisse com o "espírito unificador" da ordem ministerial de 7 de agosto de 1939. Por ordem de 30 de outubro (BOE, 12/XI/1940), regulou-se com maior detalhe a tramitação dos expedientes sobre iniciativas de comemorações. As relativas a monumentos se apresentariam nos governos civis das províncias respectivas, que as levariam com seu informe ao Ministério, ouvindo necessariamente a Chefia Provincial de Propaganda. A Direção Geral de Propaganda submeteria os projetos ao informe técnico e artístico da Direção Geral de Arquitetura e, após cumprir esse trâmite, informaria sobre

Essas iniciativas para a recuperação e sepultura dos corpos das vítimas, o decoro em sua homenagem e a perpetuação de sua lembrança em monumentos comemorativos avançaram no estabelecimento do culto aos "caídos", já institucionalizado fora do tempo litúrgico da Igreja Católica por meio do calendário de celebrações do "novo Estado" — que se foi implantando desde julho de 1937 —, e que sobretudo exaltou e capitalizou o partido único Falange Espanhola Tradicionalista e as Jons com o motivo da celebração do aniversário da morte e dos funerais de José Antonio Primo de Rivera em novembro do ano seguinte mediante toda a parafernália de orações, vozes e gestos que viera empregando a Falange no culto a seus "caídos" desde 1934.[14] O sacrifício da morte dos "caídos", renovado ritualmente de modo periódico como um fenômeno religioso coletivo, é meio para que o profano possa comunicar-se com o sagrado: a nação como comunidade imaginada.[15] Esse culto político exacerbadamente nacionalista, e profano em algumas de suas manifestações, ocupou o espaço público, irrompeu também nos lugares sagrados e se serviu dos símbolos, dos ritos e das celebrações litúrgicas na lembrança das vítimas, que, com sua morte em mãos dos inimigos da Espanha, haviam dado testemunho de fé na pátria. Isso provocou imediatamente a reação da cúpula arcebispal da Igreja Católica espanhola.

Na Conferência de Metropolitanos espanhóis, que, presidida pelo cardeal Isidro Gomá, arcebispo primaz de Toledo, se celebrou nessa capital dos dias 2 a 5 de maio de 1939, foram vários os acordos tomados para a exata execução dos que se haviam adotado na conferência de novembro de 1937, uma vez acabada a guerra. Em primeiro lugar, conveio-se nomear uma comissão que se encarregasse de reco-

---

a iniciativa da comemoração. As relativas a monumentos que tivessem de realizar-se mediante subscrição teriam de ser informadas também pela Direção Geral de Política Interior. Essa norma foi difundida aos chefes provinciais de Propaganda mediante circular de 6 de dezembro (AGA, SC, MIT, c. 1378). Já em março de 1941, ante a constante apresentação de projetos de monumentos aos "caídos" e sua frequente desorientação, planejou-se na Direção Geral de Arquitectura a conveniência de redigir alguns tipos de monumentos em que se definissem os elementos que haviam de integrá-los, sua proporção e devida simplicidade do conjunto, servindo como orientação. A resposta do subsecretário de Imprensa e Propaganda, com data de 2 de abril, foi negar tal conveniência de um monumento que servisse como modelo, sendo preferível que a Direção Geral ditasse uma norma geral de tipo muito amplo, deixando à iniciativa privada não só os detalhes, mas a "contextura geral" do monumento (AGA, SC, MIT, c. 2382).

[14] Ver, a respeito, as diferentes aproximações de González Calleja e Sevillano Calero (2003:89-113), Di Febo (2006:189-202), Ledesma e Rodrigo (2006:233-255) e Box (2005:191-218, 2009:265-298).

[15] Sobre a concepção do sacrifício como linha delimitadora entre o profano e o sagrado, condição mesma da existência divina, ver Hubert e Mauss (1897-1898:29-138, p. 130 e 133, especialmente). Ver a recopilação deste trabalho em Mauss (1970:143-262) (edição originalmente em francês do mesmo ano).

lher todo o material possível que oferecesse os dados confiáveis para a história da perseguição que a Igreja havia padecido na Espanha durante aqueles últimos anos, particularmente "com fins de apologética e de glorificação de nossos mártires e singularmente dos bispos e sacerdotes". Fundamentalmente, poderiam servir os questionários remetidos ou que se enviaram às dioceses que haviam sido ultimamente "liberadas". Fruto dos trabalhos da comissão, poderia ser a publicação de um ou vários folhetos ou livros sobre a natureza, extensão e magnitude da perseguição sofrida pela Igreja na Espanha e sobre o número e a magnificência de seus mártires. Outro fruto especial seria a publicação de um livro de síntese sobre a história da catástrofe que havia sofrido a Igreja espanhola, acrescentando à parte histórica o estudo de suas causas morais e sociais. Igualmente, e como tributo do episcopado a seus irmãos defuntos, poder-se-ia publicar uma monografia sobre sua história e martírio. Por último, cada diocese deveria publicar um opúsculo semelhante dedicado a seus sacerdotes e seminaristas e religiosos martirizados.[16]

Isso sem prejuízo de que se inscrevesse, em suas respectivas paróquias, o dos sacerdotes que nelas exerceram seu ministério. Além disso, onde constasse que houvesse sucumbido algum sacerdote, se fosse um lugar público, se assinalaria o lugar ao menos com uma cruz e uma inscrição simples.[17]

Decidiu-se também propor a todos os prelados que, como homenagem aos bispos e sacerdotes e religiosos assassinados pelos "marxistas", se celebrasse funeral solene em todas as catedrais, igrejas paroquiais e conventuais. E igualmente que se celebrasse outro funeral por todos os espanhóis que haviam sucumbido "por Deus e pela Espanha" nas igrejas catedrais, paroquiais e conventuais. A conferência propôs igualmente que se colocasse, no interior das catedrais, uma lápide na qual estivessem inscritos os nomes dos sacerdotes assassinados, das dioceses respectivas, figurando na cabeça o do prelado, se houvesse sido assassinado também.

Isso sem prejuízo de que se inscrevesse, em suas respectivas paróquias, o dos sacerdotes que nelas exerceram seu ministério. Além disso, onde houvesse certeza de que havia sucumbido algum sacerdote, se fosse um lugar público, se assinalaria o lugar ao menos com uma cruz e uma inscrição simples.[18]

De igual forma se decidiu a celebração de funções de desagravo a Deus, em reparação dos sacrilégios cometidos na Espanha pela "revolução", na forma que os prelados ordenassem para sua diocese respectiva, e se propôs que fossem feitas em

---

[16] Acta de la Conferencia de Metropolitanos espanholes celebrada los días 2-5 de mayo de 1939. In: Cárcel Ortí (1994:403).
[17] Ibid., p. 403-404.
[18] Acta de la Conferencia de Metropolitanos espanholes celebrada los días 2-5 de mayo de 1939. In: Cárcel Ortí (1994:403-404).

toda a Espanha durante a novena e festa do Sagrado Coração de Jesus, dando-lhes solenidade extraordinária e fervor de expiação e penitência. Além disso, decidiu-se que, no programa de festas anuais do apóstolo Santiago e nas extraordinárias que se preparavam para celebrar o centenário da vinda da Virgem do Pilar a Zaragoza, se incluísse algum ato de relevante caráter expiatório.[19]

Entre outros temas do regime eclesiástico geral, a conferência estabeleceu que não devia nem se podia permitir a inscrição dos clérigos em nenhum partido político, mas sim que cooperassem naqueles "honestos e legítimos" para prestar serviços espirituais, religiosos, sacerdotais, subordinados sempre ao ordinário diocesano. Igualmente, cria-se que eram oportunas normas restritivas que regulassem a colaboração dos sacerdotes em publicações de caráter político; ainda para escrever sobre coisas de religião não se devia conceder liberdade senão aos que verdadeiramente a merecessem ou então com sujeição à censura prévia dos artigos que desejassem publicar. Indicava-se que se devia seguir um critério restritivo e uniforme tanto com respeito a missas de campanha quanto a orações fúnebres. Só se consentiria a celebração dessas missas quando houvesse causa justa e proporcionada para isso, o que estava taxativamente indicado nas instruções da Santa Sé, que deviam servir a todos de norma. Em caso contrário, era preciso recorrer a Roma, pois não estava nas faculdades do ordinário conceder tal licença. E se apontava a conveniência de determinar bem quais eram as atribuições e os costumes toleráveis nessa matéria para os corpos armados, e informar às autoridades militares e civis, para evitar possíveis compromissos e conflitos. A conferência precisava que as infrações mais frequentes eram abandonar o hábito talar, não levar aberta a tonsura, usar excessivamente o uniforme militar, entrar em cafés, bares e outros lugares que desdiziam do decoro e da dignidade do sacerdote, e portar distintivos políticos; diante disso, deviam-se sancionar as faltas e impedir a celebração da missa aos infratores.[20]

Que a Chefia de Imprensa resolvesse, um tempo depois, proibir a divulgação da carta pastoral *Lecciones de la guerra y deberes de la paz*, redigida pelo cardeal primaz Gomá y Tomás com data de 8 de agosto de 1939,[21] evidenciou nesse momento as tensões que se estavam produzindo pelas políticas do "novo Estado", sobretudo sob a hegemonia do projeto falangista e pela influência nazi. Em sua carta pastoral, o cardeal Isidro Gomá afirmou que uma lição altíssima da guerra era a força reli-

---

[19] Ibid., p. 404.
[20] Acta de la Conferencia de Metropolitanos espanholes celebrada los días 2-5 de mayo de 1939. In: Cárcel Ortí (1994:407-408).
[21] A carta pastoral foi publicada no *Boletín Oficial Eclesiástico del Arzobispado de Toledo*, em 1º de setembro de 1939, sendo depois reproduzida em Goma y Tomás (1940). As citações seguintes procedem dessa edição.

giosa do espírito espanhol, exemplificada no martírio: "Referimo-nos ao volume imponderável do número, do heroísmo, das formas inverossímeis de tormento, de paciência invicta que nos oferece o martírio de milhares de espanhóis sacrificados por sua profissão de cristãos". Até o ponto que, talvez, o que desse definitivamente sua eficácia ao Movimento Nacional fosse o martírio que sofreu por Jesus Cristo grande número de milhares de católicos espanhóis, que, como testemunhos, eram prova invicta do arraigamento da fé coletiva de todo um povo.[22]

Os deveres para com os mortos eram, precisamente, uma obrigação que cabia cumprir na paz, pois era preciso perpetuar "a memória dos que sucumbiram por Deus e pela Pátria"; todos os povos haviam cumprido com essa dívida com os que deram suas vidas por esses dois grandes ideais, suporte de toda sociedade bem constituída. Mas o cardeal Gomá expressou pontualmente seu pesar por certas formas de traduzir esse pensamento e fato universal perante a morte que talvez desdiziam do pensamento cristão sobre Deus e pátria, e até da ideia cristã do heroísmo e da morte:

Uma chama que arde continuamente em um lugar público, ante o túmulo convencional do "soldado desconhecido", nos parece coisa bela, mas pagã. É símbolo da imortalidade, da gratidão inextinguível, de um ideal representado pela chama que sobe, mas sem expressão de uma ideia sobrenatural. Um poema ditirâmbico que se canta em louvor dos "caídos", com pupilas de estrelas e séquito de astros, é belíssima ficção poética, que não passa da categoria literária: por que não falar a clássica linguagem da fé, que é ao mesmo tempo a clássica linguagem espanhola?

Mais cristão é o que temos visto nas paróquias da França, nas que se tem esculpido em mármore o nome dos paroquianos que sucumbiram na grande guerra, com os símbolos e fórmulas tradicionais da pregação cristã pelos defuntos: é uma forma de *memento* que, a par que fomenta o espírito de paróquia, recorda à freguesia o heroísmo cristão de seus mortos e o dever de dedicar-lhes orações e sufrágios.[23]

Para o futuro, a reforma pessoal mediante quanto contribuísse para uma maior dignidade humana e cristã havia de opor-se aos que identificavam o interesse individual com o coletivo e a um estatismo exagerado, pois a ação do Estado seria externa e limitada.[24] A obrigação fundamental naquele pós-guerra era restituir a Deus o lugar que lhe correspondia na ordem social, que "Ele reclama sem cessar,

---

[22] Ibid., p. 247.
[23] Ibid., p. 268.
[24] Ibid., p. 270.

como Senhor que não quer renunciar a seu senhorio".[25] Para isso, era preciso deixar a Igreja na absoluta liberdade que derivava de sua constituição, e tê-la na alta honra que reclamava sua origem divina e a gloriosa história de sua intervenção nas sociedades.[26]

Em uma nota editorial intitulada "Un caso novo", que se publicou também no *Boletín Oficial Eclesiástico del Arzobispado de Toledo*, em 15 de setembro de 1939, se observou que tal caso era o fato de que, em um Estado católico e por disposição governativa, se proibisse "rigorosa e totalmente" a publicação de uma carta pastoral de um prelado da Igreja, como havia ocorrido com a publicada pelo cardeal primaz com o título de *Lecciones de la guerra y deberes de la paz*. Na nota se recordava a atuação sempre em prol da pátria do cardeal Gomá e os incontáveis serviços que havia prestado ao Estado nos últimos anos, embora não pudesse consentir-se que ficassem sem defesa os foros da autoridade magistral de um prelado da Igreja.[27]

Ritos e retórica da morte

Após o traslado dos restos mortais do general José Sanjurjo do cemitério de Estoril,[28] na sexta-feira, 20 de outubro desse ano, foram ditas missas sem interrupção desde as 8 da manhã por sua alma na capela ardente instalada na madrilenha Estación de Mediodía, na Puerta de Atocha.[29] Às 9h30, só se permitiu o acesso às plataformas aos ministros, generais, personalidades e comissões; uma hora mais tarde, um toque de corneta, seguido do hino nacional, anunciou a chegada do chefe do Estado à estação entre aclamações de "Franco, Franco, Franco!". Em seguida, começou a missa oficiada pelo bispo de Madri-Alcalá, Eijo y Garay. No momento de erguer o féretro com os restos mortais do general Sanjuro, foi interpretado novamente o hino nacional e se fizeram salvas de fuzil e artilharia. Uma vez terminada a missa,

---

[25] Ibid., p. 272.
[26] Ibid., p. 283.
[27] *Boletín Oficial Eclesiástico del Arzobispado de Toledo*, 15/IX/1939. Embora o editorial esteja assinado pela Direção, foi escrito pelo próprio cardeal primaz (ver Granados, 1969:233). Esses "sucessos" levaram a promover uma campanha de propaganda na imprensa, principalmente nos jornais *ABC* e *Arriba*, em fins de outubro, insistindo no caráter e nas políticas católicas do Estado espanhol e na tradicional concórdia com a Igreja, como demonstrava o restabelecimento do pressuposto de culto e clero.
[28] Por decreto de 14 de setembro de 1939 (BOE, 15/IX/1939), foi nomeada uma comissão para assistir ao traslado do cadáver do general Sanjurjo desde Lisboa.
[29] Nesse mesmo dia, o general Franco assinou o decreto concedendo o emprego de capitão-general do Exército espanhol ao tenente-general José Sanjurjo Sacanell, com a antiguidade de 20 de julho de 1936 (BOE, 26/X/1939).

o bispo Eijo y Garay rezou um responso e, ao finalizar, o general Francisco Franco se dirigiu aonde estavam os membros da família do defunto, cumprimentou-os com a mão e beijou o filho do general Sanjurjo. O "caudilho" abandonou a estação aos acordes do hino nacional, acompanhado por seus ministros e autoridades até o carro oficial.

De volta à capela ardente, organizou-se a comitiva para proceder ao traslado dos restos do general Sanjurjo pelas ruas da capital até a Estación del Norte. O féretro foi levado a um armão de Artilharia, onde foi colocado envolto na bandeira nacional. Durante o percurso do cortejo, sob a chuva que começou a cair, sobrevoaram várias esquadrilhas de aviões. Na primeira via da plataforma da Estación del Norte se encontrava o trem especial no qual ia ser conduzido o cadáver até sua terra natal, Pamplona. A locomotiva estava adornada com as bandeiras espanhola e do Movimento, com crepes negros. O furgão do carvão ostentava o feixe de flechas da Falange, a coroa da Espanha e um rótulo com o lema: "General Sanjurjo: presente". Pouco antes das 13h30, começou o desfile ante o féretro. Primeiro cruzaram, braço ao alto, comissões de todas as Armas do Exército, Marinha e Aeronáutica, e representações civis e membros da Falange Espanhola Tradicionalista (FET) e das Jons. Em continuação, o fizeram as forças militares que haviam coberto o percurso do féretro pela capital madrilenha. Uma vez acabado o desfile, antigos ajudantes do general Sanjurjo levaram nos ombros o ataúde até o vagão de trem, que era o mesmo que trouxe os restos desde Portugal. O comboio foi recebido em ato de homenagem ao pé da plataforma à sua passagem pelas estações de Villalba, El Escorial, Ávila, Medina del Campo, Valladolid e Venta de Baños, adquirindo os atos especial relevância em Burgos — onde chegou na noite dessa sexta-feira — e, após sua passagem por Vitoria, em Pamplona, ao longo da tarde de sábado, 21 de outubro, e no domingo, dia 22.

O enterro do general Sanjurjo transcendia a pessoa do militar que morrera em 20 de julho de 1936 em acidente de avião ao proceder a seu traslado de Portugal para encabeçar o golpe de Estado militar que havia ocorrido na Espanha. O jornalista Francisco de Cossío sublinhou que os restos mortais se faziam símbolo e, descendo de novo o espírito, vivificava o quanto o homem morto representou na vida. O enterro de Sanjurjo foi não só a homenagem que se devia a um herói, mas o ato de adesão profunda e grave que a Espanha devia a seu Exército. Apinhados em torno do féretro, iam todos os "caídos" pela Espanha, os sobreviventes e heróis:

> Dificilmente pode-se oferecer uma cerimônia militar de mais solene comoção. E nela o povo pode aprender algo essencial para a existência da pátria: que há homens que depreciam a vida quando esta há de se pôr na ara do dever e da honra. Um

exército se fortifica assim, de cara com a morte, e no enterro de um herói se envolvem todas as virtudes militares.

O ato era estimado pelo colunista como uma boa reação para os desmemoriados (Cossío, 1939a). O enterro com honras fúnebres do general Sanjurjo enquadrou a celebração de 29 de outubro, Dia dos Caídos, naquele "Ano da Vitória". O dever de recordar foi reiteradamente notado, como também escrevera Francisco de Cossío, na época subdiretor do jornal *ABC*:

> Não, não é possível que nossa geração, a que viveu a guerra, a que teve filhos na guerra, possa esquecer seu exemplo. Muitos [dos mortos pela Espanha] puderam ser resgatados; outros morreram por suas feridas na retaguarda... A suprema comoção nos dão estes mortos sem resgate, perdidos nas terras da Espanha, sem lugar para um nome nem uma pedra... E, contudo, neles temos de ver o supremo exemplo. Não pode existir uma entrega mais absoluta à pátria que esta, que morrer nela anonimamente defendendo-a e ficar para sempre na terra, como uma semente. Dessa semente temos de esperar os grandes frutos. Que os egoístas, que os covardes, que os calculistas, que os arrivistas... não pisem esta terra nunca, que hoje na Espanha se possam profanar os caminhos.[30]

O sangue derramado pelos "caídos" em defesa da pátria revelava o espaço sagrado da terra da Espanha: de cada um de seus caminhos — e não só seus cemitérios — em que jaziam mortas as vítimas anônimas.

A retórica falangista elevou o tom da comemoração dos "caídos". Na capa do número de *La Vanguardia Española* desse dia 29 de outubro, uma destacada cruz latina marcava a *Oración pelos caídos*, de Rafael Sánchez Mazas. O grito "presente!" não havia de converter-se na fórmula de um rito sem calor — como escrevera Jacinto Miquelarena nas páginas do mesmo número do diário barcelonês —, porque era a própria essência da "nova Espanha": "Os caídos cumpriram com seu dever e exigem que cumpramos com o nosso" (Miquelarena, 1939).

A comemoração dos "caídos" em 29 de outubro de cada ano introduzia a existência dos homens em um tempo sagrado; um tempo mítico primordial feito presente. O tempo litúrgico reatualiza um acontecimento sagrado que teve lugar em um passado mítico, "no começo", e vivifica as expressões de religiosidade mediante o ato ritual. A festa de 29 de outubro comemorava também o aniversário da fun-

---

[30] Cossío (1939b). Esse artigo apareceu publicado no mesmo dia no periódico barcelonês *La Vanguardia Española*, p. 5.

dação da Falange Espanhola por José Antonio Primo de Rivera no Teatro de la Comedia de Madri em 1933: o sacrifício dos "caídos" por Deus e pela Espanha, e o próprio acontecimento da guerra, tinha sua origem naquele ato. O editorial de *La Vanguardia Española* desse dia 29 de outubro de 1939 destacou esse tempo primordial que dava sentido ao martírio de muitos antes e depois de 18 de julho de 1936:

> Caídos por Deus e pela Espanha. Hoje faz seis anos que José Antonio vos traçou, com sua mão de profeta e de precursor, o caminho do martírio, ao traçar as normas para vossa vontade de serviço. Caídos que assistais ao discurso fundacional de nossa Falange! Muitos de vós sucumbistes na altiva intempérie da primeira hora; a outros coube maior notoriedade no sacrifício, ainda que não maior glória no mérito, porque o mérito de todos se iguala na sublimidade do martírio comum. Hoje faz seis anos que a mão do mestre, do apóstolo e do camarada traçou a rota por onde ele mesmo os havia, como sempre, de acompanhar [In hoc signo vinces, 1939].

Luis de Galinsoga, diretor do diário barcelonês, escrevia sobre a transcendência daquele ato fundacional como germe do "novo Estado" em sua coluna jornalística "Los hombres y los días":

> Hoje, 29 de outubro, é data de fundação e de holocausto. Ou seja, de semente e fruto. Porque há seis anos o verbo e a ação de José Antonio, poeta e capitão ao mesmo tempo da Falange, ungiam de solenidade o fato e o estilo que heroicamente vinham imperando já como um despontar de redenção na vida dramática em torno. Hoje faz seis anos que, em Madri, José Antonio fundava a Falange Espanhola em seu memorável discurso do Teatro de la Comedia. A corpulência histórica de um movimento que surgia das próprias entranhas da Espanha como um exemplo de reação vital contra as forças letais que arruinavam a pátria, naquela manhã do mês de outubro madrilenho, pela primeira vez. O que naquele dia aconteceu foi que o Movimento e a ação se submetiam aos caudais da ideia e da doutrina feitas corpo de dogma e verbo de profecia como germe do novo Estado nacional integrador que havia de vir [Galinsoga, 1939].

O sacrifício dos "caídos" havia se convertido no mito central da ideologia do Movimento, como o escritor Eduardo Marquina afirmara:

> De modo que essa Legião, asperamente chamada dos caídos, doando seus corações completamente erradicados e operando além da morte, chegou a converter-se no mito central de nossa ideologia do Movimento: como o milagre da Encarnação e o

prodígio eternamente consolador da Paixão Redentora, tornaram-se o ponto central e constituíram a chave de nossa ideologia cristão-católica. Por nossos caídos, o verbo dos fundadores, profetas e soldados se fez carne da pátria. Por Eles "habitará entre nós".

Não havia outro modo de culto que viver à sua imagem, devendo-se confirmar e renovar os votos periodicamente no aniversário diante da Cruz dos Caídos (Marquina, 1939).

A apropriação do culto da morte pela Falange foi encarnada, assim, na figura de José Antonio Primo de Rivera, santificado pelo sacrifício de sua morte em 20 de novembro de 1936 após sua entrega voluntariamente aceita para a causa da Espanha no ato de fundação do partido:

> E naquele ato José Antonio, no sublinhado que uma juventude inteligente e abnegada punha em suas palavras, viu o germe da Pátria Una, Grande e Livre, que haveria de converter-se em lema do Movimento. E pensou que, quando uma juventude se inflama assim e se mostra disposta a dar seu sangue sem pedir nada, a vida de um homem, e menos ainda sua tranquilidade e seu bem-estar econômico, não tem valor.
>
> E então renunciou a quanto legitimamente possuía: uma posição folgada e uma vida apenas iniciada ante um porvir excepcionalmente lisonjeiro.
>
> E renunciou com a consciência de que aquele 29 de outubro ovacionado, que lhe abriu ruas de braços ao alto como palmas jubilosas, era seu Domingo de Ramos, ao qual inexoravelmente haveriam de seguir sua Paixão e sua Morte [*Arriba*, 1939:1].

A partir do dia 19 de novembro, o culto do "Ausente" alcançou sua máxima exaltação no ritual de traslado dos restos mortais de José Antonio nos ombros de militantes falangistas com todo o cerimonial e a parafernália por estradas e povoados desde a cidade de Alicante — onde fora julgado, fuzilado e enterrado em uma fossa comum — até o Monastério de San Lorenzo de El Escorial (Panteão Real desde a época de Felipe II).

A "localização" da lembrança das vítimas

O culto dos túmulos e dos cemitérios revela como a experiência ritual do espaço sagrado permite obter um "ponto fixo" que funda o mundo, viver realmente o passado no presente e orientar a ação futura. A localidade de Paracuellos de Jarama foi situada no centro da política da lembrança do "novo Estado". Por motivo de cumprir-se o terceiro aniversário do início das matanças de presos pelos republicanos nesse termo municipal nos dias 6 e 7 de novembro de 1936, o chefe provincial da FET e das Jons de Madri, Jaime de Foxá Torraba, informou à Subsecretaria de Imprensa e Propaganda, em 28 de outubro, sobre os atos programados. Na fossa onde repousavam os restos dos "mártires" se velaria desde a noite de 6 até o dia 7, estando de guarda as milícias madrilenhas da Falange. Seria oficiada uma missa às 12h da noite do dia 6, solicitando-se permissão ao bispo, e durante toda a noite se continuariam oficiando missas até as 9h da manhã, em que se celebraria uma missa com comunhão geral, se leria a *Oración de los caídos* e se daria o grito ritual "Presentes!" pelos "caídos". No dia 7 seriam rezadas missas em todas as igrejas de Madri pelo eterno descanso de suas almas. O chefe provincial sugeria que o ministro do governo, Serrano Suñer, na condição de ex-cativo, se dirigisse pelo rádio na noite do dia 6 para lembrar aquela data e exortar a que o povo madrilenho fosse à fossa de Paracuellos de Jarama "depositar suas orações e suas flores sobre aquele trágico lugar". Caso contrário, rogava que lhe indicassem o nome da pessoa que se supunha conveniente que o fizesse.[31]

Uns dias antes, em 17 de outubro, o subsecretário do Ministério do Governo havia trasladado à Direção Geral de Propaganda que Luis Pérez Izquierdo, capitão de corveta da Armada e delegado em Burgos da Associação de Familiares dos Mártires de Paracuellos de Jarama e Torrejón de Ardoz, havia solicitado ao ministro que propusesse ao Conselho de Ministros a questão da subscrição para erigir um monumento que perpetuasse a memória dos que "ofereceram suas vidas pela Espanha" em Paracuellos de Jarama e Torrejón de Ardoz. O subsecretário precisava que urgia que se adotasse, sendo possível, uma solução rápida, estabelecendo-se igualmente a quantidade de dinheiro com que o governo contribuiria para a subscrição, que havia sido encabeçada pelo chefe de Estado, Francisco Franco, com a quantia de 100 mil pesetas.[32] Desse modo, ao ter de seguir os trâmites e procedimentos administrativos estabelecidos para a aprovação desse tipo de iniciativa, apressou-se sua resolução pelo órgão competente, dada a natureza do caso. No dia seguinte, da Direção Geral de Propaganda respondeu a essa nota interna opinando que a contribuição do governo poderia fazer-se separadamente por ministério com 25 mil pesetas. Igualmente, indicava-se a conveniência de submeter a essa Direção Geral os planos do monumento para poder aprová-los.

---

[31] AGA, SC, MIT, c. 1346.
[32] Sobre a resolução dessa petição, conforme se expõe a seguir, ver a documentação em AGA, SC, MIT, c. 5372.

Pouco depois, em 8 de novembro, o almirante Francisco Bastarreche, presidente da Junta diretiva da Associação de Familiares, dirigiu um documento ao diretor-geral de Propaganda; dada "a significação tão elevada do dito Campo de Caballeros imolados por Deus e por sua pátria", era urgente e indispensável construir, no mais breve prazo possível, um altar para o cemitério de Paracuellos de Jarama em substituição da mesa de madeira em que se oficiava a missa nesse lugar. Por isso, rogava-se que o arquiteto da Seção de Plástica da Direção Geral de Propaganda fizesse um plano, com o projeto e pressuposto correspondentes, bem como que este se entrevistasse com o capitão dos engenheiros sapadores Francisco Lucini, encarregado pelo chefe dessa primeira região militar, o general Saliquet, para que realizasse todas as obras e projetos que a associação lhe encomendasse. Em 20 de dezembro, o chefe do Departamento de Cerimonial e Plástica enviou ao diretor-geral de Propaganda duas cópias do projeto de altar que havia sido confeccionado e que tiveram de voltar a ser remetidas em 10 de janeiro de 1940 por não haver chegado a seu destino. No dia seguinte, o diretor-geral de Propaganda fazia chegar o plano, com seu projeto e pressuposto, ao presidente da Associação de Familiares dos Mártires de Paracuellos de Jarama e Torrejón de Ardoz.

Por decreto de 3 de fevereiro de 1940 da Presidência do Governo,[33] concederam-se honras de capitão-general, com comando de praça, aos restos dos espanhóis assassinados em Torrejón de Ardoz:

> A fim de que os merecimentos contraídos pelos que perseveraram em sustentar os ideais inspiradores do Movimento Nacional até o limite extremo de perder suas vidas, recebam dos poderes da Nova Espanha o reconhecimento ostensivo de respeito e veneração a que seu alto exemplo lhes tornou credores, ao mostrar, não obstante seu cativeiro e isolamento, a tradicional inteireza de sua raça com a certeira visão de que seu obscuro sacrifício iluminava para a pátria um futuro de glória.

Em 12 de fevereiro, o almirante Francisco Basterreche enviou ao diretor-geral de Propaganda uma cópia da comitiva e do itinerário a seguir até chegar ao lugar onde se celebraria, nesse domingo, dia 18, a cerimônia oficial que tributaria, por ordem do chefe de Estado, semelhantes honras aos restos recém-exumados e que simbolicamente representariam todos os "caídos" em Madri e sua província.[34]

Desde o dia 7 até 20 de dezembro de 1939, a Associação de Familiares levou a cabo a exumação de restos mortais no termo de Torrejón de Ardoz, sendo

---

[33] BOE, 6/II/1940.
[34] AGA, SC, MIT, c. 5372.

recuperados 414 cadáveres, dos quais conseguiriam identificar 64.[35] No ato de homenagem celebrado em 18 de fevereiro de 1940, os restos mortais procediam das exumações realizadas em Soto de Aldovea, em Torrejón de Ardoz, de onde foram levados para o Cemitério da Almudena. Os seis cadáveres aos quais se deu sepultura com semelhantes honras de capitão-general, com comando de praça, eram Ildefonso Álvarez de Toledo, marquês de Villanueva de Valduesa; Luis Cervera Jácome, capitão de navio; Enrique Pérez Izquierdo, comandante de Artilharia; Eduardo Vilades Abadía, piloto aviador; e dois sem identificação. Às 10h30 chegaram os caminhões que transportavam os féretros. As autoridades militares se encarregaram deles, sendo colocadas as caixas, cobertas com a bandeira nacional, sobre armões de artilharia, ao mesmo tempo que uma bateria disparou as salvas de ordenança. Diversas personalidades e representantes portavam as faixas de cada féretro. À direita do cortejo fúnebre se situou o chefe da primeira região militar e seguia uma representação do clero madrilenho, com cruz erguida; detrás de cada um dos armões, marchavam duas enfermeiras de guerra, que levavam ramos de cravos vermelhos e amarelos e faixas com a inscrição "Homenagem a nossos mártires". Em continuação ia a diretoria da Associação de Familiares, presidida pelo almirante Basterreche. Seguiam numerosos marinheiros, a companhia de honra formada por forças militares junto a uma centúria da Falange e outra da Organização Juvenil, e fechando a marcha os ministros de Marinha, Exército, Justiça e Fazenda, autoridades e representantes.

Ao chegar a comitiva em frente ao altar, os féretros foram colocados sobre túmulos e se celebrou uma missa *corpore insepulto*. Uma vez terminada, rezou-se um responso e um avião deixou cair flores sobre os féretros. As Forças Armadas desfilaram diante dos cadáveres em coluna de honra. Quando acabou o desfile, duas esquadrilhas da aviação sobrevoaram o lugar formando uma grande cruz e de novo lançaram braçadas de flores. Perante a sepultura definitiva dos seis cadáveres, o almirante Basterreche leu a *Oración de los caídos*, dando o grito de ritual: "Mártires de Madri e sua província!", respondendo todos: "Presentes!". Houve salvas de fuzil e, antes que caísse a terra sobre os caixões, José María Pemán, diretor da Real Academia Espanhola e conselheiro nacional da FET e das Jons, fez o elogio fúnebre dos "caídos por Deus e pela Espanha", afirmando que os que caíram no combate, como os que o fizeram no martírio, formavam as duas colunas paralelas sobre as quais havia de fundar-se a nova Espanha.

---

[35] Archivo Histórico Nacional (AHN), Fondos Contemporáneos (FC), Causa General (CG), Pieza especial de Madrid sobre Exhumaciones de Mártires de la Cruzada, lg. 1536, exp. 2.

No editorial de *La Vanguardia Española* de terça-feira, 20 de fevereiro, destacou-se que a cerimônia havia sido, de forma digna à memória que se evocava, um tácito juramento de guardar o legado daqueles mártires que morreram pela pátria, "fazendo imperecível, com a lembrança do crime sem nome, a vontade tensa e irrevogável de defender a Espanha contra todos os inimigos mais ou menos latentes do pensamento e dos amores em cujo holocausto aqueles compatriotas heroicos deram seu sangue generoso".[36] Cada cerimônia fúnebre em toda a Espanha em homenagem aos que caíram era — também sublinhava o editorial da edição madrilenha de *ABC* do dia seguinte — "promessa de vida na rotunda afirmação do presente". A piedosa evocação do sacrifício dos "caídos" tinha de ser interpretada como uma lição alentadora para alcançar o porvir da Espanha. Cada fossa devia ser um exemplo, e não um símbolo funerário: "Temos o compromisso de fazer uma pátria tal como eles a afirmaram com sua fé diante dos piquetes de execução".[37]

A lembrança dos "caídos" que evocou simbolicamente o rito de culto das vítimas enterradas na fossa na paragem do arroio de San José, em Paracuellos de Jarama, mostra que a ação em si mesma produz efetivamente a memória mediante a percepção do passado como duração vivida ininterruptamente no presente.[38] A vivência da memória, ou o que é o mesmo, que a memória seja percebida imediatamente como consciência da realidade passada, renova e localiza um acontecimento como portador e símbolo de certas significações para uma comunidade. Tal configuração simbólica como definidora de uma identidade coletiva se converte em promotora de processos de integração e de desintegração políticas ao agrupar os homens como amigos e inimigos.

A extensão da memória implica que se multipliquem tais pontos centrais, que por sua significação estabelecem uma divisão entre o sagrado e o profano. Por decreto de 1º de abril de 1940, da Presidência do Governo,[39] se dispôs, com o objetivo

---

[36] *La Vanguardia Española*, 20 fev. 1940.
[37] El mandato de los que cayeron. *ABC*, Madri, 21 fev. 1940.
[38] A ideia de que a virtude do rito provém intrinsecamente de si mesmo, animado de um poder imanente que procede da própria natureza da prática ritual como ato tradicional eficaz, pode-se ver em Mauss (1970:137-142).
[39] BOE, 2/IV/1940. Essa construção de um lugar religioso não contou com o prévio consentimento por escrito da correspondente autoridade eclesiástica, segundo estabelecia preceptivamente o Código de Direito Canônico então em vigor (*Codex Iuris Canonici*, IX, c. 1162 e ss, em AAS, IX, pars II, p. 226 e segs.). Os gastos que se originaram pela compra do lugar e a realização dos projetos estariam a cargo da subscrição geral na parte que correspondesse. Assim, por decreto de 31 de dezembro de 1941 (BOE, 11/I/1942), cancelou-se a subscrição nacional, que surgira após a eclosão da guerra, transferindo-se todos os valores restantes ao Instituto de Crédito para a Reconstrução Nacional, criado por lei de 16 de março de 1939, e descontando-se os meios econômicos que haveria de entregar para a realização das obras de Cuelga-muros, no Valle de los Caídos.

de perpetuar a memória dos "que caíram em nossa cruzada", a eleição como lugar para seu repouso da propriedade situada nas vertentes da Sierra de Guadarrama, conhecida com o nome de Cuelga-muros — a 9,5 km ao norte do Monastério de San Lorenzo de El Escorial —, declarando-se de urgente execução as obras para erguer uma basílica, um monastério e um quartel de Juventudes. A necessidade particular desse lugar de memória respondia, segundo seu preâmbulo justificativo, à dimensão da "cruzada", à heroicidade dos sacrifícios que a vitória encerrava e à transcendência dessa epopeia para o futuro da Espanha, que não podiam ficar perpetuados por simples monumentos comemorativos erguidos em vilas e cidades. Por sua dimensão rememoradora da enormidade do acontecimento da guerra e a magnitude do sacrifício das vítimas, concluía-se:

> É necessário que as pedras que se levantem tenham a grandeza dos monumentos antigos, que desafiem ao tempo e ao esquecimento e que constituam lugar de meditação e de repouso em que as gerações futuras rendam tributo de admiração aos que lhes legaram uma Espanha melhor.
>
> A esses fins responde a eleição de um lugar retirado onde se levante o templo grandioso de nossos mortos em que pelos séculos se rogue pelos que caíram no caminho de Deus e da pátria. Lugar perene de peregrinação em que o grandioso da natureza ponha um digno marco ao campo em que repousem os heróis e mártires da cruzada.

A Presidência do Governo — que Francisco Franco ocupava junto à Chefia do Estado — impulsionou esse projeto de panteão sob seu controle por intermédio do Conselho de Obras do Monumento.[40] Esse não foi um gesto para a reconciliação, mas para a perpetuação da lembrança da "cruzada" e dos "caídos" em defesa da "causa nacional". Assim, previu-se o futuro traslado dos restos de vítimas não identificadas, que tivessem padecido sob a "dominação vermelha", ao Panteón de los Caídos [Panteão dos Caídos]. Por ordem de 4 de abril desse ano,[41] expôs-se que

---

[40] Por decreto de julho de 1941 (BOE, 6/VIII/1941), a Presidência do Governo criou um Conselho de Obras do Monumento aos Caídos, composto pelo ministro do governo, na época Valentín Galarza, como presidente; o subsecretário da Presidência, como vice-presidente; Pedro Muguruza, diretor-geral de Arquitetura, na qualidade de conselheiro delegado; Juan Contreras, marquês de Lozoya, diretor-geral de Belas Artes; Miguel Ganuza, diretor-geral do Patrimônio Forestal; Jesús Iribas, engenheiro de estradas; e um conselheiro gerente nomeado pela Presidência do Governo. Pouco depois, e sem presença de representante eclesiástico algum no Conselho de Obras, por decreto de 20 de setembro (BOE, 21/IX/1941), nomeou-se vogal do Conselho de obras o vice-secretário de Educação Popular, Gabriel Arias Salgado.

[41] BOE, 5/IV/1940. Uma nova ordem de 11 de julho de 1946 (BOE, 15/VII/1946) prorrogou indefinidamente os enterros temporais dos restos de "caídos", tanto se sucumbissem nas filas

a diversidade de lugares onde a "sanha marxista" conduziu suas vítimas para dar-lhes morte havia motivado a existência, em muitos termos municipais, de locais com restos humanos que, por não ser possível sua identificação, não haviam sido reclamados por familiares para seu traslado ao cemitério. A homenagem devida a "nossos mártires" exigia que, até que pudessem ser recolhidos esses restos no Panteón de los Caídos, se adotassem medidas para evitar possíveis profanações e assegurar o respeito devido. As prefeituras demarcariam e cercariam provisoriamente aqueles lugares onde constasse, de modo certo, que jaziam restos de pessoas assassinadas pelos "vermelhos" que não houvessem sido identificadas ou reclamadas por seus familiares. Delimitado o lugar, a corporação solicitaria a concessão do caráter de terra sagrada pela correspondente autoridade eclesiástica, da mesma forma como se fosse de um novo cemitério municipal. No caso de que o número de "caídos" fosse muito reduzido, a prefeitura procederia a seu traslado para uma parte designada no cemitério mais próximo, fazendo-o constar nela com a devida reverência.[42]

Outras medidas concretizaram disposições anteriores sobre a "localização" da memória das vítimas na "nova Espanha", destacando-se o pioneiro sacrifício do fundador e dos militantes da Falange. Uma circular de 9 de março de 1940, enviada aos chefes provinciais de Propaganda pelo diretor-geral Dionisio Ridruejo, aclarava as condições das listas de "caídos" que teriam de figurar nos muros de todas as paróquias da Espanha, segundo estabeleceu a ordem de 16 de novembro de 1938. Nelas, deviam figurar: 1º) o nome de José Antonio Primo de Rivera; 2º) os "caídos" em ação de serviço em algumas das organizações integrantes do Movimento, com anterioridade a 18 de julho de 1936; 3º) os "caídos" em ação de serviço militar a partir dessa data; e 4º) aqueles que, constando expressamente, tivessem sido assassinados por sua ideologia ou sua atividade a favor do "Movimento Nacional" em "território vermelho". Com a evidente exceção de José Antonio Primo de Rivera,

---

do "Exército Nacional" quanto se fossem assassinados ou executados pelas "hordas marxistas", deixando sem vigor a obrigação de trasladar os restos mortais à fossa comum se não se houvesse adquirido perpetuamente um túmulo passados 10 anos. O avanço dos trabalhos de construção da cripta que ofereceria no Valle de los Caídos digna sepultura aos restos de "heróis e mártires da cruzada" fazia preciso evitar que, por falta de meios ou descuido de seus familiares, pudessem perder-se alguns dos que deram "sua vida pela pátria".

[42] Ao amparo das exumações de vítimas realizadas durante a instrução da *Causa general* de maio de 1940 pelo fiscal do Tribunal Supremo para solicitar provas dos fatos delituosos durante a "dominação vermelha", aproximadamente 826 cadáveres da província de Madri — sobretudo dos termos de Torrejón de Ardoz, Boadilla del Monte e Barajas —, dos quais se identificaram 123, foram trasladados até finais de 1948 ao Cemitério de Paracuellos de Jarama para sua posterior inumação no Valle de los Caídos (AHN, FC, CG, Pieza especial de Madrid sobre Exhumaciones de Mártires de la Cruzada, lg. 1536).

as vítimas tinham de ser fregueses das paróquias nas quais se realizava a inscrição. As listas deveriam ser feitas gravando os nomes diretamente sobre a pedra nas fachadas construídas com esse material e sobre uma laje de pedra inteira quando a fachada fosse de outro material, conservando sempre a devida relação arquitetônica de estilo com o edifício. O modelo de letra deveria seguir a ordem dos enviados por motivo da primeira inscrição que se fez em toda a Espanha na celebração dos funerais por José Antonio Primo de Rivera, em 20 de novembro de 1938, e a realização das obras deveria ser fiscalizada pelo artista de maior competência de que dispusessem as chefias provinciais de Propaganda. Em uma nova circular de 10 de maio, e por ordem superior, modificavam-se esses critérios ao precisar que se inscreveriam só os batizados no município, ainda que não devessem eliminar os já inscritos.[43]

Essa inflação do culto dos "caídos", entre outras políticas, continuou suscitando pontualmente o mal-estar da hierarquia eclesiástica na Espanha, sendo objeto de crítica pelo arcebispo de Sevilla, o cardeal Segura, em sua pastoral *Por los fueros de la verdad y de la justicia*, que se fez pública em 15 de abril de 1940.[44] Dos princípios que dizia defender, o sexto deles era o agradável reconhecimento da "significação católica do novo Estado", embora fosse preciso procurar evitar que determinadas medidas e atuações prejudicassem os direitos da Igreja e os interesses das almas: a censura da pastoral do cardeal primaz *Lecciones de la guerra y deberes de la paz*, ou os impedimentos para que a imprensa sevilhana publicasse seus próprios escritos; o acordo hispano-alemão; as missas de campanha, cruzes e lápides dos "caídos"; as travas às associações profissionais católicas e a substituição das entidades católicas de caridade pelas estatais de auxílio social; as "profanas novidades no falar", expressões pelas quais "se corre o risco de extraviar-se na fé e na piedade"; a circulação de doutrinas perniciosas no cinema ou livros; ou que os capelães das organizações juvenis não estivessem submetidos à jurisdição episcopal.[45]

Conclusão

A defesa da integridade e da supremacia da esfera católica no imediato pós-guerra, sobretudo perante o discurso hegemônico e as políticas falangistas (que aspiraram impor os valores, as crenças e ideias do nacional-sindicalismo na direção do "novo Estado" como instrumento totalitário a serviço da pátria), mostra como o ritual político de culto das vítimas não só serviu às estratégias de integração, mas permitiu

---

[43] Ambas as circulares podem ser vistas em AGA, SC, MIT, c. 805.
[44] *Boletín Oficial Eclesiástico del Arzobispado de Sevilla*, p. 262-295, 15 abr. 1940.
[45] Ibid., p. 280 e segs.

de modo ambivalente o uso de estratégias simbólicas diferenciadas para assegurar ou alcançar o poder. A apropriação falangista do culto dos "caídos" não só continuou a parafernália cerimonial anterior da Falange Espanhola e das Jons na homenagem a seus militantes mortos, mas situou a origem da "nova Espanha" e referiu o sentido do sacrifício coletivo da guerra dentro de um tempo sagrado, primordial: a fundação do partido falangista no ato celebrado no Teatro de la Comedia, em Madri, por José Antonio Primo de Rivera, em 29 de outubro de 1933, figura santificada por seu próprio sacrifício, que ocupou o centro do culto dos mártires pela pátria desde 1938.

A partir dessa origem, revivida como hierofania em cada celebração, a exacerbação do sentimento nacionalista (que organizou emotivamente as representações da guerra em uma visão coerente do passado, do presente e do futuro da Espanha) foi o vetor que realizou a transferência de sacralidade à política do "novo Estado" mediante a elaboração de uma teologia e a formação de uma religião políticas; ou seja, da revelação da nação como experiência coletiva de religamento com o sagrado, e de sua práxis pelas ações simbólicas do culto que se rende a certos aspectos da vida política de uma comunidade por meio de rituais públicos e liturgias políticas, localizados em um tempo e espaço sagrados. A nação resulta, no passado, de lembranças, de sacrifícios, de glórias, de lutos e dores comuns; e, no presente, da vontade decisória como comunidade de seguir fazendo valer a herança que se recebe indivisa. A Espanha, encarnada na figura carismática de seu "caudilho" Francisco Franco e santificada com o sangue do sacrifício dos "caídos" como prova de fé na pátria, foi transfigurada em entidade espiritual.

Referências

ARRIBA: Organo de Falange Española Tradicionalista y de las J.O.N.S. de Madrid, p. 1, 29 out. 1939.

BECKER, A. *La guerre et la foi*: de la mort à la mémoire 1914-1930. Paris: Armand Colin, 1994.

BOX, Z. Pasión, muerte y glorificación de José Antonio Primo de Rivera. *Historia del Presente*, n. 6, p. 191-218, 2005.

____. Rituales funerarios. Culto a los caídos y política en la España franquista: a propósito de los traslados de José Antonio Primo de Rivera (1939-1959). In: CASQUETE, J.; CRUZ, R. (Ed.). *Políticas de la muerte*: usos y abusos del ritual fúnebre en la Europa del siglo XX. Madri: Los libros de la Catarata, 2009. p. 265-298.

CANNADINE, D. War and death, grief and mourning in Modern Britain. In: WHALEY, J. (Ed.). *Mirrors of mortality*: studies in the social history of death. Londres: Europa, 1981. p. 187-242.

CÁRCEL ORTÍ, V. (Ed.). *Actas de las Conferencias de Metropolitanos españoles (1921-1965)*. Madri: BAC, 1994.

COSSÍO, F. de. Un entierro histórico. *ABC*, Madri, 21 out. 1939a.

_____. Los caminos sagrados. *ABC*, Madri, 28 out. 1939b.

DI FEBO, G. I riti del nazionalcattolicesimo nella Spagna franchista: José Antonio Primo de Rivera e il culto dei caduti (1936-1960). In: RIDOLFI, M. (a cura di). *Rituali civili*: storie nazionali e memorie pubbliche nell'Europa contemporanea. Roma: Gangemi, 2006. p. 189-202.

GALINSOGA, L. de. Semilla y fruto. *La Vanguardia Española*, 29 out. 1939.

GOMA Y TOMÁS, I. *Por Dios y por España*. Barcelona: Rafael Casulleras, 1940.

GONZÁLEZ CALLEJA, E.; SEVILLANO CALERO, F. Crociati moderni: dal lessico politico republicano alla propaganda franchista nella guerra spagnola. *Memoria e Ricerca*: rivista di storia contemporanea, ano XI, nova série, n. 13, p. 89-113, mar./ago. 2003.

GRANADOS, A. *El cardenal Gomá, primado de España*. Madri: Espasa Calpe, 1969.

HUBERT, H.; MAUSS, M. Essai sur la nature et la fonction de sacrifice. *L'Année Sociologique*, ano 2, p. 29-138, 1897-1898.

IN HOC signo vinces. *La Vanguardia Española*, 29 out. 1939.

KANTOROWICZ, E. H. Pro Patria Mori in medieval political thought. *The American Historical Review*, v. 56, n. 3, p. 472-492, abr. 1951.

LEDESMA, J. L.; RODRIGO, J. Caídos por España, mártires de la libertad: víctimas y conmemoración de la Guerra Civil en la España posbélica (1939-2006). *Ayer*: revista de historia contemporánea, n. 63, p. 233-255, 2006.

MARQUINA, E. Renovación de votos. *La Vanguardia Española*, 29 out. 1939.

MAUSS, M. *Lo sagrado y lo profano*: obras I. Barcelona: Barral, 1970.

MIQUELARENA, J. Están con nosotros. *La Vanguardia Española*, 29 out. 1939.

SOBRE VÍTIMAS E VAZIOS, IDEOLOGIAS E RECONCILIAÇÕES, PRIVATIZAÇÕES E IMPUNIDADES*

Ricard Vinyes

> *Recordemos as vítimas, permitamos que recuperem seus direitos, que não tiveram, e lancemos no esquecimento aqueles que promoveram essa tragédia em nosso país. Essa será a melhor lição. E façamo-lo unidos. [Aplausos]*
>
> José Luís Rodríguez Zapatero no Congreso de los Diputados, 26 de novembro de 2008; IX Legislatura.

I

Creio recordar que nunca pensei em Enrique Ruano como uma vítima, mas tampouco como um mártir, menos ainda como um herói e, naturalmente — essa sim é uma lembrança firme —, não senti piedade do rapaz assassinado pela polícia, mas antes solidariedade e a cãibra de um ódio intenso, perdurável, pelos que haviam cometido o crime e falsificado sua vida para nublar as responsabilidades próprias graças a cumplicidades diversas. Pessoas que podiam cometer e cometiam esse tipo de ato, qualquer violação ou iniquidade, e com as quais nunca acontecia nada.

---

* Título original: "Sobre víctimas y vacíos; ideologías y reconciliaciones; privatizaciones e impunidades". Traduzido por Ronald Polito. (N.E.)

Uma convicção socialmente partilhada e comprovada naquela época, quando eu tinha 16 anos. Muito tempo depois aprendi que isso se chamava impunidade e que a impunidade não era a proteção ocasional entre comparsas com influências e protetores interessados, mas um sistema que só podia ser ativado pelo Estado e a partir do poder da administração do Estado. Desconhecia os nomes dos perpetradores daquele assassinato e de outras vulnerações e abusos, mas não importava porque eram os nomes de todos os homens (e mulheres) da ditadura. Talvez esse sentimento de ódio não seja muito edificante, mas é ódio o que geram as ditaduras e por isso mesmo prejudicam as vidas não só dos que cresceram nelas, mas de seus descendentes (Miñarro e Morandi, 2009:441-463). A lembrança de Ruano não foi para mim uma recordação particular durante os 40 anos transcorridos após sua detenção e assassinato, mas, quando de tarde em tarde por alguma razão pensei nesses fatos, a evocação resulta muito intensa, apesar de que nem sequer recordava o rosto que talvez vi nos pasquins que difundiram a notícia e promoveram mobilizações. Ou talvez nem sequer vi aqueles papéis impressos quando circularam, e em realidade lembro deles por havê-los manejado anos depois em qualquer arquivo ao qual me dirigia para realizar meu trabalho, e confundo o tempo e misturo tudo.

O certo é que não sabia quase nada dele, de Ruano, inclusive devo admitir que, embora nunca esquecesse os fatos, esqueci sim seu nome até há poucos anos (e provavelmente essa é outra afirmação pouco exemplar, mas é a pura verdade). O mais próximo sempre foi o romance que Lluís Serrahima escreveu sobre os fatos e que a formosa expressão musical e vocal de Maria del Mar Bonet converteu em um hino civil, *Què volen aquesta gent?* (1969). A balada de Maria del Mar Bonet tratava de um sujeito anônimo, e portanto universal. Quando seis anos antes Violeta Parra cantou a morte de Julián Grimau em seu impressionante *Qué dirá el Santo Padre*, nominava o homem que havia sido torturado e fuzilado, falava de pombas degoladas, da experiência de dor e sofrimento que possui uma vítima, nesse caso um importante dirigente comunista que provavelmente rechaçaria a qualificação de vítima porque tinha uma biografia e um projeto no qual o risco (de captura, prisão e morte), entre outros elementos, era parte de sua identidade e estava treinado para assumi-los. Outra coisa é o uso que seus companheiros, e a oposição em geral, puderam fazer daquele crime. Em sua canção de 1969, Serrahima e Bonet não ancoraram o relato na dor de um personagem ao qual podiam converter e fixar na condição de vítima para sempre, mas na comoção ética e no estremecimento. Contam de um jovem estudante que tem medo — teme uma chamada ao amanhecer —, que inclusive treme por causa das consequências que pode lhe acarretar sua atitude de transgressão com a norma — social, cultural, política — em que vive, e por essa atitude e temor dorme mal à noite — os heróis nem temem nem tremem, pelo que provavelmente dormem tranquilamente —; contudo, apesar de sua conturbação, está comprometido, e o está por um motivo, tem *totes les esperances*.[1] Não estamos diante de uma vítima, isto é, diante de alguém que padece um dano por causa alheia ou fortuita, mas perante um sujeito que é prejudicado por responsabilidade própria, alguém cujas *decisões* procedem de uma insurreição ética que considera necessária para poder viver com decência e conforme seus projetos ou esperanças. Claudio Pavone (1991), em um texto clássico, denominou essa decisão "a moralidade da resistência".

Aquela canção inspirada no assassinato de Ruano[2] não mantém fidelidade alguma com os fatos que realmente aconteceram, mas qualquer um que viveu o contexto identifica o relato com ele e com a resistência à ditadura de uma parte dos cidadãos, gente comum que com sua atividade contribuiu para o começo da transição iniciada em meados dos anos 1970 e que promoveu e conseguiu a mudança para uma institucionalidade democrática na complexa e intensa conjuntura de 1975-1977. A maioria desses cidadãos que conformam a resistência ordinária — Ruano entre eles — não é histórica pelos fatos que cada um deles gerou, nem por sua capacidade de gerar acontecimentos relevantes, como seria o caso de um grande legislador, um pensador eminente, ou um fundador de algo. São históricos em sentido moral, ou seja, pelos atos, não pelos fatos; é sua *atitude* ante o contexto histórico, não seu protagonismo nesse contexto, o que lhes faz relevantes para compreender, entre outras coisas, os processos de democratização que na Espanha tiveram seu marco contemporâneo mais importante na instauração do Estado de direito. Processos e atitudes que contam e definem qual é e onde se acha o patrimônio democrático que sedimenta nossas instituições. Mas o certo é que os sucessivos governos que administraram o Estado evitaram sempre indicar e reconhecer qual é e em que consiste o embasamento ético das instituições que possuímos e do sistema de convivência com que nos dotamos. Ou seja, têm evitado assumir a democracia alcançada em nosso país como um bem adquirido a partir do esforço coral, na rua e contra a vontade — ou apesar da indiferença — de outros cidadãos.

Essa denegação do Estado e seus distintos administradores ajudaram a substituir as memórias políticas e sociais da cidadania mais participativa, pelo sofrimento — único, pessoal — da vítima, à qual instituem — ou usam — como sujeito de referência de toda ação memorial e reparadora. Essa denegação gerou, além disso,

---

[1] "*¿Qué es lo que quiere esta gente/ que llama de madrugada?// ¿Su hijo se encuentra aquí?/ Está durmiendo en su cama,/ ¿Qué desean de mi hijo?/ El hijo se espabilaba// La madre bien poco sabe/ de todas las esperanzas/ de su hijo el estudiante/ que tan comprometido estaba.*" Lluís Serrahima (fragmentos). Versão castelhana de Caballero Bonald.
[2] Para a gênese da canção: Bonet (2007:63-64).

uma forte indução à privatização da memória. Ou, o que é o mesmo, a impossibilidade de constituir uma memória pública. Um vazio que o Estado preencheu com uma memória administrativa derivada da ideologia da reconciliação, que nada tem a ver com a reconciliação como projeto político.

Um projeto político é algo que surge do conflito histórico e da necessidade de resolvê-lo do modo mais satisfatório para todos, ainda que não agrade a todos, pelo que requer discussão, negociação, acordo relativo e uma decisão majoritariamente partilhada. Gesta-se e evolui, ou se desfaz. O projeto político da reconciliação tem sua expressão prática e emblemática no Parlamento e na Constituição. Ambas as instituições expressam os graus de reconciliação alcançados durante a transição à democracia e após ela. A eficácia dessas expressões institucionais da reconciliação depende de como se levou o processo histórico em que nasceram, mas em qualquer caso não substituem a sociedade e as memórias que a sociedade contém.

Uma ideologia — por exemplo, a da reconciliação —, longe de assentar-se na realidade, pretende criá-la, ou, no máximo, evitá-la. É um instrumento de assimilação, sua vocação é devorar qualquer elemento antagônico e expandir as certezas absolutas em que se sustenta por meio de ritos e símbolos que, mais que uma história (uma verdade provisória), comemoram uma memória tranquilizadora, em geral a memória de um êxito conseguido após sofrimento e vontade. Ainda que amiúde o sofrimento e a vontade não acabem em êxito. Seus sujeitos são heróis ou vítimas, ou as duas coisas resolvidas em uma só, posto que às vezes a vítima é identificada com o herói e ao revés. A ideologia não tem capacidade de diálogo porque não nasce para isso, e a memória por ela criada, a memória única ou "boa memória", tampouco.

As palavras pronunciadas pelo presidente do governo no Congresso e que encabeçam o presente capítulo não são mais que uma síntese desse critério denegatório do Estado sobre o sedimento ético das instituições democráticas a que antes me referi: aparecem as *vítimas*, às quais tudo se deve dar porque sua dor não teve direitos e será compensada por algum ou vários dos parágrafos da nova Lei de Reparação que supostamente encerrará a carência.[3] Aparecem os *responsáveis pela tragédia*, com o pedido de que lhes *esqueçamos*, evaporando-os, assim, do espaço público, com o que resulta difícil saber por que algum dia houve vítimas sem direitos. E certamente se mantém a ausência que sempre teve caráter estrutural — e fundacional — nos discursos e ações do novo Estado de direito: a referência à atitude ética dos que contribuíram para a democratização do país. Não estou dizendo que a reflexão

---

[3] Refiro-me à *Ley 52/200, de 26 de diciembre, por la que se reconocen y amplían derechos y se establecen medidas en favor de quienes padecieron persecución o violencia durante la Guerra Civil y la dictadura*. BOE [Boletim Oficial do Estado], n. 310, 27 dez. 2007.

parlamentar do presidente — ou de qualquer mandatário anterior — *deva* fazer referência ao esforço civil de intensidades diversas que constituem um patrimônio político, ético; eles saberão o que querem, dizem e fazem. Apenas pretendo fazer notar que, no discurso público realizado na conjuntura de mais preocupação reparadora e memorialística de nossa história democrática, se consolida um sujeito: a vítima, cuja identidade se funda no passivo e fortuito, pelo que o consenso moral nela, sua extensão e uso, é maravilhosamente versátil e generosamente apolítico. Estabelece-se e difunde-se uma recomendação: o desaparecimento do causante das vítimas. E se institui um vazio ético e político: o criado pelo desvanecimento, marginalização ou negação de valor político à responsabilidade exercida por parte dos cidadãos e que constitui o legado democrático diverso no qual se funda o Estado de direito. A questão está em que, se as instituições das quais nosso país se dotou são despossuídas da marca humana, e ninguém é legatário de nada, como pode alguém sentir a ordem democrática recente como algo próprio?

Tal como o Estado configurou o discurso público, Ruano pode ser reivindicado como vítima. Mas a condição de vítima sempre é interna a um relato, e deveríamos saber qual é o relato do Estado. Ao fim e ao cabo, o conhecido torturador e chefe da Brigada Político Social de Guipúzcoa, Melitón Manzanas, abatido a balas pela Euskadi Ta Askatasuna (ETA — Pátria Basca e Liberdade) em 2 de agosto de 1968, também foi reivindicado como vítima, já que ninguém duvida que morreu por pôr em prática suas ideias, e por esse motivo foi condecorado e economicamente reparado como vítima do terrorismo pelo governo em 2001, em aplicação da Lei nº 32/1999, de 8 de outubro, de Solidariedade com as Vítimas do Terrorismo. E embora seja certo que o posterior governo retirou a condecoração após o clamor de asco que provocou aquela honra, o mesmo governo manteve intacta a reparação econômica, apelando — suponho — para o popular princípio de que com as coisas de comer não se brinca.[4] Por isso dizia antes que a vítima é versátil e tem surpreendentes possibilidades de extensão e uso segundo o relato em que está situada. Mas, acima de tudo, como argumentaram Isabel Piper (2005:90-99) ou Emilio Crenzel (2008), quando a vítima é utilizada como espaço de neutralidade e como sujeito de

---

[4] O Tribunal Supremo avaliou a concessão da medalha da Real Ordem do Reconhecimento Civil às Vítimas do Terrorismo ao comissário Melitón Manzanas, de acordo com a lei. Em 2002, o Congresso de Deputados, por iniciativa do Partido Nacionalista Basco e com a única oposição do Partido Popular, realizou uma reforma da Lei nº 32/1999, de 8 de outubro, em seu artigo 4º. A nova redação expressa que "em nenhum caso poderão ser concedidas aos que em sua trajetória pessoal ou profissional tenham mostrado comportamentos contrários aos valores representados na Constituição e na presente Lei e aos direitos humanos reconhecidos nos tratados internacionais". Contudo, manteve-se o valor econômico da condecoração para Manzanas e para outros agentes ou responsáveis políticos, como o almirante Carrero Blanco.

um suposto humanismo apolítico, incolor e inodoro, constitui uma categoria que pode ser aplicada a qualquer situação, servindo sem escrúpulos aos interesses de uma conjuntura política distinta da dos atos que a pessoa praticou ou sofreu. O perverso está em que altera o sentido daqueles atos e a percepção que a sociedade teve deles em seu momento, pelo que impede sua compreensão (que nada tem a ver com a justificação) na atualidade. A perseguição do catolicismo nos anos da Guerra Civil e o uso recente que dela se faz é um exemplo.

Por outra parte, ninguém deveria pensar que o antônimo de vítima é o herói ou o mártir. Comenta Ana Longoni (2007:25):

> Ambas as construções (a da vitimização, a da heroicidade), ainda em sua diferença, coincidem em despolitizar o ocorrido, pois a primeira evita reconhecer ou esconde a condição política, a militância [...], enquanto a segunda evita qualquer fissura que possa permitir a análise e a crítica do ocorrido, e das ideias e concepções que sustentaram esses atos.

Compartilho esse argumento. Em meu modo de ver, o relato de qualquer política de memória não deveria basear-se na construção de um sujeito-vítima, herói ou mártir segundo os usos, pois aparecem blindados a distância crítica, ou politicamente vazios. Só assim é possível o consenso na ideologia da reconciliação, e é essa ausência de possibilidade crítica sobre a vítima o que gera o autoritarismo de seu discurso. Mas tudo muda se o núcleo de atenção é a responsabilidade, o sujeito responsável. Em especial porque sua atuação sempre está submetida à crítica histórica (no mínimo), e à sua atitude política, não omite nada, antes *aprecia* condutas. Estou convencido de que um dos interesses analíticos sobre Ruano (de todos os ruanos), hoje, não é sua morte, nem o sofrimento que antes lhe impuseram, mas o que a ditadura primeiro, e o Estado de direito depois, fizeram com sua morte e sua presença na memória pública de nossa sociedade. No primeiro caso, destruíram a responsabilidade de sua atitude política; no segundo, simplesmente a ignoraram.

O que a ditadura fez com aquele crime é conhecido, ainda que sua transmissão e difusão social (não me atrevo a escrever "socialização") tenham demorado um tempo extraordinário. A ditadura o apresentou como um irresponsável que desesperado se lançou por uma janela ante o estupor dos agentes perplexos. Para que esse relato fosse crível e eficiente, distintos departamentos sob a autoridade do ministro do governo, o general Camilo Alonso Vega, e do ministro de Informação e Turismo, Manuel Fraga Iribarne, tiveram de delinquir — não só politicamente, mas socialmente —, destruindo provas forenses; tiveram de falsear documentos pessoais e descontextualizá-los; tiveram de alcançar a cumplicidade entusiasta da direção do jornal *ABC*, ou seja, de d. Torcuato Luca de Tena (nem mais nem menos que um *evolucionista* do regime, segundo o formoso jargão da Igreja da cientologia política), que em um alarde de ética publicou provas — o diário de Ruano — manipuladas. Só assim apareceu o protótipo de jovem *irresponsável*. Não podia ser vítima, nem mártir, nem herói, com certeza, mas o mais destrutivo era a banalização de seu compromisso sob a forma de irresponsabilidade, certamente extensível a todos os ruanos, o antifranquismo comum. A atuação do Estado de direito e seus distintos administradores nos últimos 32 anos é outra coisa. Cinge-se ao processo de equiparar e unificar — não reconciliar — todas as memórias, ao repúdio de estabelecer políticas públicas de memória, e a remover do cenário a responsabilidade política do antifranquismo como valor constitutivo da cultura democrática.

II

É com a vontade de equiparação e unificação de valores, de memórias, que o Estado tem recorrido à institucionalização de um novo sujeito, a *vítima*. Mais que uma pessoa (uma biografia, uma história, um projeto), o sujeito-vítima constitui um lugar de encontro com o qual o Estado gera o espaço de consenso moral necessário pelo sofrimento imposto; pelo que o sujeito-vítima torna-se uma instituição moral e jurídica que atua como *totem* nacional. Mas também se torna um espaço, "re-úne" todos a partir do princípio de que todos os mortos, torturados ou ofendidos, são iguais. Algo que resulta tão indiscutível empiricamente como inútil e desconcertante para efeito de compreensão histórica ao dissipar a causa e o contexto que produziram o dano, ou as distintas vulnerações às quais foi submetido o cidadão.

Nos últimos anos — basicamente a partir da mudança de século —, uma eficaz e rigorosa literatura procedente da historiografia, da psicologia social, da crítica de arte, da filosofia ou da antropologia pôs em relevo a *clausura* que impõe a constituição do sujeito-vítima.

Tenho usado a expressão *clausura* ao referir-me ao sujeito-vítima porque essa é a locução que usou a protagonista de uma imagem célebre. Refiro-me à conhecida fotografia de Dorothea Lange, *Destitute peapickers in California; 32 year old mother of seven children*, tomada pela autora em fevereiro de 1936 e na qual aparece o primeiro plano de uma mulher — Florence Owen Thompson — que naquele momento de sua biografia estava sofrendo os efeitos da Grande Depressão. Aquela mulher denunciou anos depois que o retrato em questão havia corrido o mundo condenando-a a um estado permanente de vítima do qual já não sairia jamais.

A diversidade de sua biografia ficou universalmente confundida, sem possibilidade de escape. E cabe preguntar-se pelas consequências psicológicas, éticas e políticas que comporta ser encerrado nesse *status* intemporal e abiográfico que é o sujeito-vítima com sua omissão de história e projeto. Esse é o sentimento que se depreende das declarações de sua filha Katherine McIntosh — presente na fotografia de 1936 —, que, em uma recente entrevista efetuada pela CNN, em 3 de dezembro de 2008, declarou: "*Fame made the family feel shame at their poverty*" ["A fama fez a família sentir vergonha de sua pobreza"].[5]

Talvez seja útil recordar que o discurso documental surgido na fotografia no início do século XX esteve vinculado à representação dos trabalhadores e do subproletariado para denunciar suas condições de vida. Definiu-os como vítimas da sociedade, constituiu o tema central do gênero e iniciou a "tradição da vítima" (Winston, 1988:34-57) que perdura até hoje em dia: quanto mais socialmente dolorosa resulta uma imagem, mais próxima da obtenção de um galardão se acha; por outra parte, constituiu o centro dos debates e da evolução sobre os conteúdos dos elementos de difusão (museus, espaços, monumentos, textos, imagens) dos grandes conflitos, desviando a atenção de seu conteúdo político e gerando um discurso autônomo, amiúde alimentado em si mesmo (Huyssen, 2002). Mas deve-se reconhecer que essa retórica da vítima estabeleceu uma dialética no modo de interpelar a opinião pública e o Estado com efeitos sem dúvida muito positivos. O surpreendente é que, transcorridos mais de 100 anos, apenas se produziram mudanças nesse estilo de diálogo. Por exemplo, no documentalismo que aborda a Guerra Civil e a ditadura, que em termos gerais não só se limita a apresentar testemunhos que relatam as atrocidades sofridas junto a *experts* que as validam dizendo "é verdade, aconteceu assim" (acompanhados, aliás, de imagens de arquivo que frequentemente são sempre as mesmas), como em sua maior parte compôs um protótipo documental que está mais próximo do livro de imagens que da linguagem própria das imagens. E se sua contribuição à denúncia foi certamente inestimável, também foi notável para a saturação e banalização do denunciado e a sacralização da vítima.

Se bem que, se falarmos de estilos e estratégias de construção do sujeito-vítima, vale a pena atentar para a discordância que oferece um par de aproximações visuais às vítimas dos campos de concentração hitlerianos.

Conta Georges Didi-Huberman que, em 1945, os serviços cinematográficos do Exército britânico solicitaram a Alfred Hitchcock e Sidney Bernstein que refletissem sobre as sequências montadas a partir das imagens da libertação dos campos nazis. Hitchcock e Bernstein (que finalmente assinaria aquele documen-

---

[5] Disponível em: <http://edition.cnn.com/2008/LIVING/12/02/dustbowl.photo/index.html>.

tário, intitulado *Memory of the camps*) se negaram a construir uma montagem em forma de inquéritos ("o senhor me diga, por favor, o que lhe aconteceu, o que lhe fizeram e como o fizeram"). Entenderam que se encontravam perante um gênero de imagens completamente novo que requeria uma *montagem na qual nada ficasse separado* (Didi-Huberman, 2004). Uma montagem que, antes de tudo, não isolasse as vítimas dos vitimários, que mostrasse seus esqueletos sob o olhar dos alemães responsáveis por sua morte (por ato ou por indiferença); e, em segundo lugar, que não separasse os campos de seu entorno social, de seu contexto mais próximo, ainda que fosse a bucólica campina da vizinhança rural (e o era). O resultado foi um documentário de 55 minutos tão contundentes em seu contraste entre a morte e o resto da humanidade do outro lado do arame farpado que a fita permaneceu fechada (sequestrada?) no Imperial War Museum durante os 40 anos seguintes, até 1985. Mas, entretanto, víamos diversos documentários ou reportagens fotográficas nos quais apareciam vítimas até a saturação com a pretensão de que "falaram por si mesmas". Pelo que podemos deduzir que o problema (talvez o temor?) não era a imagem de cadáveres acumulados e seres maltratados até o inacreditável, mas as consequências políticas e morais de estabelecer um sistema de relações que interpretava o acontecido por meio do contraste que ofereciam as relações íntimas com o entorno humano e espacial, um apelo direto à responsabilidade política. Não posso evitar evocar os numerosos centros de detenção e tortura situados em ambientes repletos de vida e bulício, o quartel-general da Gestapo na romana Via Tasso, ou a Direção Geral de Segurança, na animada Puerta del Sol, ou a mansão da Londres 38 rodeada de hotéis, cafeterias e comércios próximos à alameda que cruza o centro de Santiago de Chile, ou a Chefia da Vía Layetana de Barcelona, encostada em habitações familiares separadas das salas do centro de detenção por simples tabiques interpostos. Isso era realmente perturbador enquanto interrogava a responsabilidade moral e política do cidadão. O certo é que os autores de *Memory of the camps* planejavam olhar e propor o tema em termos similares aos que Karl Jaspers expunha em seus cursos de janeiro e fevereiro de 1946 (isto é, no mesmo momento histórico e político) a propósito da "culpa política" e da responsabilidade individual perante as ditaduras. Para o autor alemão, a culpa política se baseia em "contextos de situações políticas que, por assim dizê-lo, têm caráter moral porque codeterminam a moral do indivíduo; na medida em que o indivíduo promove ou tolera uma atmosfera de submetimento coletivo a um ditador, incorre em culpa política" (Jaspers, 1998:37). O correto, para Jaspers, não era outra coisa que se atrever a ser responsável e atuar.

Por sua parte, Claude Lanzman reuniu, em seu documentário de nove horas — *Shoah* (1985) —, o relato em primeira pessoa de vítimas, testemunhos e assassinos.

Prescindiu intencionadamente de imagens de arquivo (que considera fragmentárias e incompletas) e minimizou a voz em *off* para contextualizar o entrevistado, que aparece em estado "puro". O discurso de Lanzman é um repúdio direto a qualquer interpretação dos fatos, confina a palavra ao relato das vítimas que sobreviveram àquela atroz experiência com o fim de não alterar sua informação, considerada a *única possível*. Lanzman reclama do silêncio porque considera que é a única resposta que pode ser oferecida ao horror. O objetivo declarado é negar a possibilidade de qualquer discurso sobre os acontecimentos fora do acontecimento mesmo e seu sujeito, negar a autoridade de qualquer conhecimento além da palavra dita pela vítima, posto que, após o desastre que foi o Holocausto, nada pode ser pensado além do expressado pelo testemunho, convertendo *Shoah* em um dogma que impõe respostas universais e absolutas ao ocorrido, porque o ocorrido e sofrido é, segundo afirma, *impensável*. Imediatamente me tranquiliza comprovar que precisamente é diante do impensável que a razão humana começa sempre a pensar.

São duas opções. A primeira propõe um olhar contextual, ativo e inquisitivo, apela a um percurso pelos fatos situados no entorno e evita dogmatizar a linguagem, posto que não há mais autoridade do que a do espectador; mas requer deste a adoção de valores prévios contrários aos das diversas variantes antidemocráticas, entendendo democracia não como um modelo preestabelecido ou regime, mas como uma cultura social desenvolvida na sucessão de contextos históricos diversos que incita à insurreição moral, à responsabilidade, ante o acontecido.

A segunda, a de Lanzman, é muito simples: estabelece o sofrimento e a dor em um princípio de autoridade substitutivo da razão. Essa é a autoridade na qual são sustentadas as políticas da vítima. Mas o sofrimento e a dor não são valores, são experiências de dano ao corpo e à mente, pelo que estamos falando de um princípio de autoridade de matriz biologista.

III

Resulta atraente comprovar até que ponto esse tipo de autoridade alheia à razão foi instituído e usado pelos governos democráticos na criação e no desenvolvimento da ideologia do consenso e da reconciliação, instaurando políticas da vítima como sucedâneos das políticas públicas de memória (Vinyes, 2009a:22-29). Os recursos e instrumentos utilizados são variados.

Por exemplo, a ideologia da reconciliação tem sustentado tradições jurídicas relativamente recentes, como a justiça transicional e especialmente a restaurativa, e também a criação de comissões específicas destinadas a estabelecer a verdade técnico-jurídica. Mas não tratarei delas agora em razão da especificidade que requerem. Vou me limitar a comentar outro desses instrumentos, o espaço ou lugar memorável.

Linhas antes escrevi que a ideologia da reconciliação e consenso requer espaços simbólicos de reprodução e difusão própria. Um dos efeitos dessa necessidade é que amiúde tem implementado a dramatização figurativa — surpreendentemente chamada também de "museificação" — de espaços relativos à memória, em muitos casos vinculados a grandes negócios da indústria cultural ou turística, relacionada com a "arqueologia de guerra" e interesses locais (Huyssen, 2002). Criou ritos, simbologias, arquiteturas, cenários e textos. Criou um novo tipo de museu, no qual a "coleção" não está constituída necessariamente por objetos, mas por ideias. Eu o chamarei *museu ecumênico*. Com essa expressão me refiro a um cenário de múltiplos formatos, no qual é assumida e representada a igualdade de todas as *confissões* (opções, ideias, éticas, políticas...) com o resultado de constituir um espaço altamente autoritário, pois, longe de apresentar a pluralidade de memórias, unifica e funde todas as memórias, as dilui em um sempre agradecido *succes story*, o relato de um êxito coletivo — a reconciliação — apresentado como a única memória, a "boa memória" (Vinyes, 2009b:23-66). Um relato em que a gesta fundacional da nação foi substituída pelo desastre ou trauma social, e o herói nacional, pela vítima, constituída no sujeito que evoca e apresenta o consenso institucional sobre o trauma ou desastre (uma ditadura, uma guerra, um ato de intensa repressão...) e os conjura na útil simplicidade do *nunca mais*. O museu ecumênico (um edifício, um espaço, um texto em um painel...) é uma área de dissolução de memórias e conflitos na qual, pelo uso a-histórico da vítima, a impunidade equitativa oferece sua própria expressão simbólica. Há exemplos estupendos, como o Museu e Memorial de Verdun, no qual se misturam combatentes de todos os bandos em briga durante a Primeira Guerra Mundial junto aos de Indochina ou Argélia. Na Catalunha, os espaços da batalha do Ebro, geridos pelo Comebe sob a direção e responsabilidade do Memorial Democrático, são também um contundente exemplo do ecumenismo simples, da dissolução de memórias sobre os combates de uma guerra que é apresentada e encenada como técnica de enfrentamento, não como prolongamento de relações sociais e políticas. Para conseguir o desaparecimento de causas e efeitos, a batalha do Ebro foi encerrada deliberadamente nos 115 dias de troca de disparos, misturaram-se combatentes, omitiram-se as razões do conflito e se prescindiu de suas consequências para o território, precisamente o que mais perdura na memória, e o resultado é o mais parecido com a história e com nada. Seus folhetos de propaganda não têm perda, são realmente bons para compreender o ecumenismo memorial; um deles descreve o interesse do percurso pelas trincheiras de Vilalba dels Arcs informando que "alguns dos aspectos destacáveis das pessoas que lutaram foram a religião e as escrituras" (Memorial Democràtic, [2009]).

Os exemplos desses espaços ecumênicos podem prosseguir por meio da Casa da História da Alemanha, em Bonn, em especial em tudo o que se refere às relações entre as duas Alemanhas antes e durante o processo de unificação. Ou da Casa do Terror, em Budapest, um produto direto do revisionismo dos anos 1990, uma vitrine em que comunistas, nazis, colaboracionistas... se amontoam alegremente misturados sem matizes, e trocam suas camisas enquanto o Museu contorna a atitude do governo com os judeus durante a Segunda Guerra Mundial. A parte boa é que a confusão do discurso era tão grande que o Parlamento ordenou há alguns anos seu fechamento para revisar o relato. Ainda que mais tarde se abrisse novamente sem mudanças aparentes. O que ocorre com numerosos monumentos franquistas que, presentes ainda em muitas cidades, foram maquilados e embelezados pelas autoridades locais, gerando curiosos palimpsestos para a posteridade: até há pouco o antigo monumento à Victoria, no cruzamento entre o Paseo de Gracia e a avenida Diagonal de Barcelona, por exemplo. Ou na cidade de Valls, onde no mesmo tipo de monumento uma recente placa com formosos versos do poeta Salvador Espriu invoca a compreensão e a tolerância, sob um irredutível e ameaçador anjo dos de 1939 alçando sua espada de guardião de algo, por sua vez protegida, alguns metros acima, por uma enorme, sinistra e inevitável cruz de pedra. Dissolução de memórias em espaços e formas diversas. Museus ecumênicos.

Apesar de tudo, também o consenso resulta árduo quando se outorga significado, se dá um conteúdo ao desastre ou trauma fundacional do Estado de direito. Prova disso é o longo tempo transcorrido e o difícil caminho percorrido até que os Estados, na Europa e na América, iniciassem políticas públicas de memória solicitadas frequentemente por grupos e pessoas interessadas na reparação, mas especialmente na transmissão, e eventualmente na ressignificação, da memória. Essa dificuldade procede da necessidade que tem qualquer governo de evitar uma fratura em sua sociedade e optar de maneira decidida pela convivência e unidade da comunidade, e sem dúvida isso é parte de sua responsabilidade e mandato. Mas a condição de vítima, posto que é uma categoria política, cultural e social interna a um relato — como a de herói ou mártir —, expressa precisamente a tensão entre relatos opostos. Abordar essa realidade tem duas possibilidades.

A primeira, a habitual, consiste em promover essas ideologias da reconciliação (com suas retóricas do consenso), cuja essência e objetivo já disse que consiste em decretar (e convencer) a inexistência de diferenças e conflitos entre memórias. Mas essa opção gerou precisamente o que pretende evitar, isto é, tensão, enfado, beligerâncias diversas, atomização das reivindicações e especialmente a aparição de novos grupos que pedem reparação para injustiças heterogêneas, que com frequência foram geradas pelo sistema social, não pela ditadura. É o tributo da autoridade outorgada pelo Estado ao sujeito-vítima, um de cujos efeitos é vitimizar o conjunto da sociedade, com as conseguintes respostas. Todorov (1995) descreveu bastante bem esse fenômeno.

A segunda, pelo contrário, consiste em assumir a existência de conflitos entre memórias e seus respectivos relatos, criar uma política pública que assuma a existência desse conflito e promover o modelo instrumental destinado a implementar espaços públicos partilhados que ajudem o cidadão a realizar trabalhos de elaboração intelectual e emocional, e que possam expressar também no simbólico a existência do conflito. Em definitivo, reconhecer e mediar. Sustento que o problema não é que apareçam todas as memórias, o problema é que o Estado não gera o marco de diálogo entre as memórias que estão em conflito. Claro, essa opção destrói a ideologia da reconciliação, mas em nenhum caso destrói a convivência, uma confusão tão frequente quanto interessada. O Estado de direito estabelece a reconciliação em um ato, em um momento fundacional, quando em realidade é o resultado de um processo repleto de conflitos. Conflitos que, junto a suas diversas memórias, formam parte do patrimônio democrático.

IV

Desconsiderar o conflito, desvanecê-lo, implicou a adoção de um princípio doutrinário importante e frequente na maioria dos países que transformaram antigas ditaduras em sistemas democráticos, a "impunidade equitativa",[6] um modelo de atuação que, ainda reconhecendo (e, portanto, sem esquecer) a existência do dano e a responsabilidade, elude deliberada e pragmaticamente assumir as dimensões éticas, psicológicas, jurídicas e econômicas das responsabilidades políticas (Lira, 2004:159-160). Não é preciso entrar no conflito, é preciso dá-lo por superado; não é que esteja superado, mas é preciso atuar como se essa fosse a realidade. É a espera da passagem do tempo para a resolução dos problemas do passado, a confiança na extinção do problema por meio da morte tanto dos culpados como dos afetados. Isso é o que fará com que o conflito seja superado definitivamente.

---

[6] Utilizo a expressão segundo o estudo realizado sobre as políticas de reparação na Alemanha durante os 20 anos seguintes ao fim da Segunda Guerra Mundial, de Mitscherlich e Mitscherlich (1973).

Nos anos de instauração de nossa democracia, constituíram-se as leis, instituições e políticas que pareciam convenientes para garantir os direitos dos cidadãos. Procediam dos programas da oposição à ditadura e das demandas dos diferentes movimentos sociais que haviam nascido e crescido entrelaçados com o antifranquismo.

Aquelas demandas, aqueles projetos, aquelas políticas abarcavam a quase totalidade de necessidades gerais e setoriais de um país que construía o Estado de direito perdido com a derrota da Segunda República, e se desenvolveram e se instauraram com uma intensidade que estava limitada pelo jogo de hegemonias, não apenas políticas e sociais, mas também culturais.

Naquele contexto, e ainda anos depois, nem o conhecimento da devastação humana e ética que havia provocado o franquismo, nem a restituição social e moral da resistência — cujos complexos valores se convertiam nos fundamentos da Constituição e dos estatutos de autonomia —, nem o desejo de informação e debate que sobre aquele passado tão imediato ia expressando a cidadania mais participativa nunca foram considerados pelo Estado parte constitutiva do bem-estar social nem da qualidade de vida de muitos cidadãos. E ainda menos como uma pergunta sobre a base ético-institucional; uma pergunta que demandava onde estava a origem da democracia, qual era seu sedimento ético. Mas bem ao contrário, aquelas, todavia, tímidas demandas sempre foram consideradas um perigo de destruição da convivência. Portanto, deviam ser apaziguadas para o bem da cidadania. Sem ter em conta que, assim como não há instituições sem cidadãos que as sustentem, tampouco há cidadania sem consciência nem conflito histórico.

Esse temor em assumir o conflito, sua gestão e mediação por parte do Estado de direito, condicionou as atuações reparatórias e memorialísticas do Estado dirigindo-as ou inclusive reduzindo-as ao sujeito-vítima como espaço de "re-união" a que me referi anteriormente. Um espaço onde se dissolvem todas as fronteiras éticas. A declaração do governo espanhol por causa do 50º aniversário da rebelião militar ilustra bem esse vazio ético:

> Uma Guerra Civil não é um acontecimento comemorável, por mais que para os que a viveram e sofreram constituísse um episódio determinante em sua própria trajetória biográfica. A Guerra Civil é definitivamente história, parte da memória dos espanhóis e de sua experiência coletiva. Mas já não tem — nem deve ter — presença viva na realidade de um país cuja consciência moral última se baseia nos princípios da liberdade e da tolerância [...] o governo quer honrar e enaltecer a memória de todos os que, em todo tempo, contribuíram com seu esforço, e muitos deles com sua vida, para a defesa da liberdade e da democracia na Espanha. E lembra além disso com respeito

aos que, de posições distintas às da Espanha democrática, lutaram por uma sociedade diferente, à qual também muitos sacrificaram sua própria existência.[7]

O governo, em seu comunicado, não nega nem afirma. Não nega nem o que passou nem as causas. Simplesmente se equiparam atitudes e projetos. O governo do Estado decide que tudo é igualmente louvável e respeitável, exemplar; o é a defesa da democracia e o é a defesa da ditadura, agora denominada "sociedade diferente". A linha ética que separa democracia e franquismo, democracia e ditadura, é uma fronteira que amiúde o Estado democrático não tem respeitado, gerando um particular modelo espanhol de impunidade, do qual a declaração de 1986 é apenas um episódio.

A afirmação — indignada — de que a declaração governamental de 1986 não sofreu nenhuma restrição, nem na investigação nem na edição (Juliá, 2003:22), resulta uma asseveração surpreendente por sua obviedade: mas podia ser de outro modo? Sustentar que a questão em litígio reside na proibição, ou não, da livre investigação e circulação de conhecimentos[8] é introduzir-se em um círculo de obviedades solenizadas e obsessões circulares. A querela real, de fundo, é outra. Consiste na decisão política de recluir ao âmbito estritamente privado, ou acadêmico, os efeitos da ditadura, da guerra e da república. Ou, pelo contrário, vindicar a necessidade de um espaço ético que restaure o patrimônio democrático do país e a conveniência ou não de articular políticas públicas de memória e reparação. Essa e não outra é a colisão. Em qualquer caso, quando olhamos e indagamos a atitude da administração, não só observamos a manutenção daquele discurso de empate moral que impede pronunciar a palavra *ditadura* até o ridículo ato de inventar a expressão "sociedade diferente". Observamos também a difusão desse discurso por todos os meios a seu alcance. E observamos a notável negligência com os arquivos públicos, toda vez que na trilogia história-Estado-memória o arquivo é determinante, porque não só afeta o conhecimento empírico de fatos e processos, mas o cumprimento da mesma legislação reparadora promovida pelo Estado, como são — para mencionar só um exemplo — os arquivos penitenciários, sem catalogação, em processo de destruição por incúria, e dispersos até o infinito, criando ainda hoje uma situação que tem impedido milhares de afetados pela repressão completar a documentação exigida pelas leis que o mesmo Estado ditava para obter a reparação econômica estipulada. Ou a dificuldade de acesso dos investigadores aos arquivos policiais, ou aos do Ministério de Exteriores, ou aos de algumas regiões militares, ou dos antigos governos civis. O arquivo contém as marcas do ocorrido e por isso é o último recurso da impunidade, daqueles que

---

[7] Presidencia del Gobierno. Comunicado de prensa. *El País*, 19 jul. 1986.
[8] Para essa questão, ver Juliá (2007:56 e segs.).

desejam proteger-se não só de um improvável juízo, mas do reconhecimento do vergonhoso de suas responsabilidades. Outra forma de impunidade.

Embora o termo impunidade esteja vinculado à exigência de consequências judiciais desde Nuremberg, e em especial desde o restabelecimento de sistemas democráticos no Cone Sul da América, que popularizaram a palavra, no caso espanhol o termo impunidade em referência à ditadura se modelou com um conteúdo diferente, específico: *impunidade* não equivale à inexistência de processos judiciais aos responsáveis políticos da ditadura e aos diretamente implicados na vulneração dos direitos das pessoas, mas que o particular trajeto cronológico, o ordenamento jurídico derivado da anistia de 1977 e a evolução política, social e cultural do país foram vinculando o termo impunidade à negativa do Estado de destruir — anular — juridicamente a vigência legal dos conselhos de guerra e as sentenças emitidas pelos tribunais especiais da ditadura contra a resistência, a oposição e seu entorno social. Assim como a manutenção do critério de equiparação ética entre rebeldes e leais à Constituição de 1931, ou entre servidores e colaboradores da ditadura com os opositores a ela, que, todavia, hoje a administração do Estado sustenta, fazendo-lhes, portanto, impunes ética e culturalmente e, em consequência, politicamente.

É assim que, observamos, o reclamo contra a "impunidade" na sociedade espanhola está desprovido de vocação ou vontade jurídica punitiva — jamais existiu tal reclamo social — e tem, em troca, um forte, essencial e conflitivo conteúdo ético-político.

Em uma longa entrevista realizada por Juan Luís Cebrián com Felipe González em 1996, o ex-presidente do governo expressou em diversos momentos do diálogo uma reflexão a propósito da Lei de Anistia de 1977, que nas alíneas *e* e *f* do artigo 2º garante a impunidade dos funcionários que houvessem cometido qualquer ofensa aos direitos das pessoas. Na entrevista, González declarou que, "quando se pensou na anistia, não se estavam considerando os crimes da ditadura, mas só os delitos da esquerda e a oposição que o franquismo considerava políticos" (González Márquez, 2002:26). Esse é um dos grandes temas para compreender a especificidade que tem o modelo espanhol de impunidade, afastado de qualquer reclamação de justiça ordinária, que, como disse, nunca ninguém exigiu, nem em 1975-1977 nem depois dessa data. Um tempo aquele no qual o único antecedente remontava aos processos de Nuremberg, ou, na esfera mais próxima, ao Tribunal de Responsabilidades da Segunda República, que em 1931 julgou alguns dos responsáveis da ditadura de Primo de Rivera. Não seria até fins dos anos 1980 na Argentina, e princípios dos anos 1990 no Chile, para citar países de referência, que os julgamentos de alguns dos responsáveis das respectivas ditaduras e de ofensas diversas seriam levados aos tribunais, embora por um caminho tortuoso e com frequência frustrante, mas em qualquer caso produto de reclamações tanto nacionais quanto internacionais.

González se referia, em realidade, a um fenômeno certo que situa o modelo espanhol de impunidade no terreno de um conflito entre éticas, não entre culpas. Os responsáveis da ditadura jamais estiveram sob suspeita ou ameaça institucional ou social de ninguém, pelo que jamais podiam sentir-se responsáveis por algo infame. Por que razão deviam envergonhar-se de haver vencido? Ou de utilizar qualquer meio para garantir o que definiram como "segurança nacional"? Isso não só não era delito, era — é — motivo de orgulho, o cumprimento de um mandato histórico que requereu um golpe de Estado e a pacificação do país durante um tempo extraordinário. As memórias de Fraga Iribarne (1983) expressam com suma simplicidade essas razões e esse orgulho, a ausência de qualquer perspectiva de responsabilidade sobre torturas, detenções, mortes e falsidades diversas. Precisamente um não muito distante artigo de Rodolfo Martín Villa expressava um ar de amargura, porque essa decência do dever cumprido, especialmente na etapa final da ditadura, era questionada não só por recordações diversas de um punhado de impertinentes, mas também, segundo seu parecer, pelos debates parlamentares e de rua em torno da Lei de Memória Histórica de outubro de 2007. Intitulou o artigo em chave de desejo: *Carta a los Reyes Magos*.[9] Esquecia, por exemplo, que os Reis Magos jamais devolverão as centenas de milhares de documentos dos arquivos da Falange Espanhola e do Movimento que ele ordenou queimar às portas das eleições de 1977, a única ação institucional com a qual os últimos políticos da ditadura expressaram um temor, uma dúvida, sobre a segurança de sua honra e dos seus no futuro. Frequentemente me pergunto em sonhos se poderia ser julgado ao menos por essa ordem que redigiu e assinou. E se, no caso de ser julgado, seria aplicável a Lei de Anistia de1977.

A manutenção da equiparação ética e, portanto, da impunidade perdurou em atos de Estado e foi divulgada com representações simbólicas poderosas. Para citar só uma recente, 18 anos depois daquela declaração governamental sobre a guerra, de 1986: o desfile conjunto, no Dia das Forças Armadas de 2004, de um *partisan* que lutou pela restauração da democracia nos *fronts* europeus e de um falangista que combateu sob as bandeiras hitleristas na Divisão Azul. Um magnífico exemplo de ritualidade ecumênica. Tudo isso sob o aplauso do presidente do governo, o ministro da Defesa (autor da iniciativa) e o chefe de Estado. Não se deve reconhecer o conflito, o conflito se decreta socialmente superado, e essa é a imagem que o rubrica e simboliza em plena redação da Lei de Memória Histórica. Uma lei que, aprovada

---

[9] Martín Villa (2009). É interessante a resposta que obteve de Vidal Beneyto (2009).

em outubro de 2007, não desfaz esse modelo de impunidade declarando a nulidade das sentenças dos tribunais da ditadura, embora estabeleça seu caráter ilegítimo em um alarde de retórica que tem gerado mais insatisfações que soluções. Mas a lei de 2007 constitui uma expressão importante do peso que tiveram nos últimos anos as reivindicações de reparação e memória expostas por distintos coletivos de interessados, e expressa também os medos das elites políticas.

Embora a lei advirta em seu preâmbulo que "assenta as bases para que os poderes públicos levem a cabo políticas públicas dirigidas ao conhecimento de nossa história e ao fomento da memória democrática",[10] não está orientada nem muito menos para iniciar e desenvolver uma política pública de reparação e memória dirigida ao conjunto da cidadania. Antes se orienta com otimismo para evitar essa política substituindo-a por uma política da vítima.

Uma política pública é a combinação de três elementos: um objetivo, um programa e um instrumento. A lei não estabelece nenhum deles. Não define seu objetivo, tão só apela ao "espírito de reconciliação [...] e à defesa pacífica de todas as ideias".[11] Não cria um instrumento específico para isso além da própria lei (a disposição adicional terceira é uma fanfarrice), e naturalmente não há começo de programa que não seja a própria aplicação da lei.

Mas vale a pena chamar a atenção para o sujeito da lei para compreender a enorme e estável fidelidade do Estado a uma tradição de marginalidade política dos valores que mobilizaram com intensidades diversas uma parte da cidadania contra a ditadura e a favor da democratização do país, e que constituem precisamente a memória democrática à qual apela o mesmo texto da lei.[12]

O sujeito da lei não é outro que a vítima, esse espaço de "re-união" que vertebra a ideologia da reconciliação a que me referi e comentei ao logo do texto. A ampliação das reparações e o saneamento moral que propõe ao estabelecer, com cautela infinita, a retirada de símbolos fascistas é um elemento positivo da lei, que ao mesmo tempo revela qual foi durante 32 anos a atitude dos distintos governos. Mas nem essa medida nem a declaração de condenação do franquismo que aparece no preâmbulo ou outras disposições reparadoras mudam o que foi a orientação geral do Estado de direito nesse assunto: a privatização da memória.

Diz o preâmbulo e o dizem reiteradamente seus artigos. Não me refiro a se estabelecer que os custos de localização ou exumação eventual de fossas deverão ser

---

[10] *Ley 52/200, de 26 de diciembre, por la que se reconocen y amplían derechos y se establecen medidas en favor de quienes padecieron persecución o violencia durante la Guerra Civil y la dictadura.* BOE, n. 310, p. 53410, 27 dez. 2007.
[11] BOE, n. 310, p. 53410, 27 dez. 2007.
[12] Ibid., p. 53410.

sufragados à administração, autonômica, local ou do Estado, mas a algo muito mais profundo, porque segue uma prática política iniciada em 1977, o confinamento da memória e a reparação no âmbito estritamente privado, como diz o texto: "Reconhece-se o direito individual à memória pessoal e familiar de cada cidadão".[13] A lei confunde política pública de memória com memória pública, e ambas com memória oficial.

A primeira, a política pública, só pode ser garantidora, proteger um direito — o direito à memória (Vinyes, 2009a:22-29) — e estimular seu exercício. A segunda, a memória pública, é a imagem do passado publicamente discutida, a qual se constrói no debate político, social e cultural que produz a sociedade segundo cada conjuntura com a intervenção de todos os agentes; e uma das funções da política pública é, precisamente, garantir a participação dos diferentes atores na confecção da memória pública. A memória oficial, a "boa memória", e precisamente a gerada diretamente pelo Estado para monopolizar e substituir a memória pública. Isso a constitui na base da ideologia da reconciliação e no relato do museu ecumênico.

A privatização da memória tem sua melhor e mais brilhante expressão no artigo 4º, que estabelece o direito de cada afetado de obter um título de reconhecimento de vítima do franquismo. Uma declaração certificada do padecimento que poderá ser obtida também por "seus descendentes e seus colaterais até o segundo grau".[14] Resulta impressionante a realidade vicária e delegada do sujeito-vítima, sua autoridade biologicamente transmissível.

A reclusão da memória na esfera privada acarreta a negativa de criar um espaço público de diálogo e ressignificação de memórias. Quando essas reinterpretações ou ressignificações não podem elaborar-se porque são confinadas à esfera estritamente privada e pessoal, as trajetórias individuais se tornam ininteligíveis, e a pessoa não consegue reconhecer-se na história de sua vida. Privatizar não é outra coisa que extrair a memória da história e despojá-la de sentido, metê-la na cozinha e anular sua presença do empenho coletivo, evitar o reconhecimento da marca humana nas instituições. Comprovamos que parte do êxito dos comissários da exposição *En transición*, realizada no Centro de Cultura Contemporânea de Barcelona (novembro de 2007) e no Teatro Fernán Gómez de Madri (setembro de 2008), consistiu em que muitos dos visitantes se sentiram de repente participantes e protagonistas do distante e complexo processo de democratização do país; eles estavam ali, eram históricos, sua vida estava na história da nova cidadania, sua memória se deslocava do âmbito privado e entrava no espaço público, de onde não deveria ter saído: "O que

---

[13] Ibid., p. 53410.
[14] *Ley 52/200, de 26 de diciembre.* BOE, n. 310, artigo 4.2., p. 53411, 27 dez. 2007.

me pergunto é por que não fui capaz de contar para minha filha todos esses anos de mudanças e mobilizações dos quais participei e que foram também mudanças em minha vida, minha maturidade; mas ainda tenho tempo". Esse era o comentário que um dos visitantes deixou gravado no vídeo no qual qualquer um podia expor reflexões sobre a mostra para serem debatidas publicamente com a posterioridade, e esta foi uma das ideias mais repetidas: "Por que não contei?". O silêncio não era esquecimento, mas antes o resultado de uma privatização da memória, um cenário que rompe todos os laços entre indivíduo e história, entre responsabilidade e política, entre Enrique Ruano e nós.

Referências

BONET, Maria del Mar. ¿Qué es lo que quiere esta gente? In: RISQUES, M.; VINYES, R.; MARÍ, A. (Ed.). *En transición*. Barcelona: Centre de Cultura Contemporània de Barcelona, 2007.

CRENZEL, E. *La historia del Nunca más*: la memoria de las desapariciones en Argentina. Buenos Aires: Siglo XXI, 2008.

DIDI-HUBERMAN, G. *Imágenes pese a todo*. Barcelona: Paidós, 2004.

FRAGA IRIBARNE, M. *Memoria breve de una vida pública*. Barcelona: Planeta, 1983.

GONZÁLEZ MÁRQUEZ, F. *El futuro no es lo que era*: conversación Felipe González/Juan Luis Cebrián. Madri: Aguilar, 2002.

HUYSSEN, A. *En busca del futuro perdido*: cultura y memoria en tiempos de globalización. México, D.F.: FCE, 2002.

JASPERS, K. *El problema de la culpa*: sobre la responsabilidad política de Alemania. Prólogo de Ernesto Garzón. Barcelona: Paidós, 1998. [1. ed. alemã, 1946.]

JULIÁ, S. Echar al olvido: memoria y amnistía en la transición. *Claves de Razón Práctica*, n. 129, p. 14-25, 2003.

____. Memoria, historia y política de un pasado de guerra y dictadura. In: ____ (Org.). *Memoria de la guerra y del franquismo*. Madri: Taurus, 2007.

LIRA, E. Memoria en tiempo presente. In: ZERAN, F. et al. (Ed.). *Encuentros con la memoria*. Santiago de Chile: LOM, 2004. p. 159-160.

LONGONI, A. *Traiciones*: la figura del traidor en los relatos acerca de los sobrevivientes de la represión. Buenos Aires: Norma, 2007.

MARTÍN VLLA, R. Carta a los Reyes Magos. *El País*, 3 jan. 2009.

MEMORIAL DEMOCRÀTIC. *Espais de la Batalla de l'Ebre*: soldats a les trinxeres. Tríptico, [2009].

MIÑARRO, A.; MORANDI, T. Trauma psíquico y transmisión intergeneracional: efectos psíquicos de la guerra del 36, la posguerra, la dictadura y la transición en los ciudadanos de Cataluña. In: VINYES, R. (Ed.). *El Estado y la memoria*: gobiernos y ciudadanos ante los traumas de la historia. Barcelona: RBA, 2009. p. 441-463.

MITSCHERLICH, Alexander; MITSCHERLICH, Margarete. *Fundamentos del comportamiento colectivo*: la imposibilidad de sentir duelo. Madri: Alianza Universidad, 1973.

PAVONE, C. *Una Guerra Civile*: saggio storico sulla moralitá della Ressitenza. Turim: Bollatti Boringhieri, 1991.

PIPER, I. Trauma y reparación: elementos de una retórica de la marca. In: LIRA, E.; MORALES, G. (Ed.). *Derechos humanos y reparación*: una discusión pendiente. Santiago de Chile: LOM, 2005. p. 90-99.

TODOROV, T. *Les abus de la mémoire*. Paris: Arlea, 1995.

VIDAL BENEYTO, J. La dignidad de la República. *El País*, 8 jan. 2009.

VINYES, R. La memoria como política pública. *Puentes*, n. 25, p. 22-29, 2009a.

____. La memoria del Estado. In: ____ (Ed.). *El Estado y la memoria*: gobiernos y ciudadanos ante los traumas de la historia. Barcelona: RBA, 2009b. p. 23-66.

WINSTON, Brian. The tradition of the victim in Griersonian Documentary. In: GROSS, L.; KATZ, S.; RUBY, J. *Image ethics*: the moral rights of subjects in photographs, film and televisión. Nova York: Oxford University Press, 1988. p. 34-57.

MEMÓRIA E DEBATE SOBRE A LUTA ARMADA NO BRASIL E NA ARGENTINA

Maria Paula Nascimento Araújo

Este texto é parte de uma pesquisa que venho desenvolvendo que tem por objetivo comparar a história e a memória das esquerdas durante as ditaduras militares no Brasil e na Argentina.[1] Assim, aborda um tema sensível: a memória, as polêmicas, o esquecimento, a revisão autocrítica, o balanço das dores e erros, a avaliação política, enfim, a história e a memória da luta armada no Brasil e na Argentina. Esse tema envolve alguns tabus e algumas questões políticas-chave do período, como a justificativa da violência como linguagem política, o enaltecimento da coragem individual, a avaliação política do saldo da luta armada, os justiçamentos. Não é um debate fácil. Tanto na Argentina como no Brasil, a memória e o debate sobre o tema têm sido marcados por esquecimentos, acusações, ressentimentos, lembranças dolorosas.

A luta armada foi uma opção extrema feita por grande parte da esquerda latino-americana entre as décadas de 1960 e 1970. Uma opção extrema tomada, em muitos casos, para responder a ditaduras e regimes de violência política. Inspirando-se nas lutas de libertação colonial e no exemplo recente da vitoriosa Revolução Cubana, críticos ao que consideravam o *imobilismo* e *reformismo* dos partidos comunistas mais tradicionais, grupos e organizações de esquerda dissidentes

---

[1] Esta pesquisa, intitulada "Influxos internacionais e condicionantes locais na esfera política das esquerdas nos anos 1960 a 1980: história e memória comparadas do Brasil e da Argentina", contou com o apoio de uma bolsa de produtividade do CNPq entre 2010 e 2013.

e/ou independentes optaram pela luta armada contra o capitalismo, os regimes de exploração e as ditaduras militares que se estabeleciam na América Latina. Num trabalho anterior, procurei investigar as bases políticas e teóricas desse movimento (Araújo, 2008) que se espalhou pelo continente recrutando e armando milhares de pessoas, sobretudo jovens. No presente trabalho, proponho-me revolver um tema espinhoso: o debate e a memória sobre o saldo e o significado da luta armada, seus métodos, o emprego da violência, a crítica e a autocrítica do processo, tomando por base uma comparação entre o Brasil e a Argentina.

A Argentina foi sem dúvida pioneira na discussão sobre a memória do período da ditadura militar. Intelectuais das mais diversas formações, historiadores, militantes de direitos humanos e familiares de presos e desaparecidos políticos se reuniram em torno da consigna "lembrar para não esquecer, para não repetir". O resgate da memória do que se tinha passado naqueles anos de ditadura revelou-se uma arma de denúncia da repressão e do terrorismo de Estado. A memória era usada como um instrumento político que impedia o esquecimento e reivindicava a justiça. Ela trazia à tona os crimes do Estado, assim como também permitia a recuperação simbólica — para as famílias — de milhares de desaparecidos. Mais do que isso: a memória permitia a inscrição desses desaparecidos na história do país. A Argentina foi pioneira na publicação de livros sobre esse tema (a memória da repressão) e na realização de manifestações políticas que se pautavam pela memória — que lembravam os nomes dos torturadores, marcavam suas casas, estampavam suas imagens em cartazes. Com esse tipo de iniciativas — tanto no campo político quanto no intelectual — calcadas na dimensão política da memória e do esquecimento, a Argentina inspirou diversos países na América Latina.

Nos últimos anos, uma nova discussão, envolvendo as complexas relações entre memória, esquecimento e política, vem sendo travada entre os intelectuais de esquerda na Argentina. Uma discussão que envolve a história e a memória da luta armada.

Mais de 20 anos depois do fim da ditadura militar, setores da esquerda e da intelectualidade que, de alguma forma, foram ligados às organizações de luta armada da década de 1970 estão realizando uma revisão, fortemente autocrítica, dessa experiência. As questões levantadas não se referem apenas ao aspecto da eficácia ou não da luta armada (tema que marca o debate brasileiro). Mais do que isso: os pontos que são discutidos se referem aos aspectos ético-morais da luta armada. O que muitos levantam é um questionamento sobre os métodos da guerrilha (sequestros, justiçamentos, julgamentos e execuções legitimados por um *tribunal popular*) — *métodos que aproximariam as ações das esquerdas de uma lógica militarista e que as distanciariam de uma lógica humanista.*

Esse debate foi deslanchado a propósito de uma carta escrita pelo filósofo Oscar del Barco para a revista cordobesa *La Intemperie* em dezembro de 2004. Essa carta, por sua vez, tinha sido provocada por uma reportagem, publicada na mesma revista entre outubro e novembro daquele ano, na qual Héctor Jouvé, ex-militante do Ejercito Guerrilero del Pueblo, falava sobre alguns episódios da guerrilha de Salta.

Recuperemos a história dessa guerrilha, muito pouco conhecida pelos brasileiros. A guerrilha de Salta representa como que uma "pré-história" da guerrilha argentina, que se desenvolverá um pouco mais tarde, nos anos 1970. Nos primeiros anos da década de 1960, o jornalista argentino Jorge Ricardo Masetti, chefe do Ejército Guerrilhero del Pueblo (EGP), tentou implantar na zona rural de Salta, no norte da Argentina, com o apoio direto de Che Guevara, uma formação guerrilheira. A trajetória de Jorge Masetti é relatada no *Diccionario biográfico de la izquierda argentina*, organizado por Horácio Tarcus (2007).[2] Masetti era um jornalista que tinha viajado para Cuba com a intenção de cobrir os acontecimentos revolucionários que vinham ocorrendo na ilha desde o final de 1958. Conheceu Guevara e Fidel Castro e realizou reportagens com os líderes guerrilheiros que foram transmitidas para toda a ilha pela Rádio Rebelde, e também para outros países da América Latina. Essas reportagens foram mais tarde reunidas por Masetti num livro chamado *Los que luchan y los que lloran*, que relata sua experiência em Sierra Maestra poucos meses antes do triunfo da Revolução Cubana. A partir daí, como jornalista, Masetti transformou-se num divulgador de Cuba. Com esse objetivo, organizou, em 1959, a "Prensa Latina", uma agência de notícias com sede em diversos países do mundo. Durante esses anos, sua amizade pessoal com Che Guevara se aprofundou. Em 1962, Masetti deixou a direção da agência "Prensa Latina". Segundo o *Diccionario biográfico de la izquierda argentina*, a saída deveu-se a divergências internas entre a tendência da direção comunista cubana pró-soviética e a tendência orientada por Guevara, favorável à extensão da revolução pela América Latina (Tarcus, 2007:400-401). Nesse contexto, Masetti se retirou da direção da agência de notícias e, por designação do próprio Che, dirigiu-se para o norte argentino para criar um foco guerrilheiro. Fundou e assumiu a direção do EGP. Seu codinome: Comandante Segundo. A direção do EGP era estreitamente ligada ao Che. A ela logo somou-se uma vintena de jovens oriundos da juventude comunista e da militância universitária. A experiência da guerrilha de Salta durou pouco. Entre março e abril de 1964, a Guarda Nacional capturou a quase totalidade do grupo. Masetti foi visto

---

[2] Horácio Tarcus, fundador e diretor do Cedinci, é um dos principais historiadores da trajetória e das ideias da esquerda argentina. Seus livros são indispensáveis para qualquer um que queira estudar as práticas e as ideias da esquerda argentina e, em boa medida, latino-americana.

pela última vez se embrenhando na mata; seu corpo nunca apareceu. Os outros guerrilheiros foram presos e pegaram diferentes penas.

Durante o período em que se tentava instalar o foco guerrilheiro, dois militantes do EGP, Adolfo Rotblat e Bernardo Groswald, quiseram abandonar a luta e se retirar da região. Foram considerados perigosos para a segurança dos outros e traidores, e foram fuzilados pelos próprios companheiros. Dois militantes do EGP foram acusados de participação nesses fuzilamentos: Hectór Jouvé e Frederico Méndez. Foram condenados à prisão perpétua e anistiados, alguns anos depois, por indulto do presidente Héctor Cámpora (1973).

Na entrevista concedida à revista *La Intemperie*, no final de 2004, 40 anos depois do corrido, Jouvé falou sobre esse episódio, assumindo o fuzilamento dos dois rapazes, trazendo à tona a questão do justiçamento no interior das organizações guerrilheiras.

Logo no mês seguinte, a mesma revista publicou a carta de Oscar del Barco. Na carta, seu autor declarava sua comoção com a entrevista de Jouvé e fazia uma crítica profunda à luta armada. Oscar del Barco é um intelectual respeitado e ligado ao campo da esquerda, membro-fundador da revista *Pasado y Presente*. Essa revista teve um papel muito importante no desenvolvimento do marxismo argentino. No livro *El marxismo olvidado en Argentina*, Horácio Tarcus (1996) discute o papel político das revistas argentinas e destaca a função de irradiação intelectual que teve *Pasado y Presente*. A revista era composta por um grupo de intelectuais de esquerda, oriundos do Partido Comunista da Argentina, influenciados pelas ideias de Gramsci. Por sua trajetória, Oscar del Barco é um homem de esquerda, e, por isso mesmo, sua carta teve forte impacto no campo da intelectualidade de esquerda argentina. A partir dela, várias cartas foram enviadas para a direção da revista *La Intemperie* — umas a favor das questões apresentadas por del Barco, outras contra. Nem todas foram publicadas, mas circularam amplamente pela internet. A revista *Políticas de la Memoria*,[3] em sua edição de verão 2006-2007, apresentou um dossiê sobre violência e política nos anos 1960-1970 intitulado: *Outra vez los 70'? Debates e intervenciones a raíz de la carta de Oscar del Barco*, no qual são analisadas não apenas as questões apontadas por del Barco como também os argumentos que foram levantados contra ele. O ponto principal levantado por del Barco é a condenação da violência política, em especial a condenação dos assassinatos políticos — sejam eles quais forem:

---

[3] *Políticas de la Memoria* é o anuário de investigação e informação do Cedinci, um centro com um fabuloso acervo político e cultural sobre as esquerdas da Argentina e da América Latina.

> [...] *no existe ningún "ideal" que justifique la muerte de un hombre, ya sea del general Aramburu, de un militante o de un policía. El principio que funda toda comunidad es el no matarás. No matarás al hombre porque todo hombre es sagrado y cada hombre es todos los hombres.*[4]

Sua carta faz uma crítica à lógica da violência política — que reitera e amplia a violência, embora os que a empregam se considerem justificados historicamente.

> *¿Qué diferencia hay entre Santucho, Firmenich, Quieto y Galimberti, por una parte, y Menéndez, Videla o Massera, por la otra? Si uno mata el otro también mata. Esta es la lógica criminal de la violencia. Siempre los asesinos, tanto de un lado como del otro, se declaran justos, buenos y salvadores.*[5]

Mas, acima de tudo, Oscar del Barco apresenta a questão da responsabilidade. Na verdade, segundo ele próprio, seu impulso em escrever a carta, após ler a entrevista de Hector Jouvé, foi porque ele, del Barco, intelectual de esquerda que havia sido próximo e simpatizante de organizações de luta armada, sentiu-se responsável pela morte dos militantes justiçados. A sinceridade e a emoção com que inicia sua carta são impactantes:

> *Al leer como Jouvé relata suscinta y claramente el asesinato de Adolfo-Rotblat (al que llamaban Pupi) y de Bernardo Groswald, tuve la sensación de que habían matado a mi hijo y que quien lloraba preguntando por qué, cómo y dónde lo habían matado, era yo mismo. En ese momento me di cuenta clara de que yo, por haber apoyado las actividades de ese grupo, era tan responsable como los que lo había asesinado. Pero no se trata sólo de asumirme como responsable en general sino de asumirme como responsable de un asesinato de dos seres humanos que tienen nombre y apellido: todo ese grupo y todos los que de alguna manera lo apoyamos, ya sea desde dentro o desde fuera, somos responsables del asesinato del Pupi y de Bernardo.*

A carta de del Barco despertou, imediatamente, inúmeras reações, principalmente por parte de intelectuais e militantes de esquerda. Entre aqueles que se posicionaram contra, dois argumentos foram destacados: a fragilidade do preceito *"no matarás"*, como elemento fundador da civilização humana, e a descontextualização histórica do texto de Oscar del Barco.[6]

---

[4] Carta de Oscar del Barco. *La Intemperie*, dez. 2004.
[5] Ibid.
[6] As cartas aqui comentadas fazem parte de um dossiê eletrônico que circulou pela internet, que reproduzia a carta de Oscar del Barco à revista *Intemperie* e algumas das inúmeras cartas de resposta. A maior parte delas está reproduzida no *site*: <http://pt.scribd.com/doc/82530796/>

O preceito *"no matarás"* é acusado de ingênuo, a-histórico (por desconsiderar a importância da violência na história) e religioso. Uma das cartas enviadas à revista *Intemperie* (e que circulou amplamente na internet), escrita por Carlos Keshishán, expressa a forma marxista ortodoxa de encarar a questão. Mais do que isso: na verdade, a carta Keshishán reproduz a lógica marxista-revolucionária dos conceitos de luta de classes e contradições antagônicas — conceitos nos quais repousa a tese da violência revolucionária: *"El tratamiento del tema de la muerte, en el marco de la lucha entre concepciones antagónicas, no puede ignorar que cuando se enfrentan intereses irreconciliables, la lucha política es de alguna manera una guerra"*.[7]

Ou seja, segundo o autor da carta, do ponto de vista marxista, a violência seria um processo inelutável, necessário, dado o caráter antagônico das contradições de classe. Para essa concepção, a política é, de certa forma, uma pré-guerra; e o desenvolvimento da política leva necessariamente à guerra — prólogo da libertação do homem. Não se poderia então, de forma alguma, extirpar da história a violência.

Keshishán também argumenta contra a "descontextualização" do texto de del Barco. A guerrilha dos anos 1970, para ele, só pode ser compreendida — com seus erros e sectarismos — à luz do contexto histórico da época, em que

> *crecía en los pueblos la esperanza de una sociedad diferente, cuando las llamas de Sudeste Asiático alumbraban un camino de revolución y estimulaban a una generación de jóvenes y a pueblos enteros, que en Asia, África y América, concebían una sociedad en la que hallarían su definitiva manumisión social*.[8]

Essa foi também a posição de Luis Rodeiro. Para ele, o texto de Oscar del Barco é marcado por uma espécie de "fundamentalismo religioso", *"un fundamentalismo místico, desde fuera del mundo, del tiempo, de la historia"*.[9]

A carta enviada por Hernán Tejerina à *Intemperie* é uma das mais incisivas de todas. Chama o preceito *"no matarás"* de del Barco de "histérico" e chega a defender a prática dos assassinatos políticos — pelo menos contra os reconhecidamente "inimigos do povo". O exemplo usado é o do sequestro e assassinato de Aramburu, ex-presidente da Argentina justiçado pela guerrilha montonera:

No-mataras-UNA-POLEMICA-Revista-Intemperie>. Neste trabalho, para facilitar a leitura, nomearemos esse conjunto de textos como "Dossier electrónico Lucha Armada".

[7] Carta de Carlos Keshián. "Dossier electrónico Lucha Armada".
[8] Ibid.
[9] Carta de Luis Rodeiro. "Dossier electrónico Lucha Armada".

Muchos mea culpa, *en la Argentina y por estos días, citan a Aramburu como caso testigo. Abordemos esto en sus diversas aristas. Símbolo del golpe de estado del '55, responsable de la masacre por el bombardeo a Plaza de Mayo, impulsor, junto a Isaac Rojas, de la proscripción al mayor movimiento político del país, ideólogo del secuestro del cadáver de Eva Perón y de todas las metáforas que de esa profanación surgen. La impunidad de sus actos emana de la realidad que "él", desde su posición de poder, configuró de modo determinante.*

Una digresión: el "él" que acabo de nombrar no designa al individuo Pedro Eugenio Aramburu, católico, militar, padre amoroso — o no — de familia argentina, sino al Aramburu sujeto político y simbólico que reunía en sí a la suma de individualidades argentinas que, al reconocerse en su accionar político, lo convertían en emblema de poder. En esta dimensión de "lo Aramburu", el individuo es "contribuyente voluntario" del emblema de poder y del usufructo que este acarrea. Así, la existencia y esencia de "lo Pedro Eugenio Aramburu" se ha desplazado de su sacralidad universal y humana a su particularísima función de poder.[10]

Mas muitas outras cartas foram escritas para apoiar o que del Barco escrevera. Uma, em especial, chama a atenção no "Dossier electrónico Lucha Armada", que circulou pela internet. É a carta de Hector Shmucler, apelidado de "Toto", seu amigo pessoal, companheiro de militância política e intelectual ao longo de muitas décadas. A carta de Toto põe em destaque, como argumento de defesa, a trajetória de Oscar del Barco, ao mesmo tempo que nos ajuda a entender, com base nessa trajetória, a real dimensão da responsabilidade que del Barco invoca em seu texto:

Cuarenta años antes Oscar daba clases en un colegio de Bell Ville y allí, en la casa de un común amigo, conoció a Ciro Bustos, integrante de un grupo guerrillero inspirado por el Ché y que se proponía instalar un foco insurreccional al norte del país. Ernesto Guevara pensaba en el mundo, en una especie de final batalla en la que el bien socialista derrotaría al mal capitalista aunque fuera al precio de un cataclismo nuclear. Orán, casi al límite entre Salta y Bolivia, sería uno de los puntos de arranque. Oscar y sus amigos de la revista Pasado y Presente éramos convocados al comienzo de la historia. Mi memoria no se abre con facilidad a las evocaciones de esos días y me pongo en guardia contra la tentación de inventar recuerdos. Está Oscar, de regreso a Córdoba, contándonos su encuentro con Ciro Bustos; está después el propio Ciro, su fragmentario relato, mi escucha cargada de interés y escepticismo; está nuestro pasado reciente en el Partido Comunista de donde fuimos expulsados por publicar Pasado y Presente; está nuestra admiración por Cuba, nuestra convicción de que la Revolución era posible y que los partidos comunistas prosoviéticos la frenaban con su reformismo. Está la casa de Oscar, donde se alojaba Ciro Bustos y una despedida en el aeropuerto (Ciro viajaba a Salta porque era inminente el comienzo de las acciones) donde tuve la sensación de que el avión que

---

[10] Carta de Hernán Tejerina. "Dossier electrónico Lucha Armada".

se perdía entre las nubes era portador de la Historia. Y poco más. Salvo que, por nuestra mediación, se habían incorporado al foco guerrillero un grupo de jóvenes de Córdoba. Luego la historia fue una burla. Un juego sin grandeza con la muerte.[11]

Nessa carta, aparece a própria figura de del Barco "contextualizada" — ex-militante do Partido Comunista, dissidente, fundador de uma das revistas mais importantes do campo intelectual de esquerda argentino, admirador da Revolução Cubana, um homem que tinha presenciado os preparativos da guerrilha de Salta e que, como diz a carta de Toto, incentivado jovens de Córdoba a se integrarem nessa guerrilha. É sem dúvida esse envolvimento pessoal que faz com que del Barco evoque em sua carta, com insistência, o tema da responsabilidade. Ele se sente efetivamente responsável pelo que se passou em Salta — pelos que morreram e pelos que mataram. "[...] *todos los que de alguna manera simpatizamos o participamos, directa o indirectamente, en el movimiento Montoneros, en el ERP, en la FAR o en cualquier otra organización armada, somos responsables de sus acciones*".[12]

Em sua carta, Toto vai mais adiante na defesa dos pontos de vista de del Barco: denuncia o assassinato dos jovens "justiçados" em Salta como um crime inadmissível.

El asesinato (¿de qué otro modo llamarlo?) del Pupi Rotblat impide hacer cálculos, sumas de datos positivos y negativos. Cualquier argumentación justificatoria asentada en principios de dignidad y justicia queda deshecha frente al crimen absurdo que sirve como instrumento de cohesión (¿en qué se diferencia del terror?) al grupo de hombres que sostienen la voluntad de llevar adelante esos principios.[13]

É sobre exatamente esse ponto que incidem também os argumentos de Claudia Hilb e de Horácio Tarcus: esse crime (a execução dos dois jovens por seus próprios companheiros) seria emblemático de uma "justiça revolucionária", inteiramente incompatível com uma lógica socialista humanista.

Para Claudia Hilb, professora de sociologia da Universidade de Buenos Aires, a forma como hoje está sendo revista e reavaliada a luta armada na Argentina divide a geração que dela tomou parte:

La polémica desatada por la carta de Oscar del Barco ha reafirmado algo que, en realidad, ya sabíamos: una nítida línea divisoria separa, entre quiénes hemos sido de diversas maneras y en diversos grados partícipes de la violencia política en los sesenta y los setenta, a quiénes consideramos que

---

[11] Carta de Toto. "Dossier electrónico Lucha Armada".
[12] Carta de Oscar del Barco.
[13] Carta de Toto. "Dossier electrónico Lucha Armada".

debemos asumir una responsabilidad por el destino terrible de esa experiencia, por las muertes a las que condujo, de aquellos que consideran que fueron, simplemente, las víctimas injustas de una guerra justa, y que sólo les cabe reflexionar acerca del porqué de lo que consideran una derrota, derrota de ellos mismos y del campo popular, por supuesto.[14]

Claudia Hilb foi, ela própria, militante do Ejército Revolucionário del Pueblo (ERP), uma organização armada de influência trotskista oriunda do Partido Revolucionário de los Trabajadores (PRT); exilou-se na França, onde realizou seus estudos de sociologia. A abordagem de Hilb do problema se dá pela ótica da filosofia política, por meio de um olhar que se aproxima dos escritos de Hannah Arendt. Claudia Hilb defende, no texto "Modelando la arcilla humana: reflexiones sobre la igualdad y la revolución", que a *igualdade*, a principal bandeira levantada pelos movimentos sociais influenciados pelo socialismo, é incompatível com a violência: "*El bien que quisimos, diría yo, fue la igualdad. ¿Qué relación había — esa es la pregunta que quiero hacerme — entre ese bien que quisimos, la manera en que lo imaginábamos, y aquello que hicimos e impulsamos para lograrlo?*".[15]

No artigo "Notas para una critica de la razón instrumental: a propósito del debate en torno a la carta de Oscar del Barco",[16] publicado na revista *Políticas de la Memoria*, Horácio Tarcus, historiador e diretor do Centro de Documentación e Investigación de la Cultura de Izquierda (Cedinci), faz uma profunda análise dos pontos levantados por del Barco e dos argumentos de seus opositores. Para Tarcus, o principal mérito da carta foi ter provocado um debate ético-político sobre a luta armada na Argentina, derrubando um muro de silêncio que se estabelecia em torno desse tema, considerado "delicado" e "perigoso" de ser abordado. Tarcus escreve que havia como que um "pacto de silêncio" entre as esquerdas, que evitavam qualquer discussão mais profunda sobre a experiência de luta armada. O pacto implicava não ir além do reconhecimento de alguns "erros táticos" das esquerdas armadas. Entre eles: "desvios militaristas", "isolamento em relação à sociedade e às massas populares" e, no limite, "subestimação da democracia".[17] Além desses pontos, não se podia avançar no questionamento e na crítica à luta armada. Para Tarcus, a carta de del Barco teria ido *além* desse limite e instaurado um debate que a esquerda, durante décadas, evitara enfrentar.

---

[14] Hilb, Claudia. "Modelando la arcilla humana: reflexiones sobre la igualdad y la revolución". Reproduzido no "Dossier electrónico Lucha Armada".
[15] Ibid.
[16] Tarcus em *Políticas de la Memoria*, verão 2006-2007.
[17] Tarcus. "Notas para una critica". *Políticas de la Memoria*, n. 6-7, p. 14-15, 2006-2007.

Mas Tarcus admite que Oscar del Barco não foi o primeiro a tocar nesse tema tabu. Os primeiros questionamentos mais profundos acerca da experiência da guerrilha e da violência como arma política foram feitos alguns anos depois do golpe de 1976 por militantes de esquerda exilados no México e publicados na revista *Controversia* — a principal publicação política do exílio argentino durante os anos da ditadura militar inaugurada por Videla (1976-1983). A coleção da revista *Controversia* pode ser encontrada no Cedinci, no Acervo de Publicações Políticas. No editorial do primeiro número, o tema já começa a ser esboçado, embora não muito explicitamente:

> *Muchos de nosotros pensamos, y lo decimos, que sufrimos una derrota, una derrota atroz. Derrota que no sólo es la consecuencia de la superioridad del enemigo sino de nuestra incapacidad para valorarlo, de la sobrevaloración de nuestras fuerzas, de nuestra manera de entender el país, de nuestra concepción de la política. Y es posible pensar que la recomposición de esas fuerzas por ahora derrotadas será tarea imposible si pretendemos seguir transitando el camino de siempre, si no alcanzamos a comprender que es necesario discutir incluso aquellos supuestos que creímos adquiridos una vez para siempre para una teoría y práctica radicalmente transformadora de nuestra sociedad [...] Es difícil, lo repetimos. Pero es posible. Es posible iniciar una controversia lúcida, serena, fraternal. [...]. Si así no lo fuera, el tiempo habrá pasado en vano.*[18]

Em seu artigo para a revista *Políticas de la Memoria*, Horacio Tarcus aponta esse pioneirismo dos militantes que escreviam em *Controversia*: "*voces lúcidas y valientes que, aunque disímiles, abrieron caminos a la carta de del Barco y al debate que éste provoco*".[19] Em especial, Tarcus chama a atenção para os artigos de Héctor Schmucler, "Actualidad de los derechos humanos" e "Testimonio de los sobrevivientes". O que ele assinala é que o ponto levantado por Schmucler, há quase 30 anos, era quase exatamente o mesmo de Oscar del Barco:

> *Schmucler tuvo la audacia de señalar, ya en 1979, que en la Argentina de esos duros 70, además de las victimas del genocidio militar — una de las cuales era su propio hijo — "hubo policías sin especial identificación muertos a mansalva, hubo militares asesinados sólo por ser militares, dirigentes obreros y políticos exterminados por grupos armados revolucionarios que reivindicaban su derecho a privar de la vida a otros seres en función de la justeza de la lucha que desarrollaban". Y se atrevió a preguntar, aunque sonara a herejía: ¿Los derechos humanos son válidos para unos y no para otros? Existen formas de medir que otorgan valor a una vida y no a otra?*[20]

---

[18] *Controversia*, México, n. 1, editorial, 1979.
[19] Tarcus. Ibid., p. 15.
[20] Tarcus. "Notas para una critica". *Políticas de la Memoria*, n. 6-7, p. 15, 2006-2007.

Horácio Tarcus também recupera, nesse artigo, a crítica ao foquismo feita por Carlos Alberto Brocato (1932-1996). Poeta, humorista, jornalista e ensaísta, Brocato foi militante do PC argentino até ser expulso do partido após a criação da revista *La Rosa Blindada* (Tarcus, 2007:87). Entre 1963 e 1964, sensibilizou-se pela guerrilha de Salta e publicou na revista um poema em louvor aos guerrilheiros liderados por Masseti, mortos em Salta. No entanto, no início de 1966, desligou-se da direção da revista *La Roda Blindada* por divergir do apoio que ela dava à luta armada. A partir de 1973, vincula-se ao Partido Socialista de los Trabajadores (PST), de orientação trotskista, liderado por Nahuel Moreno. Mais tarde romperá também com esse partido, mas manterá, ao longo de sua vida (morreu com 64 anos), uma sensibilidade de homem de esquerda aliada a uma enorme capacidade de crítica à própria esquerda. Essa sensibilidade e essa crítica aparecem sobretudo em seus textos e ensaios dos anos 1980 e 1990 publicados no semanário de cultura judaica *Nueva Presencia* e na revista *Caras y Caretas*. O verbete sobre Brocato no *Diccionario biográfico de la izquierda argentina* descreve os temas e as principais preocupações desse jornalista de esquerda após seu retorno à Argentina em 1982: "*La crítica de la lucha armada y de la ética instrumental de la izquierda, el oportunismo político de los intelectuales y las garantías institucionales de la democracia son sus temas predilectos durante estos años*" (Tarcus, 2007:87).

Horácio Tarcus argumenta que, em seus dois livros escritos na década de 1980, *La Argentina que quisieran* e *El exílio es el nuestro*, Brocato realizou uma crítica ético-política do que chamou de "a violência foquista argentina dos anos 60 e 70". Nesses livros, ele não condena a violência revolucionária, mas defende que ela só se legitima politicamente a partir da *intervenção das massas* e eticamente por seu caráter necessário e inevitável de *defesa*. E conclui que a guerrilha argentina dos anos 1970 não tinha nenhuma dessas duas características. — tendo sido exatamente essa a causa de seu fracasso.

Após render tributo a essas primeiras críticas da violência revolucionária, Tarcus analisa também, em seu artigo, as causas que, ao longo desses 30 anos, calaram esse debate e impediram que se avançasse numa reflexão sobre o tema. Em primeiro lugar, a mais óbvia de todas: a inaudita repressão que se abateu sobre as esquerdas a partir de 1976 não tornava propício esse debate. Havia, por parte do campo das esquerdas, uma necessidade jurídico-política de centralizar o foco na denúncia do terrorismo de Estado para se tentar fazer justiça. Havia também o medo de que qualquer questionamento em relação à violência da esquerda pudesse resvalar na "teoria dos dois demônios" e, com isso, "fazer o jogo do inimigo".

Esse ponto carece de uma explicação um pouco mais detalhada para os leitores brasileiros. Após o fim do regime militar, o presidente Raul Afonsin fez um discurso em que declarava que a sociedade argentina estivera refém, durante os anos da ditadura militar, de dois demônios: as forças repressoras e os grupos guerrilheiros. Essa tese ficou conhecida como a "teoria dos dois demônios" e foi fortemente combatida pela esquerda, que chamou a atenção para o fato de que não se poderia equiparar a atuação dos grupos de esquerda com a ação das Forças Armadas, organizadas, com um poder de fogo muitíssimo maior e com todo o aparato estatal à sua disposição para a realização de prisões, torturas, assassinatos, desaparições políticas, organização de campos de concentração, sequestros de crianças etc. Não se poderia comparar o terrorismo de Estado às ações dos grupos de esquerda. Permitir essa comparação era propiciar a impunidade das autoridades militares responsáveis pelo horror que acontecera. A sociedade civil organizada argentina (pelo menos aquela que estava comprometida com as demandas de justiça e verdade e articulada com grupos de diretos humanos) rejeitou, então, a "teoria dos dois demônios". Aceitar e difundir essa teoria era dificultar o processo político de exigir reparação e punição das autoridades do Estado. O que Horácio Tarcus argumenta é que o medo de se aproximar do enunciado da "teoria dos dois demônios" teria impedido a esquerda de refletir sobre *seus* atos e *seus* erros.

Beatriz Sarlo já havia apontado esse efeito inibidor da discussão autocrítica provocado pela "teoria dos dois demônios". Numa entrevista dada à revista de ciências sociais *Las Trampas de la Memoria*, em 9 de outubro de 2005, Sarlo questiona os processos de memória vinculados aos anos 1970. Para ela, alguns documentos de memória dessa época estão sendo convertidos em ícones de uma "nova religião cívica", e afirma que a tarefa de *entender* é mais importante do que a de *recordar*. Finaliza a entrevista concordando com Horácio Tarcus:

> La teoría de los dos demonios impide pensar por temor a tocar puntos incómodos. Y vuelvo a evocar los primeros años de la transición democrática y una frase que escribí que me valió muchas críticas terribles. Yo dije: "Sabemos lo que los militares nos hicieron a nosotros, ahora pensemos lo que hicimos nosotros". Esa frase, que hoy sonaría tímida, fue contestada con la teoría de los dos demonios. Es decir que, para algunos, si pensábamos lo que habíamos hecho nosotros, estábamos equiparando lo que hizo el terrorismo de Estado con las acciones de los militantes revolucionarios. La teoría de los dos demonios es un chantaje fuerte.[21]

O artigo de Horácio Tarcus apresenta, a meu ver, quatro pontos principais em sua argumentação. O primeiro deles é a defesa de uma contradição absoluta entre democracia e violência. Para Tarcus, as organizações armadas teriam produzido

---

[21] Entrevista com Beatriz Sarlo na revista *Las Trampas de la Memoria*, 9 out. 2005. Reproduzida no "Dossier electrónico Lucha Armada".

uma "cultura de violência", sendo elas próprias, pela exigência da luta armada, fortemente hierarquizadas e pouco democráticas.

O segundo ponto importante discutido no artigo se relaciona com a ética. Tarcus afirma: *"No hay distinción ética posible entre asesinatos legítimos e ilegítimos. Al intentar distinguirlos no sólo incurre en una contradicción lógica aquel que sostenga una ética humanista, sino en la duplicidad moral y mala consciencia"*.[22]

Um terceiro ponto alude à relação entre violência e as experiências históricas do "socialismo real", marcadas, todas elas, pela violência de Estado ("*La dialéctica entre humanismo y violencia, entonces, se ha roto; el humanismo ha devenido en su contrario: el terror*").[23]

Um último ponto levantado por Horácio Tarcus baseia-se no pensamento do filósofo francês Merleau-Ponty; Tarcus nos recorda que a violência retorna sobre quem a exerce.

Este é o ponto essencial de toda a argumentação de Tarcus: a lógica da guerrilha reitera a lógica militarista; nutre-a, alimenta e reproduz essa lógica; transporta homens, mulheres e práticas para o campo de valores que quer combater. Esse processo é essencialmente destrutivo para as esquerdas, para a manutenção de seus valores e práticas como valores e práticas alternativos e opostos aos do poder estabelecido. Exatamente aí a esquerda é derrotada: na possibilidade de construção de outra forma de sociabilidade baseada em práticas novas, fundamentada numa relação de respeito humano, solidariedade e integridade.

A memória da luta armada no Brasil aparece de forma bastante diferente sem a presença do debate autocrítico e de certa forma dramático vivido na Argentina. A experiência da luta armada cristalizou-se no imaginário brasileiro a partir de alguns livros e filmes que, de certa forma, *glamorizaram* essa experiência. *Os carbonários*, de Alfredo Sirkis; *Em câmera lenta*, de Renato Tapajós; *O que é isso, companheiro?*, de Fernando Gabeira são alguns dos mais conhecidos. A trajetória das organizações armadas e dos guerrilheiros é mostrada envolta em sentimentos de medo, de dor, mas também de heroísmo e de coragem. Os personagens são jovens idealistas (talvez ingênuos, talvez equivocados), mas movidos pelo ímpeto revolucionário da época, inspirados pelas figuras de Che Guevara, Mao Tsé-Tung e Ho Chi Min.

Os principais dirigentes das organizações armadas nos depoimentos que fazem hoje sobre essa experiência costumam passar uma mesma ideia: a luta armada foi valorosa, mas equivocada. No livro *Memórias estudantis: da fundação da UNE aos nossos dias* (Araújo, 2007), reproduzi trechos dos depoimentos de algumas dessas lideran-

---
[22] Tarcus. "Notas para una critica". *Políticas de la Memoria*, n. 6-7, p. 18, 2006-2007.
[23] Ibid., p. 20.

ças entrevistadas para o projeto Memória do Movimento Estudantil.[24] Daniel Aarão Reis, atualmente historiador e professor da Universidade Federal Fluminense, na época era militante e dirigente do MR-8. Em seu depoimento ele afirma que a luta armada promoveu um isolamento das esquerdas não apenas do conjunto da sociedade brasileira, mas até mesmo das massas estudantis (berço da militância armada). Esse isolamento foi o responsável pela derrota política e militar da experiência armada: "O resultado foi desastroso. Em um, dois ou três anos, as organizações estavam dizimadas, porque o projeto que elas tinham de enfrentamento radical com a ditadura realmente não era compartilhado pela sociedade".[25]

O jornalista Franklin Martins — outro dirigente do MR-8 — concorda com a avaliação de Daniel:

> Eu acho que a luta armada foi um equívoco político, eu não tenho a menor dúvida disso. Era uma forma de luta [de] que o povo não podia participar, e por isso mesmo você tendia a isolar um segmento do que havia de melhor na vida política brasileira, do que havia de mais generoso, de mais capaz de transformar, com mais energia. Você isolou isso do conjunto e permitiu que isso fosse aniquilado, então foi um erro.[26]

Mas Franklin, em seu depoimento, não deixa de construir uma justificativa para a luta armada. Segundo ele, a luta armada pós-AI-5 foi a reação tardia ao golpe de 1964:

> De certa forma é a resposta ao trauma de 1964, onde em 1964 não se reagiu, não se fez nada. Quando veio 1968, a reação foi: "Agora nós vamos reagir". Luta armada até 1968 era uma coisa desse tamaninho. Era o Marighela e a VPR, cada um com 50, 60 pessoas, não mais do que isso. Uma admiração do resto das outras organizações, dos militantes, respeito pela opção que tinham feito, mas não tinham engajamento naquilo. A partir do AI-5, ao contrário. Você vai ter durante dois ou três anos um movimento enorme de recrutamento, de adesão, de participação — de onde? Do movimento estudantil, da intelectualidade e dos poucos segmentos da classe operária que chegaram a se mexer naquele período.[27]

---

[24] O projeto Memória do Movimento Estudantil (MME), patrocinado pela Fundação Roberto Marinho, pelo Museu da República e pela própria UNE, coletou e organizou entrevistas de militantes e dirigentes da UNE de várias épocas. As entrevistas estão disponíveis em: <une.org.br>.
[25] Depoimento de Daniel Aarão Reis. In: Araújo (2007).
[26] Depoimento de Franklin Martins. In: Araújo (2007).
[27] Ibid.

Com isso se constrói uma noção de que a luta armada era justificada politicamente, correta em sua concepção mais geral, porém inadequada em termos de tática política. Essa visão pode ser sintetizada na fala de José Dirceu, atual quadro político do governo Lula, na época militante da Dissidência Comunista de São Paulo:

> Acho que a luta armada foi errada no sentido [de] que ela se transformou numa única forma de luta e ainda ganhou um caráter militarista, vanguardista. No Brasil, naquele momento, havia legitimidade e, do ponto de vista ético, justificativa para uma resistência armada contra a ditadura, porque a ditadura havia rompido a legalidade do país, rasgado a Constituição, se imposto pela força, e o país vivia um regime autoritário, um regime ditatorial. A resistência armada era não só necessária como justificável e, eticamente, defensável.[28]

Nos depoimentos aparece como questão central a luta armada como resposta à ditadura militar. Esse fato cria, na visão de seus antigos dirigentes, a justificativa história, ética e moral da luta armada no Brasil. Seus métodos não são questionados, sua justificativa é dada pela própria história.

Recentemente, o cinema brasileiro tem apresentado alguns filmes que questionam essa visão da luta armada e, por isso mesmo, geraram muita polêmica. Entre eles, dois merecem destaque: *Ação entre amigos*, de Beto Brandt (1998), e *Cabra-cega*, de Toni Venturi (2004). O filme *Ação entre amigos* provocou desconforto entre espectadores de esquerda. No filme, 20 anos depois do fim da ditadura militar, quatro amigos que estiveram presos juntos vão passar o final de semana no interior, pescando, e reconhecem (ou acreditam reconhecer), transfigurado num morador pacato e provinciano, o homem que os havia torturado e que seria o responsável pela morte de vários companheiros, entre eles a esposa de um deles. Os quatro amigos decidem então sequestrar e matar o torturador. Planejam o sequestro. Estão agora na posição de caçadores, de perseguidores. Alguns entre eles têm dúvidas, hesitam. E o torturador capturado, vendo-se acuado, joga com os sentimentos dos quatro, insinua, blefa, instala a desconfiança, sugere traições. Como resultado, os quatro amigos não apenas matam o torturador mas também se destroem e chegam a matar um deles, convencidos de sua traição. A tese do filme, que provocou desconforto entre militantes de esquerda, é que a lógica da guerrilha, a lógica da violência, é destrutiva para todos — para vítimas e perpetradores. Beto Brandt, o diretor do filme, não viveu os "anos de chumbo", nasceu em 1965, depois do golpe militar de 1964. Quando lançou *Ação entre amigos*, em 1998, tinha pouco mais do que 30 anos. Seu filme, portanto, tinha uma tese pro-

---

[28] Depoimento de José Dirceu. In: Araújo (2007).

duzida a partir da reflexão intelectual e da sensibilidade artística. Nenhuma relação com a *experiência* nem com a *memória* desses fatos. O filme de Beto Brandt parece ser a ilustração da frase que Tarcus toma de Merleau-Ponty para reforçar seu argumento a respeito da violência: "[...] *si se entra en el juego de la violencia, existe la posibilidad de quedarse en ella para siempre*" (Tarcus, 2006-2007:23).

O filme *Cabra-cega* tem uma visão mais lírica dos militantes: um guerrilheiro ferido é escondido no apartamento de um simpatizante e cuidado por outra jovem militante. Os dois se apaixonam. O esconderijo é descoberto e cercado. Os três, sem possibilidade de sobreviver ao cerco, saem pela porta da frente atirando com pistolas, fuzis e metralhadoras, sendo metralhados e mortos na mesma hora, num final que lembra a última cena do filme *Butch Cassidy*. Toni Ventura, o diretor, mostra nesse filme uma visão ao mesmo tempo simpática e cética em relação à guerrilha e aos militantes: encurralados, sem saída, mas corajosos e heroicos — e também apaixonados.

Outra visão cinematográfica sobre a luta armada, mais antiga e bastante rejeitada pela militância de esquerda, foi construída no filme de Bruno Barreto baseado no livro de Fernando Gabeira, *O que é isso, companheiro?*, que conta, de forma satírica e jocosa, a história do sequestro do embaixador americano. Esse episódio foi a mais espetacular ação armada realizada pelas organizações guerrilheiras no Rio de Janeiro. Do ponto de vista estritamente militar, o sequestro foi um sucesso. Os 15 presos políticos exigidos em troca da vida do embaixador foram libertados e enviados para fora do país. O embaixador foi solto na saída de um jogo no Maracanã. O episódio do sequestro do embaixador americano moldou o imaginário da luta armada no Brasil. O livro de Gabeira e o filme que Bruno Barreto fez sobre ele em 1997 ajudaram a criar a imagem de uma luta armada cordial, na qual os reféns eram poupados e os guerrilheiros escapavam ilesos. Na ocasião ninguém foi preso, mas depois, sim. Jonas, o comandante da operação, foi preso 40 dias depois e torturado até a morte. O documentário *Hércules 56*, de Silvio Da-Rin, constrói uma narrativa diferente — da qual Fernando Gabeira é excluído —, mas, de certa forma, repete a imagem idealizada. O jornalista Flavio Tavares, um dos presos trocados pelo embaixador, entrevistado no filme, refere-se ao sequestro como um "equívoco triunfal"; em algumas cenas o embaixador sequestrado aparece sorridente.

Uma exceção importante de ser mencionada é o documentário *Cidadão Boilesen* (2009), sobre o justiçamento de um empresário acusado de colaborar com as práticas de tortura da ditadura militar. O filme teve a coragem de tocar num ponto sensível da história das esquerdas no Brasil; o episódio é esmiuçado, razões são expostas e debatidas, o veredicto final cabe ao espectador.

Os enquadramentos de memória sobre a luta armada construídos no Brasil e na Argentina em tempos de pós-ditadura se apresentam, portanto, bastante diferenciados. Mas não apenas as memórias. As próprias experiências históricas foram distintas. As experiências de luta armada vividas no Brasil e na Argentina foram muito diferentes. Na Argentina, as organizações armadas foram muito mais numerosas e tiveram uma ousadia muito maior, em termos de ações, confrontos, embates e propaganda política. Invasões a quartéis militares, sequestros de policiais e de executivos de grandes empresas, justiçamentos, confrontos armados com forças policiais eram divulgados em jornais clandestinos e semiclandestinos, que pregavam abertamente a guerra revolucionária. No Brasil, as organizações armadas não foram tão numerosas nem tão ousadas. As ações armadas tinham por principal objetivo a aquisição de armas e dinheiro, e os sequestros (geralmente de eminentes diplomatas estrangeiros) visavam à libertação de presos políticos. Diferentemente da Argentina, no Brasil um número muito menor da sociedade se envolveu na luta armada. Apesar de Jacob Gorender (1987) ter utilizado a expressão "imersão na luta armada" para designar a atuação das esquerdas após 1968, essa imersão geral concentrou-se, principalmente, na liderança universitária (Araújo, 2007). Já na Argentina, as principais organizações armadas, como os *Montoneros* e o ERP, envolveram milhares de pessoas, sobretudo jovens (Svampa, 2000).

Na década de 1970, no período de maior radicalização política, circularam jornais de organizações clandestinas que pregavam abertamente a luta armada e propagandeavam seus atos militares. Entre esses jornais, o mais emblemático foi, sem dúvida, a publicação *Estrella Roja*, órgão de divulgação do ERP.

O jornal *Estrella Roja* — publicação clandestina da década de 1970 — é um objeto de estudo interessante para os pesquisadores que estudam e comparam o ambiente político do Brasil e da Argentina. O jornal fazia abertamente a propaganda da luta armada, divulgando as ações armadas do ERP, de uma forma que as organizações brasileiras nunca ousaram fazer. O jornal mantinha uma coluna intitulada "Crônica de la guerra revolucionaria", com um relato das ações armadas realizadas pelo comando da organização: invasão de quartéis militares, confrontos com as forças policiais, sequestros, justiçamentos e assassinatos, conclamando a população a realizar a "justiça popular". No número 23 de 1972, há um artigo sobre o tema, intitulado "La justicia popular es la justicia de los explotados", no qual o jornal define e defende esta justiça: *"Es justicia popular la acción de ajusticiar a un torturador, de secuestro a un explotador y sacarle aunque mas no sea una parte de las riquezas que día a día nos roba"*.[29]

O jornal divulgava as ações de justiça popular feitas pelo ERP, entre elas o sequestro e o justiçamento de policiais. Nesses casos, exibia-se uma foto do policial

---

[29] *Estrella Roja*, n. 23, 1972, acervo Cedinci.

sequestrado tendo acima um cartaz com os dizeres: "El sangre derramado no será negociado!", ao lado de uma foto de Che Guevara. Abaixo, a imagem do policial sequestrado que seria submetido ao julgamento popular. Outra atividade divulgada pelo jornal era a "limpeza dos bairros". Ele convidava os moradores dos bairros populares a denunciar os colaboradores da polícia.

Estrella Roja também divulgava um tipo de sequestro específico que o ERP realizava: o sequestro de executivos de grandes companhias estrangeiras que, em troca de seu funcionário, deviam distribuir alimentos, remédios, roupas e até ambulâncias em bairros pobres. Um dos casos que maior repercussão teve foi o sequestro de um executivo da Esso. Depois de alguma negociação, a companhia pagou boa parte do que o ERP exigia.

Esse é um ponto interessante para reflexão. No Brasil, as organizações armadas não faziam ampla divulgação de suas ações. Menos ainda de seus justiçamentos, que eram, de certa forma, mantidos quase em segredo. *Estrella Roja*, órgão do ERP, praticava, divulgava e defendia o conceito de "violência revolucionária" procurando trazer o povo argentino para essa prática.

A ditadura militar instaurada em 1976 derrotou a guerrilha e aniquilou a esquerda argentina. Em função desse aniquilamento, o protagonismo da luta pela restauração democrática esteve nas mãos dos grupos de direitos humanos e dos familiares de presos e desaparecidos políticos. Entre eles, o grupo que ganhou maior notoriedade foi o das *Mães da Praça de Maio*. Entre 1976 e 1983 (quando caiu a ditadura desgastada pela derrota na Guerra das Malvinas), desapareceram cerca de 30 mil pessoas, a maioria delas composta por jovens ligados a organizações de esquerda armadas. Com isso, muitos autores falam em "genocídio" ou "extermínio de uma geração".

O enquadramento da luta armada na memória argentina sofreu diferentes etapas, como mostrou Andréas Huysen (s.d.) no texto *Resistência à memória: usos e abusos do esquecimento público*. Num primeiro momento, os desaparecidos políticos eram apresentados pelas Mães da Praça de Maio como vítimas inocentes. Num segundo momento, produzido principalmente pela organização Hijos, os desaparecidos foram apresentados como militantes políticos, guerrilheiros idealistas e revolucionários. Os filhos dos desaparecidos prefeririam ver seus pais como protagonistas de suas histórias políticas, não apenas como vítimas inocentes, mas militantes atuantes. Num terceiro momento, a própria atuação desses militantes — a radicalização política, a violência — foi também questionada.

A história e a memória sobre a luta armada no Brasil e na Argentina são, portanto, muito diferentes e chamam a atenção para as diferenças não apenas dos processos políticos, mas também das distintas culturas políticas que vêm se desenvolvendo nos dois países. A Argentina tem evidenciado processos políticos muito mais marcados pela violência e pelo confronto; já o Brasil tem tido a marca da negociação e da conciliação no enfrentamento de suas questões políticas. Essas marcas redundam em processos diferenciados, histórias distintas e diferentes enquadramentos da memória do passado recente. Tais diferenças produzem também diferentes problemas, diferentes desafios para a consolidação da democracia nos dois países.

Referências

ARAÚJO, Maria Paula. *Memórias estudantis*: da fundação da UNE aos nossos dias. Rio de Janeiro: Relume Dumará, 2007.

____. Esquerdas, juventude e radicalidade na América Latina nos anos 1960 e 70. In: FICO, Carlos; FERREIRA, Marieta; ARAÚJO, Maria Paula; QUADRAT, Samantha (Org.). *Ditadura e democracia na América Latina*: balanço histórico e perspectivas. Rio de Janeiro: FGV, 2008.

BASUALDO, Victoria. Derivaciones possibles de la polémica iniciada por Oscar del Barco: reflexiones para una agenda de investigación. *Políticas de la Memoria*, Buenos Aires: Cedinci, 2006-2007.

GORENDER, Jacob. *Combate nas trevas*: a esquerda brasileira — das ilusões perdidas à luta armada. São Paulo: Ática, 1987.

HUYSEN, Andréas. *Resistência à memória*: usos e abusos do esquecimento público. [s.d.]. Mimeogr.

POLLAK, Michel. Memória, esquecimento e silêncio. *Estudos Históricos*, Rio de Janeiro, FGV, v. 2, n. 3, 1989.

SARLO, Beatriz. *Tiempo pasado*: cultura de la memoria y giro subjetivo. Buenos Aires: Siglo XXI, 2007.

SVAMPA, Maristella. El populismo imposible y sus actores, 1973-1976. In: JAMES, Daniel (Org.). *Nueva historia argentina*. Buenos Aires: Sudamericana, 2000. v. IX.

TARCUS, Horácio (Org.). *El marxismo olvidado en Argentina*: Silvio Frondizi y Milcíades Pena. Buenos Aires: El Cielo por Asalto, 1996.

____. Notas para una critica de la razón instrumental: a propósito del debate en torno a la carta de Oscar del Barco. *Políticas de la Memoria*, Buenos Aires: Cedinci, 2006-2007.

____ (Org.). *Diccionario biográfico de la izquierda argentina*. Buenos Aires: Emecé, 2007.

Acervos

Acervos documentais

REVISTAS políticas e político-culturais do Centro de Documentación e Investigación de la Cultura de Izquierda (Cedinci): *Controversia*, n. 1, 1979, revista do exílio argentino no México; *Estrella Roja*, 1972; *Políticas de la Memoria*, anuário do Cedinci, verão 2006-2007.

Acervos orais

MEMÓRIAS de esquerda. Laboratório de Estudos do Tempo Presente (IH/UFRJ).
MEMÓRIA do movimento estudantil. Projeto Memória do Movimento Estudantil (MME).

Filmografia

Ação entre amigos. Beto Brant, Brasil, 1998.
Cabra-cega. Toni Ventura, Brasil, 2004.
Cidadão Boilesen. Chaim Litewski, Brasil, 2009.
Hércules 56. Silvio Da-Rin, Brasil, 2007.
O que é isso, companheiro? Bruno Barreto, Brasil, 1997.

Internet

DOSSIER electrónico Lucha Armada. Disponível em: <http://pt.scribd.com/doc/82530796/No-mataras-UNA-POLEMICA-Revista-Intemperie>.

MEMÓRIAS PARA CIDADÃOS:
uma leitura política dos informes *Nunca mais* do Cone Sul (1983-1991)*

Aldo Marchesi

O ciclo de reaberturas democráticas do Cone Sul, que se iniciou na Argentina em 1983 e culminou no Chile em 1991, implicou uma reconceitualização da ideia de democracia e noções próximas como justiça, direitos e cidadania. Essa reconceitualização não só foi o resultado da produção intelectual (Lesgart, 2003), como também de diversos debates que se processaram em nível social durante as ditaduras e transições (Jelin, 2005; Markarian, 2006). Paradoxalmente, um dos veículos fundamentais pelos quais se discutiram as características das novas democracias e os comportamentos cidadãos foi o debate sobre o passado ditatorial.

Entre 1984 e 1991, durante as primeiras administrações democráticas na Argentina, Brasil, Uruguai e Chile, por meio dos chamados informes *Nunca mais*, atores estatais ou membros da sociedade civil se propuseram a tarefa de oferecer um primeiro relato do que havia ocorrido com as violações aos direitos humanos durante as ditaduras (Comisión Nacional para la Desaparición de Personas [Conadep], 1984; Arquidiocese de São Paulo, 1985; Serpaj, 1989; Comisión Nacional de

---

* Outra versão deste texto, intitulada "El pasado como parábola política: democracia y derechos en los informes Nunca Más del Cono Sur", foi publicada em *Stockholm Review of Latin American Studies*, Institute of Latin American Studies, Stockholm University, n. 7, dez. 2011. [Título original: "Memorias para ciudadanos. Una lectura política de los informes Nunca Más del cono sur (1983-1991)". Traduzido por Ronald Polito. N.E.]

Verdad y Reconciliación, 1991). Ainda que tal onda de relatórios tivesse repercussões díspares segundo os países, em todos os casos se transformaram em referências ineludíveis para falar da violência estatal do passado ditatorial e para assentar as bases do começo de uma nova convivência democrática. Esses livros-memoriais (Jelin e Langland, 2003) jogaram simultaneamente com duas temporalidades: falaram do passado, mas ao mesmo tempo delinearam as fronteiras que as sociedades não deviam repetir no presente das transições democráticas.[1]

Esses informes foram os primeiros relatos sistematizados do que havia ocorrido nas ditaduras. Eles ofereceram uma particular representação das ditaduras que se centrou na experiência das vítimas da perseguição política. Ainda que setores importantes das sociedades conhecessem o ocorrido por denúncias realizadas pelos membros da oposição, nenhum trabalho prévio havia adquirido o nível de sistematização da informação, acesso a fontes e legitimidade em sua produção que esses informes alcançaram. Para os opositores das ditaduras, os *Nunca mais* foram uma confirmação do que já haviam conhecido direta ou indiretamente e denunciado por anos. Agora sua verdade tem uma nova legitimidade, relacionada com o prestígio dos responsáveis de redigir os informes e com o tipo de fontes utilizadas neles. Para aqueles indiferentes ou mais próximos do regime ditatorial, esses livros foram o caminho para começar a conhecer o que havia ocorrido. Enquanto alguns se sentiram questionados por sua publicação e com certos graus de hipocrisia se mostraram abertos a uma realidade histórica que diziam desconhecer, outros simplesmente os negaram em sua totalidade.

O processo ao redor da elaboração e publicação dos *Nunca mais* foi uma viva mostra dos debates e desafios que as sociedades do Cone Sul enfrentaram no presente das chamadas transições às democracias. A noção de *Nunca mais* implicou reconhecer que as democracias deviam ser construídas em oposição às experiências autoritárias anteriores. Mas dentro daqueles defensores do *Nunca mais* não havia uma versão consensuada do passado nem das formas em que o presente democrático devia ser construído. Detrás da linguagem dos direitos humanos se ampararam diversas noções de cidadania e direitos. Ainda que alguma literatura vinculada à justiça transicional tenha sugerido uma visão homogênea, extremamente abstrata e universal, das demandas desses movimentos (Hayner, 2002), cremos que no caso do Cone Sul noções como justiça, direitos, reparação, reconciliação tiveram significados muito diferentes e disputados dentro dos partidários do *Nunca mais*. Os Estados

---

[1] Para o caso argentino, ver o trabalho completo de Crenzel (2008). Para o caso chileno, Lira e Loveman (1999) e Cavallo (1998). Para o caso uruguaio e brasileiro, ver Weschler (1990).

que avalizaram e os movimentos sociais que impulsionaram essas causas tinham visões diferentes que ficaram expressas na elaboração de alguns desses informes.

No Chile e na Argentina, os informes foram realizados por comissões que dependeram dos Estados, enquanto nos casos do Brasil e do Uruguai foram empreendimentos de setores da sociedade civil próximos dos movimentos dos direitos humanos. Em termos analíticos, essas clivagens parecem ter tido importantes consequências para entender as diferentes interpretações do passado e do presente sugeridas neles.

Neste capítulo, por meio da análise dos chamados informes *Nunca mais*, nos propomos indagar acerca das maneiras em que as lutas políticas pela memória (Jelin, 2002) veicularam diferentes debates sobre noções democráticas que se deram durante as transições. Igualmente, nos propomos reconstruir a diversidade de opiniões e disputas que se desenvolveram dentro dos partidários do *Nunca mais*. Analisaremos dois aspectos desses textos que resultam relevantes na hora de pensar a relação entre política e memória que os informes *Nunca mais* propuseram: a) os debates sobre as origens da ditadura e b) as noções de direitos humanos utilizadas pelos informes.

As origens da ditadura

Todos os textos fazem menção à necessidade de recordar o passado para evitar a repetição de experiências históricas que resultaram dramáticas nesses países. Um dos temas-chave nessa lembrança foi a origem do ocorrido, a explicação de por que se chegou às ditaduras. Os textos não propuseram longos desenvolvimentos desse tema, mas tentaram dar algum tipo de resposta. Essa explicação das causas da ditadura teve um forte sentido político e refletiu o conflito de interpretações em torno da noção de democracia que esteve em disputa durante as transições.

O conflito de visões se expressou claramente nas diferenças entre os informes estatais (Argentina, Chile) e os informes desenvolvidos pelos setores da sociedade civil (Brasil, Uruguai). Enquanto os primeiros puseram especial ênfase nos processos de polarização política como origem das ditaduras, os últimos incorporaram os aspectos socioeconômicos como elementos-chave na formulação das ditaduras que prejudicaram os setores "populares".

No caso do Chile, segundo o informe, o processo de polarização integrou setores importantes da sociedade:

> A crise de 1973, em geral, pode ser descrita como uma aguda polarização de dois grupos — governativos e opositores — nas posturas políticas do mundo civil. Ne-

nhum desses grupos conseguiu (nem provavelmente quis) transigir com o outro, e em cada um deles houve inclusive setores que achavam preferível, a qualquer negociação, o enfrentamento armado.

O exposto não significa que todos os chilenos se achassem assim polarizados, nem que deixasse de haver, em ambos os grupos, partidários do entendimento antes que do enfrentamento. Mas parece indiscutível que, quaisquer que fossem os motivos, no discurso e acontecer políticos chegaram a primar a polarização e, progressivamente, os setores mais violentos dela [Comisión Nacional de Verdad y Reconciliación, 1991:34].

No caso argentino, o conceito de polarização utilizado foi menos inclusivo, se remeteu a um setor reduzido da população, enquanto a maioria da população permaneceu afastada da disputa:

> Durante a década de 1970, a Argentina foi convulsionada por um terror que provinha tanto da extrema direita quanto da extrema esquerda, fenômeno que ocorreu em muitos outros países. Assim aconteceu na Itália, que durante longos anos teve de sofrer a desapiedada ação das formações fascistas, das Brigadas Vermelhas e de grupos similares. Mas essa nação não abandonou em nenhum momento os princípios do direito para combatê-lo... Não foi dessa maneira em nosso país: aos delitos dos terroristas, as Forças Armadas responderam com um terrorismo infinitamente pior que o combatido, porque desde 24 de março de 1976 contaram com o poderio e a impunidade do Estado absoluto, sequestrando, torturando e assassinando milhares de seres humanos [Comisión Nacional para la Desaparición de Personas (Conadep), 1984:7].

As explicações giraram em torno de motivos especificamente políticos: a incapacidade dos governos anteriores à ditadura de suportar os processos de polarização e violência política. Na medida em que os cidadãos se polarizavam, os pontos em comum se reduziam conjuntamente com a possibilidade de uma convivência democrática. A polarização em ambos os casos estava associada a práticas violentas que iam contra os procedimentos democráticos. A violencia, na visão de ambos os informes, era patrimônio de uns poucos, mas havia marcado a dinâmica política que levou às ditaduras. A responsabilidade da violência residia nos polos ideológicos (grupos armados de extrema esquerda e setores militares de extrema direita).

Obviamente, o relato estava carregado de significações políticas. Por um lado, buscava-se questionar toda visão maximalista da política que levava à polarização.

Igualmente, instalava-se a ideia de que a transação e a negociação eram peças-chave das práticas democráticas e que deviam ser aspectos centrais das nascentes democracias. Por outro lado, realizava-se uma condenação genérica à violência como prática política e ela era recluída aos atores dos extremos ideológicos. Os informes enfatizavam o papel dos extremos ideológicos na origem das ditaduras, mas em ambos os casos não consideravam importantes setores da população e/ou grupos políticos vinculados ao centro do espectro ideológico que nos momentos iniciais deram uma carta de crédito às ditaduras.[2]

Com essa interpretação histórica, os informes estatais construíam uma visão da democracia centrada no político procedimental que promovia a busca de acordos e da estabilidade como um objetivo em si mesmo e advertia sobre as limitações da democracia para administrar os conflitos. Essa interpretação respondia aos setores do centro do espectro político que estavam nos governos, União Cívica Radical, na Argentina, e Democracia Cristã, Concertação, no Chile, e que tinham uma atitude de forte crítica ao papel dos militares e das esquerdas armadas durante os anos 1970. A equiparação da violência de esquerda à dos militares tinha objetivos muito específicos: por um lado, caracterizar ambos os atores como antidemocráticos; por outro, dar uma imagem de equanimidade aos governos que se moviam no justo centro. Na Argentina, simultaneamente à solicitação da captura dos membros da junta militar, pediu-se a captura de líderes montoneros que estavam no exterior, e, no Chile, na elaboração do informe, incluíram-se vítimas da ditadura militar, assim como membros do Exército e da polícia assassinados por grupos armados de esquerda.

Os informes desenvolvidos por organizações da sociedade civil, Arquidiocese de São Paulo no Brasil e Serpaj no Uruguai, propuseram outras chaves interpretativas, pondo especial ênfase em aspectos sociais e econômicos. Simplificando, ambos os informes descreviam a conjuntura prévia ao golpe como um período marcado pela ascensão das lutas populares e explicavam o golpe como uma reação de certos setores dominantes. Esta segunda versão propunha uma visão da democracia que integrava aspectos socioeconômicos:

> A ruptura de abril de 1964 resultou no arquivamento das propostas nacionalistas de desenvolvimento por meio das reformas de base. A partir dali, foi implantado um modelo econômico que, alterado periodicamente em questões de importância se-

---

[2] Acerca das diferentes relações entre sociedade civil e ditadura para o Chile, ver Jocelyn-Holt Letelier (1998); para a Argentina, ver Novarro e Palermo (1998) e Vezzetti (2002); para o Uruguai, ver Marchesi (2009).

cundária, revelou uma essência que pode ser resumida em duas frases: concentração da renda e desnacionalização da economia [Arquidiocese de São Paulo, 1985:60].

No caso uruguaio, também "o rápido definhamento das instituições democráticas do Uruguai, que substancialmente se produziu em fins da década de 1960 e começos de 1970, tem raízes subjacentes em um processo de crise econômica, social e, finalmente, política" (Serpaj, 1989:37).

A violência de esquerda não é interpretada na mesma lógica que a violência estatal, mas como resultado de um processo histórico, e é descrita nesse sentido sem maiores adjetivações e em uma linguagem bastante "objetiva", questionando o superdimensionamento que realizaram os militares sobre a ação guerrilheira.

Outra diferença que emerge a partir da mesma clivagem entre informes estatais e sociedade civil é o momento de início das "violações aos direitos humanos"; enquanto os primeiros nomeiam unicamente os sucessos ocorridos a partir das ditaduras, os outros marcam antecedentes históricos prévios aos golpes, nos quais os governos democráticos também haviam praticado violações aos direitos humanos. Poderíamos ir mais longe e dizer que os informes estatais priorizam a excepcionalidade dos Estados ditatoriais, descuidando da continuidade com os governos anteriores.

No caso argentino, é designada "como a maior tragédia de nossa história, e a mais selvagem", sem propor nenhum tipo de continuidade com práticas desenvolvidas por sucessivos governos ditatoriais e atores políticos durante a segunda metade do século XX (Comisión Nacional para la Desaparición de Personas [Conadep], 1984:7). No caso chileno, "a violação aos direitos humanos, que afetou muitas pessoas e alterou nossa observância tradicional das normas de um Estado de direito" (Comisión Nacional de Verdad y Reconciliación, 1991:III); embora o assunto aqui seja mais discutível, já que efetivamente o Chile tem uma tradição de estabilidade política maior que a Argentina, as práticas autoritárias não lhes são alheias ao período prévio a 1973.[3] Além do complexo e polêmico que é comparar os informes com a produção historiográfica do período, resulta claro que o fato de marcar excepcionalidades ou continuidades com os governos democráticos anteriores deriva de uma interpretação política, talvez não deliberada, das debilidades (informes da sociedade civil) ou fortalezas (informes estatais) da democracia.

Por último, vale aclarar que, simultaneamente a essa diversidade de opiniões que expressavam os informes, também existiu uma terceira versão contra a qual

---

[3] Na década de 1990, existiu uma interessante reflexão historiográfica sobre os elementos autoritários como aspectos constitutivos da estabilidade republicana prévia a 1973 no Chile (Moulian, 1997; Grez e Salazar, 1999; Jocelyn-Holt Letelier, 1998).

se enfrentou o conjunto dos informes; foi a desenvolvida pelos militares e setores de direita vinculados às ditaduras. Dois tipos de atores responderam aos informe: por um lado, as próprias FFAA nos casos em que os contextos institucionais as habilitaram para dar sua opinião acerca do que havia ocorrido (Chile); por outro, atores "oficiosos": associações de familiares de vítimas da "subversão", militares retirados, organizações sociais dos militares etc. (Argentina, Uruguai, Brasil), que atuavam como vozeiros próximos aos militares. Em todos existiu uma base comum ao conjunto dos relatos. A trama se reduzia a dois atores em enfrentamento: por um lado, a "subversão" marxista; pelo outro, os exércitos nacionais concebidos a si mesmos como "salvadores" da soberania nacional. O cenário desse enfrentamento foi a "guerra" iniciada pela "subversão". Todas as reações questionavam o fato de que os informes não tivessem contemplado a situação prévia aos golpes de Estado. Na visão dos militares, as situações críticas dos governos anteriores explicavam por que haviam sido necessárias as ditaduras para deter a subversão (Marchesi, 2005).

Que direitos humanos foram violados?

A noção de direitos humanos adquiriu nesses textos um papel de protagonista. Embora essa categoria tenha sido central no pensamento moderno ocidental, seus sentidos têm diferido como consequências dos diferentes contextos históricos. No pós-guerra, a comunidade internacional propôs uma declaração universal que expressava uma visão ampla dos direitos humanos, cuja melhor expressão se desenvolveu no modelo do Estado de bem-estar que se começava a construir. Nessa declaração, junto aos tradicionais direitos civis e políticos, incorporavam-se aspectos sociais, econômicos e culturais (Nun, 2000). A tensão entre os direitos políticos e os socioeconômicos não foi nova, podemos dizer que datava das polêmicas da Revolução Francesa. A declaração de 1948 parecia resolver o assunto definitivamente.

Contudo, o processo histórico posterior demonstrou a relativização dessa declaração; o clima da Guerra Fria pôs em questão a noção de direitos humanos. Estes eram relativizados pela direita em função do conflito ideológico traçado com o marxismo, e pela esquerda sendo substituídos por uma visão que fazia pé firme nos direitos sociais ante os políticos.

Nos anos 1980, assistimos a uma incessante e persuasiva reaparição do conceito de direitos humanos na região. Isso tem a ver com uma estratégia defensiva desenvolvida por uma diversidade de organizações profundamente heterogêneas no ideológico e político que sofreram o ataque do aparato estatal. Esses organismos autodenominados direitos humanos lograram ter repercussão nos cenários nacionais e também internacionais por meio de seus contatos com entidades como Anistia International, setores progressistas da Igreja e seus reclamos em diferentes organizações intergovernamentais (OEA, ONU). Com o desenvolvimento desses movimentos, começou-se a construir um sentido particular, contingente e histórico à noção (Markarian, 2006; Jelin, 2004). Os informes são um passo a mais na consolidação desse particular sentido específico dessa noção na região. Sobre esse tema não existiram maiores divergências entre os informes estatais e aqueles da sociedade civil. Eles expressaram um acordo mínimo entre os setores "democráticos" consistente no reconhecimento de que durante as ditaduras se haviam violado os direitos humanos. E de que isso não podia se repetir. Quando os textos se referiam ao conceito de violação dos direitos humanos, fazia-se menção exclusiva a alguns direitos civis e políticos, e em alguns casos poderíamos propor exclusivamente ao direito à vida.

> As normas internacionais pertinentes abarcam um variado conjunto de direitos civis, políticos, econômicos, sociais e culturais. Este informe se refere só às violações de alguns deles, o que não significa negar a importância de todos os direitos. [...] Para os efeitos da realidade que cobre este informe, é razoável, então, e sem fazer um juízo que pretenda ser válido em termos gerais ou para outras realidades, caracterizar como as mais graves violações aquelas que tiveram como resultado a morte de pessoas [Comisión Nacional de Verdad y Reconciliación, 1991:15].

> São muitíssimos os pronunciamentos sobre o sagrado da pessoa através da história e, em nosso tempo, desde os que consagraram a Revolução Francesa até os estipulados nas cartas universais de direitos humanos e nas grandes encíclicas deste século. Todas as nações civilizadas, incluindo a nossa própria, estatuíram em suas constituições garantias que jamais podem ser suspensas, nem ainda nos mais catastróficos estados de emergência: o direito à vida, o direito à integridade pessoal, o direito a processo, o direito a não sofrer condições inumanas de detenção, negação da justiça ou execução sumária [Comisión Nacional para la Desaparición de Personas (Conadep), 1984:8].

Em todos os textos se construiu um "sentido comum" (Geertz, 1994) em que a noção de direitos humanos esteve associada aos direitos anteriormente mencionados. Nos informes, não existiu maior explicitação sobre a eleição de alguns direitos perante outros. Simplesmente esses direitos estavam "naturalizados" como os principais. Ainda que durante as transições os custos sociais das ditaduras, como o aumento da desigualdade e da pobreza, estivessem nas discussões públicas, os informes não expressaram esse tipo de problemática. Desse modo, propunha-se um tipo de hierarquização em torno dos direitos humanos em que os direitos civis, principalmente vinculados com o direito à vida em relação à atividade política, tiveram papel central nesse momento histórico e em que outros direitos econômicos, sociais e culturais ficavam opacos.

A categoria de vítima foi a mais clara aplicação da noção de direitos que expressaram os informes. Mais além do estritamente jurídico, existiu uma aproximação política para entender os conteúdos que essa noção assumiu em cada lugar. A construção dessa ideia resultou essencial para entender o modo como os informes avaliaram a experiência repressiva e os processos de violência política. De que foram vítimas? E quem foram as vítimas? São perguntas pertinentes que permitem um interessante exercício comparativo entre os quatro países.

A primeira pergunta é respondida de forma comum pela maioria dos informes. Trata-se das vítimas do "terrorismo de Estado".[4] A decisão de considerar como vítimas unicamente aqueles afetados pela violência do Estado foi majoritária. Enquanto os informes da Argentina, Brasil e Uruguai se referem aos afetados pela violência desenvolvida pelos Estados ditatoriais, no caso chileno integraram-se as vítimas das ações desenvolvidas por diferentes organizações armadas de esquerda. Isso se pode explicar, como já antecipamos, pelos contextos dos informes. No caso de Argentina, Brasil e Uruguai, tentou-se convocar (com diferentes resultados) na elaboração dos informes os setores "democráticos", e não existiu interesse por parte de seus promotores de integrar os setores vinculados às anteriores ditaduras, enquanto no caso chileno, pelo contrário, o espírito reconciliador explicitado no início do informe procurou elaborar uma reflexão que englobasse toda a nação por trás do documento. A inclusão de mortos de ambos os lados tinha um claro sentido conciliador.

O outro assunto girou em torno da caracterização das vítimas. Aqui seria preciso realizar algumas precisões para afinar nossa análise. Em primeiro lugar, encontramos o que poderíamos denominar mecanismos de hierarquização e inclusão dentro da noção de vítima. Refiro-me às ênfases assinaladas em cada informe às diferentes experiências repressivas sofridas pelas vítimas. Enquanto alguns põem especial ênfase (Chile, Argentina) nas vítimas que perderam a vida — desaparecidos, assassinados, executados —, outros propõem um conceito mais amplo, integrando a experiência dos presos políticos e dos exilados (Uruguai) ou de todos aqueles que sofreram a prática da tortura (Brasil).

Isso evidentemente se vinculou à diversidade das experiências repressivas sofridas em cada país; não por casualidade, no informe argentino, o central foram os de-

---

[4] Embora no caso do Brasil a expressão utilizada seja Estado autoritário.

saparecimentos, tarefa para a qual havia sido encomendada a comissão, enquanto no brasileiro e no uruguaio se punha maior ênfase no tratamento carcerário. Além de que os textos refletiram as diversas experiências históricas, também tiveram uma capacidade performativa sobre o significado da vítima, estabelecendo um tipo de hierarquização da dor, em que as ênfases dos informes expressaram as ênfases que cada Estado porá no reconhecimento de um tipo de vítima.

Vinculada a isso também se pode propor a inclusão nos informes de outras experiências repressivas que não eram as mais diretas. Enquanto os informes oficiais propuseram uma visão reduzida à vítima direta, aquele que perdeu sua vida e sua família, no caso uruguaio se propôs uma visão ampliada em que se integravam as diferentes modalidades que vitimizaram o conjunto dos cidadãos durante as ditaduras. Um capítulo chamado "Más allá de la prisión" [Mais além da prisão] propõe os aspectos vinculados às limitações a outros direitos (trabalho, liberdade de expressão, direitos políticos) e à experiência do exílio.

A pergunta "quem foram as vítimas?" também tentou ser respondida em outros sentidos pelos informes. Refiro-me à especificação de que características tiveram aqueles que foram perseguidos pelos militares. As análises aqui vão em dois sentidos. Por um lado, aqueles de corte sociológico, que se preocupam em indagar em torno das vítimas segundo região, profissão, idade e gênero. Nos critérios para esse tipo de análise não existem maiores dissensos. Por otro lado, existem aqueles de corte político, nos quais surgem diferenças relevantes. A primeira distinção que emerge é a vinculação das vítimas às organizações políticas às quais pertenciam. Além de considerações gerais sobre os efeitos nocivos que a repressão teve sobre o conjunto do corpo social, a produção acadêmica que trabalhou o tema reconhece que durante as ditaduras existiu um grau de seletividade importante na repressão. Essa seletividade teve a ver com a perseguição a certas organizações vinculadas majoritariamente às esquerdas dos diferentes países. Durante as ditaduras, o vínculo com essas organizações era considerado delituoso. Nas transições, algumas delas resultaram reabilitadas, enquanto outras, não. As que fundamentalmente mantiveram problemas durante as transições foram aquelas que continuavam mantendo um vínculo histórico ou um compromisso contemporâneo com a violência política. De diferentes modos, as ditaduras promoveram campanhas públicas pelas quais se tentava legitimar a dureza de sua ação repressiva, baseando-se na estigmatização e satanização das organizações de esquerda, fundamentalmente as guerrilheiras e as que tinham definições ideológicas marxistas. Isso levou a que muitas vezes os movimentos de familiares de vítimas buscassem distanciar-se dessas identidades políticas para alcançar maior incidência pública de seus reclamos específicos. Em distintas versões, essa tensão entre a identidade política e a condição de vítima de uma violação aos direitos humanos existiu em todos os lugares, embora em cada lugar houvesse tido resoluções diferentes.

Aqui podemos propor uma lenta degradação no modo de traçar a relação entre identidade política e condição de vítima, nos informes, que rompe as distinções que havíamos indicado anteriormente.

Por um lado, encontramos o informe chileno, que chama a atenção pela precisão e sobriedade de seus termos. O texto narra, uma a uma, as condições em que cada vítima foi assassinada ou desaparecida, e cada narração se inicia com uma breve descrição da pessoa, esta consistindo em sua idade, sua profissão e sua identidade política, para depois detalhar as condições em que se produziu seu assassinato ou desaparecimento. À diferença do que ocorre nos outros informes, não existe nenhum tipo de empatia com a vítima, que é nomeada como "o afetado". A estratégia narrativa se resolve por um estilo jurídico, que busca legitimar a "verdade" mediante uma narração despojada, circunscrita aos fatos. A militância política é considerada um antecedente relevante na hora de avaliar sua situação de desaparecimento. Esse dado não se oculta, mas, pelo contrário, é utilizado como prova que ajuda a propor hipóteses acerca do desaparecimento.

Nos antípodas desse texto se encontra o informe argentino. No prólogo, tenta-se aproximar da problemática da identidade política das vítimas desta forma:

> No delírio semântico, encabeçado por qualificações como "marxismo-leninismo", "apátridas", "materialistas e ateus", "inimigos dos valores ocidentais e cristãos", tudo era possível: desde gente que propiciava uma revolução social até adolescentes sensíveis que iam a favelas para ajudar os moradores. Todos caíam na batida policial: dirigentes sindicais que lutavam por uma simples melhora de salários, moços que haviam sido membros de un centro estudantil, jornalistas que não eram ligados à ditadura, psicólogos e sociólogos por pertencer a profissões suspeitas, jovens pacifistas, monjas e sacerdotes que haviam levado a lição de Cristo a bairros miseráveis. E amigos de qualquer um deles, e amigos desses amigos, gente que havia denunciado por vingança pessoal e sequestrados sob tortura. Todos, em sua maioria inocentes de terrorismo ou mesmo de pertencer aos quadros combatentes da guerrilha, porque estes apresentavam resistência e morriam no enfrentamento ou se suicidavam antes de entregar-se, e poucos chegavam vivos às mãos dos repressores [Comisión Nacional para la Desaparición de Personas (Conadep), 1984:10].

Esse relato traçado no prólogo pode ser considerado uma meia-verdade, já que tentava resolver o problema da identidade política das vítimas com uma saída relativamente fácil. É certo que a repressão se expandiu para múltiplos atores englobados sob a designação de "inimigos"; contudo, o que a evidência histórica demostrou é que parte importante dessas vítimas pertencia aos grupos guerrilheiros, não todos morriam no enfrentamento ou se suicidavam.[5] Com essa caracterização dos guerrilheiros, eliminava-se um problema político, que era o reconhecimento de que um número importante das vítimas pertencia às organizações guerrilheiras.

"Desses desamparados, muitos deles apenas adolescentes, desses abandonados pelo mundo temos podido constatar cerca de 9 mil." Nesse caso, extremava-se a vitimização dos afetados, gerando uma profunda empatia com a vítima, reduzindo toda aquela informação que pudese romper essa relação de proximidade. A consequência dessa visão é uma forte despolitização da análise e do contexto histórico em que se desenvolveram as práticas repressivas. À diferença do ocorrido nos outros informes nos quais se expuseram as características dos grupos políticos que participaram dos conflitos da época, neste caso existiram reduzidas menções a eles. Podemos dizer que o informe argentino é o que põe ênfase maior no aspecto humanitário, descuidando das razões políticas do conflito.

Os informes do Brasil e do Uruguai estão em um ponto intermediário entre os mencionados anteriormente. Por um lado, descrevem as características dos diferentes grupos políticos partícipes do conflito. A análise dessas organizações é de tipo histórico; propõem-se as definições ideológicas, as práticas desenvolvidas, incluindo as violentas, e traçam-se possíveis hipóteses de seu surgimento, mas não se faz menção à identidade política específica de cada vítima.

Conclusões

Na última década, as comissões de verdade receberam atenção especial por um novo campo de estudos chamado justiça transicional. Em geral, esses estudos tenderam a assinalar as virtudes das iniciativas relacionadas com o desenvolvimento das comissões de verdade (Hayner, 2002). De outro lugar da academia, essas linhas de investigação e intervenção política foram criticadas pela ausência de contextualização histórica ou cultural nas perspectivas majoritariamente sugeridas pelo campo da justiça transicional. Os críticos enfatizaram as dimensões ideológicas desses processos, contextualizando esse ciclo de comissões de verdade, no final da Guerra Fria, e do triunfo de particulares versões do liberalismo ocidental (Grandin, 2005).

---

[5] Gillespie (1987:305), referindo-se aos Montoneros, dizia que os casos de mortos em enfrentamentos ou suicídios ante a captura haviam causado muito impacto, mas se podiam reduzir a alguns gestos heroicos dos dirigentes.

Na América Latina, variados autores, majoritariamente escrevendo em cenários nacionais, desenvolveram uma linha de ensaios críticos acerca do caráter das transições. Em diferentes tons e com diferentes enfoques acordes com as características nacionais, esses autores criticaram o caráter procedimentalista das novas democracias, a ausência de uma democracia substantiva no sentido social, econômico e étnico, e indicaram algum tipo de interseção estrutural entre esse tipo de regime e a expansão do neoliberalismo.[6] Ainda que em sua grande maioria essa bibliografia não se expanda na temática dos direitos humanos, é algo claro que as críticas às noções procedimentalistas de democracia podem vincular-se a certas noções de direitos humanos que têm primado nas transições e que se referem fundamentalmente aos direitos políticos. Embora resulte paradoxal, é possível dizer que os debates ao redor dos informes *Nunca mais* ajudaram parcialmente a consolidar essas visões limitadas da democracia.

Como vimos neste capítulo, as definições dos *Nunca mais* em alguns sentidos geraram limitações para aqueles setores interessados em expandir as noções de democracia social ou de gênero. Dois aspectos dos *Nunca mais* resultam nas mais notórias limitações. Primeiro, uma concepção muito restringida da noção de direitos humanos. Em sua grande maioria, os informes denunciaram as desaparições, assassinatos e torturas de prisioneiros políticos. Essa noção limitada àqueles delitos relacionados com o ataque ao corpo humano descuidou de outros direitos políticos que foram violados durante o período e do conjunto de transformações realizadas pelas ditaduras contra setores não necessariamente associados à oposição política. Por último, resulta notório que esse tipo de enfoque descuidou daqueles aspectos vinculados aos direitos econômicos e sociais perdidos durante esse período.

Nas narrativas históricas que explicam as origens dos conflitos, existiu uma tensão entre os informes estatais que propunham versões político-cêntricas, em que a democracia parecia não tolerar certos níveis importantes de conflito sociopolítico, e versões da sociedade civil que caracterizavam a ditadura como o cancelamento desse conflito. Para os primeiros, a conflitividade sociopolítica prévia aos golpes foi um problema que havia prejudicado a viabilidade da democracia; para as últimas, era um elemento essencial dela.

Além da violência política, os informes estatais expressaram uma condenação em um sentido mais geral a todo tipo de polarização e antagonismo entre membros da comunidade nacional. A polarização e o antagonismo foram condenados nos informes, mas também no tom dos membros das comissões nacionais que buscavam ganhar adesões e legitimidade naqueles setores do centro e da direita mais ambiva-

---

[6] A modo de exemplo, ver Moulian (1997) e Rico (2005).

lentes nas políticas de direitos humanos. Essa percepção do antagonismo como algo perigoso para a estabilidade democrática limitou a ação dos movimentos sociais que mantinham críticas mais radicais sobre o caráter das transições, inclusive o próprio movimento de direitos humanos. Em grande medida, a história contada pelos *Nunca mais* se apresentava como uma parábola que advertia sobre os riscos que o desenvolvimento de políticas radicais podia gerar na democracia.

Porém, se nos remetermos ao período em que os informes *Nunca mais* foram produzidos, veremos como muitas vezes o surgimento dessas noções associadas à democracia procedimentalista foi a principal ferramenta de que se valeram os movimentos sociais que buscavam espaços nas novas esferas públicas em construção. Podemos argumentar que os significados ligados a noções como direitos humanos e democracia tiveram duplo caráter. Embora propusessem noções restringidas da democracia, simultaneamente em quase todos os países permitiram a emergência de atores que haviam sido duramente reprimidos em períodos anteriores. Movimentos sociais e partidos políticos de esquerda, que durante as ditaduras haviam sido selvagemente reprimidos, podiam participar na vida política livremente. Para todos esses atores, os argumentos da democracia procedimentalista se transformaram em seu principal escudo protetor e a principal garantia de sua sobrevivência. Isso não foi gratuito, para muitos setores da esquerda implicou una redefinição das práticas legítimas no político. A renúncia da violência por parte das elites requereu uma renúncia a certos métodos violentos de luta com os quais setores das esquerdas se haviam identificado durante fins dos anos 1960 e 1970. Essa renúncia geral à violência política que implícita ou explicitamente defendiam os informes *Nunca mais* não parecia um mau acordo para aqueles que haviam sido reprimidos durante quase uma década. Além disso, a criação de um cenário sem violência política estatal habilitou expectativas de crescimento e desenvolvimento para aqueles setores que haviam emergido nas transições. Em síntese, o que pareceu o triunfo das noções mais procedimentalistas acerca da democracia expressadas nos informes *Nunca mais* estatais também ofereceu um caminho para que aqueles que se opunham a essas noções tivessem um espaço na esfera pública.

Referências

ARQUIDIOCESE DE SÃO PAULO. *Brasil*: Nunca Mais. Petrópolis: Vozes, 1985.

CAVALLO, A. *La historia oculta de la transición*. Santiago do Chile: Grijalbo, 1998.

COMISIÓN NACIONAL DE VERDAD Y RECONCILIACIÓN. *Informe Rettig*. La Nación: Ornitorrinco, 1991.

COMISIÓN NACIONAL PARA LA DESAPARICIÓN DE PERSONAS (CONADEP). *Informe Nunca Más*. Buenos Aires: Eudeba, 1984.

CRENZEL, E. *La historia política del "Nunca Más"*. Buenos Aires: Siglo XXI, 2008.

ELÍAS, N. *El proceso de la civilización*: investigaciones socio genéticas y psicogenéticas. México, D.F.: FCE, 1989.

GEERTZ, C. El sentido común como sistema cultural. In: ____. *Conocimiento local*: ensayo sobre la interpretación de las culturas. Barcelona: Paidós, 1994. p. 93-117. Col. Paidós Básica.

GILLESPIE, R. *Soldados de Perón, los Montoneros*. Buenos Aires: Grijalbo, 1987.

GRANDIN, G. The instruction of great catastrophe: truth commissions, national history, and State formation in Argentina, Chile, and Guatemala. *American Historical Review*, v. 110, n. 1, p. 46-67, 2005.

GREZ, S.; SALAZAR, G. (Comp.). *Manifiesto de historiadores*. Santiago do Chile: LOM, 1999.

HAYNER, P. *Unspeakable truths*: facing the challenge of truth commissions. Nova York: Routledge, 2002.

JELIN, E. *Los trabajos de la memoria*. Madri/Buenos Aires: Siglo XXI, 2002.

____. Los derechos humanos y la memoria de la violencia política y la represión: la construcción de un campo nuevo en las ciencias sociales. *Estudios Sociales*, v. 27, n. 14, p. 91-113, 2004.

____. Los derechos humanos entre el Estado y la sociedad. In: SURIANO, J. (Comp.). *Dictadura y democracia (1976-2001)*. Buenos Aires: Sudamericana, 2005. p. 507-555.

____; LANGLAND, V. *Monumentos, memoriales y marcas territoriales*. Madri: Siglo XXI de España/Social Science Research Council, 2003.

JOCELYN-HOLT LETELIER, A. *El Chile perplejo*. Santiago do Chile: Ariel/Planeta, 1998.

LESGART, C. *Usos de la transición a la democracia*: ensayo, ciencia y política en la década del '80. Rosário: Homo Sapiens, 2003.

LIRA, E.; LOVEMAN, B. Derechos humanos en la transición "Modelo": Chile 1988-1999. In: DRAKE, P.; JAKSIC, I. (Comp.). *El modelo chileno*. Santiago do Chile: LOM, 1999. p. 339-373.

MARCHESI, A. Vencedores vencidos: las respuestas militares frente a los informes "Nunca Más" en el Cono Sur. In: HERSHBERG, E.; AGÜERO, F. (Comp.). *Memorias militares sobre la represión en el Cono Sur*: visiones en disputa en dictadura y democracia. Buenos Aires: Siglo XXI, 2005. p. 175-207.

____. "Una parte del pueblo Uruguayo feliz, contento, alegre." Los caminos culturales del consenso autoritario durante la dictadura. In: DEMASI, C. et al. *La dictadura cívico militar (1973-1985)*. Montevidéu: Banda Oriental, 2009.

MARKARIAN, V. *Idos y recién llegados*: la izquierda uruguaya en el exilio y las redes transnacionales de derechos humanos, 1967-1984. México: Correo del Maestro/Vasija, 2006.

MOULIAN, T. *Chile actual, anatomía de un mito*. Santiago do Chile: Arcis Universidad/LOM, 1997.

NOVARRO, M.; PALERMO, V. *La dictadura militar 1976/83*. Barcelona: Paidós, 2003.

NUN, J. Democracia, ¿gobierno del pueblo o gobierno de los políticos? Buenos Aires: FCE, 2000.

O'DONNELL, G.; SCHMITTER, P. C.; WHITEHEAD, L. (Comp.). *Transiciones desde un gobierno autoritario*. Buenos Aires/México/Barcelona: Paidós, 1988. 4 t.

RICO, A. *Como nos domina la clase governante*: orden político y obediencia social en el Uruguay posdictadura. Montevidéu: Trilce, 2005.

SERPAJ. *Informe nunca más.* Montevidéu: Serpaj, 1989.

VEZZETTI, H. *Pasado y presente*. Guerra, dictadura y sociedad en la Argentina. Buenos Aires: Siglo XXI, 2002.

WESCHLER, L. *A miracle, a universe*: settling accounts with torturers. Nova York: Pantheon, 1990.

O ENSINO DAS DITADURAS

HISTÓRIA E MEMÓRIA NA SALA DE AULA E O ENSINO DE TEMAS CONTROVERSOS*

Verena Alberti

Publicações recentes na área do ensino de história têm observado que debates importantes travados desde os anos 1980, aproximadamente, na história e nas ciências sociais muitas vezes ficam fora das escolas. Carretero, Rosa e González, que organizaram o livro *Enseñanza de la historia y memoria colectiva* (2006), observam que o estudo da memória coletiva tem prestado pouca atenção à história escolar e às transformações e debates que se produziram em torno dela, apesar de a escola ser justamente "um âmbito onde as sociedades se disputam as memórias possíveis sobre si mesmas" (Carretero et al., 2006:14). Stuurman e Grever, organizadores do livro *Beyond the canon: history for the 21ˢᵗ century* (2007), sublinham o mesmo em relação às inúmeras pesquisas que têm colocado em xeque a ideia de "história nacional", reconhecendo que nações e Estados nacionais são "tradições inventadas": é como

---

* Este texto é parte dos resultados de minha pesquisa de pós-doutorado na área de ensino de história, realizada na Inglaterra, na University of East Anglia e no Institute of Education da University of London, durante o ano 2009. Agradeço à Coordenação de Aperfeiçoamento de Pessoal de Ensino Superior (Capes) a concessão de uma bolsa de pós-doutoramento, bem como ao Centro de Pesquisa e Documentação de História Contemporânea do Brasil (Cpdoc) da FGV, Rio de Janeiro, pela licença concedida. Versões menores foram apresentadas na mesa "Os desafios do ensino da história e as fontes orais", no X Encontro Nacional de História Oral, realizado em Recife, de 26 a 30 de abril de 2010, e no XVI Congresso Internacional de História Oral, realizado em Praga, República Tcheca, de 7 a 11 de julho de 2010. Uma versão anterior, também reduzida, foi aceita para publicação eletrônica no periódico *Words & Silences*, da Associação Internacional de História Oral (www.wordsandsilences.org).

se essa verdade elementar fosse indigesta para alunos do ensino básico, dizem os autores, pois o cânone continua sendo ensinado nas escolas, enquanto, nas universidades, a primeira advertência que se faz aos estudantes é que as coisas não são realmente assim (Stuurman e Grever, 2007:5). "Intelectualmente podemos estar 'além do cânone', mas, quando se trata da prática do ensino de história, estamos ainda muito 'dentro dele'" (Stuurman e Grever, 2007:8).

A história ensinada nas escolas é apenas uma das formas de contato dos alunos e dos cidadãos em geral com a história. Carretero et al. distinguem três níveis de registro da história, que oferecem conteúdos distintos e podem entrar em conflito: 1) a história escolar, consubstanciada no livro didático e no currículo; 2) a história cotidiana, presente nas memórias coletivas que se inscrevem na mente dos cidadãos; e 3) a história acadêmica, cultivada por historiadores e cientistas sociais. A esses níveis deve-se acrescentar a história produzida pela indústria do entretenimento e pela comunicação, que incide diretamente sobre a história cotidiana e guarda uma relação complexa com a história acadêmica. Stuurman e Grever utilizam a noção de "história pública" (*public history*) para dar conta de um campo mais largo de imagens, ideias e narrativas, do qual também faz parte a história ensinada nas escolas (Stuurman e Grever, 2007:9).

Em princípio, dizem Carretero et al., os conteúdos da história escolar deveriam ter como modelo a história acadêmica, mas isso em geral não ocorre, pois o ensino de história guarda pouca relação com o pensamento crítico. Comumente, continuam, a história escolar é muito mais (porque inclui uma quantidade de valores e crenças cujo objetivo é formar uma imagem positiva da identidade da nação) e também muito menos do que a história acadêmica (Carretero et al., 2006:20-21).

Para o bem ou para o mal, os alunos e cidadãos de hoje estão vulneráveis a toda sorte de influências quando se trata de conhecer o passado e refletir sobre os significados da história. Desse terreno fazem parte as narrativas-padrão da história nacional e as muitas vezes conflitantes memórias coletivas, as quais tampouco estão imunes a um enquadramento mítico que conclama a uma adesão emotiva.

Neste capítulo, procuro discutir algumas formas de trazer para a sala de aula questões que podemos chamar de "espinhosas" e defendo a necessidade de agirmos dessa maneira com base em três pressupostos: a) a história é complicada; b) precisamos correr riscos ao ensiná-la; e c) a história ensinada nas escolas precisa tratar de questões controversas para continuar sendo relevante.[1]

---

[1] Esses pressupostos estão entre os enunciados do manifesto "Challenging history", resultado de seminário de que tive oportunidade de participar durante meu estágio de pós-doutorado na Inglaterra, em 2009. Ver: <www.city.ac.uk/cpm/challenginghistory>.

Memória e ensino de história

A memória vem sendo objeto de reflexão na história e nas ciências sociais há algum tempo. Desde os estudos seminais de Maurice Halbwachs (1950, 1976 [1935]) sobre a memória coletiva escritos na primeira metade do século XX, passando pela discussão sobre os lugares de memória, de Pierre Nora (1984) e Jacques Le Goff (1984), até as problematizações propostas por Michael Pollak (1989, 1992), Henry Rousso (2005 [1992]) e Alessandro Portelli (1996), entre outros, está claro que o estudo da memória não apenas é importante para dar conta das formas como grupos e indivíduos se lembram do passado, mas também para verificar como as identidades desses grupos vão sendo constituídas ao longo do tempo. Como sublinha Pollak, tomando como ponto de partida a proposta de Halbwachs de estudar a memória como um "fato social" — e, portanto, como "coisa", na linha de Émile Durkheim —, para além de constatar que a memória coletiva é positivamente dada, cumpre verificar como ela se tornou um fato positivo.

> Não se trata mais de lidar com os fatos sociais como coisas, mas de analisar como os fatos sociais se tornam coisas, como e por quem eles são solidificados e dotados de duração e estabilidade. Aplicada à memória coletiva, essa abordagem irá se interessar, portanto, pelos processos e atores que intervêm no trabalho de constituição e de formalização das memórias [Pollak, 1989:4].[2]

Federico Lorenz, pesquisador da escola de capacitação docente do governo da cidade de Buenos Aires, defrontou-se com o "trabalho de enquadramento da memória" (expressão que tomo emprestada de Michael Pollak) no caso da rememoração da "Noche de los lápices", episódio gravíssimo ocorrido seis meses após o início da ditadura militar argentina, instituída em março de 1976. Em setembro, as forças de repressão sequestraram um grupo de nove estudantes secundaristas da cidade de La Plata que se mobilizava a favor da volta de tarifas preferenciais para estudantes removidas pelo governo militar. Os estudantes foram submetidos a torturas em diferentes centros clandestinos e seis deles continuam desaparecidos. Em maio de 1985, pouco mais de um ano após o fim da ditadura militar na Argentina (que ocorreu em dezembro de 1983), o episódio, que até então era muito pouco conhecido, passou à esfera pública, porque um dos sobreviventes, Pablo Díaz, testemunhou no processo judicial contra as juntas militares acusadas de graves violações dos direitos humanos. O caso da "Noche de los lápices", diz Lorenz, trouxe as imagens da re-

---
[2] Ver também Alberti (2004, cap. 2: "O que documenta a fonte oral: a ação da memória").

pressão para o espaço educativo e funcionou como uma via para que se falasse da ditadura nas escolas. E acrescenta: o sequestro e o desaparecimento dos estudantes secundaristas "transformou-se em um emblema da repressão", por causa, entre outros fatores, da "confluência de quatro elementos: o clima dos primeiros anos da transição democrática, um livro, um filme e, sobretudo, a voz de uma testemunha" (Lorenz, 2006:288). Tanto o livro como o filme chamaram-se *La noche de los lápices* e apareceram em 1986.[3]

Podemos imaginar a força desse acontecimento na história recente da Argentina. Entretanto, continua Lorenz, durante os anos 1980 consolidou-se, nas escolas, o modelo de denúncia dos crimes da ditadura militar e não se discutiu a situação histórica e política que os havia feito possíveis. Esse é talvez um dos maiores perigos que corre o professor de história (e seus alunos): ficar imobilizado diante do horror de acontecimentos indizíveis, como a tortura, o genocídio, o Holocausto etc., sem avançar numa reflexão a respeito. Depois da função "denúncia", diz Lorenz, é preciso passar à compreensão do contexto histórico daquilo que é narrado, para que se reduzam as possibilidades de traslado do relato a um espaço atemporal. Essa fase exige grande esforço crítico por parte do docente, porque a compreensão do episódio pode não coincidir com a mensagem dominante acerca da "Noche de los lápices", presente nas comemorações. Ademais, a ênfase na denúncia pode levar a um efeito indesejado: a ideia de que a existência de algo chamado "direitos humanos" se restrinja àquele período histórico, ligado a um "terrorismo de Estado", a algo que "aconteceu no passado". Assim, pergunta-se Lorenz, como trabalhar as violações dos direitos humanos que se produzem *hoje*?

As dificuldades de trabalhar com assuntos dessa natureza em sala de aula são evidentes, mas não podemos deixar de enfrentá-las. Elas estão relacionadas com toda uma discussão, também recente, em torno da ideia de "dever de memória", expressão cunhada na França nos anos 1990 que "traduz a ideia de que as memórias de sofrimento e opressão geram obrigações, por parte do Estado e da sociedade, em relação às comunidades portadoras dessas memórias" (Heymann, 2007:18).[4] Como exemplos emblemáticos, temos os processos contra criminosos nazistas que ocorreram na França nos anos 1970 e 1980, nos quais historiadores depuseram inclusive como *experts*; a Comissão de Verdade e Reconciliação, instalada na África do Sul em 1995; o reconhecimento do genocídio armênio de 1915 por países como

---

[3] Os autores do livro são María Seoane e Héctor Núñez, e do filme, Héctor Olivera.
[4] Ver também Hankel (2006), Ambos (2006), Fuchs e Nolte (2006), Pauer (2006) e Gobodo-Madikizela (2006), todos artigos publicados no número temático "Vergangenheitspolitik" da revista *Aus Politik und Zeitgeschichte*, que integra o periódico semanal *Das Parlament* (Frankfurt, Alemanha).

França e Estados Unidos;[5] a escravidão e o tráfico escravo, reconhecidos como crimes contra a humanidade durante a III Conferência Mundial contra o Racismo, realizada em Durban, em 2001; e, no caso brasileiro, a Comissão da Verdade, projeto encaminhado pelo governo Luiz Inácio Lula da Silva ao Congresso Nacional em maio de 2010 e aprovado em sua versão final em outubro de 2011.

Cada um desses exemplos, assim como muitos outros, foi (e é) objeto de importantes controvérsias, mostrando que as disputas em torno de memórias são assunto que mobilizam enormemente as sociedades no presente. Por isso, é importante que sejam tratados na escola, observando, como lembram Carretero et al., que há uma diferença fundamental entre transmissão da memória compartilhada e ensino de história. Este último "deve administrar os símbolos e os relatos sobre aqueles com os quais nos solidarizamos, mas cuidando para que a lealdade não se converta em submissão" e para que "o sentimento de pertencimento a uma comunidade não converta os outros em inimigos" (Carretero et al., 2006:28). Ou seja, é preciso evitar oposições simplificadoras que opõem "dominantes" a "dominados", "memória oficial" a "memória popular", e sacralizam "outras vozes" como histórias "vindas de baixo" — armadilha bastante conhecida, aliás, no campo da história oral.[6]

Ensinar história como atividade de pesquisa

Ensinar história está longe de ser transmitir conhecimento previamente existente. Como afirma Ana Maria Monteiro (2005), não se deve supor que o saber escolar seja inferior ao conhecimento científico porque necessita de simplificações para chegar ao aluno. A escola deve ser entendida como espaço de configuração de uma cultura escolar, "onde se confrontam diferentes forças e interesses sociais, econômicos, políticos e culturais". Além disso, não basta selecionar o que será ensinado; é preciso "tornar os saberes possíveis de ser aprendidos", o que pressupõe uma operação de "didatização" (Monteiro, 2005:440-441). Alguns autores trabalham com o conceito de "transposição didática", proposto na década de 1980 pelo professor de matemática francês Yves Chevallard, observando que, em sala de aula, ocorre um verdadeiro processo de criação, e não apenas de simplificação e redução (Schmidt, 2006 [1997]:58-59).[7]

---

[5] A França reconheceu publicamente o genocídio armênio por lei de 29 de janeiro de 2001, e o Congresso dos Estados Unidos fez o mesmo em outubro de 2007.
[6] Ver Alberti (2004, cap. 3: "História oral e terapia: o exemplo alemão").
[7] Para a origem do conceito, ver, entre outros, Gasparello (2007:77). Sobre o processo de criação no ensino, ver também Mattos (2006).

Creio que esse processo de criação pode ser assemelhado aos passos da pesquisa acadêmica. Assim como um projeto de pesquisa, o planejamento de uma aula ou conjunto de aulas deve ter como pergunta mestra o objetivo que se quer alcançar. Num projeto de pesquisa, perguntamo-nos por que e para que pretendemos estudar tal assunto. No planejamento de uma aula ou conjunto de aulas, essas duas perguntas são também determinantes: por que e para que vou tratar, em sala de aula, de temas como o Holocausto ou a ditadura militar no Brasil? Os objetivos orientarão a definição de prioridades e as seleções a serem feitas, as etapas a serem seguidas e os resultados esperados.

O que se defende aqui é que as perguntas "por quê?" e "para quê?" no tratamento de assuntos controversos como o Holocausto e a ditadura militar, por exemplo, levem o professor e seus alunos para além do horror e da denúncia, e permitam que se reflita sobre a) as condições de emergência de tal horror; b) a dinâmica histórica de constituição das diferentes memórias sobre o assunto; e c) as possíveis relações com situações atuais.

Os jornais (e outras mídias, certamente) fornecem hoje material excelente para trabalhar o assunto "ditadura militar" no Brasil, trazendo para dentro de sala o debate em torno da Lei da Anistia e seu julgamento pelo Supremo Tribunal Federal (STF), em abril de 2010, e da criação da Comissão da Verdade, por exemplo. As disputas pela memória do período chegam inclusive à seção do obituário. No jornal *O Globo* de 11 de agosto de 2011, foi publicado o convite de uma missa em memória de Raul Amaro Nin Ferreira, "morto pela ditadura militar há 40 anos", depois de "brutalmente torturado nas dependências do Quartel da Polícia do Exército, na Rua Barão de Mesquita, na Tijuca". O convite informava que a missa seria realizada em sua memória "e de todos que foram mortos pela ditadura militar". Poucos dias depois, no dia 23 de agosto, o mesmo jornal publicou, na seção do obituário, um convite dos três clubes militares (Clube Naval, Militar e da Aeronáutica) para uma missa a ser celebrada, "na semana em que se comemora o Dia do Soldado", "em memória dos 119 militares e civis que perderam a sua vida em defesa da democracia entre os anos de 1964 e 1974, por atos de grupos terroristas". Esses obituários, bem como a notícia, poucos dias mais tarde, de que o ministro da Defesa Celso Amorim vetou o comparecimento dos militares da ativa à missa celebrada na semana de 25 de agosto, podem constituir documentos ímpares para o debate, em sala de aula, sobre as memórias em disputa em torno do regime militar. Do mesmo modo, a repercussão do julgamento da Lei de Anistia pelo STF pode engendrar discussões acerca da tortura e outras violações de direitos humanos praticadas atualmente nas dependências do Estado (delegacias de polícia, prisões etc.). Não há por que manter os alunos distantes dessas e de outras questões fundamentais do debate contemporâneo e tratar o período da ditadura como algo encerrado no passado. Afinal, por que e para que ensinaríamos sobre esse período? Para ir além da denúncia e fazer pensar.

O ensino de questões sensíveis ou controversas

Não é fácil, certamente, tratar de temas "espinhosos", não só com alunos dos ensinos fundamental e médio, mas também com o público que visita exposições históricas. Como tratar com serenidade e rigor histórico temas como a religião na Irlanda do Norte; a imigração em países da Europa Ocidental; o racismo; as ditaduras; o Holocausto; a escravidão e o tráfico de africanos escravizados, entre outros?

Ultimamente tem surgido, no campo do ensino da história, uma série de reflexões em torno do ensino de questões sensíveis e controversas que pode nos ajudar nesse terreno. A Historical Association britânica, por exemplo, produziu em 2007 um relatório intitulado *Teaching emotive and controversial history (T.E.A.C.H.)* (The Historical Association, 2007b) e dedicou pelo menos um número de sua revista *Teaching History* (2007a) ao assunto. A própria definição do que seja um tema sensível ou controverso no ensino de história já foi objeto de extenso debate, tendo os autores do *T.E.A.C.H. Report* chegado ao seguinte consenso:

> O estudo da história pode ser emotivo e controverso lá onde existe uma deslealdade (*"unfairness"*) real ou percebida em relação a pessoas (*"people"*) da parte de outros grupos ou indivíduos no passado. Isso também pode acontecer onde houver disparidades entre o que é ensinado nas aulas de história, as histórias da família ou da comunidade e outras histórias. Tais questões e disparidades criam uma forte ressonância com estudantes em determinados ambientes educacionais [The Historical Association, 2007b:3].

Observa-se que estamos no terreno das memórias em disputa, que, como já foi observado, tem na escola um de seus palcos políticos talvez mais evidentes.

O conhecimento de temas sensíveis é informado por aquilo que chamamos de "história pública" e também por preconceitos que aprendemos nos grupos de onde viemos (família, colegas de escola, colegas de trabalho etc.). Como quebrar esses preconceitos e redirecionar o conhecimento prévio sem perder o interesse dos alunos e demais audiências e sem fazer com que se sintam acusados ou culpados?

Entre os princípios arrolados pelo *T.E.A.C.H. Report* está o uso de fontes efetivas, atraentes e estimulantes, como as experiências e narrativas individuais, que podem tornar possível o engajamento pessoal. Uma história significativa pode levar os alunos a mudar da atitude "por que eu deveria me importar?" para a atitude "deixa eu dar uma olhada". Isso certamente se aplica a entrevistas de história oral.

A entrevista de John Mautner

Tomemos como exemplo uma entrevista concedida em 2000 por John Mautner a Vera Egermayer, em Waikanae, perto de Wellington, Nova Zelândia, no contexto do projeto Czech Immigrants Oral History Project, do Centro de História Oral Alexander Turnbull Library, setor da National Library neozelandesa. Nascido em agosto de 1919 na cidade de Brno, na recém-criada Tchecoslováquia, numa família judia de língua alemã, John migrou aos 19 anos para a Nova Zelândia, em julho de 1939, junto com sua irmã Gerty, três anos mais nova, numa viagem conseguida com muito custo por seus pais, que não podiam fazer o mesmo, pois seu irmão Fritz, três anos mais velho, militante comunista, havia sido preso duas semanas depois da ocupação da Boêmia por tropas alemãs, ocorrida em março do mesmo ano.

Passados cerca de 40 minutos da entrevista, durante os quais John Mautner contou sobre sua infância e juventude em Brno, a ocupação alemã, a prisão do irmão, as tentativas de emigração para vários países e o aceite da Nova Zelândia, a entrevistadora indagou a respeito do dia da partida:

O senhor se lembra da partida, dizendo adeus para seus pais?
Sim, na estação de trem de Praga. Nós fomos de Brno para Praga e... Bom, em primeiro lugar, nós não podíamos pagar os bilhetes de navio, porque não conseguíamos comprar moeda estrangeira e ninguém queria coroas tchecas, e você também não podia mandar para fora marcos alemães. Assim, o único jeito de conseguir foi: as passagens foram pagas por uma organização judaica de refugiados baseada em Paris. Eles pagaram os bilhetes para Gerty e para mim, o que foi... não foi muito, eu acho que 190 libras para nós dois.
E sua mãe estava organizando tudo isso?
Ela estava organizando isso. Agora, nós tínhamos os bilhetes... Eles subitamente se deram conta, no último minuto, que nós tínhamos de ir para a França para pegar o navio, e por isso nos mandaram passagens de trem. Mas alguém, na organização, não se deu conta naquele momento — que era junho, julho de 39 — [de] que a Tchecoslováquia já estava ocupada pelos alemães. Porque eles tentaram eliminar a Alemanha do itinerário, assim, da Tchecoslováquia... Era uma passagem de trem de Praga para a Hungria, para a Iugoslávia, para [a] Itália, para [a] França. Agora,

para poder usar essas passagens, com uns três ou quatro dias para a partida, nós teríamos de ter tido um visto da Hungria, um visto da Iugoslávia, um visto da Itália e um visto da França, o que era uma absoluta impossibilidade. Assim, nós arranjamos de ir ao escritório da estação de trem e comprar uma passagem de Praga para Toulon […].

Estávamos em Praga os últimos dois ou três dias, na verdade. Eu lembro que na última noite nós subimos para um restaurante muito bom […], tomamos um vinho e tal. Era uma noite magnífica, era julho, meio do verão, um tempo bonito. E na manhã seguinte nós fomos para a estação de trem... E então nós subitamente nos demos conta de que não tínhamos um visto francês...
Mas quando vocês estavam dizendo adeus vocês tinham alguma ideia de que poderia ser a última vez?
Não, definitivamente não. Na estação de trem você diz adeus do jeito que você diz adeus, e abraça, e acena dando adeus e é isso. […]
Então, voltemos às praticidades: vocês precisavam de outro visto.
Sim, e que nós não tínhamos. Não podíamos conseguir o visto porque era o dia da Bastilha. Era feriado nacional francês no dia em que tínhamos... A embaixada estava fechada em Praga.
14 de julho de 1939. Então, o que vocês fizeram?
Nós fomos sem, o que acabou sendo ok.[8]

Percebe-se, nessa passagem (que não pôde ser reproduzida na íntegra aqui), que a entrevistadora tem um objetivo: a descrição da despedida, mas a conversa segue outro rumo, o que é muito comum em entrevistas de história oral. Uma entrevista não é apenas um relato do passado, mas também um registro de ações empreendidas no presente por entrevistado e entrevistador.[9] Trata-se de um documento complexo, cujas nuances devem ser consideradas quando de seu uso em sala de aula. Como utilizar um trecho como esse, por exemplo, em uma aula de história sobre o Holocausto?

Professores — como todo pesquisador — precisam fazer escolhas. O trabalho com a história oral como metodologia de pesquisa e de constituição de fontes mostra que a entrevista precisa ser tomada como um todo. Como num círculo hermenêutico, numa entrevista de história oral, as partes são entendidas em relação ao todo, e vice-versa.[10] Mas, numa aula ou numa exposição histórica, os ouvintes geralmente

---
[8] Entrevista concedida em 23/2/2000, lado 2, fita 1, min. 12. Oral History Interview Alexander Turnbull Library, Nova Zelândia.
[9] Ver também Alberti (2004, cap. 2: "O que documenta a fonte oral: a ação da memória").
[10] Ver, entre outros, Alberti (1996).

não têm tempo suficiente ou disponibilidade para ouvir e analisar a entrevista em sua totalidade. Nesse caso, temos de informá-los sobre o contexto histórico e a trajetória do entrevistado antes de examinar o trecho: quem fala?, quando?, por que foi convidado(a) a contar sua história? Pode ser útil também complementar o trecho da entrevista com outros recursos. Por exemplo, um mapa que sintetize o trajeto que John Mautner e sua irmã fizeram até chegar à Nova Zelândia; em Toulon, conseguiram autorização para permanecer três dias sem um visto francês, enquanto esperavam para embarcar no navio que os levou, junto com outros refugiados, num trajeto que incluiu Nápoles, Port Said (Egito), Aden (Iemen), Colombo (no atual Sri Lanka) e quatro portos na Austrália, Fremantle, Adelaide, Melbourne e Sidney, onde tiveram de pegar outro navio para Wellington. Chegaram a seu destino no dia 29 de agosto de 1939, depois de 45 dias de viagem. Apesar de conhecerem os efeitos do Holocausto sobre muitas famílias europeias, muitos alunos podem se surpreender com a magnitude da mudança geográfica de John e Gerty — ainda mais se considerarem que ambos fizeram essa viagem quando tinham a mesma idade que os próprios alunos provavelmente têm quando ouvem sua história.

Assim que chegou à Nova Zelândia, John, que tinha cursado uma escola técnica de agricultura na Tchecoslováquia (o que foi decisivo para ser aceito como refugiado pelas autoridades neozelandesas), foi trabalhar em uma fazenda de ovelhas, no interior da ilha do Norte, longe da civilização. No Natal, encontrava sua irmã e outros refugiados em Wellington, e lembra-se bem que Gerty e ele passavam tardes inteiras na seção de música da biblioteca da cidade, onde ouviam discos de música clássica, que haviam aprendido a apreciar em Brno. Até 1941, receberam notícias esparsas da família, mas nesse ano chegou uma carta de uma prima informando que os pais haviam sido transportados de Brno. Depois da guerra, vieram as notícias definitivas:

Quando vocês ouviram pela primeira vez sobre o destino deles?
Após a guerra, quando meu irmão Fritz retornou de Buchenwald e foi para Brno, ele aparentemente encontrou alguém que sobreviveu a Auschwitz — não consigo lembrar seu nome —, mas que aparentemente ou encontrou ou soube de Emma, minha mãe, e sabia que meu pai tinha sido baleado pelos alemães quando os russos estavam se aproximando. Porque eles estavam em Minsk — eu acho que era Minsk — e, até onde eu sei, Emma estava trabalhando em quartéis da SS, o que significou para mim que, pelo menos, eles possivelmente não estavam sofrendo tanta fome, porque ela poderia ter alguns restos ou pedaços de coisas dos quartéis, ou coisa parecida. Mas quando os russos se aproximaram, primeiro o meu pai foi baleado e depois minha mãe foi enviada para Auschwitz, e sobreviveu um pouco mais, mas não por muito tempo.

Então vocês tiveram essa confirmação depois da guerra?
Depois da guerra, sim. Porque havia listas que vinham, entende? Quero dizer, depois da guerra, todos os refugiados ficaram esperando por essas listas de sobreviventes e havia todo tipo de esperanças falsas. Foi somente quando realmente tivemos contato com meu irmão que descobrimos...
[...]
Quando vocês receberam essa terrível notícia definitiva, alguma coisa mudou em vocês, quero dizer, a respeito de seus sentimentos em relação à Nova Zelândia, ou a seu futuro?
Não realmente. Quer dizer, naquele estágio, 1945, 46, eu acho que nos havíamos tornado neozelandeses.[11]

John trabalhou durante quase 40 anos no laboratório de física do Department of Scientific and Industrial Research (DSIR), em Wellington, para onde se transferira ainda antes do final da guerra, em 1943; casou-se com uma moça neozelandesa de origem escocesa presbiteriana e teve duas filhas. Em agosto de 2011, completou 92 anos. Gerty, por sua vez, teve três filhos, duas moças e um rapaz.[12] É claro que o Holocausto marcou suas vidas e as vidas de seus filhos e netos para sempre.

Foi dito anteriormente que precisamos partir do pressuposto de que a história é complicada. Ela é complicada porque não podemos nos contentar com simplificações do passado (por exemplo, continuar ensinando o cânone da "história nacional" sem considerar que estamos lidando com "tradições inventadas") e porque precisamos nos aproximar das fontes de forma cuidadosa. Entrevistas de história oral (assim como outras fontes, certamente) são uma ótima oportunidade de a) trabalhar com a diversidade, uma vez que trazem diferentes narrativas de experiência pessoal, e b) permitir que se perceba como o conhecimento do passado é condicionado pelas fontes que selecionamos.[13]

Como trabalhar o testemunho e outras fontes

Não basta atrair o aluno para o tema controverso, emocioná-lo para que sinta empatia e talvez até compaixão, e dar a tarefa por encerrada. O Holocausto, a escravidão e outros temas dessa magnitude foram momentos tão extremos na história

---
[11] Entrevista concedida em 23/2/2000, lado 5, fita 3, min. 21.
[12] Gerty Gilbert também concedeu entrevista à National Library da Nova Zelândia, em 30/10/1984, como parte da coleção "Europeans refugees to New Zealand" (entrevista concedida a Ann Beaglehole, OHInt-0009/08).
[13] Ver, entre outros, Lee (2005).

da humanidade que com frequência nos sentimos impotentes diante do esforço intelectual de explicá-los historicamente. A principal pergunta que paira nas salas de aula, nas salas de cinema, na leitura de livros etc. é: "Como foi possível isso acontecer?". Evidentemente, não convém explicar o fenômeno dividindo o mundo entre "maus", psicopatas, e "bons", vítimas e heróis. Uma das recorrências na literatura sobre o ensino de questões sensíveis ou controversas é justamente chamar a atenção para o fato de que alunos e professores precisam de tempo e disposição para entender um assunto complexo, para sair da facilidade do preto e branco e entrar numa zona cinza.[14]

Paul Salmons, professor do Holocaust Education Development Programme do Institute of Education da University of London, defendendo a especificidade do ensino do Holocausto nas aulas de história, afirma que a pesquisa histórica é o caminho mais adequado para dar conta das complexidades do passado:

> A pesquisa histórica revelará aos estudantes as complexidades do mundo no qual as escolhas eram efetivamente feitas e as decisões tomadas; apenas então as ações (e inações) das pessoas podem ser julgadas dentro do contexto de seu tempo, e apenas então podemos começar a traçar lições significativas para hoje [Salmons, 2003:143-144].

Como em todo processo de ensino-aprendizado, cabe ao professor de história fornecer meios para que os alunos discutam contextos e razões históricas, e o façam autonomamente — pois essa é a garantia de que haverá aprendizado, de que algo fique como resultado de sua pesquisa. A primeira preocupação, então, em relação à escolha do material, é que ele deve ser adequado para gerar discussão. Uma vez que a questão esteja apresentada, cabe oferecer aos alunos fontes para que eles mesmos possam explicar o que aconteceu — e não um discurso pronto do professor. Com isso, eles se envolvem na busca da resposta, o que garante que algo fique como resultado da pesquisa. Se o assunto é controverso, não podem ignorar as evidências. E elas talvez possam mudar seus pontos de vista iniciais.

Uma terceira recorrência na literatura sobre o ensino de questões sensíveis ou controversas — ao lado do tempo para tratar dos assuntos com suficiente profundidade e das fontes apropriadas — é a ênfase na diversidade de experiências, que permite fazer frente à tendência que temos de homogeneizar os grupos, como se "os judeus", "os imigrantes", "os negros" etc. fossem unidades autoexplicativas. No

---

[14] Um exemplo interessante de como lidar com assuntos complexos pode ser encontrado em Stephen (2005). A autora apresenta sugestões bem interessantes de como trabalhar o conflito árabe-israelense em sala de aula. Ver também, além do *T.E.A.C.H. Report*, Wrenn e Lomas (2007).

caso de entrevistas de história oral, bem sabemos que seu caráter único faz com que uma experiência seja muito difícil de ser generalizada. Algumas vezes isso pode ser um problema, pois não há dúvida de que o máximo de diversidade impede generalizações em história, mas, no caso de assuntos sensíveis ou controversos, a possibilidade de des-homogeneização oferecida por experiências individuais pode se tornar um elemento positivo dentro da sala de aula. As diferentes formas de vida antes da guerra, por exemplo, podem ser úteis para fazer frente à ideia quase cristalizada do "judeu como vítima", reiterada pelas muitas imagens de pessoas famintas ou do amontoado de corpos nos campos de concentração, que povoam livros didáticos, documentários etc. Entre os princípios do ensino do Holocausto estão justamente o respeito às vítimas e aos alunos, que podem ser mobilizados sem ser traumatizados. Trechos do diálogo entre John Mautner e sua entrevistadora ensinam sobre os enfrentamentos que foram necessários na luta pela sobrevivência na Tchecoslováquia ocupada e abrem a possibilidade de contato com uma, entre as muitas, histórias de vida profundamente modificadas naquela ocasião. Histórias individuais podem ser eficazes diante do número inimaginável de assassinatos em massa.

O mesmo se aplica, evidentemente, ao caso de outros temas sensíveis. Um exemplo — para citar apenas um — é o DVD produzido como resultado do The Ipswich Caribbean Experience (ICE) Project, um projeto de história oral que buscou preservar as experiências da primeira geração de imigrantes do Caribe que chegou a Ipswich, na região de Suffolk, na Inglaterra, nos anos 1950. O uso dessas entrevistas no ensino de história nas escolas de Suffolk permitiu que os alunos colocassem em xeque a imagem homogeneizada do "imigrante afro-caribenho", pois as experiências foram bastante diversas, havendo até entrevistados que afirmassem que a vida no Caribe, incluindo a qualidade da escola, era melhor do que aquela que conheceram após a imigração (Sheldrake e Banham, 2007).[15]

Convém, pois, encontrar evidências, fontes, situações em que as ideias preconcebidas dos alunos não funcionem mais. O uso de narrativas e experiências pessoais pode ser um recurso importante nesse processo. Primeiro, porque, como vimos, são atraentes por sua própria natureza: permitem o acesso a uma história pessoal que torna a história concreta e perceptível. Segundo, porque elas podem ser eficazes como fontes de pesquisa, na medida em que dão um sentido de autenticidade ao que está sendo investigado, diferentemente, por exemplo, de filmes de ficção, cujo objetivo principal seja emocionar o público, sem necessariamente fazê-lo refletir a respeito. Mas não basta, como já foi dito, apresentar o relato aos alunos. É preciso

---

[15] Ver também: <www.bbc.co.uk/suffolk/content/articles/2005/09/09/ipswich_caribbean_experience_feature.shtml>. Acesso em: 22 mar. 2010.

contextualizá-lo, fornecer fontes e informações que o tornem historicamente ancorado e contribuam para a experiência de autenticidade. Bem sabemos que toda fonte histórica dá conta apenas de parte do que estamos procurando entender, além de muitas vezes ser documento daquilo que não pretendia documentar originalmente. Como então trabalhar com essas fontes nas aulas de história?

Uma proposta bem interessante, no caso das narrativas de experiência pessoal, foi elaborada pelo The Holocaust Educational Trust, que, junto com o Shoah Foundation Institute da University of Southern California, produziu o DVD interativo *Recollections. eyewitnesses remember the Holocaust* (2007). Antes de apresentar trechos de entrevistas com sobreviventes do Holocausto, o DVD tem toda uma seção, intitulada *Pre-viewing*, com propostas de trabalho sobre a natureza dessa fonte. Num primeiro momento, os alunos são convidados a comparar dois trechos de gravações em vídeo — o trecho de um documentário sobre o Holocausto e o trecho de uma entrevista — e a refletir sobre as características do segundo: se é um relato do passado, uma fonte primária, se é editado com voz de narrador, editado com material de arquivo e música de fundo, se é pregnante etc. Com isso, vão aprendendo a distinguir entrevistas filmadas de documentários.

Em seguida, preparam e realizam uma entrevista com um colega de classe, seguindo instruções bastante claras. Ao final dessa etapa, devem responder às seguintes questões: Quais respostas poderiam ser encontradas em livros didáticos e quais não poderiam? Quanto da entrevista continha apenas fatos? O que você aprendeu que só poderia ter sido contado por essa pessoa? O que torna a entrevista diferente de ler a informação num livro ou num website?

Uma penúltima etapa consiste em considerar o impacto emocional de um trecho de entrevista: Shony Braun, sobrevivente da Romênia, relata como foi obrigado a incinerar, no crematório, um homem que não havia morrido na câmera de gás. A passagem é efetivamente muito pregnante, e os alunos são convidados a responder a duas perguntas: O que esse extrato fez você começar a pensar? e Como ele fez você se sentir? As instruções deixam claro que não há forma correta de responder, pois afirmam que alguns podem achar difícil descrever seus sentimentos, enquanto outros podem achar mais fácil, e que não há um modo certo ou errado de reagir a relatos de testemunhas.

A última etapa, finalmente, visa chamar a atenção dos alunos para o processo de seleção dos trechos de entrevistas a que assistirão em seguida:

> Algumas entrevistas eram originalmente muito longas, e algumas partes são mais fáceis de acompanhar do que outras. [...] Essa atividade levará você a pensar sobre por que alguns extratos foram escolhidos. Devemos lembrar que todos os testemu-

nhos são recursos de aprendizado válidos, até aqueles que podem ser difíceis de acompanhar.

A tarefa proposta consiste em assistir a dois extratos de entrevistas e a preencher um formulário comparativo, com perguntas bem específicas, como saber se o extrato pode ser compreendido por si só ou deixa o ouvinte com várias questões não respondidas; se as questões básicas "quem, o quê, onde e como" são respondidas; se o conteúdo histórico da passagem é acurado; se há um fio narrativo, com começo, meio e fim; se a história é contada de forma linear ou se o entrevistado alterna entre tópicos; se o entrevistado fornece uma reflexão pessoal sobre a experiência ou se está simplesmente recapitulando um evento histórico; se o extrato é emocional; se há ruídos interferindo na compreensão, e se há muitas interrupções do entrevistador. Finalmente, indaga-se o aluno sobre por que ele acha que o DVD contém extratos editados das entrevistas, em vez de depoimentos inteiros, e se ele gostaria de assistir aos testemunhos inteiros e por quê.

A discussão sobre as especificidades das fontes trazidas para a sala de aula é fundamental para o aluno saber como trabalhar com elas. Entrevistas de história oral, cartas, fotografias, charges e demais documentos nem sempre apresentam respostas para as questões básicas "quem, o quê, onde e como", e podem nos deixar com muitas questões não respondidas. Ou seja, os fundamentos do trabalho com fontes em sala de aula não são muito diferentes daqueles do trabalho realizado pelo historiador, que precisa ter em mente os contextos e as intenções de produção dos documentos que consulta.

Afirmei anteriormente que não basta apresentar aos alunos extratos emocionantes de entrevistas, ou filmes, e dar por encerrado o estudo de um tema sensível. Uma narrativa de experiência pessoal pode atraí-los para o tema, colocar problemas a serem investigados, mas necessita de explicações e de outros documentos sobre o contexto e a história que está sendo contada. Se, por exemplo, escolho apresentar aos meus alunos os dois extratos da entrevista de John Mautner, preciso fornecer outros dados que contextualizem seu relato, bem como outras fontes que lhes permitam pesquisar o assunto. (Posso até contar que John Mautner é primo de meu pai e que, portanto, meu avô, que imigrou para o Brasil em 1918, era irmão de sua mãe. Isso não contribuiria para tornar o depoimento mais acurado, mas talvez para torná-lo mais atraente, porque mais concreto, aos olhos de meus alunos e, ao mesmo tempo, abrir a possibilidade de eles mesmos trazerem exemplos de experiências semelhantes em suas próprias famílias.) Mas contextualizar a história contada ainda não é suficiente, como vimos. A própria fonte merece ser discutida — não por ser mais ou menos fidedigna do que outras fontes, mas porque é uma oportunidade de os alunos perceberem claramente como o conhecimento adquirido depende dos limites, de um lado, e das potencialidades e especificidades, de outro, das fontes que consultamos. É bom sempre ter em mente o que a fonte *pode* dizer e o que ela *não* pode dizer sobre o que estamos pesquisando. E, assim, a experiência dos alunos pode se estender para além da discussão sobre memórias em disputa e sobre temas sensíveis ou controversos. Se bem-sucedida, ela pode incluir um aprendizado de cunho epistemológico a respeito das formas pelas quais aprendemos sobre o passado e o presente.

Referências

ALBERTI, Verena. A existência na história: revelações e riscos da hermenêutica. *Estudos Históricos*, Rio de Janeiro, FGV, v. 9, n. 17, p. 31-57, 1996. Disponível em: <http://bibliotecadigital.fgv.br/ojs/index.php/reh/article/view/2013/1152>.

____. *Ouvir contar*: textos em história oral. Rio de Janeiro: FGV, 2004.

AMBOS, Kai. Die Rolle des Internationalen Strafgerichtshofs. *Aus Politik und Zeitgeschichte*. Beilage zur Wochenzeitung *Das Parlament*, Frankfurt am Main, n. 42, p. 10-17, 16 out. 2006.

CARRETERO, Mario; ROSA, Alberto; GONZÁLEZ, María Fernanda. Introducción: enseñar historia en tiempos de memoria. In: CARRETERO, Mario; ROSA, Alberto; GONZÁLEZ, María Fernanda (Comp.). *Enseñanza de la historia y memoria colectiva*. Buenos Aires: Paidós, 2006.

FUCHS, Ruth; NOLTE, Detlef. Vergangenheispolitik in Chile, Argentinien und Uruguay. *Aus Politik und Zeitgeschichte*. Beilage zur Wochenzeitung *Das Parlament*, Frankfurt am Main, n. 42, p. 18-25, 16 out. 2006.

GASPARELLO, Arlette Medeiros. Encontros de saberes: as disciplinas escolares, o historiador da educação e o professor. In: MONTEIRO, Ana Maria; GASPARELLO, Arlette Medeiros; MAGALHÃES, Marcelo de Souza (Org.). *Ensino de história*: sujeitos, saberes e práticas. Rio de Janeiro: Mauad/Faperj, 2007. p. 73-89.

GOBODO-MADIKIZELA, Pumla. Trauma und Versöhnung: Lehren aus Südafrika. *Aus Politik und Zeitgeschichte*. Beilage zur Wochenzeitung *Das Parlament*, Frankfurt am Main, n. 42, p. 32-38, 16 out. 2006.

HALBWACHS, Maurice. *La mémoire collective*. Paris: PUF, 1950.

____. *Les cadres sociaux de la mémoire*. Paris: Mouton, 1976 [1935].

HANKEL, Gerd. Vergangenheit, die nicht ruhen darf. *Aus Politik und Zeitgeschichte*. Beilage zur Wochenzeitung *Das Parlament*, Frankfurt am Main, n. 42, p. 3-9, 16 out. 2006.

HEYMANN, Luciana Quillet. O *devoir de mémoire* na França contemporânea. In: GOMES, Angela de Castro (Coord.). *Direitos e cidadania*: memória, política e cultura. Rio de Janeiro: FGV, 2007. p. 15-43.

LEE, Peter; Putting principles into practice: understanding history. In: DONOVAN, M. Suzanne; BRANSFORD, John D. (Ed.). *How students learn*: history in the classroom. Washington, D.C.: The National Academies Press, 2005. p. 31-77. Disponível em: <www.nap.edu/catalog.php?record_id=11100#toc>.

LE GOFF, Jacques. Documento/monumento. In: *Enciclopédia Einaudi*: memória — história. Portugal: Imprensa Nacional/Casa da Moeda, 1984. v. 1, p. 95-106.

LORENZ, Federico Guillermo. El pasado reciente en la Argentina: las difíciles relaciones entre transmisión, educación y memoria. In: CARRETERO, Mario; ROSA, Alberto; GONZÁLEZ, María Fernanda (Comp.). *Enseñanza de la historia y memoria colectiva*. Buenos Aires: Paidós, 2006. p. 277-295.

MATTOS, Ilmar Rohloff de. "Mas não somente assim!" Leitores, autores, aulas como texto e o ensino-aprendizagem de história. *Tempo*, UFF, n. 21, p. 15-26, jul./dez. 2006.

MONTEIRO, Ana Maria F. C. Ensino de história e história cultural: diálogos possíveis. In: SOIHET, Rachel; BICALHO, Maria Fernanda Baptista; GOUVÊA, Maria de Fátima (Org.). *Culturas políticas*: ensaios de história cultural, história política e ensino de história. Rio de Janeiro: Mauad/Faperj, 2005. p. 433-452.

NORA, Pierre. *Les lieux de mémoire*: la république. Paris: Gallimard, 1984.

PAUER, Jan. Die Aufarbeitung der Diktaturen in Tschechien und der Slowakei. *Aus Politik und Zeitgeschichte*. Beilage zur Wochenzeitung *Das Parlament*, Frankfurt am Main, n. 42, p. 25-32, 16 out. 2006.

POLLAK, Michael. Memória, esquecimento, silêncio. *Estudos Históricos*, Rio de Janeiro, FGV, v. 2, n. 3, p. 3-15, 1989. Disponível em: <http://bibliotecadigital.fgv.br/ojs/index.php/reh/article/view/2278>.

_____. Memória e identidade social. *Estudos Históricos*, Rio de Janeiro, FGV, v. 5, n. 10, p. 200-215, 1992. Disponível em: <http://bibliotecadigital.fgv.br/ojs/index.php/reh/article/view/1941/1080>.

PORTELLI, Alessandro. O massacre de Civitella Val di Chiana (Toscana: 29 de junho de 1944): mito, política, luto e senso comum. In: FERREIRA, Marieta de Moraes; AMADO, Janaína (Org.). *Usos & abusos da história oral*. Rio de Janeiro: FGV, 1996. p. 103-130.

ROUSSO, Henry. A memória não é mais o que era. In: FERREIRA, Marieta de Moraes; AMADO, Janaína (Org.). *Usos & abusos da história oral*. Rio de Janeiro: FGV, 2005 [1992]. p. 93-101.

SALMONS, Paul. Teaching or preaching? The Holocaust and intercultural education in the UK. *Intercultural Education*, v. 14, n. 2, p. 139-149, jun. 2003. Disponível em: <http://archive.iwm.org.uk/upload/pdf/TeachingorPreaching.pdf>.

SCHMIDT, Maria Auxiliadora. A formação do professor de história e o cotidiano da sala de aula. In: BITTENCOURT, Circe (Org.). *O saber histórico na sala de aula*. 11. ed. São Paulo: Contexto, 2006 [1997]. p. 54-66.

SHELDRAKE, Rosie; BANHAM, Dale. Seeing a different picture: exploring migration through the lens of history. *Teaching History*, n. 129, Disciplined Minds, p. 39-47, dez. 2007.

STEPHEN, Alison. "Why can't they just live together happily, Miss?" Unravelling the complexities of the Arab-Israeli conflict at GCSE. *Teaching History*, n. 120, Diversity and Divisions, p. 5-10, set. 2005.

STUURMAN, Siep; GREVER, Maria. Introduction: old canons and new histories. In: *Beyond the canon*: history for the 21st century. Nova York: Palgrave Macmillan, 2007. p. 1-16.

THE HISTORICAL ASSOCIATION. *Teaching History 127*: sense and sensitivity. jun. 2007a. Disponível para membros em: <www.history.org.uk/resources/secondary_resource_850_12.html>.

_____. *T.E.A.C.H. Teaching emotive and controversial history 3-19*: a report from The Historical Association on the Challenges and Opportunities for teaching emotive and controversial history 3-19, 5 set. 2007b. Disponível em: <www.history.org.uk/resources/secondary_resource_780.html>.

WRENN, Andrew; LOMAS, Tim. Music, blood and terror: making emotive and controversial history matter. *Teaching History*, n. 127, Sense & Sensitivity, p. 4-10, jun. 2007.

LIDANDO COM O PASSADO "NEGATIVO":
o ensino do nacional-socialismo e do Holocausto na Alemanha*

Falk Pingel

Introdução: a sala de aula como local de encontro para debates políticos, pedagógicos e sobre a matéria específica da aula

Tradicionalmente, o ensino de história nas escolas tem o objetivo de fomentar padrões de identidade oficialmente promovidos pelo Estado e pela sociedade na qual os alunos vivem. A escola, como instituição pública, transmite de uma geração para outra um corpo de conhecimentos aprovado. Na maioria dos estados — e esse foi o caso da Alemanha, ao menos até bem recentemente —, o conteúdo propagado pelos currículos e pelos livros didáticos e as metodologias aplicadas são previamente aprovados por comissões ministeriais compostas por políticos, educadores e especialistas nas matérias escolares. Portanto, os documentos educacionais produzidos ou aprovados por eles são orientados por diferentes interesses e perspectivas: os políticos estão interessados principalmente em transmitir para as novas gerações conhecimentos que as habilitem a tornarem-se membros produtivos e cidadãos leais da sociedade; os pedagogos têm de verificar se os conteúdos e as metodologias são apropriados para a capacidade de aprendizado dos alunos, e seu objetivo é direcio-

---

* Título original: "Coping with a 'Negative' Past: Teaching National Socialism and the Holocaust in Germany". Traduzido por Paulo Guilbaud. (N.E.)

nado à formação de pessoas autônomas, responsáveis e confiantes; os acadêmicos avaliam se os currículos e os materiais didáticos estão de acordo com as pesquisas acadêmicas dominantes.

As opiniões desses especialistas, vindos de variados setores da sociedade, podem diferir: os políticos podem rejeitar resultados inconvenientes de pesquisas que os pesquisadores gostariam de ver refletidos em sala de aula; os pedagogos podem considerar os conteúdos propostos pelos especialistas acadêmicos nas disciplinas muito complicados para os alunos; e os acadêmicos podem reclamar da sobressimplificação sugerida pelos pedagogos ou da politização das pesquisas feita pelos políticos. Assim, um currículo bem-planejado deve atender a diferentes objetivos: o de transformar a produção acadêmica em conteúdo pedagogicamente digerível; o de definir objetivos de aprendizado a partir do ponto de vista das necessidades de uma dada sociedade; e o de dar suporte às capacidades dos jovens estudantes para ajudar a desenvolver suas personalidades. A construção dos currículos tem de ser seletiva, pois não é possível representar inteiramente o conhecimento disponível. A forma como essa seleção é organizada reflete a estrutura de poder intelectual dessa sociedade. Ela depende muito da estrutura do sistema político dessa sociedade, que vai definir se as diferentes necessidades vão ser equilibradas em um debate aberto ou se certas perspectivas — normalmente os objetivos políticos — vão sobrepor-se a outras.

Contra essas condições de pano de fundo que dão forma às instituições públicas de ensino, a memória de crimes cometidos pela própria nação ou Estado impõe um desafio severo: Como incorporar esse "passado negativo" em uma consciência histórica "positiva"? Ou será que é realmente impossível conciliar esses dois aspectos? Será que a memória de feitos coletivos ignominiosos em tão grande escala, como a tentativa de aniquilação de um povo inteiro, nos condena de tal forma que, com desespero e impotência, não possamos construir uma visão coerente daquilo que, evidentemente, faz parte de "nosso" passado? Como podemos lidar com o fardo de um passado desse tipo sem ser nos distanciando dele, colocando-o de lado ou silenciando-o?[1]

Nos 65 anos agora transcorridos desde a derrota do governo nazista, a Alemanha passou por diferentes fases de desenvolvimento político, indo da ocupação e da subsequente divisão do país em dois Estados com sistemas político-econômicos divergentes até a inclusão da Alemanha reunificada no processo europeu de integração. Em suma, a Alemanha evoluiu de um país externamente controlado para

---

[1] O atual diretor do memorial do campo de concentração de Buchwald, Volkhard Knigge, cunhou a expressão "passado negativo". A memorização de um passado negativo refere-se à "reflexão sobre crimes cometidos… em oposição à extensão dos crimes sofridos" (Knigge, 2001).

uma sociedade aberta. As várias fases desse desenvolvimento marcaram a forma como o domínio nazista foi ensinado nas escolas. O presente capítulo se deterá no atual estado de coisas, mas também analisará o desenvolvimento histórico do ensino desse tópico.[2] Como após a unificação o modelo curricular da Alemanha Ocidental foi adotado pelas escolas da Alemanha Oriental, o capítulo abordará apenas muito brevemente a forma como o sistema nazista foi ensinado na antiga Alemanha comunista, a República Democrática Alemã (RDA).

Para começar, algumas informações básicas sobre a estrutura dos currículos de história e sobre os livros didáticos na República Federal Alemã (RFA) devem ser dadas: o setor educacional inteiro é federalizado, isso quer dizer que não há um Ministério da Educação central. Os planos de ensino são estabelecidos pelos ministérios da educação e dos assuntos culturais dos estados federados individuais. Uma "Conferência Permanente de Ministros da Educação e dos Assuntos Culturais" garante que haja requisitos comparáveis em relação à compatibilidade dos planos de ensino e à mobilidade dos alunos entre os estados federados. Os ministros verificam se os livros escolares estão de acordo com os currículos e se transmitem valores que estejam de acordo com os princípios constitucionais. Entretanto, esse processo de aprovação é administrado de maneira mais aberta hoje do que nos períodos precedentes. Quanto mais remoto se torna o período nazista e mais consciente e segura em relação a seus valores básicos a sociedade alemã se torna, menos os políticos sentem a necessidade de checar conteúdos e metodologia dos materiais didáticos. Alguns ministros delegaram a responsabilidade por essas averiguações às editoras, que passaram, assim, a ter de garantir que seus textos estejam de acordo com os planos de ensino e com os princípios constitucionais; esses ministros só viriam a examinar os textos em caso de reclamação de professores, pais ou especialistas da área.

A Alemanha é um livre mercado de livros didáticos. Há um amplo número de séries de livros didáticos disponíveis, contendo amplo espectro de abordagens, conteúdos e focos. O corpo docente, com a participação dos alunos e de representantes dos pais, decide quais livros devem ser usados.

O sistema escolar alemão é altamente diferenciado. Após um período de quatro ou seis anos de educação fundamental para todos, o sistema escolar se divide em dois ou mais diferentes ramos, para os quais cada aluno individual é encaminhado dependendo de seus resultados: há escolas de ensino médio (menor grau acadêmico), escolas intermediárias e escolas preparatórias ou de gramática (grau acadêmico

---

[2] Para mais detalhes de uma abordagem histórica sobre esse tópico, ver Pingel (2006), Kolinsky e Kolinsky (1974) e Kolinsky (1992).

mais elevado).³ Após nove ou 10 anos, a educação escolar obrigatória está completa.⁴ Atualmente, por volta de 40% dos estudantes continuam os estudos em uma escola de gramática para atingir o grau mais alto de nível médio (até o 11º, 12º ou 13º anos).

Nos últimos 30 anos, o sistema de ensino da Alemanha Ocidental foi drasticamente reformado, na direção de se tornar mais pluralístico e democrático. Cada vez mais crianças alcançam os níveis mais altos das escolas de gramática e, portanto, a permissão para estudar em universidades. "Educação ampla ao invés de elitismo", esse tem sido o mote desde a década de 1970. Nos anos 1950 e 1960, apenas 10% dos estudantes avançavam até chegar às escolas de gramática. Essa restrição do acesso ao ensino médio superior é relevante para o objetivo deste capítulo, pois até a década de 1960 o período nazista era estudado com mais detalhes, e a partir de um sentido mais crítico, apenas nessas escolas, e isso quando o era. Consequentemente, quanto mais a educação escolar avançava, mais os estudantes aprendiam sobre a ditadura nazista.

A disciplina história é ensinada separadamente apenas no ensino médio. Portanto, o nacional-socialismo normalmente não é tratado no ensino fundamental. As escolas do ensino fundamental não fazem diferenciação entre história, geografia e estudos sociais. Essas disciplinas são dadas em estudos regionais, que tratam principalmente da história e da geografia da cidade ou da região do estudante. Pedagogos e historiadores estão discutindo a possibilidade de ensinar sobre o Holocausto, ou pelo menos sobre a campanha de perseguição aos judeus, até mesmo nas escolas do ensino fundamental (Moysich e Heyl, 1998). Por enquanto, tópicos concernindo ao regime nazista podem surgir e serem abordados, por exemplo, onde as escolas se situem em partes específicas de uma cidade em que judeus, ou outras populações perseguidas, ou então membros da Resistência, moraram. É possível talvez selecionar alguém de origem judaica para falar sobre sua experiência individual. Isso, entretanto, ocorre raramente.

---

³ O sistema educacional alemão (e o europeu, de maneira geral) difere muito do brasileiro. Após o ensino fundamental, aos 10 anos de idade, os estudantes são separados em geralmente três tipos diferentes de escola (o número varia de estado para estado). Em geral, dois desses tipos de escola preparam para diferentes áreas técnicas, e há um terceiro tipo, mais elitizado, o *Gymnasium* (em inglês, *Grammar school*), que oferece uma educação acadêmica mais aprofundada, preparatória para a entrada nas universidades. Há uma pré-seleção para definir em quais escolas cada aluno entrará. Essas diferenças aparecerão ao longo do texto. Optou-se pelo termo "escola de gramática", a partir do inglês, para seguir o original. (N.T.)

⁴ As escolas vocacionais, para as quais alguns estudantes seguem após a educação obrigatória, não serão incluídas nesta análise.

Todos os planos de ensino de história são construídos de modo a permitir uma revisão cronológica dos tempos passados até o presente. O nacional-socialismo e o Holocausto são incorporados a esse processo por serem vistos como parte indispensável da história alemã. Apesar de o nacional-socialismo, como tópico, ter sempre feito parte compulsória do currículo dos primeiros níveis das escolas de ensino médio, diferentes ênfases foram postas nele segundo as épocas. No momento, das idades de 14 a 16 anos (8ª, 9ª ou 10ª séries), aproximadamente, um estudo completo da era nazista é realizado. A matéria história apresenta um ou dois assuntos por semana nessas séries. Embora seja difícil precisar quantas horas de estudo são devotadas ao tópico, acredita-se que variem em torno de uma média de 20 horas. O tópico também é frequentemente retomado de maneira mais aprofundada nos níveis superiores da escola secundária, isto é, para alunos entre 16 e 19 anos (11ª, 12ª ou 13ª séries). Em muitos estados federados, a história é ensinada como matéria autônoma apenas nas escolas de gramática. Em outras escolas, é frequentemente integrada aos campos da geografia, dos estudos sociais e ambientais.

Como regra, o Holocausto é apresentado junto a outros temas, como a ocupação, a opressão ou a vida diária sob a ditadura. Muitas vezes, o assunto também tem um papel em outras disciplinas, como literatura ou estudos cívicos. Os estudantes leem literatura ou relatos biográficos sobre a vida durante o regime nazista. São confrontados com toda uma variedade de possíveis reações ao desafio colocado pela exigência de obediência e conformidade que o regime exigia das pessoas. Os romances e os relatos conscientizam os alunos das atitudes de adaptação ao sistema, do envolvimento ativo e voluntário em organizações nazistas e ainda da resistência passiva ou ativa.

Se os alunos forem confrontados com o assunto em várias disciplinas diferentes de maneira descoordenada, ou se o assunto for sobrecarregado de objetivos morais, reações negativas entre os estudantes são frequentemente observadas. Eles se sentem sobre-expostos ao assunto e não têm liberdade para formar seus próprios juízos históricos. Entretanto, um planejamento cuidadoso e um envolvimento ativo dos estudantes com o material educacional podem superar esse tipo de "fadiga" de ter de lidar com o nazismo e com a responsabilidade alemã de maneira tão reiterada.

Diferenças de geração mudam a forma como o período nazista é ensinado

Nos primeiros anos de ocupação no pós-guerra, as potências ocupantes mantiveram um enorme controle dos conteúdos de ensino para combater o possível renascimento de ideologias nacionalistas ou racistas. Quando as autoridades alemãs retomaram a responsabilidade total pela educação, elas instalaram o sistema de aprovação ministerial. As editoras deviam submeter seus manuscritos para análise antes da publicação. Professores seniores deviam checar o material didático para recomendar aos ministros da Educação que o aprovassem ou o rejeitassem, ou então que sugerissem modificações antes da publicação. Por causa da crescente tensão entre os sistemas capitalista e socialista, o foco do controle ideológico mudou durante os anos 1950. A apresentação do passado mais recente começou a parecer menos significativa em vista das crescentes tensões entre os sistemas mundiais capitalista e socialista/comunista. Em ambos os lados da cortina de ferro que dividiu a Alemanha, as autoridades desejavam que a educação escolar legitimasse seus próprios sistemas. Essa divisão ideológica teve um impacto perceptível nas grandes correntes teóricas que interpretariam o sistema nazista. Uma resolução de 1953 abordando "aspectos fundamentais do ensino de história" e aprovada pelos ministros da Educação, em 17 de dezembro de 1953, nem sequer se referiu especificamente ao regime nazista e expressou-se em termos gerais sobre as "ditaduras" da Segunda Guerra Mundial. Dessa forma, os dois sistemas ditatoriais modernos, a saber, o nacional-socialismo e o comunismo, deveriam ser ensinados sob o conceito abrangente de "totalitarismo"; a aplicação desse conceito como um dos padrões ideológicos fundadores da República Federal foi associada à implicação tácita de que alguém que se opusera ao comunismo era inimigo das ditaduras de maneira geral, e, portanto, implicitamente, também do nazismo. A centralidade do anticomunismo, particularmente nos anos 1950, implicou a integração de pessoas que haviam apoiado o sistema nazista, ativa ou passivamente, na nascente sociedade democrática alemã ocidental. Nessas circunstâncias, o tratamento do sistema nazista na escola dificilmente poderia se desenvolver plenamente.

O tratamento apropriado do assunto não foi a tônica dos anos de formação da República Federal. Particularmente na década de 1950, muitos professores tentavam evitar o assunto. Professores homens normalmente haviam servido como soldados durante a guerra, e apenas poucos deles realmente se opuseram ao regime. Eles não tinham possibilidade de questionar suas próprias ações. Pelo contrário, quando falavam delas, o normal era tentar justificá-las. Os professores — e não somente aqueles ensinando história — referiam-se, de fato, às experiências de guerra, que eram o foco da memória dos pais dos alunos também. Os adultos viam-se como vítimas do sistema, vítimas dos bombardeios aliados, vítimas de um sistema que os havia enviado para a guerra. A experiência dos deslocamentos forçados após a guerra também contribuíram para essa visão de terem sido eles próprios vitimizados e humilhados. A maioria dos adultos que haviam vivenciado o nacional-socialismo não conseguia mudar sua perspectiva e se colocar nos papéis de perseguidores e de opressores.

A questão da culpa e da colaboração com o sistema nazista não podia ser colocada nesse contexto. A Resistência não era mencionada, a não ser nas raras ocasiões em que altos oficiais militares ou das Igrejas, ou membros do círculo burguês, lutaram contra ações isoladas do sistema ou tentaram derrubá-lo, como foi o caso da tentativa de assassinato de Hitler em 21 de julho de 1944. Esses exemplos eram também comemorados publicamente, na medida em que serviam para legitimar o papel de liderança que as velhas elites desempenhavam novamente nos anos de fundação da República Federal. Em geral, pode-se dizer que, para a geração de professores que havia vivido sob o nacional-socialismo — a maioria como espectadores ou como colaboradores, raramente como vítimas —, era extraordinariamente difícil ensinar o tema nacional-socialismo e particularmente se referir aos crimes contra a humanidade, como o Holocausto. A monstruosidade do extermínio dos judeus era amplamente negada, ou relativizada, por meio de comparações com sua própria vitimização.

Em total contraste com os anos 1950, o fim dos anos 1960 e os anos 1970 e 1980 foram caracterizados por uma discussão aprofundada sobre o ativo envolvimento em grande escala em atos de perseguição e nos crimes de guerra. A geração mais nova, nascida durante ou após a guerra, questionou as estratégias de justificação de seus pais. As pesquisas levaram em consideração temas antes negligenciados, como a perseguição e a resistência das organizações da classe trabalhadora. A mídia passou a dar maior cobertura acerca da vida sob a ditadura nazista em documentários e filmes. Quando o filme americano *Holocausto* foi ao ar na televisão alemã, houve um grande avanço. O sofrimento daqueles que foram perseguidos, a voluntariedade com que "cidadãos comuns" aderiram sem resistência, mesmo em face dos crimes mais atrozes, foram vocalizados mais claramente do que em qualquer época anterior (Pingel, 1979). Um amplo e genuíno debate entre as gerações então se iniciou.

Os impulsos vindos da mídia e das novas pesquisas foram bem recebidos por muitos jovens professores de história e foram apropriadamente refletidos em numerosas atividades dos estudantes. Um bom exemplo foi um concurso escolar promovido pelo presidente da República Federal. As crianças realizaram pesquisas sobre a história de suas próprias cidades, suas escolas ou sobre pessoas perseguidas pelo nacional-socialismo. Elas queriam saber o que acontecera nos lugares onde seus parentes moraram e o que eles sabiam, ou poderiam ter sabido. Essas atividades dos estudantes foram estimuladas por uma nova tendência de educação cívica e de história que dava maior ênfase à história local e cotidiana. As aulas de história passaram a desenvolver projetos que incluíam entrevistas com testemunhas oculares e pesquisa em arquivos.

Duas resoluções da Conferência Permanente de Ministros da Educação ressaltaram a importância do ensino sobre o período nazista de maneira detalhada e aprofundada, com o objetivo de evitar qualquer trivialização ou glorificação do nazismo. Os movimentos de resistência e a história local deveriam ser particularmente abordados:

> O ambiente local e regional é um meio particularmente adequado para tratar da Resistência. Deve ser demonstrado que a capitulação diante de ditaduras frequentemente começa não a partir de derrotas espetaculares, mas a partir de pequenos atos cotidianos de covardia. Justamente por isso, é necessário demonstrar que a vida cotidiana também constituiu uma província em especial para a resistência silenciosa, sem a qual nenhuma imagem da vida sob o III Reich estaria completa. No entanto, também deve ser demonstrado que o medo e o conformismo tornaram-se assim possíveis, roubando de muitos a coragem até mesmo de reconhecer a injustiça, abandonados sozinhos que foram para se opor a ela.[5]

Feitos militares em geral não têm muito lugar nos livros didáticos e no ensino alemão. Isso se deve ao legado duradouro da condenação do militarismo feita pelas potências ocupantes após a derrota do III Reich. Como regra, apenas as campanhas militares mais importantes são mencionadas, como a invasão da Polônia, da França e a guerra contra a União Soviética (a Batalha de Stalingrado), assim como a invasão pelos Aliados (o Dia D). Não é fácil encontrar muitas ilustrações de armamentos modernos nesses livros, como aviões, tanques etc., que poderiam atrair o interesse técnico dos estudantes, como ainda é o caso dos livros didáticos dos países vitoriosos. A ênfase não é nos combates, mas no sofrimento em ambos os lados, particularmente daquelas nações que foram ocupadas pela Alemanha. Os autores evitam qualquer forma de elogio às ações militares e ao pensamento estratégico dos generais de Hitler, ou demonstrar orgulho pelos feitos ou pela bravura do Exército alemão. De maneira geral, a ênfase é colocada mais na campanha no Oriente do que nos acontecimentos militares do Ocidente. Os professores podem selecio-

---

[5] Recomendação para o tratamento da Resistência durante o período do nacional-socialismo no ensino. Resolução da Conferência Permanente de Ministros da Educação, 4/12/1980, citada em: Sobre o tratamento do Holocausto na escola. Uma contribuição dos estados. Secretariado da Conferência Permanente de Ministros da Educação e dos Assuntos Culturais dos estados da República Federal da Alemanha, 1997, p. 52. Ver também a resolução de 20/4/1978, Tratamento do nacional-socialismo no ensino, ibid., p. 49.

nar alguns exemplos nos livros didáticos sublinhando a diferença entre as políticas de ocupação para os países da Europa ocidental e oriental, e os alunos podem se aprofundar nesse tema mergulhando nas fontes dos livros didáticos, ou usando a internet e outras mídias. O material didático acentua as consequências da guerra moderna, não apenas para os soldados, mas também para as populações civis.

Mudanças curriculares atuais

Com a queda da União Soviética e a reunificação alemã resultante, a ordem mundial bipolar do pós-guerra chegou a um fim. As transformações globais e europeias nas áreas da economia, da política e da cultura tornaram-se mais importantes. A globalização e o reforço da integração europeia impuseram novos desafios ao ensino da história nacional contemporânea, da história europeia e da história geral. Os tempos do pós-guerra, até o fim dos anos 1980, tornaram-se coisas do passado, enquanto as transformações da década de 1990 aparentemente inauguraram um novo período da era moderna. Consequentemente, o nacional-socialismo passou a ser visto como um evento específico na história do "curto século XX", que vai da Primeira Guerra Mundial e da Revolução Russa à queda do sistema comunista (Hobsbaum, 1994). O debate sobre a "historização" do nacional-socialismo, que já havia sido iniciado na década de 1980, fortaleceu uma perspectiva comparativa sobre as ditaduras e os crimes contra a humanidade do século XX (Wippermann, 1997). Os conceitos de genocídio e de crimes contra a humanidade que marcaram a interpretação do século XX ganharam importância, e, na alvorada do século, a velha noção de totalitarismo voltou à ordem do dia. Para alguns países antes ocupados pela União Soviética, como a Hungria e a Estônia, o impacto da dominação soviética pareceu tão desastroso quanto a campanha de extermínio e o sofrimento sob a ocupação nazista. Nesses países, as comemorações oficiais têm o objetivo de assinalar que as lembranças das ditaduras nazista e comunista têm o mesmo peso. Como uma parte da Alemanha pertenceu à esfera soviética de influência, um debate controverso sobre as similitudes e as diferenças entre o nazismo e o comunismo aconteceu na Alemanha. Esse debate aconteceu principalmente nos meios acadêmicos e jornalísticos, mas menos nas escolas. Ele proveu um amplo pano de fundo para o ensino da era nazista; mas isso, entretanto, não reduziu a centralidade da ditadura nazista e do Holocausto no currículo de história moderna nas escolas alemãs.

A abordagem comparativa das pesquisas trouxe a vantagem do aparecimento de numerosos estudos detalhados que examinaram meticulosamente como as "pessoas normais" se envolveram em crimes contra a humanidade e até que ponto ia o conhecimento delas sobre tais crimes. A controvérsia Goldhagen-Browing (Goldhagen, 1996; Browning, 1992 e 2000) atraiu a atenção pública e foi também amplamente discutida em seminários preparatórios para professores de história (Heil, 1998). Goldhagen sustentou a ideia de que preconceitos antissemitas profundamente arraigados no povo alemão tornaram-nos suscetíveis a tomar parte voluntária na aniquilação dos judeus, enquanto Browning colocava mais ênfase nas ramificações institucionais e sociais que dirigiam o comportamento das pessoas e que transformaram "homens comuns" nos "carrascos voluntários". Nos debates públicos, a argumentação de Goldhagen, moral e ideologicamente carregada, pareceu receber maior aceitação pelos mais jovens do que a análise sóbria, pé no chão e racional do ambiente social e organizacional que estruturou o comportamento das pessoas, de Browning. Goldhagen, entretanto, não consegue explicar por que os alemães, antissemitas de nascimento, se tornaram de repente bravos democratas após 1945. Assim como Goldhagen, a geração pós-1968 aceitava o ano 1945 como o limiar de um novo começo que mudou a mentalidade das pessoas quase totalmente. Por outro lado, professores que frequentemente viam a si mesmos como membros da geração de 1968, ou da seguinte, eram mais céticos quanto à mentalidade da geração de seus pais e apontavam as continuidades no comportamento autoritário pessoal e das elites dirigentes nos primeiros anos da República Federal Alemã. Eles não acreditavam que a mera mudança de sistema político pudesse ter transformado completamente as pessoas de antissemitas criminosos em democratas normais.

Pesquisas mais recentes sobre outros aspectos do genocídio chegaram a resultados que corroboram a perspectiva de Browning. Esses estudos não puderam confirmar que os perseguidores tivessem traços característicos que os tornassem mais suscetíveis a comportamentos cruéis. O ambiente social e intelectual que preparou as pessoas para "desumanizar" certos membros da sociedade e percebê-los como "estrangeiros" ou uma ameaça ao bem-estar da própria sociedade parece mais importante do que qualquer característica individual. A propaganda discriminatória na mídia, a inculcação da discriminação ao "outro" na educação e o treinamento de comportamentos coletivos em organizações de massa foram identificados como passos importantes para tornar as pessoas prontas a participar nos crimes contra a humanidade cometidos pelo Estado (Welzer, 2005). Esses estudos têm sido extremamente relevantes para o ensino escolar, uma vez que preparam o terreno para o questionamento sobre como os crimes contra a humanidade começam e como podem ser evitados. Nos livros didáticos modernos, interpretações unilaterais são evitadas. Os livros descrevem a ideologia racista que governou a mídia e que também marcou a educação durante o sistema nazista; eles mostram como as pessoas eram integradas em organizações de massa com regras rígidas de comportamento que deixavam pouco espaço para manobra. Entretanto, também se referem aos atos de desobediência e resistência, embora uma pessoa precisasse de muita coragem, e de assumir muitos riscos, para nadar contra a maré.

Em anos recentes, o sofrimento da população alemã, como o causado pela ofensiva dos Aliados, especialmente pelos bombardeios das cidades alemãs e, no fim da guerra, pela expulsão da população alemã da Polônia e da Tchecoslováquia, atraiu nova atenção da mídia, assim como no campo da pesquisa e da educação. Esse tema fora um tabu, pelo menos em sala de aula, por longo tempo, e foi apenas com a abertura de uma discussão crítica sobre ele na Polônia, na República Tcheca e na Inglaterra, que se iniciara após o colapso do sistema soviético, que o caminho foi pavimentado para uma avaliação equilibrada do lado alemão também.

O crescimento em número e em importância das cerimônias oficiais públicas intensificou a consciência de ter de lidar com o tempo do nazismo na escola. A grande atenção que especialistas e políticos passaram a atribuir ao assunto deve-se a dois fatores: à memória concorrente dos crimes nazistas e comunistas e ao fato de que a última geração de sobreviventes do terror nazista perecera e não poderia mais servir de testemunha. Políticos e organizações judaicas interessados tomaram iniciativas com o fim de estabelecer cerimônias conjuntas de comemoração, de fortalecer a pesquisa nesse campo e de garantir espaço o suficiente nos currículos escolares para preservar a memória do Holocausto e lhe dar um lugar privilegiado nas cerimônias públicas. Representantes de um grande número de governos de países europeus, de Israel e dos Estados Unidos uniram-se na "Força-tarefa para a cooperação internacional sobre o ensino, a memória e o estudo sobre o Holocausto" (ITF, na sigla em inglês) para alcançar tal objetivo.[6] O trabalho da ITF apoia, em primeiro lugar, o ensino do Holocausto nos antigos países comunistas, porque no passado esse tema foi negligenciado, ou até mesmo nem sequer tratado, e agora seu ensino tem de concorrer com o tratamento dos crimes do comunismo. No entanto, ela também contribuiu para uma troca de experiências em educação e de resultados de pesquisas entre todos os países-membros da organização, por meio da criação de grupos de trabalho internacionais, de projetos conjuntos e de seminários, de modo que seu impacto também se fez sentir nos sistemas de ensino ocidentais, particularmente na Alemanha, que tem um papel ativo na ITF.

Em cooperação com outras organizações internacionais, como o Conselho da Europa e a ONU, a ITF tem advogado a institucionalização de um dia interna-

---

[6] A ITF foi fundada em 1998. Desde então, a Argentina se tornou o único membro latino-americano da organização (www.holocausttaskforce.org/about-the-itf.html). Ver também Eckel e Moisel (2008).

cional de memória do Holocausto. Em seguida a essas diligências, o presidente federal da Alemanha[7] proclamou o dia 27 de janeiro, data da libertação de Auschwitz, o Dia da Memória das Vítimas do Nacional-Socialismo, em 1996.[8] Muitas escolas planejam atividades especiais para essa data (enquanto outras o fazem em 9 de novembro, data do *pogrom* contra os judeus em 1938). A Conferência Permanente de Ministros da Educação do Conselho da Europa sublinhou, em sua Declaração de Cracóvia, em 17 de outubro de 2000, sobre "Políticas educacionais para uma cidadania democrática e para a coesão social", que essa data deveria servir ao objetivo de impedir que crimes contra a humanidade venham novamente a ocorrer.[9] Esses exemplos mostram que os anos que se seguiram ao desmoronamento do sistema soviético assistiram ao surgimento de uma profusão de atividades, nos níveis nacionais e internacional, que, por um lado, fortaleciam as atividades em homenagem às vítimas do Holocausto e do nazismo e, por outro, encaixavam a memória do Holocausto em um contexto mais amplo, de prevenção do genocídio de maneira geral.

Entretanto, por mais compreensível que seja o foco nas vítimas, essa abordagem pode gerar uma visão unilateral de certos grupos que são sempre vistos como vítimas nos livros didáticos de história. Estudos revelam que os judeus só são caracterizados nos livros escolares alemães de história quando são perseguidos, enquanto os períodos de relativa paz na convivência lado a lado com a maioria cristã da sociedade são sistematicamente negligenciados (Marienfeld, 1985, 2003; Pingel, 1989). Uma abordagem tão "negativa" da história dos judeus, isto é, que se concentra apenas na pior fase da perseguição aos judeus na Alemanha, certamente não basta para combater atitudes antissemitas. Ela pode ajudar os alunos a sentirem empatia pelas vítimas, mas não favorece a compreensão da vida da comunidade judaica em uma sociedade majoritariamente não judaica e falha ainda na conscientização

---

[7] Título do presidente da Alemanha. Em se tratando de um regime parlamentarista, tem menos poder do que o chanceler (primeiro-ministro). (N.T.)

[8] Essa data tem agora relevância internacional, uma vez que a Assembleia Geral das Nações Unidas proclamou o 27 de janeiro como o Dia Internacional em Memória das Vítimas do Holocausto, em 1º de novembro de 2005. O presidente da Assembleia relembrou, em seu discurso, que, após o Holocausto, outros genocídios foram cometidos, por exemplo, em Camboja, em Ruanda e em Srebrenica. Para a íntegra do discurso, visitar a página: <www.un.org/apps/news/story.asp?NewsID=16431&Cr=holocaust&Cr1>. A ideia de globalizar essa data para comprometer as novas gerações do mundo todo a continuar a memória do Holocausto está claramente expressa no CD-ROM do *Primeiro Congresso Internacional da Juventude. Dia Internacional em Memória do Holocausto*, 2008. O ministro da Educação de Israel, Juli Tamir, convocou os jovens participantes para, ao retornarem a seus países, "contarem nossa história [dos judeus], porque ela é, na verdade, a história de vocês".

[9] A íntegra da declaração está disponível em: <www.coe.int/t/dg4/education/historyteaching/Source/Results/AdoptedTexts/KrakowDeclaration_en.pdf>.

dos alunos sobre os muitos passos que levaram do preconceito e da discriminação à exclusão e ao extermínio. Embora muitos livros didáticos utilizados nos dias de hoje também levem em consideração a vida comunitária dos judeus na Idade Média e no início da Idade Moderna e lidem, em relação à história do século XIX, com as tentativas de emancipação e o ressurgimento do antissemitismo como contrarreação, esses tópicos são frequentemente cabulados em sala de aula, de modo que um entendimento mais aprofundado das relações entre judeus e não judeus na Alemanha não pode ser alcançado. Entretanto, é de suma importância que os estudantes não vejam os judeus apenas como párias perseguidos do passado que merecem comiseração, mas que aprendam a aceitá-los como concidadãos da sociedade alemã dos dias de hoje, uma vez que as comunidades judias se restabeleceram na Alemanha e têm crescido nas últimas décadas por causa da migração dos países do Leste Europeu.

Uma exposição chamando a atenção para os crimes cometidos pelo Exército alemão demonstrou como é importante não se concentrar apenas nas vítimas, mas também nos algozes. A exposição foi organizada por uma organização privada de pesquisa, o Instituto de Pesquisa Social de Hamburgo. Embora os historiadores não tivessem a menor dúvida quanto ao envolvimento do Exército nos crimes de genocídio, para a opinião pública esses crimes eram associados principalmente a organizações radicais e racistas do partido, como a SS e as "Forças Especiais" (*Sonderkommandos*). A exposição acendeu um debate público feroz que chamou a atenção para o perfil dos algozes e levou a uma reflexão aprofundada e autocrítica sobre as condições que transformaram pessoas "comuns" nos "carrascos voluntários".[10] A exposição incentivou uma maior conscientização e o aprofundamento da pesquisa sobre os algozes (*Täterforschung*, em alemão) (Longerich, 2007). As pesquisas intensivas realizadas nos anos 1980 sobre os crimes nazistas focaram as vítimas e as instituições persecutórias. Agora, é hora de mudar o foco com o objetivo de compreender melhor a gêneses das ditaduras e dos crimes contra a humanidade. Essa mudança de perspectiva também teve repercussões na forma como o período nazista é representado no material didático e nos memoriais. Aqui, antes só era possível encontrar material biográfico sobre as vítimas. Agora, as biografias dos algozes também estão expostas nos locais dos memoriais, embora ainda um pouco

---

[10] A exposição ficou em exibição, em um primeiro momento, de 1995 a 1999. Após algumas mudanças, foi reaberta de 2001 a 2004. Ela foi vista por aproximadamente 1,5 milhão de visitantes. Para conhecer um pouco do que foi apresentado, ver <www.verbrechen-der-wehrmacht.de/docs/aktuell/aktuell.htm>. Para um resumo em inglês, ver <www.verbrechen-der-wehrmacht.de/pdf/vdw_en.pdf> (Heer, 1995).

menos nos livros didáticos de história.[11] Além disso, atividades escolares tradicionais de educação fora da escola, como visitas a memoriais, foram promovidas.[12]

O governo alemão, em cooperação com várias ONGs, ajudou a estabelecer programas de intercâmbio para a juventude nos antigos países inimigos. Seminários conjuntos, encontros pessoais e grupos de estudo também se referem frequentemente ao período nazista e, dessa forma, contribuem para reduzir o preconceito de ambos os lados. As experiências mais significativas foram os esquemas de intercâmbio entre Alemanha e Polônia, França e Israel. Vale a pena mencionar também a Ação de Reconciliação a Serviço da Paz (*Aktion Sühnezeichen Friedensdienste*). Essa ONG manda voluntários da paz para trabalharem em projetos culturais e sociais em países que foram outrora ocupados pela Alemanha.

O desafio de "aprender" com a história a partir da destruição em massa

O colapso do bloco soviético teve repercussões na forma como a ditadura nazista, e em especial o Holocausto, era percebida pelo público e ensinada na escola, tanto em nível internacional quanto dentro da Alemanha. Na maioria dos países do antigo bloco comunista, as memórias da ocupação nazista focaram a perseguição aos grupos de esquerda, o sofrimento dos povos nas áreas ocupadas e as atividades dos movimentos de Resistência. O extermínio da população judia dificilmente era tratado em detalhes ou recebia alguma atenção especial, porque o anticomunismo, e não o antissemitismo, aparecia com maior proeminência na percepção comunista sobre o nazismo. Isso mudou gradualmente nos antigos países comunistas. Além disso, em razão de uma atmosfera mais aberta e do impacto das pesquisas mais recentes, as pessoas tomaram consciência do amplo alcance das perseguições nazistas, que não se restringiam de maneira alguma aos judeus ou aos comunistas. Os maus-tratos a outros grupos, como os sinti e os roma (ciganos), pessoas com deficiências físicas e homossexuais, tornaram-se igualmente conhecidos.

Todas essas tendências convergiram na Alemanha unificada. Por essa razão, as autoridades alemãs apoiam esforços no sentido de dar aos memoriais do Holocausto um local apropriado nas comemorações públicas na Alemanha e na nova, e não

---

[11] Em janeiro de 2009, o Centro Federal para Política Educacional (Bundeszentrale fuer politische Bildung) organizou um seminário da área de pesquisas sobre os algozes que incluiu uma seção pedagógica com o objetivo de tornar os educadores mais conscientes do tema.
[12] Para conhecer o pacote de ensino promovido pelo Conselho, ver Bialecka, Oleksy, Regard e Trojanski (2011).

mais dividida, Europa. Como, desde o Holocausto, houve outros episódios de crimes contra a humanidade perpetrados por Estados, como nos casos de Ruanda e do Camboja, não faz muito sentido, do ponto de vista pedagógico, sublinhar a excepcionalidade do Holocausto e do antissemitismo. Mais importante do que isso, surgia a necessidade crescente de combater atitudes xenófobas e comportamentos discriminatórios, com a finalidade de lidar com a crescente mistura multicultural das sociedades modernas. Assim, o comissionamento do Escritório para as Instituições Democráticas e para os Direitos Humanos (EIDDH), um ramo da Organização para a Segurança e Cooperação na Europa (Osce), por seu conselho ministerial, para a tarefa de "coletar e disseminar informações sobre melhores táticas para a prevenção e a reação ao antissemitismo e para auxiliar os Estados participantes em seus esforços de prevenir e reagir ao antissemitismo, bem como para fortalecer suas atividades na área da educação sobre o Holocausto", demonstrou certa estreiteza de visão (EIDDH, 2005). Embora a organização internacional tenha ajudado a fortalecer o ensino sobre o Holocausto por meio de seminários de treinamento e da distribuição de material didático, a Osce teve de admitir que "a educação sobre o Holocausto não pode ser empregada, nem preventivamente nem corretivamente, para combater todas as manifestações contemporâneas de antissemitismo. Portanto, é importante que a história do Holocausto e o antissemitismo dos dias de hoje sejam tratados como assuntos diferentes" (EIDDH, 2005). É importante identificar os mecanismos que levam as pessoas a discriminar outros grupos vistos como "estrangeiros" ou como "prejudiciais" a suas sociedades. O Grupo de Trabalho da ITF sobre educação tentou estabelecer uma ligação entre a educação sobre o Holocausto e a conscientização sobre os direitos humanos, ao declarar que um estudo de envergadura sobre o Holocausto ajuda os estudantes a refletirem sobre o uso e o abuso de poder, bem como sobre os papéis e as responsabilidades de indivíduos, organizações e nações quando confrontados com violações dos direitos humanos. Isso pode aumentar a consciência sobre o potencial para o genocídio do mundo contemporâneo. O Holocausto demonstrou como uma nação moderna pode usar seu domínio tecnológico e sua infraestrutura burocrática para implementar políticas destrutivas que vão desde a engenharia social até o genocídio. O Holocausto providencia um contexto para analisar os perigos de permanecer silente ou indiferente em face da opressão dos outros (EIDDH, 2005). Esse debate tem particular relevância no contexto alemão, porque opiniões xenófobas e nacionalistas têm ressurgido em algumas partes da antiga RDA por causa do influxo de estrangeiros — particularmente vindos dos países do Leste Europeu — desde a abertura das fronteiras e da expansão da União Europeia.

Também, para muitos jovens alemães ocidentais, é difícil compreender como uma sociedade civilizada pode ser a favor do assassinato em massa. Esses estudantes não veem o nacional-socialismo como parte de seu mundo, como parte da história contemporânea. Para eles, esse período pertence à história, como o Kaiserreich e outras fases do desenvolvimento da Alemanha, com os quais não se sentem envolvidos. Eles têm dificuldade de relacionar os atos bárbaros da era do nacional-socialismo com o comportamento racista dos dias de hoje (Hötte, 1984; Borries, 1993; Pohl, 1996).

O acalorado debate político sobre a rememoração do período nazista e as abordagens das novas pesquisas foi acompanhado por inovações metodológicas na forma como a história, e em particular a história contemporânea, deveria ser ensinada em sala de aula e nos livros didáticos. Até o fim dos anos 1970, o ensino da história se concentrava na história política. No que diz respeito ao período nazista, os currículos e os livros didáticos proviam uma visão geral sobre a estrutura de poder do sistema. Eles tratavam principalmente das organizações do partido e da política externa expansionista. Uma descrição racional e sistemática da ditadura, entretanto, frequentemente falhava na tentativa de dirigir aos alunos questões que os engajassem e os ajudassem a lidar com um passado que é difícil de entender e é visto como um fardo que ainda assombra a Alemanha e suas gerações do pós-guerra. Por que tantas pessoas apoiaram Hitler? Quais alternativas elas tinham? Como as pessoas podiam viver sob tanta pressão e o que elas sabiam sobre os massacres? Para se aproximar das inquietações dos estudantes e despertar seu interesse pela história, a história social e da vida cotidiana ganharam relevo. A narrativa autoritária dos autores foi quebrada pela inserção de relatos de testemunhas oculares e de esboços biográficos de pessoas do período para dar uma visão de como eram as experiências do dia a dia. As perspectivas dos algozes, dos espectadores e das vítimas foram levadas em consideração com a finalidade de ajudar os estudantes a entender as motivações que as pessoas tinham para se adaptar ou resistir ao jugo ditatorial. Ao lado dos livros didáticos regulares, uma vasta quantidade de material de ensino suplementar foi desenvolvida com uma abordagem micro-histórica. Esse material traz histórias de vida individuais e modelos de acontecimentos regionais que parecem estar mais próximos da visão de mundo dos alunos. Isso permitiu que os estudantes se tornassem aprendizes ativos, em vez de serem apenas uma audiência passiva. Sob a supervisão dos professores, eles podem fazer suas próprias pesquisas em arquivos, exposições ou entrevistando sobreviventes. Assim, são confrontados com visões conflitantes e aprendem que o mesmo acontecimento histórico pode ser entendido de deferentes pontos de vista. Os sobreviventes podem ver o fim da Segunda Guerra como uma derrota que deixou o povo alemão em desesperança, ou então como uma libertação longamente aguardada que abriria um novo futuro.

Enquanto na RDA os programas de história e os materiais didáticos sempre descreveram o fim da Segunda Guerra como um ato de libertação e elogiaram o papel do Exército Vermelho, que libertou a Alemanha do jugo do fascismo, os livros na Alemanha Ocidental enfatizavam mais a destruição de muitas cidades alemãs durante os últimos meses da guerra e a total derrota militar, que a maioria do povo alemão experimentou como um completo colapso (*Zusammenbruch*) da ordem interna e do sistema de valores alemães. Foi apenas com o famoso discurso do então presidente da RFA, Richard von Weizsäcker, em 5 de maio de 1985, comemorando a capitulação 40 anos antes, que os padrões de percepção da Alemanha Ocidental mudaram. Desde então, a libertação de uma ditadura passou a ser o aspecto principal nas comemorações oficiais da vitória dos Aliados. Os livros didáticos passaram a diferenciar entre as consequências políticas óbvias da derrota militar do sistema nazista e os sentimentos das pessoas, que receberam bem o fim do domínio nazista, mas que estavam, entretanto, com medo do poder dos Aliados e ainda não tinham condições de desenvolver uma perspectiva positiva de futuro.

Muitos memoriais e instituições pedagógicas dão apoio para que professores e alunos se envolvam em atividades fora da escola. Um desses é o Instituto Fritz-Bauer, ligado à Universidade de Frankfurt, que se dedica continuamente a oferecer experiências práticas de ensino e oferece conceituação teórica para o trabalho em educação.[13]

Além do material impresso, editoras de material didático e institutos pedagógicos fazem cada vez mais uso da internet e de CD-ROMs para introduzir novas metodologias e novos conteúdos em sala de aula. Há *websites* oferecendo modelos de programas de ensino, nos quais os professores podem fazer comentários e partilhar suas próprias experiências pedagógicas. Com a ajuda da mídia eletrônica, os alunos compartilham seus próprios projetos, tornando-os acessíveis para outras escolas (Hein, 2010).[14] Em alguns projetos, editoras privadas, instituições de pesquisa e escolas trabalham lado a lado para tornar disponíveis relatos de testemunhas e uma ampla variedade de fontes que um livro didático não pode oferecer.

---

[13] Para conhecer melhor o trabalho, ver "Newsletter zur Geschichte und Wirkung des Holocaust. Informationen des Fritz Bauer Instituts", no *site* do instituto: <www.fritz-bauer-institut.de>.

[14] Para exemplos, ver os *sites* <www.holocaust-education.de> e <www.gedenkstaettenforum.de>. Para os CD-ROMs, ver *Lernen aus der Geschichte: Projekte zu Nationalsozialismus und Holocaust in Schule und Jugendarbeit/Learning from history* (Bonn: ARCult-Media-Verlag, 2000); "*Niemand wusste, was morgen sein würde.*" *Ehemalige Zwangsarbeiter des Volkswagenwerks erinnern sich* (Wolfsburg: Hisotorishce Kommunikation der Volkswagen AG, 2007); *Zwangsarbeit 1939-1945. Erinnerungen und Geschichte. Zeitzeugen-Interviews für den Unterricht* (Berlim: Free University Berlin/Federal Center for Political Education, s.d.); *Erlebte Geschichte. Nationalsozialismu* (Berlim: Cornelsen, s.d.).

Lidar com crimes contra a humanidade e com comportamentos cruéis individuais no ensino de história acarreta mais do que a simples descrição dos assuntos. É necessário despertar a empatia em relação às vítimas e ajudar a avaliar os argumentos e as motivações dos algozes, senão nenhum entendimento sobre como impedir a ascensão de ditaduras e novos crimes contra humanidade pode ser desenvolvido (Mütter e Uffelmann, 1996). Cada vez mais frequentemente, os professores estão relatando em seminários e conferências a necessidade de levar em consideração a natureza multicultural de suas salas de aula, especialmente quando ensinam sobre o Holocausto. Os alunos que pertencem a minorias perseguidas, apesar de não terem sofrido com o nazismo, perguntam-se até que extensão seu destino não estará sendo apresentado nas aulas de história. Isso se aplica, por exemplo, aos alunos curdos, cuja nacionalidade é dificilmente mencionada nas aulas, nem mesmo quando estas tratam da história da Turquia ou do Império Otomano; ou aos refugiados que escaparam da antiga Iugoslávia, destroçada pela guerra. Eles reivindicam um estudo da história mais centrado nos aspectos comparativos, embora seja impossível dar conta da história de todos os países de onde os alunos vêm. Entretanto, professores e estudantes podem ser sensibilizados quando forem abordados temas que podem desencadear diferentes reações e sentimentos de alunos de diferentes regiões (Kölbl, 2011; Alavi e Henke-Bockschatz, 2004; Georgi, 2003). Novos modelos metodológicos devem ser desenvolvidos e mais treinamento para os professores deve ser disponibilizado para que se atinja essa meta (Alavi, 1999).

Abordagens particulares e sensibilizadas também devem ser aplicadas nas salas de aula das antigas partes comunistas da Alemanha, especialmente quando os professores vêm da Alemanha Ocidental. O paradigma socialista transmitido pelos professores mais velhos e pelos pais pode ainda ser influente e formar a mentalidade dos alunos (Moller, 2004). De acordo com a doutrina oficial da RDA, a Alemanha comunista representava a tradição antifascista do movimento operário. As comemorações oficiais louvavam a resistência de esquerda ao poder nazista. As escolas estabeleciam os assim chamados "gabinetes", onde as atividades e os sofrimentos dos grupos locais de resistência eram exibidos. A perseguição a outros grupos era, e isso quando era, mencionada apenas de passagem. A celebração das vítimas da Resistência e a perseguição tinham um lugar de alto prestígio na cultura da memória oficial da RDA, inclusive nos meios educacionais. As escolas secundárias normalmente organizavam excursões ao memorial do antigo campo de concentração de Buchenwald.

Com a reunificação, esse paradigma tornou-se subitamente obsoleto. Os antigos livros didáticos foram imediatamente recolhidos e substituídos por livros da Alemanha Ocidental (Pingel, 2006), que apresentavam uma imagem diferente do nazismo, em termos tanto metodológicos quanto de conteúdo. A presença de comunidades judaicas na Alemanha do pós-guerra era praticamente desconhecida pelos jovens cidadãos da antiga RDA, enquanto os judeus eram associados a Israel, ao sionismo e ao imperialismo, e tinham má reputação. Um novo nacionalismo surgiu entre alguns grupos de jovens insatisfeitos com o colapso da economia da Alemanha Oriental, com sua lenta recuperação e sua própria integração em uma sociedade que tomara subitamente o modelo ocidental em quase todas as esferas da vida. O "milagre econômico" da Alemanha Ocidental não aconteceu para eles, e então eles passaram a rejeitar o modelo de uma sociedade pluralística, porque não lhes oferecia um lugar seguro e uma perspectiva de melhoria econômica. Uma minoria até mesmo se refugiou em modelos neonazistas tomados de empréstimo de grupos de ultradireita da Alemanha Ocidental. É necessário um treinamento especial para os professores lidarem com esse processo de transição da Alemanha Oriental, que privou os jovens de sua segurança social e ideológica. De outra forma, eles tenderão a procurar seu bem-estar não em uma sociedade multicultural futura com fronteiras e mercados abertos, mas em uma suposta "Grande" Alemanha do passado, que fora construída exclusivamente sobre a ideia do racismo. Contra esse pano de fundo, a adoção acrítica do paradigma metodológico da Alemanha Ocidental de uma sala de aula aberta baseada no debate livre pode levar a resultados indesejados (Wolf, 1994). Quando nem os professores nem os alunos estão habituados com esse modelo, os estudantes sentem-se perdidos e sentem falta de orientação clara.

Conclusão

Estabelecer uma ligação entre o passado e o presente ainda é o desafio mais crucial para ensinar o período nazista. A responsabilidade que os alemães carregam por aquilo que foi feito em nome da Alemanha durante os tempos do nazismo está impressa nas orientações de ensino do estado da Turíngia de maneira exemplar. Essas orientações declaram que os estudantes devem discutir as práticas desumanas do regime nazista e em especial o Holocausto, pensando tanto nas vítimas quanto nos algozes; eles devem considerar o problema da culpa e da responsabilidade pelo Holocausto e procurar criar oportunidades de diálogo com os descendentes das vítimas.[15]

Embora datas e fatos ainda constituam a espinha dorsal do ensino de história, eles não são mais apresentados como o objetivo do processo de aprendizagem, que

---

[15] Programa de ensino para o Ginásio. História. Ministério dos assuntos culturais da Turíngia: Erfurt, 1999. p. 27.

está hoje voltado para o desenvolvimento da compreensão dos processos históricos, para a formação de um pensamento independente e para o desenvolvimento da noção de responsabilidade coletiva.

Portanto, de maneira ampla, o processo de ensino sobre o nacional-socialismo e o Holocausto deveria ser focado em três questões:

1) Por que a primeira democracia alemã se tornou um dos regimes ditatoriais mais cruéis do século XX? Por que tantos eleitores alemães sustentaram o domínio de um líder forte, e por que tantos setores da sociedade alemã seguiram Hitler em sua estrada para a guerra?

2) Como foi possível implantar a aniquilação em massa de amplos grupos da população na Alemanha e nos territórios ocupados? Hoje em dia, o paradigma explicativo de que o genocídio fora perpetrado por pequenos grupos de elite não é mais aceito, e pesquisas demonstram que "homens comuns" foram envolvidos e seguiram voluntariamente as ordens de seus superiores.

3) Que tipo de responsabilidade a atual geração de alunos tem em relação ao passado nazista? Com o crescimento da geração para quem os tempos nazistas são realmente história — quer dizer, eventos passados que não estão mais conectados com suas experiências —, os professores e os autores dos livros didáticos precisam de novas e inovadoras abordagens metodológicas para levar os estudantes a pensar sobre os riscos de uma guerra e sobre como evitá-la, assim como evitar o surgimento de ditaduras e de atitudes racistas.

A despeito das sofisticadas ferramentas pedagógicas e do material de ensino refinado, a prática do processo de ensino nem sempre atende a seus ambiciosos objetivos. Por um lado, a rotina de ensino prevalecente acaba se concentrando nas instituições e nos eventos; por outro, os professores entregam a moral e as lições a serem aprendidas, implícita ou explicitamente, de forma tão clara que os alunos não têm a chance de formar suas próprias opiniões. Em ambos os casos, a sala de aula não oferece espaço para um debate aberto que dê suporte a um esclarecimento das razões pelas quais tantas pessoas seguiram Hitler e o partido nazista, e por que a resistência ou a oposição ao regime foram relativamente baixas. Apenas uns poucos estudos empíricos, até agora, foram dirigidos de maneira a que seus resultados posam ajudar a dirigir a atenção dos alunos mais efetivamente e despertar sua curiosidade sobre o tema de maneira apropriada (Hollstein, 2002; Meseth, Proske e Radtke, 2004). Ademais, os estudantes já chegam à sala de aula com imagens pré-fabricadas da ditadura nazista, que foram elaboradas a partir de filmes populares e outras mídias, e por histórias de família. Embora esta última não negligencie particularmente os crimes contra a humanidade, ela ainda tem a tendência a identificar os culpados por esses crimes apenas com poucas instituições ou com pequenos grupos do regime cuja crueldade era notória, como a SS e a SA. Entrevistas com a terceira geração do pós-guerra demonstraram que os jovens tendem a exculpar os membros de suas famílias da geração de seus avós de qualquer envolvimento com comportamentos cruéis ou desumanos. A monstruosidade dos crimes nazistas parece tão extraordinária que os jovens não conseguem imaginar que os membros de suas próprias famílias, com quem eles conviveram, possam ter tido qualquer envolvimento em tais feitos (Welzer, 2005a).

Os resultados desta pesquisa demonstraram o quão difícil é aceitar um "passado negativo" como parte de nossa própria história. Enquanto essa história for relacionada com um grupo abstrato como a nação — mesmo que seja nossa própria nação —, ela pode ser admitida, porque nunca a nação como um todo se envolveu em crimes contra a humanidade; sempre haverá algumas pessoas que podem ser inocentadas, e a família de cada um certamente fez parte daqueles que supostamente permaneceram inocentes. Talvez também seja quase impossível, pela via do ensino de história nas escolas, romper a barreira da presunção da inocência individual e levar os estudantes a perceber que suas próprias famílias também foram infectadas pelo vírus nazista. Isso poderia colocar em questão, de maneira muito fundamental, as identidades básicas de grupo, das quais particularmente os jovens tanto necessitam. Desenvolver uma consciência constante da presença da desumanidade do homem por meio do ensino de sua própria história talvez exija demais das pessoas mais jovens. No nível da sociedade, entretanto, é possível argumentar que partes importantes da sociedade alemã têm lutado desde 1945 para inculcar essa consciência nas mentes do povo alemão. Embora essa tentativa não tenha sido nunca totalmente aceita e tenha sempre sido contestada, ela se tornou a base das comemorações cívicas e se impôs àqueles que advogavam não apenas o perdão, mas também o esquecimento como a virtude necessária para superar um passado difícil. Por outro lado, as tentativas sérias e autocríticas de lidar com o passado negativo criaram na Alemanha uma memória pública da fragilidade do comportamento humano nas sociedades modernas e assim geraram uma consciência pública preocupada em salvaguardar os direitos humanos e as liberdades individuais.

Referências

ALAVI, Bettina. Interkulturelles Lernen im Geschichtsunterricht: ein Plädoyer für einen modifizierten Geschichtsunterricht und eine veränderte Lehrerausbildung. *Internationale Schulbuchforschung*, n. 21, p. 235-248, 1999.

_____; HENKE-BOCKSCHATZ, Gerhard (Ed.). *Migration und Fremdverstehen*: Geschichtsunterricht und Geschichtskultur in der multiethnischen Gesellschaft. Idstein: Schulz-Kirchner, 2004.

BIALECKA, A.; OLEKSY, K.; REGARD, F.; TROJANSKI, P. *European pack for visiting Auschwitz-Birkenau Memorial and Museum*: guidelines for teachers and educators. Estrasburgo: Council of Europe, 2011.

BORRIES, Bodo von. Vorstellungen zum Nationalsozialismus und Einstellungen zum Rechtsextremismus bei ost — und westdeutschen Jugendlichen. Einige empirische Hinweise von 1990, 1991 und 1992. *Internationale Schulbuchforschung*, n. 15, p. 139-166, 1993.

BROWNING, Christopher R. *Ordinary men*: reserve police battalion 101 and the final solution in Poland. Nova York: Harper Collins, 1992.

_____. *Nazi policy, Jewish workers, German killers*. Cambridge: Cambridge University Press, 2000.

ECKEL, Jan; MOISEL, Claudia (Ed.). *Universalisierung des Holocaust?* Erinnerungskultur und Geschichtspolitik in internationaler Perspektive. Göttingen: Wallstein, 2008.

EIDDH. Tolerance and non-discrimination. *Education on the Holocaust and on anti-semitism*: an overview and analysis of educational approaches. Decisão n. 4 do Escritório para as Instituições Democráticas e para os Direitos Humanos da Osce, p. 2, 1º jun. 2005.

GEORGI, Viola. *Entliehene Erinnerung*: Geschichtsbilder junger Migranten in Deutschland. Hamburgo: Hamburger, 2003.

GOLDHAGEN, Daniel. *Hitler's willing executioners*: ordinary Germans and the Holocaust. Nova York: Alfred A. Knopf, 1996.

HEER, Hannes (Ed.). *Vernichtungskrieg*: Verbrechen der Wehrmacht 1941-1944. Hamburgo: Hamburger, 1995.

HEIL, Johannes. *Rethinking responses to the Holocaust*: German and American commentaries on Daniel Goldhagen's "Hitler's willing executioners". Washington: American Institute for Contemporary German Studies, 1997.

_____ (Ed.). *Geschichtswissenschaft und Öffentlichkeit*: der Streit um Daniel J. Goldhagen. Frankfurt: Fischer, 1998.

HEIN, Dörte. Virtuelles Erinnern. *Aus Politik und Zeitgeschichte*, n. 25-26, p. 23-29, 21 jun. 2010.

HOBSBAWM, Eric. *The age of extremes*: the short twentieth century, 1914-1991. Londres: Michael Joseph, 1994.

HOLLSTEIN, Oliver. *Nationalsozialismus im Geschichtsunterricht*: Beobachtungen unterrichtlicher Kommunikation. Bericht zu einer Pilotstudie. Frankfurt/M: Johann Wolfgang Goethe University/Education Department, 2002.

HÖTTE, Herbert. Museumspädagogische Arbeit mit Jugendlichen im Dokumentenhaus KZ Neuengamme. *Internationale Schulbuchforschung*, n. 6, p. 173-185, 1984.

KNIGGE, Volkhard. Remember or reappraise: critical comments on memorial pedagogy. In: *Teaching the Holocaust and national socialism*: approaches and suggestions. Beiträge zur historischen Sozialkunde. Special Issue. Viena, 2001.

KÖLBL, Carlos. Historishces erinnern an Schulen im Zeichen von Migration und Globalisierung. *AusPolitik und Zeitgeschichte*, n. 25-26, p. 29-35, 21 jun. 2011.

KOLINSKY, Eva. Remembering Auschwitz: a survey of recent textbooks for the teaching of history in German schools. *Yad Vashem Studies*, n. 22, p. 288-310, 1992.

____; KOLINSKY, Martin. The treatment of the Holocaust in West German textbooks. *Yad Vashem studies on the European Jewish catastrophe and resistance*, v. 10, p. 149-216, 1974.

LONGERICH, Peter. Tendenzen und Perspektiven der Täterforschung. *Aus Politik und Zeitgeschichte*, n. 14-15, p. 3-6, 2 abr. 2007.

MARIENFELD, Wolfgang. Die deutsch-jüdische Beziehungsgeschichte von der Aufklärung bis zum Zweiten Weltkrieg in der Darstellung gegenwärtiger Schulgeschichtsbücher der Bundesrepublik Deutschland. *Internationale Schulbuchforschung*, n. 7, p. 327-339, 1985.

____. Jüdische Geschichte im Schulbuch der Gegenwart. *Geschichte in Wissenschaft und Unterricht*, n. 54, p. 167-173, 2003.

MESETH, Wolfgang; PROSKE, Matthias; RADTKE, Frank-Olaf (Ed.). *Schule und Nationalsozialismus*: Anspruch und Grenzen des Geschichtsunterrichts. Frankfurt/Main: Campus, 2004.

MOLLER, Sabine. *Vielfache Vergangenheit*: Öffentliche Erinnerungskulturen und Familienerinnerungen an die NS-Zeit in Ostdeutschland. Tübingen: Diskord, 2004.

MOYSICH, Jürgen; HEYL, Matthias (Ed.). *Der Holocaust*: ein Thema für Kindergarten und Grundschule? Hamburgo, 1998.

MÜTTER, Bernd; UFFELMANN, Uwe (Ed.). *Emotionen und historisches Lernen*. Forschung — Vermittlung — Rezeption. Hanôver: Hahn, 1996.

PINGEL, Falk. Nationalsozialismus im Geschichtsunterricht: Neue Perspektiven seit "Holocaust"? *Geschichtsdidaktik*, n. 4, p. 306-318, 1979.

____. Religionsgründer — verfolgte Minderheit — Fixpunkt im "Krisenherd Nah-Ost". Juden und jüdische Geschichte in bundesdeutschen Schulbüchern und die deutsch-israelischen Schulbuchempfehlungen. *Internationale Schulbuchforschung*, n. 11, p. 229-54, 1989.

____. From evasion to a crucial tool of moral and political education: teaching national socialism and the Holocaust in Germany. In: FOSTER, Stuart J.; CRAWFORD, A. (Ed.). *What shall we tell the children?* International perspectives on school history textbooks. Greenwich/Conn., 2006. p. 131-153.

POHL, Kurt. *Bildungsreform und Geschichtsbewußtsein*. Pfaffenweiler: Centaurus, 1996. p. 226.

UNESCO. 1st International Youth Congress. International Day of Holocaust Remembrance, 27-29 jan. 2008. Jerusalem/Paris: Yad Vashem/Unesco, 2008. CD-ROM.

WELZER, Harald. *Grandpa wasn't a Nazi*: the Holocaust in German family remembrance. Nova York: American Jewish Committee, 2005a. Disponível em: <www.ajc.org/atf/cf/%7B42D75369-D582-4380-8395-D25925B85EAF%7D/Grandpa_wasnt_nazi.pdf>.

____. *Täter*: Wie aus ganz normalen Menschen Massenmörder werden. Frankfurt am Main: Fischer, 2005b.

WIPPERMANN, Wolfgang. *Wessen Schuld?* Vom Historikerstreit zur Goldhagen-Kontroverse. Berlim: Elefanten-Press, 1997.

WOLF, Siegfried. Antisemitismus and Schoah als Unterrichtsgegenstand in Ostdeutschland — ein Fragment. In: LANGE, Thomas (ed.). *Judentum und jüdische Geschichte im Schulunterricht nach 1945*. Wien: Böhlua, 1994. p. 125-139.

ENSINAR OS PASSADOS QUE NÃO PASSAM*

Sandra Raggio

Apesar dos anos transcorridos desde o fim da última ditadura militar na Argentina (1976-1983), a experiência-limite que atravessou a sociedade naqueles tempos não ficou para trás. Os jovens de hoje nasceram em uma democracia, e para eles as ditaduras são coisas do passado; porém, quando tomam contato com essa história, as distâncias supostas por uma mediação cronológica do tempo perdem sua pretensão absoluta e se tornam relativas. O tempo longo das décadas se encurta ao contato com uma experiência que não passou e continua aberta.

Essa condensação do tempo histórico, que converte em recentes fatos que ocorreram há quase 40 anos, em grande medida pode explicar-se pela modalidade que adquiriu em nosso país a repressão ditatorial: o desaparecimento forçado de pessoas, massivo, sistemático e planificado. O ato criminoso desaparecedor se perpetua no tempo, deixando um hiato nos itinerários pessoais e sociais impossível de ser encerrado. Não há clausura: o desaparecimento não é o mesmo que a morte, porque não permite o luto nem a despedida.

> A *shoa* implementada pelos nazis e a técnica de "desaparecimento" praticada na Argentina durante a ditadura instalada em 24 de março de 1976 têm em comum o não permitir a morte de cada um. [...] O desaparecido não é o "não morto", mas o privado da morte. O cortejo fúnebre não pode regressar do cemitério porque a fossa está vazia: não é possível o luto, que exige enterrar um corpo [Schmucler, 1996:9].

---

* Título original: "Enseñar los pasados que no pasan". Traduzido por Ronald Polito. (N.E.)

Como sustenta a antropóloga Ludmila da Silva Catela (1998:57, 2001:115), o desaparecimento é uma tripla ausência: não há corpo, nem sepultura, nem luto.

A atualidade do passado provavelmente também é um efeito de que a geração das vítimas continua viva, e, marcada a fogo pela experiência, sua palavra se converte em um vetor privilegiado da transmissão, em que não só se repõe o que passou, mas o que não acaba de passar. Na Argentina, a primazia da primeira pessoa mantém ainda a disciplina histórica em um lugar pouco relevante socialmente na construção do relato do passado (Sarlo, 2005), apesar inclusive de uma cada vez mais profusa investigação sobre o período. Os que assumiram a palavra são sobretudo os familiares das vítimas e os sobreviventes (Jelin, 2010). Da própria ditadura são eles que foram construindo um relato sobre o ocorrido, que conseguiu disputar o sentido dos fatos para os próprios militares.

Um terceiro elemento a considerar é a capacidade de significação do presente que possui a experiência evocada. Por um lado, porque continuam ainda pendentes e em curso processos judiciais contra os responsáveis pelas violações aos direitos humanos cometidas durante a ditadura.[1] Por outro, porque o presente ainda contém traços que evocam a ditadura. "A forma atroz de desigualdade" que esta inaugurou continua repercutindo nas relações sociais de hoje (Svampa, 2006). Ainda quando a situação foi melhorando pouco a pouco nos últimos anos, as consequências estruturais podem advertir-se na pobreza e na desigualdade. A violência institucional das forças de segurança que afetam os setores mais empobrecidos da sociedade argentina é uma continuidade palpável. A tortura constitui uma prática habitual das forças policiais e penitenciárias, assim como também as execuções sumárias de supostos "delinquentes" por parte de agentes de segurança.[2] O juiz federal e investigador Daniel Rafecas é eloquente:

> Quando se analisam as práticas do terrorismo de Estado na última ditadura, sem demasiados esforços se pode detectar uma continuidade de certas práticas nas agências policiais e penitenciárias de nosso sistema penal. Estão absolutamente aparentadas, têm a carga genética da ditadura e da doutrina da segurança nacional. A lógica

---

[1] Em 2003, o Congresso Nacional declarou nulas as leis de anistia sancionadas entre 1986 e 1987. Isso possibilitou a abertura de centenas de causas judiciais contra repressores que atuaram durante o regime de fato. Informação atualizada pode ser encontrada em: <www.cij.gov.ar/lesa-humanidad.html>.

[2] Para uma referência da situação atual dos direitos humanos na Argentina, ver o *Informe del Comité contra la Tortura da Comisión por la Memoria da província de Buenos Aires*. Disponível em: <www.comisionporlamemoria.org/comite/informes/informe_4.pdf>. E o do Centro de Estudios Legales y Sociales. Disponível em: <www.cels.org.ar/common/documentos/CELS_FINAL_2011.pdf>.

de lutar sem quartel contra o inimigo interno. Nessa época era o "delinquente subversivo". Hoje em dia, a lógica bélica continua em pé [Rafecas, 2011].

Desde o início da democracia, cerca de 2.500 jovens foram assassinados nos que passaram a ser chamados de "casos de gatilho fácil". Há desaparecidos na democracia. Um dos casos mais emblemáticos e que dão conta dessas continuidades é o de Jorge Julio López, testemunha em uma das causas por delitos de lesa-humanidade. Desapareceu em 18 de setembro de 2007, e a Justiça ainda não avançou na investigação. Nada se sabe dele nem de seus raptores.

Essas três dimensões — a perpetuação do crime, a presença dos protagonistas e as continuidades do passado no presente —, como repercutem nos desafios do ensino? Como transmitir uma experiência que ainda não passou? Como narrar uma história que não só se conta na sala? Como ensinar a história de um tempo que não se foi?

O passado recente vai à escola

Uma primeira questão a observar é que a escola teve, desde a transição, o mandato político de contribuir para o processo de construção da democracia, e nesse novo desafio foi-lhe sendo imposto o "dever de memória". Faremos uma breve referência aos distintos modos em que a escola foi encarregada pelo Estado de cumprir esse imperativo.

Nos anos da transição, a chave do êxito da democracia recém-nascida parecia consistir em acentuar as diferenças com o período ditatorial. A nação devia refundar-se com base em uma nova forma de convivência entre os argentinos. A democracia representava tudo o que a ditadura havia negado. O acento estava posto no marco normativo e no respeito à lei. A Justiça foi o "cenário de memória" (Feld, 2002), em que se formulou um relato verossímil dos fatos ocorridos durante a ditadura e se assinalaram as responsabilidades por eles. Uma particular visão do passado demarcava a ação do Estado: "a teoria dos dois demônios" considerava as cúpulas militares e guerrilheiras como as máximas responsáveis do ciclo de violência aberto em meados dos anos 1970. Por meio da ação punitiva de Estado, dirimir-se-iam os que haviam infringido a lei e os castigos pertinentes. O paradigma do bom cidadão se assentava no respeito das normas. À escola competia formá-los. A educação no civismo foi um espaço curricular-chave onde ensinar a Constituição e os direitos fundamentais. Não se prescreveu o ensino do passado, mas das normas cujo cumprimento garantiria deixá-lo para trás.

Nos anos 1990, o passado abandonou os estrados judiciais. A partir de leis de anistia,[3] já não foi possível perseguir penalmente os responsáveis dos crimes; os condenados e processados foram liberados pelo perdão presidencial. Por aquele tempo, a ditadura foi deslocada da agenda pelos problemas do presente, cujo clímax foi constituído pela crise econômica hiperinflacionária de 1989. Entrava-se, assim, no período das reformas estruturais do neoliberalismo.

A escola enfrentava, nesse momento, uma forte transformação do sistema no marco das políticas neoliberais do governo de Carlos Menem. Um de seus resultados constituiu-se na modificação radical dos conteúdos curriculares, entre eles os de história, a qual perdeu certo espaço diante do avanço das "ciências sociais" e do estudo do tempo mais recente, o qual implicou maior presença da ditadura no currículo. Ao mesmo tempo, houve grande renovação editorial em textos escolares, e saíram à venda manuais em que o terrorismo de Estado foi incluído como conteúdo (Alonso, 2006; Amézola, 2006; Born et al., 2010).

Essa oportunidade para o ensino da história recente na escola se dava em um contexto no qual a ditadura retornava à cena pública pouco a pouco. Até meados dos anos 1990, produziu-se uma espécie de *boom* da memória, em que o passado retornou ao espaço público. Isso gerou novas repercussões na escola; por exemplo, em 1996, na província de Buenos Aires — que abriga o maior sistema educativo do país —, sancionou-se uma lei que incorpora o 24 de Março (dia do golpe) ao calendário escolar. Em 1998, o presidente Menem assinou um decreto incluindo-a nas efemérides escolares em nível nacional. Quatro anos depois, sancionou-se uma lei nacional designando a data como "Dia Nacional da Memória, pela Verdade e pela Justiça".

Finalmente, para a nova Lei de Educação Nacional de 2006, formam parte dos conteúdos curriculares: "O exercício e a construção da memória coletiva sobre os processos históricos e políticos que quebraram a ordem constitucional e terminaram instaurando o terrorismo de Estado, com o objetivo de gerar nos(as) alunos(as) reflexões e sentimentos democráticos e de defesa do Estado de direito e a plena vigência dos direitos humanos".

Além dos matizes que podemos encontrar nos diferentes modos de prescrever seu tratamento, é relevante observar, ao longo desses 20 anos, o peso que lhe é

---

[3] Foram duas leis. A primeira foi sancionada em dezembro de 1986, tendo como objetivo fixar um prazo peremptório para a ação punitiva; cumprido este, já não se poderia julgar mais (Lei de Ponto Final). A segunda foi aprovada em julho de 1987 e se chamou Lei de Obediência Devida, que estabelece como princípio que não poderão ser considerados penalmente responsáveis aqueles militares e pessoal de segurança de menor nível hierárquico cujos atos tenham sido realizados em cumprimento de ordens superiores.

atribuído para a formação de uma cidadania democrática. Como observamos, a partir do Estado, as memórias da ditadura têm estado indissoluvelmente unidas à legitimação da ordem democrática. Esse é o sentido que demarca a vontade dos governos de prescrever sua abordagem. A insistência abriga a intenção de clausurar a etapa, cuja superação radica na consolidação da democracia. A evocação do passado adquire uma função exemplificadora do que não deve ocorrer "nunca mais". O repúdio da experiência passada é um legado às novas gerações, cuja pretensão também implica a construção de uma ruptura radical do passado com o presente (Raggio, 2011).

Contudo, como afirmávamos no início, a experiência da ditadura está longe de ser história. Exporemos aqui alguns exemplos para dar conta de que forma a abordagem do passado problematiza e questiona o presente, inclusive da própria escola, que se pretende transmissora do ensinamento que a história deixou.

Tensões e conflitos

A instituição escolar foi-se acomodando não sem dificuldades a esses novos imperativos. Sem período de mediação, a escola passou de ser compelida a colaborar ativamente no controle e na disciplina da sociedade durante a ditadura a formar cidadãos democráticos, ensinar a Constituição e os direitos humanos.[4] Mais tarde, a abordar novos conteúdos ligados ao passado recém-acontecido (em muitos casos vividos pelos mesmos docentes que agora deviam ensiná-los) e comemorar aquilo que não devia ocorrer "nunca mais". Contudo, nesse repúdio ao passado, algo de sua própria história se pôs em jogo. Essa dimensão foi escassamente atendida por aqueles que foram delegando na escola a administração da herança e que têm um peso relevante nas modalidades que adquire a abordagem do passado nas instituições escolares. Em grande medida, as resistências e dificuldades que se apresentam no ensino da história recente remetem à conflituosidade que atravessa a memória da ditadura, dando conta da impossibilidade de clausura.

---

[4] Durante a transição à democracia, não se produziram grandes transformações. A modo de exemplo, os plantéis docentes e diretivos não sofreram grandes mudanças. As mesmas autoridades que estiveram durante a ditadura continuaram exercendo seus cargos depois de seu fim. A novidade foi que alguns dos docentes demitidos voltaram às aulas por meio de leis reparatórias que os restituíram em seus postos. Durante o primeiro governo, inclusive, as políticas de transformação do sistema não tiveram grandes resultados, como foi a experiência do Congresso Pedagógico Nacional. Como se observou mais acima, recentemente a Reforma de 1993, muito controversa, introduziu mudanças de peso, tanto na estrutura como no currículo.

Exporemos sinteticamente alguns exemplos que permitem examinar as tensões que atravessam a escola em relação ao passado que deve ensinar.

Há alguns anos, a partir de uma investigação realizada por uma escola de uma localidade do interior da província de Buenos Aires, pôde-se conhecer a história da intervenção em um colégio religioso nos tempos da ditadura. O projeto havia proposto indagar sobre "o que havia acontecido" na localidade. Uma das dimensões selecionadas era a vida escolar. Assim, deram com esse episódio vinculado à proscrição da "pedagogia da libertação" que sustentavam duas monjas que visitavam assiduamente o povoado e realizavam atividades de formação dos docentes. Ocorrido o golpe, as monjas se transformaram em duas suspeitas de "atividades subversivas" e foram deslocadas de suas funções habituais. Mas isso não se concluiu ali; as autoridades militares da zona reclamavam os nomes das docentes que estavam de acordo com as religiosas para assim avançar na depuração ideológica do plantel. O mais impactante que conseguiram os alunos no curso da investigação foi o testemunho das duas docentes que confeccionaram a lista requerida. Diante de uma câmara de filmagem contaram, sem nenhum arrependimento, por que haviam tomado essa decisão e inclusive mostraram a carta dirigida ao V Corpo do Exército com sede na cidade de Bahía Blanca, em que denunciavam suas companheiras. Haviam-na conservado por quase 30 anos (a investigação se realizou em 2002). No momento da entrevista, ambas continuavam dando aulas. O mesmo ocorria com as colegas por elas denunciadas e que haviam sido dispensadas graças à sua gestão.[5]

Em um povoado próximo à cidade de La Plata, entre os desaparecidos da localidade se conta um docente da escola secundária. Em 2009, um grupo de estudantes se propôs investigar sua história. Entre as entrevistas que realizaram com os que conheciam seu vizinho desaparecido está a de um ex-aluno do professor que coincidentemente também vivia em frente à sua casa, onde ocorreu o sequestro. Aquele estudante secundário, hoje um homem adulto, lembra com detalhes da noite da qual foi testemunho do sequestro de seu mestre e vizinho: como chegaram ao domicílio homens civis armados, como ele tentou escapar pelo muro de trás da casa e a cena final, em que a mulher corria desesperada no meio da noite atrás do carro que conduzia seu marido a um destino incerto. Mas o mais perturbador talvez seja o relato da manhã seguinte ao desaparecimento. Conta o ex-aluno que, ao chegar à escola, disse aos diretores e professores o que havia ocorrido. A reação foi conduzi-lo à direção, ali tentaram tranquilizá-lo, dizendo-lhe que "fosse pescar", e lhe pediram que não falasse mais do assunto. No documentário realizado

---

[5] Os testemunhos são parte do vídeo *Recordar sin temor*, produção final do trabalho de investigação (EET N. 1, Coronel Pringles, 2002).

como síntese da investigação, sugere-se que a denúncia do professor teria surgido da mesma escola.[6]

Sem dúvida, essas histórias não podem replicar-se sem mais a todas as escolas, a casuística é heterogênea. Não obstante, existem, o que põe em relevo uma dimensão-chave para pensar as dificuldades com as quais se enfrenta o sistema educativo quando tenta assumir o mandato de recordar. O passado também *pesa* à escola. É certo que nos últimos anos diminuíram as resistências para abordar o passado recente, mas isso não implica que não continuem ainda certos incômodos e conflitos. Os silêncios, as posições encontradas entre docentes sobre o passado evocado, certos medos em abordar determinadas questões continuam vigentes e também se transmitem.

Vejamos outro exemplo. Um livro sobre a história do Colegio Nacional de Buenos Aires (Garaño e Pertot, 2006) pôs às claras o perfil ideológico de quem havia sido seu reitor durante a ditadura militar. Ele era descrito como alguém adscrito ao regime e profundamente consubstanciado com a atividade repressiva do governo militar para com seus alunos. Esse professor havia se desempenhado tempos antes como diretor de uma escola secundária de Morón, localidade próxima a Buenos Aires. Depois de seu falecimento, seus colegas haviam colocado uma placa em honra à sua memória. Por motivo da comemoração dos 30 anos do golpe, em 2006, os membros do centro de estudantes — organismo gremial dos alunos das escolas —, leitores do trabalho de investigação citado, começaram uma mobilização dentro do colégio para tirar a placa à qual designavam como "a placa da vergonha". Isso gerou um intenso debate e finalmente fortes fraturas no seio da comunidade educativa, "a favor" ou "contra" a iniciativa dos alunos, que finalmente prosperou (Raggio, 2006). A anedota mostra às claras de que modo as linhas do passado evocado se fazem presentes na vida institucional das escolas, como marcas de uma fissura ainda aberta. Também nos serve para pensar a relação entre história e memória. Sustenta Hugo Vezzetti (1999:40):

> As intervenções sobre a memória não se escrevem sobre uma *tabula rasa* e enfrentam relatos já armados, estereótipos e lendas que são a substância mesma da resistência às potências disruptivas da *verdade histórica*: o motor de uma rememoração capaz de mudar os sujeitos implicados.

Mas, como sabemos, a *verdade histórica* não se revela por si mesma, requer tanto da "operação historiográfica" (Ricoeur, 2000:176-177) como de sua validação

---

[6] Ver vídeo *Pato Lacoste* (EMN. 1, Lobos, 2009).

como tal, em termos culturais, sociais e políticos. Ou seja, para que esse efeito disruptivo tenha lugar, deve produzir-se uma apropriação significativa dessa *verdade*. Tal como vimos, um trabalho de investigação histórica descobre certa informação capaz de pôr em causa algumas das constelações de sentido de uma instituição; contudo, em si mesma não provoca nenhum efeito, a menos que seja assumida por certos agentes, "empreendedores de memória" (Jelin, 2002), que a transformam em um trabalho de rememoração a contrapelo do existente. Nesse caso, a implicada foi a própria comunidade educativa.

Nesses exemplos, podem-se observar as impossibilidades de abordar o ensino da história recente somente da perspectiva disciplinar, sob a suposição de que o lapso de tempo transcorrido entre os fatos e o presente coloca a ditadura definitivamente no passado. A atualização da experiência vem dada pela ferida ainda aberta pelos crimes perpetrados, os conflitos que ainda circulam em torno dos significados da experiência e a percepção das novas gerações de um passado que interpela de forma direta o presente. Essas dimensões não podem permanecer excluídas no momento de pensar os modos de intervenção pedagógica.

Os jovens e as memórias

Sim, me parece importante para saber um pouco, ou seja, para ter cultura de seu próprio país, mas tem vezes que falam tanto que não te fica nada, porque te cansam... [Celina, 17 anos, Bragado, província de Buenos Aires].

[Uma mestra de Construção de Cidadania] me dizia que na época militar houve uma época boa, mas meus amigos não compreendem isso porque *eu* desde o primeiro grau que venho me *fodendo* assim, então agora me procuram para falar [...] e acreditam em mim [Juan, 16 anos, 25 de maio, província de Buenos Aires].

Celina expressa com clareza o perigo que espreita o "dever de memória": a repetição de um relato que começa a gerar saturação e, portanto, certo aborrecimento. Postas só a escutar e receber, as novas gerações podem produzir bloqueios ante as insistentes mensagens. "Outra vez a ditadura militar?" A pergunta é uma clara interpelação aos processos de elaboração da memória social. Como indica Juan, a condição de não haver vivido a experiência não os situa apenas no lugar de receptores, pelo contrário: podem converter-se em verdadeiros empreendedores. Tal como os alunos do Colegio Dorrego de Morón, Juan confronta e compete com seus docentes por quem narra a história, percebendo-se assim mesmo como um vetor de transmissão legitimado por seus pares, apesar de seus poucos anos.

O lugar imaginado para as novas gerações nos processos de transmissão é uma das chaves para garantir "uma transmissão esperada" (Hassoun, 1996), ou seja, que possa ser apropriada pelos jovens e seja capaz de interpelar sua própria subjetividade e experiência geracional.

Em 2002, a Comissão Provincial pela Memória[7] lançava o programa Jóvenes y Memoria: Recordamos para el Futuro.[8] Achava-se convencida da enorme potencialidade da escola para os trabalhos da memória. O ponto de partida não foi só o mandato de recordar como imperativo ético da educação em tempos de democracia, mas o reconhecimento do direito à memória das novas gerações. Ou seja, a escola não como veículo para a transmissão de un legado, mas de apropriação das experiências passadas.

Além disso, a escola remete a um lugar, uma comunidade, porque é — ao mesmo tempo que universal — particular e diversa. Em cada localidade, grande, pequena, urbana ou rural, há uma escola. Há as atravessadas pela pobreza e também as que assistem a uma população próspera economicamente. A escola é tão diversa como a própria sociedade, como a própria memória. Quantas memórias existem sobre a ditadura? Múltiplas. Diferentes, complementares, às vezes, e outras abertamente contraditórias.

O programa Jóvenes y Memoria foi criado para propiciar perguntas. Não buscamos que as novas gerações repitam o relato dos adultos, mas que possam reelaborá-los, depurando-os na trama de sua própria experiência.

A proposta consiste em investigar durante todo o ciclo letivo o passado recente da comunidade onde está inserida a escola. Não se fixam limites temporais precisos, só se insiste na escala local e que o tema se inscreva em um amplo eixo: "autoritarismo e democracia".

Nos primeiros tempos, a questão da ditadura em suas distintas dimensões dominava o espectro dos problemas de investigação eleitos, ainda que nunca fosse a única. Porém, pouco a pouco começou-se a dar uma maior diversidade, e os problemas atuais foram ocupando um espaço cada vez mais relevante: desde a violência das

---

[7] A Comissão pela Memória da província de Buenos Aires é um organismo público criado no ano 2000 mediante uma lei provincial com o objetivo de levar adiante políticas de memória. Seu funcionamento é autônomo dos governos no poder. A Comissão é órgão colegiado composto por referências do movimento de direitos humanos e líderes sociais e religiosos. Seu presidente é o prêmio Nobel da Paz Adolfo Perez Esquivel. Disponível em: <www.comisionporlamemoria.org>.

[8] Os exemplos dados anteriormente são investigações realizadas no marco do programa.

forças de segurança sobre os jovens até os problemas socioambientais de que padecem em suas comunidades.

A difusão é mais boca a boca do que pelas vias institucionais por meio do sistema educativo ou dos meios de comunicação; assim, a cada ano se somam uns 50% a mais de equipes participantes.[9] Em 2011, foram ao redor de 500 escolas. Uma boa porcentagem delas permanece no programa durante anos, algumas tiveram uma assistência perfeita desde o início. Nem docentes nem estudantes contam com todo o espaço e o tempo institucional na escola para desenvolver o projeto, ao contrário, trabalham horas no contraturno e inclusive fins de semana e feriados, ainda assim o interesse não diminui, pelo contrário, cresce ano a ano. A que se deve tanto entusiasmo? Não vou tentar dar uma resposta acabada, só observar que o distintivo do programa nas políticas de memória é a centralidade do protagonismo juvenil. Poderia conjecturar-se com certa certeza de que esse é o principal motivo de que uma iniciativa permaneça tantos anos sem perder capacidade de convocação, mas ao contrário. Desde seus começos, propôs-se promover a incorporação dos jovens ao processo de elaboração social da experiência histórica recente, marcada a fogo pela última ditadura militar. Não foi só uma proposta inovadora para ensinar história, mas sobretudo uma intervenção política para promover um trabalho sobre o passado que conseguisse ampliar os marcos da memória social, incorporando as perguntas (e as respostas) das novas gerações. Como já indicamos, partíamos da suposição de toda pedagogia crítica: os alunos são sujeitos ativos do ato educativo, não destinatários passivos. E assim foi: o programa foi apropriado e ressignificado pelos jovens. Certas marcas o revelam.

Os estudantes ligam o passado e o presente de modos diversos, encontrando pontes inesperadas. Se seu ponto de partida é a discriminação que pesa sobre eles por habitar um bairro estigmatizado pela violência e pela pobreza, conseguem reelaborar sua identidade descobrindo sua história de organização e solidariedade silenciada por muito tempo. Um riacho de águas servidas ao qual quase já se acostumaram, pois assim foi desde que nasceram, é redescoberto como um curso de água quase cristalina há 40 anos. Depois veio a ditadura, as políticas econômicas liberais, a ação depredadora do meio ambiente das empresas privadas sob a tutela cúmplice do Estado, o empobrecimento dos setores populares e a deterioração vertiginosa de seu *habitat*.

---

[9] Em outubro de 2011, haviam participado do programa em torno de 30 mil estudantes secundaristas. Além disso, havia se estendido a outras províncias: Chaco, Santiago del Estero, Chubut, Córdoba, Ciudad de Buenos Aires e Entre Ríos. Para dados estatísticos mais precisos, ver: <www.comisionporlamemoria.org/jovenesymemoria/los-numeros.htm>. Acesso em: 25 set. 2011.

A partir do perigo de desaparição do pequeno povoado rural que habitam, descobrem que as razões de sua decadência se acham nas transformações econômicas iniciadas na ditadura. E, assim, a contrapelo do sentido comum que pesa no imaginário do lugar que sustenta que "ali não aconteceu nada", as perguntas das novas gerações provocam que os vizinhos consigam inscrever, por fim, seus itinerários pessoais nos da história.

Essa interpelação àqueles que se sentem fora do relato habilita a proliferação de novas vozes, que se somam às que por muito tempo ocuparam o lugar central nas memórias do passado recente: os familiares e afetados diretos da repressão. Na cena vão emergindo outros protagonistas, pois as novas gerações necessitam tramitar essa experiência dando conta das múltiplas perspectivas:

> [...] ver as distintas opiniões, tratar de entender também a outra pessoa que é possível que o veja de outro ponto de vista, então aceitar também outras..., outras interpretações do que aconteceu [...] porque me interessa saber por aí por que desapareciam com eles, por que muita gente teve de sair do país e ver, não sei, analisar por aí que postura também tinham os militares para chegar a tudo isso que fizeram [Paula, Junín, província de Buenos Aires].

Na maioria das investigações, os "vizinhos" — quer dizer, o "ao lado" — são convocados a falar. Às vezes contam o que viram: uma operação de sequestro, um falso enfrentamento.[10] Em outras contam o que viveram: experiências organizativas na fábrica ou no bairro, a repressão, o desemprego, o medo. Também seus relatos tramam com palavras o que ocorre hoje: a pobreza, os problemas no trabalho, no bairro, na escola.

Com esses múltiplos relatos, as novas gerações vão tecendo a urdidura de sua própria história, e não só com o que lhes é dado, mas também com os restos que exumam, ao perguntar, ao buscar o oculto, o que ainda permanece silenciado.

E nesse ir e vir do presente ao passado vai-se quebrando a percepção do tempo como presente contínuo e, portanto, a naturalização do que acontece aqui e agora. Porque, em definitivo, o que nos desafia, nesse tipo de iniciativas, é de que maneira o passado significa no presente e gera novos horizontes de expectativas: "Creio que

---

[10] Denominam-se assim enfrentamentos entre as forças do Estado e militantes das organizações armadas revolucionárias forjados pelos militares. Em realidade, tratava-se do fuzilamento de pessoas sequestradas. Na imprensa, publicavam-se como uma espécie de partes de guerra em que se informava um novo triunfo das "forças legais" sobre a "subversão". Era parte da propaganda do regime e da construção de uma cena de guerra que mascarava a repressão ilegal.

para isso serve ter memória e conhecer o passado, para poder decidir coisas no presente, não? E poder tomar decisões sábias" (Laura, 17 anos, San Martín).

"Aconteceu aqui": memória local e história próxima

Que as histórias reconstruídas e narradas pelos jovens sejam de sua localidade é uma das ideias guias do programa. O que é o local? Em princípio, indica uma questão de escala em face de outras como "regional", "nacional", "global", "universal". Nesse sentido, a inscrição "local" das histórias indica menor escala, proximidade, particularidade, individualidade. Por outro lado, dá conta de uma localização expressada em fórmulas binárias como "centro-periferia", "centro-margens", "metrópole-interior", que denotam relações de poder ou hierarquias. Mas, além disso, o "local" remete ao *locus*, é *onde* ocorre a experiência. Em ambas as direções, o "local" está ligado ao trabalho identitário, seja em sua relação dialógica com as outras escalas, seja o relato do "eu" individual e comunitário referido à experiência *vivida*. Nos processos de construção da memória, o "local", o "nacional", o "universal" são espaços diferenciados que entram em jogo nos trabalhos de elaboração e transmissão da experiência. Mas não funcionam como as bonecas russas, em que as menores se encaixam nas de maiores dimensões. O "local" aqui não é uma dissecção em pequena escala do problema a estudar, mas é considerado outro território, que não necessariamente "reflete" em miniatura o que ocorre em outros níveis.

Por exemplo, no cenário "local", a beligerância pelo passado adquire uma ressonância distinta do que na escala "nacional". Por um lado, porque a cena nacional está marcada pelo caráter público das disputas. Em geral, foram protagonizadas por atores institucionais, como organismos de direitos humanos, governo, partidos políticos, Forças Armadas, Igreja, entre outros, e reelaboradas e postas em circulação pelos grandes meios de comunicação. Essas narrativas públicas estão enquadradas institucionalmente, e, salvo exceções, e ao custo de provocar um escândalo público, respondem ao imperativo de ser "politicamente corretas". Por isso são hegemônicas aquelas que repudiam o ocorrido durante a ditadura, ainda que distem de ser unívocas quanto aos sentidos que produzem.[11] Uma observação ligeira sobre essas representações poderia levar-nos a uma conclusão errada: que na Argentina

---

[11] As ideias de Hannah Arendt (1998a:60-61) com respeito à "esfera pública" contribuem para compreender essas questões: "[...] há muitas coisas que não podem suportar a implacável, brilhante luz da constante presença de outros na cena pública; ali, unicamente se tolera o que é considerado apropriado, digno de se ver ou ouvir, de modo que o inapropriado se converte automaticamente em assunto privado".

há um consenso sobre a percepção da experiência ditatorial passada e que o conjunto da sociedade repudia a repressão e a intervenção militar na vida política do país. O equívoco nos conduziria a supor que o legado para as novas gerações é claro e irredutível: "nunca mais" ao terrorismo de Estado. A produção discursiva pública assim parece indicá-lo.

Contudo, mais do que se costuma supor, são os intercâmbios linguísticos que se produzem na trama local os que incidem com força nos processos de transmissão das experiências passadas às novas gerações. É nesse território em que, por exemplo, resistem e circulam aqueles relatos que continuam evocando o passado ditatorial como um tempo "onde *tudo* foi melhor", desafiando, assim, essas cada vez mais poderosas memórias oficiais que o comemoram para repudiá-lo e que, em certo sentido, se diferenciam de outras memórias justificatórias da repressão, sustentadas ainda hoje pelos mesmos repressores, pois não são formuladas em chave ideológico-política. São memórias quase privadas, porque se transmitem de pessoa a pessoa e circulam nas famílias, inclusive nas aulas escolares, mas quase nunca nos salões de cerimônias de uma escola ou qualquer instituição do Estado. São memórias "de baixo", pois disputam com as "de cima", construindo-se dialogicamente com elas. A estratégia retórica é narrar do ponto de vista pessoal, ancorando-se na própria experiência, ainda que o marco de significação seja dado socialmente pelos sentidos disponíveis no imaginário social.

O local se revela, então, como um espaço que dá conta de dimensões do passado que não seriam inteligíveis a partir do relato público a que a escola deve prestar tributo.

Mas, além disso, a indagação da história próxima adquire uma maior importância pela potencialidade que tem para o desenvolvimento da consciência histórica por parte dos jovens. Por duas razões: em primeiro lugar, porque transforma os sujeitos comuns que habitam sua vida cotidiana no presente (membros da família, vizinhos, dirigentes locais etc.) em sujeitos históricos cujos atos influíram em como foram os fatos do passado. Em segundo lugar, porque os obriga a historicizar o presente a partir da identificação de traços, marcas e testemunhos que ele mesmo abriga do passado. O que implica, por sua vez, um esforço dos jovens por historicizar-se a si mesmos.

O local das investigações permite "deslocalizar" — por meio de esforços intelectuais reflexivos que tentam enquadrar a indagação em processos gerais —, e, por outro lado, problematizar generalizações a partir da observação empírica da experiência histórica próxima. Nos processos de investigação, os estudantes em muitas ocasiões se deparam com "descobertas" que os obrigam a produzir explicações, assim como também a intervir como agentes dentro de sua própria comunidade. A experiência da secundarista de Morón é um exemplo disso.

Dessa maneira, ao mesmo tempo que os estudantes realizam as "operações historiográficas" para tornar inteligível seu entorno, constituem-se em agentes ativos do processo de crítica e reformulação das memórias das quais são tributários, tanto das de "cima" quanto das de "baixo".

De uma história à história: a apresentação dos resultados da investigação

Os resultados da investigação que os estudantes secundaristas realizam durante todo um ano letivo se expressam em diferentes formatos. Não se exige um texto escrito ao estilo monográfico, mas que se promovam diversos suportes: curtos audiovisuais, livros, sites, revistas, obras de teatro, murais, intervenções urbanas, mostras fotográficas etc.

As produções são exibidas em um encontro no fim do ano, em que estão presentes todos os grupos de investigação. É realizado em um complexo de turismo social do Estado, construído durante o primeiro peronismo, nas praias de uma localidade chamada Chapadmalal. No último ano, 2011, os estudantes que estiveram presentes foram mais de 7 mil, e as produções apresentadas chegaram a 500. É um grande evento, que dura duas semanas, em que as equipes vão chegando en grupos e convivem por três dias. Além de partilhar os resultados de suas investigações, os jovens participam de oficinas de discussão e expressão.

A relevância desse encontro não só tem um caráter social e recreativo, mas completa o processo de investigação e de compreensão do passado e do presente. As equipes descobrem outras histórias, ancoradas em outros lugares, momentos históricos e temáticas, o que lhes permite inscrever seu caso em um marco geral, estabelecer comparações e ampliar a perspectiva a partir da qual o pensaram.

É comum observar como os estudantes se surpreendem de que em outros lugares tenham ocorrido casos similares aos que investigaram. Por exemplo, um grupo que investigou o fechamento de uma fábrica durante a ditadura ressignifica seu trabalho ao conhecer o desaparecimento de outros estabelecimentos industriais em outros lugares. O que consolida a compreensão de uma política macroeconômica que explica os fatos. A questão se complexifica quando, além disso, se encontram com o mesmo fenômeno, mas ocorrido anos depois, em tempos da democracia, o que exige repensar as periodizações. Igualmente, esses trabalhos podem se conectar com histórias de desaparecidos durante a ditadura que eram trabalhadores e ativistas sindicais, permitindo conectar a repressão à política econômica.

Uma segunda instância da partilha da investigação se realiza na escola, no bairro ou na localidade. Esse momento situa as novas gerações no lugar de narradores da história, já não de receptores, e ativa novos trabalhos da memória na comunidade.

Costuma ocorrer que uma investigação possibilite a muitos de seus protagonistas reencontrar-se depois de anos sem se ver, reconstruindo comunidades de memória dispersas. Muitas vezes, a história narrada provoca a emergência de novos relatos a partir de gente que se anima a falar. Em alguns casos, as investigações geraram controvérsias e fortes debates na comunidade. A casuística é imensa. O que todas têm em comum é que os jovens se constituem em sujeitos ativos, atiçando a comunidade a pensar o passado compartilhado.

A modo de conclusão

Como vimos até aqui, a experiência educativa da Comissão pela Memória da província de Buenos Aires, Argentina, está sustentada sobre três ideias centrais:[12]

- Que as novas gerações não são sujeitos passivos destinados somente a receber legados, mas atores-chave no processo de elaboração das experiências das gerações anteriores, sendo capazes de produzir novas configurações sobre o passado até agora não formuladas.
- Que a escola, além de ensinar a história disciplina, é também um lugar de memória, onde não só se transmite um sentido do passado facultado pelo Estado, mas em que se constroem novos, que às vezes chegam a pôr em discussão à própria instituição educativa.
- Que a dimensão local das investigações permite uma aproximação da experiência histórica que faz inteligíveis aspectos pouco visíveis em outras escalas e provoca uma percepção do histórico que inclui de forma ativa os sujeitos.

A escola, desde a formação do Estado nacional, tem administrado, transmitido e inventado o passado da comunidade nacional. Por meio das definições curricu-

---

[12] Em realidade, essas três ideias são as que animam todas as propostas que desenvolve a Comissão em temas educativos: os cursos de capacitação docente e o desenho de materiais para a aula. As coleções de dossiê *Educación y memoria* e *Memoria en las aulas* que foram publicadas com a revista *Puentes* que a Comissão edita se encontram online em: <www.comisionporlamemoria.org>. E o livro *La última dictadura militar en Argentina: entre el pasado y el presente* (Rosário: Homo Sapiens, 2009) apresenta temas monográficos sobre o passado recente escritos em geral por especialistas, fontes para analisar com os alunos, uma proposta de investigação sobre história local e pontes de reflexão entre o passado e o presente.

lares e dos rituais cívicos prescritos nas efemérides, reproduziu por mais de um século o relato da nação. A experiência da ditadura provocou a emergência de novos sentidos a transmitir, implicando-a em novos desafios político-institucionais facultados pelo poder político, cujos propósitos gerais têm se inscrito na necessidade de superar o passado e garantir o "nunca mais". Por sua vez, esse "dever de memória" colocou a escola diante de sua própria responsabilidade pelo passado, o que em numerosas ocasiões se expressou por certos incômodos/resistências/silêncios/conflitos no processo de transmissão. Essa discrepância entre o prescrito e sua realização gera um espaço de tensão que, longe de constituir um obstáculo, pode abrir novas possibilidades nos modos de gestão do passado por parte da escola. Os processos de elaboração da experiência podem constituir-se em nova oportunidade em que a escola não seja um mero dispositivo de transmissão de "cima" para "baixo", mas antes uma instituição "empreendedora" de memória, produtora de sentidos, não só "re-produtora".

Nessa perspectiva, a escola tem vários atributos que a conformam como um agente relevante na ativação de processos de elaboração da experiência passada. Em primeiro lugar, é um espaço de encontro intergeracional, em que podem propiciar-se múltiplos intercâmbios comunicativos de onde interpelar o passado pela conexão significativa com o presente. Em segundo lugar, a escola, como instituição pública, está inserida em diversas comunidades, permitindo relevar a marcada heterogeneidade da experiência do passado recente. A proliferação de vozes no relato amplia o marco do vivido, complexifica a compreensão dos marcos de ação em contextos extraordinários e os modos em que são experimentados e percebidos. Em terceiro lugar, as conversações sobre o passado, em que participam de forma ativa as gerações que não o viveram, se abrem para novas interrogações, ao mesmo tempo que se habilitam respostas não dadas. Finalmente, os conflitos que emergem dentro da instituição educativa na hora de cumprir os mandatos estabelecidos, abordados em sua densidade, possibilitariam um processo de autorreflexão da escola que conectasse o presente da memória com o passado da instituição, ou seja, com suas responsabilidades com aquilo que passou.

Queria propor uma última questão: que papel vem cumprir aqui a história disciplina? Sendo parte da prescrição que pesa sobre a escola, pareceria ser para muitos a melhor via para um exame crítico do passado que evitasse os atalhos de uma transmissão demasiadamente submetida aos imperativos éticos e políticos a ponto de correr o risco da construção de versões manipuladas que conduzam à criação de novos mitos agora ancorados em vítimas e em catástrofes como antes em heróis e batalhas triunfais. A "boa memória" (Todorov, 2000) circunscreve-se ao bom ensino da história? As experiências passadas, como patrimônio comum de uma sociedade, habitam um território em disputa que não pode ser dirimido pelo conhecimento da disciplina; em todo caso, esse será um dos componentes de onde construir sentidos sobre o vivido, de frente para o futuro.[13]

Pensar, então, de que maneira a escola participa no desafio aberto pela situação-limite remete a pensar de que forma se ensina e se compreende a história recente sem eludir que se sinta "o impacto da realidade nem o choque da experiência" (Arendt, 1998b:11). Implica abrir a escola a um complexo processo de interações sociais e políticas, de produções culturais, de imperativos éticos onde ela mesma possa, como propunha Adorno (1998), enfrentar a redefinição de seu próprio sentido e elaborar seu próprio passado. Talvez seja o caminho que conduza à construção de uma pedagogia da memória.

A partir do programa Jóvenes y Memoria, percorreu-se uma profusa experiência sobre a qual é necessário continuar refletindo;[14] porém, as três convicções que o promoveram não mudaram. Pelo contrário, afirmaram-se a partir da observação de que o caráter aberto do passado recente, longe de ser um obstáculo para sua abordagem na sala de aula, tem uma capacidade de interpelar de modo particular não só os que viveram a experiência, mas as novas gerações, estimulando seu interesse e possibilitando uma significativa apropriação dela. Ante um presente fugaz e frágil, que muitas vezes dificulta a ancoragem de projetos e perspectivas, o passado emerge como uma pedreira aberta de onde extrair recursos para imaginar futuros possíveis. Para a educação, isso constitui uma imperdível oportunidade para encontrar os sentidos que, às vezes, parecem "desvanecer-se no ar".

Referências

ADORNO, Theodor. Educación después de Auschwitz. In: *Educación para la emancipación*. Madri: Morata, 1998.

ALONSO, Fabiana. La dictadura militar argentina (1976-1983) en los textos de ciencias sociales e historia para el tercer ciclo de la educación general básica. In: KAUFMAN, Carolina (Org.). *Dictadura y educación*. Buenos Aires: Miño y Dávila, 2006. p. 273-294.

---

[13] Tal como sustenta LaCapra (2006:109), "uma das vias pelas quais a história deixa de ser algo meramente profissional ou pura matéria de investigação é seu empenho em criar uma memória exata verificada criticamente como subsídio para uma esfera pública cognitiva e eticamente responsável. Uma memória dessa espécie é fundamental em qualquer tentativa de reconhecer o passado e relacionar-se com ele, de modo que possibilite uma organização política democrática no presente e no futuro".

[14] Outros trabalhos que analisam alguns aspectos do programa: Díaz (2006, 2009, 2011) e Raggio (2004).

AMÉZOLA, Gonzalo. Cambiar la historia: manuales escolares, curriculum y enseñanza de la historia desde la transformación educativa. In: KAUFMANN, Carolina (Org.). *Dictadura y educación*: los textos escolares en la historia argentina reciente. Buenos Aires: Miño y Dávila, 2006. p. 227-272.

ARENDT, Hannah. *La condición humana*. Barcelona: Paidós, 1998a.

____. *Los orígenes del totalitarismo*. Madri: Taurus, 1998b.

BORN, D.; MORGAVI, M.; VON TSCHIRNHAUS, Hernán. De cómo los desaparecidos se hacen presentes en el colégio: los textos escolares de historia de nivel medio en la ciudad de Buenos Aires (1980-2001). In: CRENZEL, Emilio (Coord.). *Los desaparecidos en la Argentina*: memorias, representaciones e ideas (1983-2008). Buenos Aires: Biblos, 2010. p. 189-210.

CATELA, Ludmila da Silva. Sin cuerpo sin tumba: memorias sobre una muerte inconclusa. *Historia, Antropología y Fuentes Orales*, Barcelona, n. 20, p. 87-104, 1998.

____. *No habrá flores en la tumba del pasado*. La Plata: Al Margen, 2001.

DE AMÉZOLA, Gonzalo. Cambiar la historia: manuales escolares, currículo y enseñanza de la historia reciente desde la "transformación educativa". In: KAUFMAN, Carolina (Org.). *Dictadura y educación*. Buenos Aires: Miño y Dávila, 2006.

DÍAZ, Diego. Los jóvenes y la producción audiovisual sobre la dictadura. *Revista Tram(p)as de la Comunicación y la Cultura*, Facultad de Periodismo y Comunicación Social, UNLP, n. 50, p. 23-28, 2006.

____. Ver para mirar, mirar para ser visto. *Revista Puentes*, La Plata, Comisión por la Memoria, ano 9, n. 26, ago. 2009.

____. La comunidad representada. *Revista Oficios Terrestres*, La Plata, n. 26, p. 1-12, 2011.

FELD, Claudia. *Del estrado a la pantalla*: las imágenes del juicio a los ex comandantes en Argentina. Prólogo de Héctor Schmucler. Madri/Buenos Aires: Siglo XXI, 2002.

GARAÑO, Santiago; PERTOT, Werner. *La otra juvenilia*. Buenos Aires: Biblos, 2006.

HASSOUN, Jacques. *Los contrabandistas de la memoria*. Buenos Aires: Ed. de La Flor, 1996.

JELIN, Elizabeth. *Los trabajos de la memoria*. Madri/Buenos Aires: Siglo XXI, 2002.

____. ¿Víctimas, familiares o cuidadanos/as? Las luchas por la legitimidad de la palabra. In: CRENZEL, Emilio (Coord.). *Los desaparecidos en la Argentina*: memorias, representaciones e ideas (1983-2008). Buenos Aires: Biblos, 2010.

LACAPRA, Dominick. *Historia en tránsito*. Buenos Aires: FCE, 2006.

RAFECAS, Daniel. [Vídeo]. 2011. Disponível em: <http://blog.comisionporlamemoria.org/bl/?p=1724>. Acesso em: 12 set. 2011.

RAGGIO, Sandra. La enseñanza del pasado reciente: hacer memoria y escribir la historia en el aula. *Revista Clío & Asociados*, Universidad Nacional del Litoral, n. 8, p. 92-110, dez. 2004.

____. Jóvenes, escuela y memorias locales: trajes de época en batallas por el futuro. *Revista Puentes*, La Plata, n. 17, p. 46-52, mar. 2006.

____. La memoria como política: un recorrido por las iniciativas legislativas en la provincia de Buenos Aires. In: FERRARI, Marcela; QUIROGA, Nicolás. *Historias políticas de la provincia de Buenos Aires*. La Plata: Archivo Histórico de la provincia de Buenos Aires, 2011.

____; SALVATORI, Samanta (Coord.). *La última dictadura militar en Argentina*: entre el pasado y el presente. Propuestas para trabajar en el aula. Rosário: Homo Sapiens, 2009.

RICOEUR, Paul. *La memoria, la historia, el olvido*. México, D.F.: FCE, 2000.

SARLO, Beatriz. *Tiempo passado*: cultura de la memoria y giro subjetivo. Buenos Aires: Siglo XXI, 2005.

SCHMUCLER, Héctor. Ni siquiera un rostro donde la muerta pueda estampar su sello. *Revista Confines*, Buenos Aires, n. 3, p. 9-12, 1996.

SVAMPA, Maristella. *La dictadura inauguró una atroz forma de desigualdad*. 2006. Disponível em: <www.maristellasvampa.net/publicaciones-periodisticos.shtml>. Acesso em: 4 out. 2011.

TODOROV, Tzvetan. *Los abusos de la memoria*. Buenos Aires: Paidós, 2000.

VEZZETTI, Hugo. Memorias del "Nunca más". *Revista Punto de Vista*, Buenos Aires, n. 64, p. 37-41, ago. 1999.

A CONSTRUÇÃO DE UMA CONSCIÊNCIA HISTÓRICA NA SALA DE AULA:
explicações e conversações em torno da última ditadura no Uruguai atual*

Mariana Achugar

Ainda que já tenham se passado mais de 30 anos da ditadura, esse período é uma parte central do presente no Uruguai. O debate social e político sobre como obter justiça para as vítimas de violações dos direitos humanos continua. Vários grupos sociais competem por impor um relato sobre o passado que se converta no hegemônico. Como resultado, as lutas por dar sentido ao passado se filtram para outros espaços públicos, como as escolas e os meios de comunicação. Neste trabalho, explora-se como se constroem explicações da ditadura na sala de aula para entender como se constrói a consciência histórica dos jovens. A transmissão desse período às gerações mais jovens que não o viveram é importante porque influi em sua percepção da identidade nacional e em sua participação política.

As conversações na aula refletem e têm o potencial de modificar as concepções de relatos históricos com que os jovens vêm para a discussão. Ao tratar a ditadura na aula de história, existem dois aspectos que contribuem para a formação de uma

---

* Queria agradecer especialmente às três professoras e aos estudantes que me permitiram observar suas aulas e documentar seu processo de aprendizagem. Graças à sua generosa colaboração e confiança, pude realizar este trabalho. [Título original: "La construcción de una conciencia histórica en el aula: explicaciones y conversaciones en torno a la última dictadura en el Uruguay actual". Traduzido por Ronald Polito. N.E.]

consciência histórica: 1) a interseção da história individual e da história nacional permite pensar-se como sujeito histórico, e 2) o conectar presente, passado e futuro permite compreender o significado histórico dos acontecimentos e explicar seu impacto na sociedade atual. Dessa maneira, a aula de história funciona como um lugar onde pensar o passado como semelhante ao presente e ao mesmo tempo pensá-lo a partir da diferença com o presente (Ricoeur, 2010). Esse tipo de reflexão sobre o passado permite construir uma identidade social em referência à nação e a distintos grupos sociais/políticos. Ao mesmo tempo, pensar o passado a partir do presente permite entender disputas e consensos sobre os sentidos do passado para diferentes grupos.

A aula de história é um "dispositivo de criação de sentido" (Verón, 1987) em que estudantes e professores negociam o(s) significado(s) da ditadura mediados pelo discurso histórico e pela memória social. A construção do passado na aula se converte em um processo ativo e dinâmico, mais que na mera reprodução de um relato oficial. A investigação da aula de história nos permite entender como as pessoas *fazem história* e formam sua consciência histórica participando ativamente em discussões em torno de documentos, relatos e memórias familiares.

No caso da história recente da ditadura no Uruguai, não existe consenso sobre como recordar o período em nível social ou político, pelo que essa discussão é filtrada para o espaço acadêmico quando se trazem à colação experiências pessoais ou conexões com o presente. O ensino da história nesses casos se converte em parte de um debate político e é objeto de cuidadoso escrutínio por estudantes, pais e autoridades educativas. As práticas e os conteúdos da aula de história estão então imersas em um contexto social no qual as decisões e as ações de docentes e alunos não respondem só a aspectos educativos. Neste trabalho, explora-se como se ensina e se aprende sobre a última ditadura uruguaia na aula de história no período atual, considerando que o conhecimento histórico se desenvolve como uma complexa interação entre experiências na escola, na casa, na comunidade e na cultura popular (Wineburg et al., 2007).

Faz-se história e forma-se uma consciência histórica por meio de distintas práticas sociais nas quais a linguagem tem um papel importante como mediadora entre o passado e o presente. O discurso histórico é um tipo de conhecimento distribuído socialmente e como tal pode mudar ao ser transmitido de uma geração a outra (Welzer, 2010). Porém, há uma série de relatos e tipos de explicações disponíveis no sistema interpretativo da comunidade profissional de historiadores que funciona como material para construir os novos relatos sobre o passado na aula. Ou seja, existem limites para os relatos históricos possíveis que implicam manter certas formas de pensar e construir o discurso sobre o passado de uma perspectiva disciplinar.

É importante esclarecer que o discurso pedagógico da história não é equivalente ao discurso disciplinar dos historiadores. O discurso da sala de aula é uma recontextualização do discurso disciplinar, mas para ter validade deve manter certa relação com a disciplina base. Ao tratar de temas da história recente, em particular aqueles que estão sendo discutidos na esfera pública, o discurso disciplinar se vê constantemente exposto a questionamentos e relatos alternativos com os quais necessariamente é preciso negociar o significado do período na aula de história. Atualmente, com abordagens para o ensino da história que integram o ponto de vista dos atores e da história oral como ferramenta pedagógica, emergem na aula aspectos emotivos que não eram tipicamente incluídos no discurso disciplinar. Dessa maneira, a memória social se integrou a muitas das discussões da história recente na aula, portanto características da comunicação do passado na família ou outros âmbitos privados se transferem para as discussões da aula. Os marcos interpretativos emotivos por meio dos quais se compreendem os relatos e imagens do passado além do conteúdo representativo do que ocorreu (Welzer, 2010) são integrados à aula como relatos e marcos interpretativos alternativos. Portanto, o tratamento desse período histórico na aula pode resultar pessoal e emotivo, ainda que se trate de diferenciar entre memória e história, o que nem sempre se faz explicitamente.

A discussão da ditadura em relação a questões como os direitos humanos ressalta a importância de distinguir a interpretação dos atores da dos historiadores e da nossa. É por isso que resulta interessante explorar, nesses casos, como os jovens que não viveram esse período aprendem sobre ele[1] e como os docentes que ensinam esse período abordam o tema hoje em dia. Tratar com temas históricos sobre os quais o conhecimento disciplinar está em pleno desenvolvimento, ou seja, sobre os quais ainda se estão recolhendo dados, põe em evidência *como se faz história* e *como nós mesmos somos seres históricos que constroem o próprio passado*.

Embora já saibamos que não é só na sala de aula onde se aprende a história (Wineburg et al., 2007), investigar como se ensina e se aprende a história recente na aula de história nos permite explorar o que a sociedade considera importante transmitir. "Por seu impacto na formação de crenças de muita gente, os discursos públicos têm uma influência primordial, muito mais significativa do que os textos e conversas privadas" (van Dijk, 2004:15). Os discursos educativos têm um papel importante na reprodução das crenças partilhadas da sociedade. Igualmente, o discurso pedagógico da história contribui para a formação da consciência histórica (Koselleck, 2001) dos jovens; ou seja, como os indivíduos constroem sua relação

---

[1] Este trabalho é parte de uma investigação maior, *Aprendiendo la historia reciente: el papel del discurso en la transmisión intergeneracional del último período dictatorial en Uruguay*, financiada por uma bolsa da John Simon Guggenheim Memorial Foundation.

com o espaço e o tempo para posicionar-se como membros de um grupo social que os precede e continuará no futuro. Segundo Koselleck, o que se tem experimentado (o espaço de experiência) e o que se espera (o horizonte de expectativa) são duas categorias que nos permitem integrar passado e futuro. Explorar a relação entre as experiências vividas e o futuro desejado permite construir uma noção histórica do tempo distinta da natural. A consciência histórica funciona como uma forma de orientar-se no presente considerando nossa relação com o experimentado anteriormente, já que compreender o passado nos permite ter uma explicação histórica do presente (Rusen, 2004).

Um dos âmbitos em que se desenvolve essa consciência histórica é a sala de aula de história. Neste trabalho, exploram-se as seguintes perguntas: A que relatos e explicações sobre a ditadura são expostos os jovens na aula de história? Como se negociam discursivamente os significados do passado recente na sala de aula? Que estratégias pedagógicas utiliza o docente de história ao abordar a ditadura?

Aqui se apresenta parte dos resultados de um estudo etnográfico realizado durante o período 2009-2010 em três escolas de ensino secundário do Uruguai. Essas escolas representam diversidade geográfica e socioeconômica: um liceu público do interior, um liceu público de um bairro de contexto crítico da capital e um liceu privado da capital. Foi feito um acompanhamento etnográfico dos três casos ao longo do ano acadêmico de 2010, durante o qual se recolheram dados por meio de notas de campo de observações de aulas, entrevistas individuais com estudantes e professoras, entrevistas com as famílias, coleta de documentos (por exemplo, planos de aula, documentos, livros de texto, trabalhos de estudantes) e uma entrevista grupal de jovens de todos os liceus. Nesse projeto, investigou-se, com base na perspectiva da análise crítica do discurso, que concepções têm os jovens de 15 a 18 anos sobre o que foi a ditadura uruguaia, como constroem essas concepções e que papel têm a aula, a família e a cultura popular como espaços onde se negociam e entram em contato versões distintas sobre o passado recente. Neste trabalho, apenas se relata como se constrói uma consciência histórica na sala de aula.

O passado recente na aula de história no Uruguai

No nível do ensino secundário, a última ditadura apareceu nos programas de estudo de história em 1986, um ano depois do retorno à democracia. Esse tema manteve-se nas revisões subsequentes do programa de história até o presente (reforma de 1996 e 2006). Nesses programas, aborda-se o tema de forma diferente em termos de perspectiva disciplinar (de história a estudos sociais) e em nível histórico (uma diferenciação entre história internacional e nacional *versus* uma aproximação comparativa da história da Europa, América Latina e Uruguai). Nesses programas, o tema aparece sob diferentes títulos e em diferentes momentos. Por exemplo:

- No programa de 1986: "Unidade 4: O mundo depois de 1945. 3. Uruguai: A tensão social, a crise política e a ruptura institucional. O restabelecimento da democracia".
- No programa de 1996: "Unidade 3: Uruguai no mundo contemporâneo, da bipolaridade ao mundo de hoje. O estancamento do modelo de país: a crise política, econômica e social; a ditadura (1973-1984); a restauração democrática".
- No programa de 2006: "Unidade 2. 1930-1990. Uruguai. A estagnação e a crise econômico-social e política. O avanço para o autoritarismo. A ditadura civil-militar e a recuperação democrática. O contexto intelectual e artístico. Os direitos humanos, os avanços em sua conceituação e o papel de Estado".

À medida que o tempo passou, a periodização do tema estendeu-se, incluindo atualmente a recuperação democrática e os primeiros governos pós-ditadura.

Embora o tema tenha sido incorporado rapidamente aos programas de estudo, essa decisão ainda hoje é controversa e gera discussões políticas. Tal debate sobre como e se se deve ensinar a história recente se centra em torno de três temas principais: "a possibilidade ou não de trabalhar os temas na sala de aula, a ideologização do programa e a falta de objetividade" (Appratto, 2002:1). Outras investigações sobre a perspectiva dos docentes no ensino desse tema marcam como dificuldades: a falta de acesso à bibliografia atualizada, o esforço necessário em nível de desenvolvimento profissional (por exemplo, a aproximação interdisciplinar ao tema) e a dificuldade de ensinar o tema pela carga emotiva (ter vivido o período ou ter respostas afetivas a ele).[2] Outros dois problemas articulados pelos docentes são o fato de que o tema aparece ao final do programa e não há tempo suficiente para tratá-lo em profundidade, pelo que se prefere às vezes não ensiná-lo.

Durante a última reforma educativa em 2006, houve uma polêmica muito forte ao redor dos profissionais encarregados de redigir o novo programa, por se considerar que suas interpretações representavam uma "versão de esquerda". O fato de que o novo governo fosse de esquerda e que se estivessem julgando responsáveis de violações dos direitos humanos durante a ditadura criou um contexto político no qual os partidos de oposição atribuíram intensões políticas às reformas do programa de história. A partir dessa discussão, geraram-se propostas concretas sobre como ensinar o tema em relação ao papel do docente, o impacto dos meios de co-

---

[2] Ver Zaffaroni (2002) para um desenvolvimento mais detalhado desse tema.

municação na informação que têm os estudantes sobre o tema e o papel dos alunos na aprendizagem (receptores passivos *versus* atores críticos). Outro dos aspectos discutidos entre professores de história nesse momento foi a importância de confrontar argumentos que refletiram as distintas versões sobre o passado, assim como fazer do tema direitos humanos um componente central da abordagem do período. No nível dos historiadores, propôs-se incorporar a discussão sobre a complexa relação entre história e memória (Caetano apud Novarese, 2005; Marchesi apud Carvalho et al., 2004). Essas mudanças no nível programático foram complementadas com uma série de cursos de atualização docente e uma seleção de materiais e documentos para ensinar o tema que ainda estão disponíveis na página eletrônica da Administração Nacional de Educação Pública (Anep) (www.anep.edu.uy/historia/). Esse trabalho foi realizado por um grupo de historiadores que responderam a uma convocatória pública do Conselho Diretor Central (Codicen), órgão reitor da Anep, para desenvolver programas de capacitação e um manual de guia para o ensino do passado recente. Pelo grande interesse que geraram esses cursos, fizeram-se vídeos que foram apresentados pela televisão pública nacional.

Em nível de prática docente, o ensino da ditadura é ainda um tema polêmico. Nos últimos anos, tem havido casos de professores que foram repreendidos, sofreram investigações sumárias ou inclusive perderam seu trabalho pela maneira de ensinar o tema na aula.[3] Por outro lado, existem vários projetos de professores ou liceus ao longo do país que têm tido experiências interessantes abordando o tema da ditadura de forma inovadora, que integra a investigação de estudantes e docentes com um enfoque central nos direitos humanos.[4] Os professores têm de satisfazer vários grupos: as famílias, as instituições, o Estado, os estudantes e o público em geral. Portanto, eleger incluir o tema em um curso implica uma decisão com con-

---

[3] Há dois casos emblemáticos nos quais o tema da ditadura emerge como tabu. O mais recente foi a demissão de uma professora da British School em que as autoridades administrativas tomaram a decisão em referência a assuntos pedagógicos sem que tivesse peso a hierarquia acadêmica na determinação (*Brecha*, Uruguai, n. 1.311, 7 ene. 2011). O outro caso se refere a um processo administrativo para uma professora de história do Departamento de Colônia que levou Luis Rosadilla (ex-senador e ministro da Defesa) à sala de aula como convidado para dar sua história oral com relação à conquista, por parte dos tupamaros, do Clube de Tiro Suíço em Colônia.

[4] Uma das experiências positivas ensinando o tema se refere a um projeto, organizado pela professora Virginia Coutinho, no qual seus estudantes produziram um minidocumentário sobre a ditadura uruguaia para ensinar o tema a outro grupo de estudantes do liceu armênio que investigavam o caso do genocídio armênio pelo governo turco. Esse trabalho comparativo enfocado em violações sistemáticas dos direitos humanos por parte de um Estado permitiu aos estudantes investigar o tema e depois realizar um debate explorando os aspectos similares entre os casos. O documentário produzido pelos jovens foi apresentado no Museu da Memória (Mume) em Montevidéu em abril de 2010.

sequências de peso e distintas das que resultariam de decidir ensinar a Revolução Francesa, por exemplo.

Neste trabalho, tem-se a oportunidade de tecer um panorama de algumas das possíveis maneiras em que o tema da ditadura é abordado nas aulas de história hoje em dia. Esses três casos nos fornecem evidências sobre as abordagens históricas e as explicações do tema, os tipos de perguntas e reflexões que surgem em torno do tema e algumas das práticas pedagógicas de que se utilizam para ensiná-lo.

Informação geral sobre os três casos

Os três casos foram eleitos para um estudo comparativo que desse conta da diversidade de experiências que existem, mas sem pretender fazer generalizações sobre a população de jovens uruguaios em geral. Os liceus foram selecionados por meio de negociações com o Conselho de Secundária e as autoridades de vários colégios privados. Elegeram-se três que fossem diversos em nível regional e socioeconômico para se ter um panorama das distintas características e potenciais experiências dos jovens. As três professoras que participaram no estudo foram voluntárias e participaram por interesse próprio, já que não receberam compensação por sua colaboração. O contato com as professoras se realizou depois dos liceus selecionados por intermédio das autoridades apropriadas. No caso dos liceus públicos, foi pela seção de Inspeção de História do Conselho de Secundária que as professoras foram contatadas para convidá-las a participar. De três professoras convidadas, duas aceitaram participar da investigação. As professoras selecionaram uma classe de todas nas quais ensinavam na instituição para realizar a investigação. Em alguns casos, a decisão foi por motivos acadêmicos (a maioria dos estudantes do grupo era estudiosa e responsável), por motivos de horário (esse era o único horário ao qual eu como observadora podia assistir), ou por motivos de composição do grupo (diversidade ideológica das famílias e nível de interesse dos estudantes no tema). Depois de haver selecionado o grupo, estabelecemos uma rotina para as visitas e decidimos o tipo de participação observante que eu teria. Em cada lugar participei de forma diferente. Em alguns casos participei ensinando parte de uma lição, contribuindo nos debates ou trazendo documentos e materiais referentes ao tema. Em todos os lugares tive a oportunidade de interagir com os jovens fora da aula e de observar outros grupos para ter ideia da representatividade do que ocorria em cada uma das aulas estudadas. Em todos os lugares visitei regularmente as classes ao longo do ano acadêmico, mas com mais frequência quando trataram do tema da ditadura especificamente.

As três professoras tinham experiência ensinando o tema (de oito a mais de 20 anos de experiência) e estavam fazendo estudos de especialização na área depois de ter obtido seu título como docentes de história (duas estavam cursando mestrado em pedagogia da história e a outra estava fazendo licenciatura em história com um enfoque em investigação historiográfica). As três eram consideradas professoras-modelo nas instituições em que trabalhavam e estabeleciam boas relações com os estudantes. Os grupos de estudantes tinham grande diversidade em termos da profissão de seus pais e da ideologia política da família.[5] O número de estudantes por classe rondava em torno de 20, geralmente; ainda que houvesse mais inscritos nos cursos, a inassiduidade era frequente em todos. Em seguida se apresentam uma descrição e análise das explicações, das práticas discursivas e das estratégias pedagógicas utilizadas nesses três casos.

Explicações históricas e conversações em sala em torno da ditadura

As explicações de instrução servem para dar uma ideia do conteúdo e do campo de estudo (Leinhardt, 2001). Essas explicações têm uma função-chave no processo de mediação que realiza o docente para aproximar a distância e superar as diferenças entre a experiência e as práticas do historiador e as do aprendiz. O discurso pedagógico da história recontextualiza o conhecimento do historiador profissional e suas práticas discursivas para responder às necessidades dos estudantes e aos limites estabelecidos pela instituição educativa.

Ainda que as perguntas e aproximações ao tema que se usam nas explicações de instrução geralmente emerjam da disciplina, os docentes têm de fechar a brecha entre a explicação de sentido comum que têm os estudantes, as explicações que são valorizadas pela comunidade disciplinar e os estilos de ensino aceitos na instituição. A maneira de ensinar a história responde aos níveis de experiência do docente em termos de conteúdo (especialista/novato), a orientação deste para a prática historiográfica (por exemplo, humanística, antropológica, sociológica) e as concepções da história que o docente tenha (por exemplo, construtivista, positivista etc.). O objetivo do docente ao ensinar história é criar a possibilidade de que o estudante construa um conceito e uma compreensão nova do tema, não a de gerar conhecimento novo no nível da disciplina (Leinhardt, Stainton e Virji, 1994; Wineburg e Wilson, 1991).

---

[5] Essa informação foi obtida por uma pesquisa anônima com os estudantes de cada grupo.

Nas explicações de instrução, os docentes e os estudantes negociam o significado histórico e os usos da linguagem para construir uma consciência histórica. Nesse tipo de intercâmbio, comunica-se o conhecimento que a disciplina considera importante, ao mesmo tempo que se modelam maneiras de pensar típicas da história (Leinhardt, 1993). Esses tipos de explicações são usados para esclarecer conceitos e geram espaços para apoiar o raciocínio indutivo que permite aos estudantes ter uma compreensão mais profunda dos eventos históricos.

Uma explicação de instrução na aula de história geralmente inclui uma instância de algo que deve ser explicado (por exemplo, um evento, um tema, uma estrutura ou um metassistema), um exemplo, uma série de discussões que conectam o explicado com certos princípios e uma discussão que limita o campo no qual essa explicação pode ser aplicada (Leinhardt, 2001:341).

Nas explicações dos docentes, realizam-se explicitamente conexões e analogias com outros conteúdos, mas também se marcam os casos atípicos que não cabem dentro do esquema apresentado. Dessa maneira, vão-se criando pontes que simplificam a compreensão do conteúdo. As explicações emergem quando o docente planejou explicar um tema particular, porque seu conteúdo é significativo, ou também em resposta a perguntas diretas ou confusão de parte dos estudantes. O tipo de explicação paradigmática em história é a explicação de eventos por meio de conexões causais (Leinhardt, 1997). Também se dão explicações em termos de estrutura, enfocando-se conexões bidirecionais e entidades mais estáticas. Existe outro tipo de explicação de instrução em história organizada em torno de *temas* utilizados pelos historiadores como princípios interpretativos (por exemplo, políticos, econômicos etc.). Por último, algumas explicações se referem às práticas históricas típicas da disciplina (por exemplo, análise, síntese, contraste de fontes etc.). Esses diferentes tipos de explicações emergem em diferentes ocasiões, mas também são combinados às vezes, dependendo do objetivo da explicação no nível pedagógico.

Uma explicação permite explorar os significados dos processos históricos e fazer visíveis práticas da disciplina. Parte de uma explicação é identificar a natureza do problema historiográfico, e nas três classes observadas "o problema da ditadura uruguaia" se apresentou de forma diferente:

a) a ditadura como "processo histórico de mudança gerada por crise social e econômica";
b) a ditadura como "luta ideológica por parte de duas visões opostas de sociedade";
c) a ditadura como "instância local da Guerra Fria".

Essas diferentes conceituações do tema mostram como as docentes constroem uma perspectiva histórica, e não unicamente um relato do período, que responde a suas filosofias de ensino da história, não só à sua postura sobre o tema em concreto.

Em seguida, apresentam-se os três casos dando três vinhetas que resumem o tipo de conversação que surgiu ao redor do tema e depois se apresentam exemplos dessas conversações na aula para ilustrar as distintas formas em que a ditadura e seu contexto foram explicadas nas três classes. Os exemplos foram selecionados considerando, primeiro, as conversações em torno do tema da ditadura e, depois, levando em conta as características de cada grupo para mostrar a diversidade de experiências registradas.

Liceu A: público da capital

A docente propõe que a ditadura emerge da democracia. Fazendo uma conexão com os temas tratados anteriormente, propõe uma analogia entre o caso particular do Uruguai e o que ocorreu em outros momentos históricos, como os regimes fascistas na Europa. O caso uruguaio é um problema a resolver utilizando ferramentas históricas. A professora apresenta à classe a teoria de um historiador citando seu texto e depois lhes pergunta se creem que possa ser aplicada para explicar o caso uruguaio. Depois de receber algumas respostas dos estudantes, ela lhes pede que leiam outro documento, uma fonte primária, o decreto do golpe de Estado. Nesse momento, volta a propor a pergunta sobre se se cumpre, nesse caso, o que diz o historiador sobre a origem das ditaduras nas democracias. Pede-lhes que procurem evidências no decreto para justificar sua resposta. Ao analisar em grupo o significado da palavra "decreto", chegam à conclusão de que esse documento demonstra, sim, que a ditadura surge da própria democracia, porque quem faz o decreto é o Estado. A discussão continua de modo que todos colaboram desenredando a maneira em que se realizou a mudança de um governo democrático para uma ditadura, analisando linha a linha o documento do decreto de golpe de Estado. Na próxima aula o tema é novamente retomado.

Na classe do liceu A, a explicação da ditadura emerge a partir de uma necessidade identificada pela docente para explicar "o que era um golpe de Estado". Isso dá margem a uma conversação utilizando um vocabulário técnico que permite remeter a um tema pertencente ao discurso histórico disciplinar: *a explicação política do evento*. No exemplo 1, podemos observar como se desenvolve a explicação colaborativa entre docentes e estudantes.

1) A professora menciona o tema do dia. Diz que hoje vão dar o golpe de Estado de 27 de junho de 1973. Reparte um texto extraído de Álvaro Rico (2009) sobre ditadura. (S = estudante; SS = vários estudantes; T = professora.)

S1: A última coisa que vimos foi o vídeo do golpe.
T: O que era um golpe de Estado?
S1: Tomar o governo pela força.
T: Como se chamava o presidente da época?
SS: Bordaberry.
S2: Juan María!
T: De que partido era?
SS: Colorado.

A professora lhes pede que anotem em seus cadernos e escreve no quadro:

27 de junho de 1973
(1971) Juan María Bordaberry

Continuam a análise do documento e param na seção que identifica a ruptura: "Dissolveu as câmaras". Nesse momento, os estudantes tomam a palavra ao fazer perguntas à professora para poderem entender o significado do conceito de "golpe de Estado" e "ditadura". O exemplo 2 mostra a continuação da discussão:

T: Dissolveu as câmaras. Aí está dando o golpe.
S1: O que significa "dissolver"?
S6: Dissolver açúcar na água, desaparece…
S7: A dissolução das câmaras só o presidente pode fazer?
T: Sim, a Constituição de 1966, artigo 168, permite dissolver as câmaras… O que mais ocorre além de dissolver as câmaras?
S7: Se proíbe a liberdade de expressão.
T: Se limita a liberdade de expressão.
S: Não era que podiam entrar em sua casa a qualquer hora?

A professora esclarece como eram as inspeções: entrar sem ter aviso prévio a qualquer hora. Depois escreve no quadro-negro o seguinte:

QUADRO-NEGRO
 * limitação da liberdade de expressão e de pensamento

T: De que maneira se realizava isto [indicando o escrito no quadro-negro]?
SS: Censura.
T: Censura, fechamento dos jornais…

S: Pediam permissão para reunir-se, não?
T: Sim. Então, o que acontece? Quem governa?
SS: Bordaberry.
T: Governa só Bordaberry?
S6: Não, também os militares.
T: Leiam o texto.
S7: O conselho de Estado.

Aqui, observa-se como a explicação, que começa como resposta a uma pergunta da docente e segue a linha explicativa de um evento histórico no qual se identificam atores, propósitos e consequências, culmina na análise de um documento e na negociação das ideias prévias dos estudantes com informação oferecida pela professora. O que emerge é uma narrativa dos eventos, junto com uma explicação histórica a partir de uma perspectiva política (tema), a explicação de uma estrutura (poderes do governante) e implicitamente com uma explicação no nível de metassistema. Com o uso de certas práticas disciplinares como a análise de documentos (metassistema), os estudantes têm a experiência de como responder a esse tipo de pergunta sobre conceitos e termos. Igualmente, a experiência tratando de aplicar a explicação política sobre o caso concreto serve como prática em maneiras de testar uma teoria histórica. Contudo, ainda que as explicações nos níveis de evento e estrutura se fechem, no nível do tema ou metassistema ficam implícitas, sem um fechamento claro que marque os limites ou funções desse tipo de prática disciplinar ou explicação temática. O que claramente se alcança nessa instância é diferenciar a própria posição da dos especialistas e da dos que viveram os fatos. Também se observa no exemplo 1 como a experiência prévia, memória social, sobre o período é usada pelos estudantes para interrogar os documentos e o significado do golpe de Estado que se vai construindo coletivamente na classe.

Liceu B: público do interior

Nesse caso, o tema da ditadura surge como parte de uma exploração do desenvolvimento do pensamento ideológico nacional. A professora propõe o tema da revolução como maneira de entender o pensamento revolucionário da época e traz uma série de documentos (fontes primárias) para explorar como aparece esse pensamento nos distintos atores. A partir dessa pergunta da professora, os textos são interrogados lendo-se em voz alta cada extrato linha a linha. As palavras são discutidas e se interpreta o significado dessa posição e o que implicava para os atores nessa época. Ao discutir o pensamento revolucionário cristão, um grupo de estudantes expõe para a professora se não havia grupos dentro da Igreja que pensaram diferente. Pedem-lhe documentos que mostrem outras posições. Daí surge toda uma reflexão e debate sobre a possibilidade de construir um relato histórico objetivo. A discussão termina com a demanda dos estudantes por poder ter acesso a fontes distintas e variadas para poderem chegar a construir suas próprias interpretações do período.

A explicação que emerge nessa aula de história é parte do grande relato e da ideia organizadora que veio desenvolvendo a professora no curso e que vai mais além da explicação de um evento histórico, a ditadura, em si mesmo. O curso foi organizado em relação ao desenvolvimento das ideias e ideologias com especial ênfase nas experiências de grupos tipicamente excluídos do relato histórico dominante (por exemplo, a esquerda, o movimento operário etc.). A ditadura aparece na aula como uma instância de um fenômeno já visto anteriormente: o conflito de ideologias entre conservadores e liberais, nesse período realizado como conflito entre conservadores e "revolucionários". No exemplo 2, observa-se como, a partir da discussão do pensamento revolucionário da época justamente antes do golpe, surge um debate sobre um metassistema historiográfico: a construção do relato histórico e o papel da subjetividade nesse processo.

2) Estão lendo um documento chamado a Carta Pastoral de Advento de um setor da Igreja. Leem linha a linha e analisam o significado do texto.

T: O que isto quer dizer? A revolução, sim, mas sem egoísmo…
S8: Mudar.
S10: Matar.
S5: Estar disposto a que te matem.
S8: Mas como a Igreja apoiou a violência ou a fomentou?
T: Não está fomentando a violência. O que você estava dizendo?
S12: Muitos não… é pecado para os da Igreja isso [matar].
T: Não matarás é um dos princípios cristãos… Há alguns cristãos que querem, sim, tomar esse caminho da violência. Em que contexto se justifica?
S10: Não é violência.
T: [Não entendo.]
S8: Eles dizem isso porque estavam de acordo… [Lê parte do texto] é falso que não estão de acordo se…

Nessa explicação, são analisados detalhadamente os significados construídos no texto para compreender a posição ideológica desse ator político, a Igreja. Esse tipo de explicação ressalta o tema "conflito ideológico" por cima de uma explicação dos eventos. Os estudantes respondem às perguntas da professora dando sua interpretação e trazendo para o cotejo seu conhecimento do mundo ("é pecado matar") para aprofundar a interpretação que se está construindo conjuntamente com a docente. O objetivo e as ações nesse diálogo apontam para compreender o que significa o pensamento revolucionário nessa época.

No próximo exemplo, vê-se como a conversação em torno do texto continua e como de parte dos estudantes emerge um questionamento da validade da interpretação solicitando uma expansão das fontes.

3) A professora lhes recorda o mapa com o contexto mundial dos anos 1960. Menciona que não eram só esses sacerdotes soltos ou o MLN, ou a Frente Ampla, os que tinham esse pensamento de mudança. Era um ar que se respirava, era a ideia de mudança revolucionária. Diz que já não era como na época de Frugoni (líder do Partido Socialista uruguaio). Lembra-lhes o discurso sobre revolução da época tratada anteriormente.

T: Agora parece dos documentos, ou a mim me parece, que a revolução é possível. Se você se sente revolucionário, o que você precisa…?

S9: Que te apoiem.

S10: Algo pelo qual fazê-lo.

T: Para esses sacerdotes ser revolucionário ou…?

S11: Defender a sociedade, não querer a mudança.

S5: Segundo eles, era uma injustiça.

T: [A professora sorri.] É falso que me simpatiza essa posição. Há algum documento que não seja falso, que não tenha uma preferência ou posição subjetiva?

S4: Meu avô me mostrou um livro que escreveu um argentino sobre a história uruguaia. É de fora e isso o faz mostrar os dois lados e ter distância…

T: Desde o momento que escolhe escrever sobre um tema já está sendo subjetivo…

S4: Dá na realidade como foi tudo…

S10: E como você sabe?

[Outros estudantes fazem outros questionamentos sobre a possibilidade da objetividade na história…]

S5: Não há um documento da Igreja que mostra outra posição [contrária à revolução]?

T: Como instituição, que eu conheça, não.

S4: Se quem conta é alguém que simpatize com os militares ou com a esquerda, vai te direcionar para o que convém a ele…

S10: É o que é…

T: Quando você vai se apresentar para uma garota ou um rapaz. Ou querem que seus pais lhes comprem algo, vão mostrar o que querem de vocês.
S4: Mostrá-lo de maneira que o aluno possa chegar à sua própria posição depois de estudar várias posições...
T: Se lhes digo que vou fazê-lo mais objetivo, o mais honesto que posso dizer é que sou professora simpatizante da esquerda e vocês estão prevenidos...
S4: Me incomoda ver só um lado e não os dois...

Na seção anterior, do exemplo 3, vê-se como os estudantes estão muito conscientes de como todo documento apresenta uma perspectiva e que não deve ser tomado como "a verdade". Ao mesmo tempo reclamam entender como se fez a seleção analisada em classe. Não é suficiente ter acesso a distintos documentos, mas também entender como se faz a seleção. Ante o questionamento sobre a parcialidade da perspectiva apresentada em classe, a professora utiliza uma analogia com uma situação da vida cotidiana para explicar sua posição. Todo relato tem uma perspectiva e toda seleção de documentos é feita de uma posição, pelo que não é possível evitá-lo. Dois aspectos interessantes são que a discussão sobre como se procede em nível histórico para construir uma interpretação dos fatos (seleção de documentos e contraste de documentos) é algo que se explora explicitamente no diálogo, não só os fatos históricos são debatidos (que posição tinha a Igreja ante as mudanças e o conflito social pré-ditadura). À medida que continua a conversação, esses temas são explorados mais em detalhe.

(A professora põe o exemplo dos documentos selecionados nessa classe, que mostram várias vozes sobre a perspectiva de mudanças revolucionárias...)

T: O discurso de Pacheco e o discurso de conservar a ordem pode[m] ser dado[s] também. Mas não queiram que eu diga que o golpe me parece bom...
S4: Quero um discurso de Pacheco, de Goyo Álvarez, de Mujica, de Rosencoff...
[Uma companheira grita para S4 para que se cale e permita falarem outros que também querem opinar sobre o tema...]
T: É a primeira vez que me ocorre isso, que me protestam em massa porque querem continuar estudando e querem ler mais. Disse a Mariana [pesquisadora] que não veria o discurso conservador, mas lhes trarei discursos conservadores na próxima.
(Algumas pessoas mencionam que seria possível que os estudantes trouxessem seus próprios documentos para discutir em classe. A professora diz que jamais esteve proibido que eles trouxessem os documentos. Ao contrário, na quarta-feira passada lhes disse que, para quando discutissem o golpe, queria que trouxessem cartas, fotos e testemunhos de sua casa.)

T: Acho bárbaro!
S4: Gosto de ver todas as perspectivas, desde o MLN até Bordaberry...
T: Por que lhes trouxe hoje várias perspectivas dos que procuram a revolução...?
S14: Eu gostaria que víssemos...
T: Me incomoda menos mostrar simpatia por isso [ideias revolucionárias] do que mostrar ira ou dobrada antipatia pelo pensamento conservador... [alguns estudantes aplaudem] Obrigado, obrigado, obrigado...
S8: Aqui nos damos conta de que havia muitos da sociedade que simpatizavam com os tupamaros...
T: S8!
S8: Bem, com a revolução...

O exemplo 3 nos dá a oportunidade de ver uma instância em que a explicação surge dos estudantes e, a partir do tema da exploração do período prévio ao golpe de Estado, eles refletem sobre a construção do relato histórico. Essa explicação de metassistema sobre como se constrói o relato histórico e da necessidade de contrastar fontes para chegar a uma visão mais completa do tema demonstra a capacidade de pensamento crítico e a familiaridade com as práticas disciplinares nessa aula. A negociação sobre que documentos incluir e a discussão sobre a posição epistemológica dominante com respeito à objetividade do relato histórico revelam que os jovens incorporaram a ideia de que o relato histórico é uma construção, e não só um registro de eventos. Além disso, essa interação mostra como os jovens se posicionam como agentes que "fazem história", e não só memorizam ou repetem a explicação gerada pela docente. Isso se evidencia quando pedem para ter mais acesso às fontes para construir sua própria versão da história. Esse último exemplo também mostra claramente o caráter dialógico da construção da consciência histórica, já que inclui a memória social e a informação proveniente da casa com a disciplinar gerando uma orientação para o passado que integra o espaço de experiência com o horizonte de expectativa.

A discussão que se gera nessa aula sobre os múltiplos olhares sobre o passado e como esses estão condicionados por um contexto específico permite compreender a importância de contextualizar historicamente os relatos. O nível de participação, compromisso e interesse dos estudantes e da docente faz com que essa discussão se converta em algo relevante mais além do tema específico.

Liceu C: privado da capital

A explicação sobre o significado da ditadura foi explorada ao longo de quase dois meses de trabalho. Depois de discutir a Guerra Fria em nível internacional, começa-se a tratar o tema da ditadura por meio de um documento militar que serve de exemplo do que era a Doutrina da Segurança Nacional. Essa ideologia é identificada como uma instância da Guerra Fria em nível local. Depois da análise da ideologia militar e de uma contextualização dos eventos que levaram ao golpe, é realizada uma visita educativa ao Museu da Memória, onde há uma exposição sobre o período que mostra distintos artefatos e documentos da época. Os estudantes têm como tarefa selecionar três artefatos ou documentos para explorar o significado da ditadura. A explicação do significado da ditadura surge a partir dos elementos selecionados pelos estudantes e responde a seus interesses ao incluir explicações no nível de eventos, metassistemas e estruturas históricas.

No diálogo seguinte, pode-se ver como se negocia o significado do período a partir da discussão sobre objetos e documentos concretos. Essa conversação permite integrar fluidamente o conhecimento prévio dos estudantes com o histórico. No exemplo 4, observa-se como se dá essa explicação na qual a atividade está desenhada para que os estudantes tomem a iniciativa de decidir o que é significativo para entender a ditadura pelo que elegem trazer como documento/artefato.

4) A professora faz um quadro no quadro-negro e começa a pedir que os estudantes contribuam com exemplos do que selecionaram durante a visita ao Museu.

S: Me impressionou o jornal com a menina que tinha os símbolos nazis.
S2: Ou seja, que entre os militares havia neonazis?
(Vários estudantes comentam sobre os desaparecidos e o nível de violência da época... A professora começa a explicar sobre os desaparecidos no contexto da ditadura uruguaia.)
T: No final do livro de Virginia Martínez [uma historiadora que compilou uma série de documentos relacionados com a ditadura], há uma lista dos desaparecidos. Viram que eram mais de 200...
S2: Que Lacalle disse que eram menos, não? [Este comentário se refere a uma polêmica gerada por um dos candidatos a presidente em 2009, que havia dito que os desaparecidos eram em número menor.]

O exemplo 4 mostra como a docente recorre a uma explicação disciplinar, de uma historiadora, para dar sentido à pergunta dos estudantes sobre a violência e as desaparições nessa época. Aqui se vê também como os estudantes trazem à comparação referências sobre eventos atuais da esfera política conectando presente e passado. Isso mostra a influência que tem o discurso público sobre o tema na compreensão da história recente dos jovens. Os estudantes conectam os fatos a partir de uma interpretação política atual, e a professora trata de guiá-los a uma contextualização mais histórica dos eventos, fazendo referência a documentos e explicações propostas por historiadores. Assim, ressalta-se a importância de avaliar e interpretar os acontecimentos a partir da lógica da época.

No exemplo 5, mostra-se como, novamente, os estudantes propõem perguntas sobre a informação que encontraram no Museu e a professora oferece uma explicação histórica fazendo conexão com um livro no qual se apresentam os documentos e uma síntese do conhecimento estabelecido. A confusão dos estudantes gera a explicação.

> S5: Mas onde estava o cara? [Referindo-se a um desaparecido cujos restos foram encontrados.]
> T: Te digo... [Lê uma informação do livro de Martínez.] Viram como está escrito... o tempo verbal. Aparecem como desaparecidos e diz "haveria", por isso ela usa o tempo verbal. Essa informação é comparada e se descobre que não era verdade. [Relata depois informação recente que foi conseguida após a redação do livro.]
> S: Como chegaram a esses dados?
> T: Foram recolhendo testemunhos. Também procuraram dentro dos lugares de atuação dos militares...
> S3: Até agora só encontraram dois [desaparecidos]. Então alguns devem tê-los atirado, sim, no rio. E Michelini e Gutiérrez Ruiz?
> T: Espere que eu te digo... [Lê e diz que um dos que encontraram, Miranda, foi assassinado por um golpe de caratê.]
> (Os estudantes comentam que não se podem usar artes marciais para defesa pessoal, porque são como uma arma letal. A professora fala do lugar onde encontraram esse desaparecido, que havia sido levado de um lugar clandestino de tortura ao lugar onde foi encontrado.)
> S6: E o de Punta Gorda?
> (A professora lhes conta onde ficava esse lugar de tortura, dando referências atuais, como um restaurante e casas particulares.)
> S: E não sabiam?
> T: Não era informação que a gente soubesse.

Nesse exemplo, pode-se ver como as perguntas dos estudantes são principalmente sobre a série de eventos e dos atores, mas também surge uma interrogação de tipo moral ("e não sabiam?"). Procuram uma explicação do ocorrido em nível de evento histórico motivados por conhecimento prévio que provém de informação disponível no nível da esfera pública (por exemplo, os jornais e as notícias da televisão). A professora volta a fazer referência ao texto de história para responder, mas finalmente oferece uma explicação sobre o lugar de tortura e o fato de que ninguém houvesse dito nada sobre ele recorrendo à sua memória. Aqui não se explica com referência à disciplina, mas se recorre à memória para explicar algo que surge como um problema mais moral que histórico. Porém, também os estudantes fazem uma pergunta sobre o processo pelo qual se chega a estabelecer esse conhecimento histórico sobre os eventos. Isso é um tipo de metaexplicação que ressalta o caráter provisório dos relatos históricos e o fato de que sempre estão abertos à revisão quando se encontra nova evidência. A atividade está organizada para fazer os jovens experimentar, o que implica entender o significado de um processo histórico a partir de diferentes tipos de evidência (por exemplo, documentos, fotos, artefatos). Essa atividade em si mesma constitui uma explicação de metassistema implícita. A funcionalidade ou o poder explicativo dessa série de explicações não é claramente delimitada.

Discussão e conclusões

A abordagem da ditadura na aula de história abre a possibilidade de explorar a construção do discurso histórico e gerar consciência nos jovens de sua identidade nacional como processo histórico. Ao gerar discussões sobre o significado do período ditatorial, criam-se espaços nos quais os jovens constroem interpretações que integram presente e passado. Mediante referências ao que conhecem pelos meios de comunicação, conversações familiares ou experiências com lugares de memória, os jovens usam a memória social do período para tratar de dar sentido e ressignificar os relatos históricos apresentados na aula. Porém, essa integração de distintos tipos de conhecimento sobre o passado ocorre sem uma reflexão explícita sobre a relação entre memória e história. Nas explicações que emergem em torno de como dar sentido ao passado não se distingue o discurso disciplinar do discurso da memória social sobre a ditadura. Como se pode observar nos exemplos apresentados, os tipos de explicação mais frequentes na aula se referem a eventos, estruturas ou temas e em vários casos incluem reflexões sobre as práticas históricas como metassistema (por exemplo, o contraste de fontes, o uso de documentos como fonte de evidência na construção de um relato e a perspectiva do relato).

Os três casos mostram distintas estratégias pedagógicas por parte das docentes e diferentes maneiras em que os estudantes respondem, geram ou demandam uma explicação histórica sobre o período da última ditadura. A abordagem do tema surge a partir de uma concepção da docente sobre o que é a história e sobre como se constrói o conhecimento histórico para criar uma consciência histórica nos alunos.

O objetivo pedagógico nos três liceus não é só transmitir conhecimento, mas oferecer ferramentas para questionar criticamente relatos e discursos sobre o passado recente aos quais os estudantes se veem expostos.

É interessante notar que o tipo de perguntas que surgem sobre o tema de parte dos estudantes busca confirmar com o docente como dar sentido a esse período histórico quando há diferenças entre a explicação disciplinar e os dados que provêm da memória social. Os jovens se sentem com o direito a interpelar sobre o significado desse período, já que dispõem de evidência que provém de outros âmbitos. Ao mesmo tempo, solicitam acesso às formas de gerar um discurso histórico e explicações válidas no nível disciplinar que ressaltam sua identidade como agentes históricos.

As explicações históricas oferecem a possibilidade de entender como a experiência humana se vê influenciada por nossa compreensão do tempo e do espaço. Essas dimensões são chave na definição de nossa identidade como membros de um grupo ou uma nação, já que nos permitem integrar presente, passado e futuro. Para os jovens que não viveram a última ditadura, poder compreender o(s) significado(s) desse passado recente que ainda gera polêmicas no nível social e político implica potencialmente poder compreender também melhor seus pais e a sociedade na qual vivem.

A informação histórica que se transmite na sala de aula é interpretada com referência a marcos interpretativos que existem fora da escola como instituição (Welzer, 2010; Wineburg, 2001). As explicações da sala de aula podem tentar transmitir uma visão sobre os eventos informada pela história como disciplina, mas não podem competir com as narrativas emocionais e as imagens do passado que oferecem outros espaços, como a casa ou os meios de comunicação. Construir uma explicação histórica não significa apenas ter acesso a informação diferente, mas, antes, pensar de outra maneira. O relato sobre o passado que se constrói na sala de história teria de prover de ferramentas e uma perspectiva diferente para interrogar e compreender o significado do passado do que as que utilizamos em nossa experiência diária construindo nossa memória social do passado. É assim que o tipo de explicações e tarefas de que se utilizam na aula de história pode contribuir para diferenciar os aportes que nos oferece a abordagem do passado a partir da memória social do que nos oferece a disciplina da história.

A complexidade de tentar explicar a última ditadura parece residir não só em como apresentar os fatos e que fatos apresentar, mas em diferenciar o processo de construção do conhecimento na disciplina do que usamos diariamente em nossas vidas. A formação da consciência histórica implica uma reflexão sobre nossa situação como seres sociais que vivemos em um tempo e um espaço e somos parte de um grupo social com um passado que define sua identidade e influi em seus objetivos futuros. Contudo, essa consciência histórica pode desenvolver-se também a partir de uma exploração do passado como relato que tenta dar sentido ao passado com base em um procedimento que recorre em parte a uma série de práticas como: contrastar distintas versões, estar aberto à revisão e compreender o caráter provisório desse conhecimento. Essa perspectiva a partir de fora do vivido que nos oferece a história como disciplina pode permitir-nos tomar distância e refletir sobre o significado do passado em nossas vidas. Dessa maneira, podemos ter acesso a versões alternativas e distintas sobre os fatos a que estamos geralmente expostos. As conversações ao redor de explicações históricas sobre a ditadura oferecem aos jovens a oportunidade de ter acesso a distintos relatos dos que estão geralmente expostos, já que integram não só o que a disciplina oferece, mas também o que outros atores lembram do período. Os estudantes que participaram dessa investigação ressaltaram esse aspecto nas entrevistas. Por exemplo, na entrevista de Juana, uma jovem de 16 anos do liceu C:

5) Mar: Você acha que aprendeu alguma coisa na aula?
Jua: Sim, mais ou menos os aspectos mais técnicos da ditadura.
Jua: Tipo o da declaração cujo texto lemos.
Jua: O da Doutrina da Segurança Nacional e, ainda que comentassem, ninguém te dizia assim como lei, não sei que ações.
Jua: Algo assim.
Jua: *E também para ver outras posturas, suponho, porque nunca tinha discutido com gente que tivesse diferentes posturas acerca da ditadura mais ou menos.* Um pouquinho, mas é outro tema.[6]

Dessa maneira, abre-se a possibilidade de construir relatos sobre a ditadura que constituem um contínuo diálogo e interrogação do passado, não uma explicação fechada ou uma série de perguntas para as quais já temos resposta. Para construir uma consciência histórica e ter uma compreensão histórica da ditadura, o que é necessário não é só mais informação, mas discussões explícitas sobre como se constrói o conhecimento histórico. Esse tipo de metarreflexão põe os diferentes pontos de vista a descoberto e ao mesmo tempo dá acesso à construção de conhecimento. Assim, o objetivo das discussões sobre a ditadura na aula não é substituir um relato ou uma explicação por outra (por exemplo, a teoria dos dois demônios por uma em que a Guerra Fria e a intervenção estrangeira são a explicação), mas entender como

---

[6] Itálicos meus para ressaltar o comentário.

se constrói um relato e como são interrogados os documentos para uma compreensão mais profunda dos eventos.

A reflexão analítica sobre o significado do passado recente permite gerar novas interpretações, assim como espaços em que se legitima o direito a dissentir. Este último parece sumamente relevante em sociedades nas quais se fez "desaparecer" os que pensavam diferente. Contudo, isso não quer dizer dar o mesmo valor ou o mesmo peso a qualquer explicação do passado. O acesso ao processo de pensamento e construção do passado a partir da história permite desenvolver critérios de avaliação, continuar buscando evidências para questionar relatos hegemônicos e mostrar a perspectiva da qual se constrói todo relato histórico.

Referências

ADMINISTRACIÓN NACIONAL DE EDUCACIÓN PÚBLICA. Disponível em: <www.anep.edu.uy/historia/>.

APPRATTO, C. Problemas en la enseñanza de la historia reciente. *La Gaceta*, n. 23, 2002. Disponível em: <www.aphu.edu.uy>. Acesso em: nov. 2010.

CARVALHO, A.; LORENZ, F.; MARCHESI, A.; MOMBELLO, L. Realidades y desafíos: experiencias educativas en Argentina, Uruguay y Brasil. In: JELIN, E.; LORENZ, F. (Comp.). *Educación y memoria*: la escuela elabora el pasado. Madri: Siglo XXI, 2004. p. 163-182.

KOSELLECK, R. *Los estratos del tiempo*: estudios sobre la historia. Barcelona: Paidós, 2001.

LEINHARDT, G. Weaving instructional explanations in history. *British Journal of Educational Psychology*, n. 63, p. 46-74, 1993.

____. Instructional explanations in history. *International Journal of Educational Research*, v. 27, n. 3, p. 221-232, 1997.

____. Instructional explanations: a commonplace for teaching and location for contrast. In: RICHARDSON, V. (Ed.). *Handbook of research on teaching*. 4. ed. Washington, D.C.: American Educational Research Association, 2001. p. 333-357.

____ et al. Learning to reason in history: mindlessness to mindfulness. In: CARRETERO, M.; VOSS, J. (Ed.). *Cognitive and instructional processes in the social sciences*. Hillsdale, NJ: Lawrence Erlbaum Associates, 1994. p. 131-158.

____; STAINTON, C.; VIRJI, S. M. A sense of history. *Educational Psychologist*, v. 29, n. 2, p. 79-88, 1994.

NOVARESE, C. La historia que nos contaron y la que nos contarán. *El País*, ano 88, n. 30280, 27 nov. 2005. Domingo Suplementos.

RICO, A. Sobre el autoritarismo y el golpe de estado: la dictadura y el dictador. In: DEMASI, C. et al. *La dictadura cívico militar*: Uruguay, 1973-1985. Montevidéu: Banda Oriental, 2009. p. 180-246.

RICOEUR, P. *Memoria, historia y olvido*. México, D.F.: FCE, 2010.

RUSEN, J. Historical consciousness: narrative structure, moral function and ontogenetic development. In: SEIXAS, P. (Ed.). *Theorizing historical consciousness*. Toronto: University of Toronto Press, 2004. p. 63-85.

VAN DIJK, T. A. *Racism, discourse and textbooks*. Paper for a symposium on Human Rights in Textbooks, organized by the History Foundation. Istambul, abr. 2004.

VERÓN, E. *La semiosis social*. Barcelona: Gedisa, 1987.

WELZER, H. Re-narrations: how pasts change in conversational remembering. *Memory Studies*, v. 3, n. 10, p. 5-17, 2010.

WINEBURG, S. *Historical thinking and other unnatural acts*: charting the future of teaching the past. Filadélfia: Temple University Press, 2001.

____ et al. Common belief and the cultural currículum: an intergeneracional study of historical consciousness. *American Educational Reserach Journal*, v. 44, n. 1, p. 40-76, 2007.

WINEBURG, S.; WILSON, S. Subject-matter knowledge in the teaching of history. *Advances in Research on Teaching*, v. 2, p. 305-347, 1991.

ZAFFARONI, E. La dictadura militar como contenido de enseñanza. *La Gaceta*, Montevidéu, n. 23, p. 1-6, jun. 2002.

AUTORES

SAMANTHA VIZ QUADRAT (ORG.). Professora de história da América contemporânea na Universidade Federal Fluminense (UFF) e pesquisadora do Núcleo de Estudos Contemporâneos na mesma instituição. Organizadora de *Caminhos cruzados* (FGV, 2011) e, com Denise Rollemberg, de *A construção social dos regimes autoritários* (Civilização Brasileira, 2010).

DENISE ROLLEMBERG (ORG.). Doutora em história pela Universidade Federal Fluminense (UFF), na qual é professora de história contemporânea, e pesquisadora do CNPq. Autora de *Exílio* (Record, 1999) e coorganizadora, com Samantha Viz Quadrat, de *A construção social dos regimes autoritários* (Civilização Brasileira, 2010, 3 v.).

ALDO MARCHESI. Professor da Universidad de la República (Uruguai). Autor de *El Uruguay inventado* (Trilce, 2001) e coorganizador, com Jaime Yaffé, Vania Markarian e Álvaro Rico, de *El presente de la ditadura* (Trilce, 2004).

CÉSAR AUGUSTO MARTINS DE SOUZA. Professor adjunto da Universidade Federal do Pará (UFPA, *campus* de Altamira). Coorganizador de *Histórias do Xingu* (UFPA, 2008).

CRISTINA SOUZA DA ROSA. Pesquisadora do Centre d'Investigacions Film Història (Universidade de Barcelona), onde desenvolve uma pesquisa comparativa entre o fascismo, o Estado Novo e o franquismo por meio do cinema.

DIEGO SEMPOL. Professor e pesquisador do ICP/FCS, integrante do SNI, coordenador da área acadêmica Queer Montevideo e integrante da junta editorial para

América Latina da revista *Sexualidades* (Nova York). Coorganizador, com Elizabeth Jelin, de *Pasado en el futuro* (Siglo XXI, 2006).

FALK PINGEL. Pesquisador do Instituto Georg Eckert (Alemanha). Editor de *Contested past, disputed present* (Hahnsche Buchhandlung, 2003) e *The Israeli-Palestinian conflict in history and civics textbooks of both nations* (Hahnsche Buchhandlung, 2004).

FRANCISCO SEVILLANO. Professor da Universidade de Alicante (Espanha). Autor de *Franco, "Caudillo" por la gracia de Dios* (Alianza, 2010) e *Exterminio* (Oberon, 2004).

JANAINA MARTINS CORDEIRO. Professora de história contemporânea na Universidade Federal Fluminense (UFF). Autora de *Direitas em movimento* (FGV, 2009).

LÍVIA GONÇALVES MAGALHÃES. Doutora em história pela Universidade Federal Fluminense (UFF). Autora de *Histórias do futebol* (Arquivo Público do Estado de São Paulo, 2010) e, com outras três autoras, de *Clube da bolinha, por Luluzinhas* (Singular Digital, 2011).

LUDMILA DA SILVA CATELA. Professora e pesquisadora da Universidad Nacional de Córdoba (Argentina) e pesquisadora do Consejo Nacional de Investigaciones Científicas y Técnicas (Conicet) no Museo de Antropología (UNC). Autora de *No habrá flores en la tumba del pasado* (Al Margen, 2001, editado em português pela Hucitec). Atualmente, atua como diretora do Archivo Provincial de la Memoria de Córdoba, Argentina.

MARIA PAULA NASCIMENTO ARAÚJO. Professora associada do Instituto de História da Universidade Federal do Rio de Janeiro (UFRJ), em que integra o Programa de Pós-graduação em História Social (PPGHIS). É autora, entre outros, de *A utopia fragmentada* (FGV, 2000) e *Memórias estudantis* (Relume Dumará, 2007).

MARIANA ACHUGAR. *Guggenheim scholar* e professora associada na Universidade Carnegie Mellon (EUA). Coautora, com Amparo Fernández e Nicolás Morales, de "(Re)presentando el pasado reciente: la última dictadura uruguaya en los manuales de historia" (em *Discurso & Sociedad*, v. 5, n. 2, 2001) e autora de "Aproximaciones discursivas a la transmisión intergeneracional del pasado reciente" (em *En (re)construcción*, ed. Teresa Oteíza e Derrin Pinto, Cuarto Propio, 2011).

MIGUEL ÁNGEL RUIZ CARNICER. Professor titular de história contemporânea na Universidade de Zaragosa (Espanha). Autor de *Los estudiantes de Zaragoza en la posguerra* (1989) e, com Jordi Gracia, de *La España de Franco* (Síntesis, 2001).

RAFAEL VALLS. Catedrático da Universitade de València (Espanha). Autor de *Historiografía escolar española* (Uned, 2007) e *Historia y memoria escolar* (Universidade de València, 2009).

RÉMI DALISSON. Professor da Universidade de Rouen (França). Autor de *Célébrer la nation* (Nouveau Monde, 2009) e *Les fêtes du marechal* (Tallandier, 2008).

RICARD VINYES. Professor catedrático da Universidade de Barcelona (Espanha). Autor de *Los niños perdidos del franquismo* (Plaza & Janés, 2002) e *El Estado y la memoria* (RBA, 2010).

SANDRA RAGGIO. Coordenadora da área de pesquisa e ensino da Comisión Provincial por la Memoria de La Plata (Argentina). Autora de diversos artigos e coorganizadora, com Samanta Salvatore, de *Efemérides en la memoria* (CPM, 2012).

VERENA ALBERTI. Coordenadora de documentação do Centro de Pesquisa e Documentação de História Contemporânea do Brasil (Cpdoc/FGV) e professora de história na escola alemã Corcovado (Rio de Janeiro). Autora de *Manual de história oral* (FGV, 2004) e *Ouvir contar* (FGV, 2004).